ARNOLD JACOBSHAGEN

MARIA CALLAS

ARNOLD JACOBSHAGEN

MARIA CALLAS

Kunst und Mythos

RECLAM

MIX
Papier | Fördert gute Waldnutzung
FSC® C014496

2. Auflage

2023 Philipp Reclam jun. Verlag GmbH,
Siemensstraße 32, 71254 Ditzingen
Umschlaggestaltung: zero-media.net
Druck und buchbinderische Verarbeitung: GGP Media GmbH,
Karl-Marx-Straße 24, 07381 Pößneck
Printed in Germany 2024
RECLAM ist eine eingetragene Marke
der Philipp Reclam jun. GmbH & Co. KG, Stuttgart
ISBN 978-3-15-011451-3

Auch als E-Book erhältlich

www.reclam.de

Inhalt

Anhang

CALLAS HEUTE

Mythos Maria Callas: Über keine zweite Musikerpersönlichkeit der letzten einhundert Jahre wurden so viele Bücher in so vielen unterschiedlichen Sprachen geschrieben. Neben den einschlägigen Biographien füllen auch viele Romane, Novellen und sogar Theaterstücke die Regale. Weder Caruso noch Karajan, weder Elvis noch Madonna können es in publizistischer Hinsicht mit ihr aufnehmen. Sie ist die absolute Primadonna in der Musikgeschichte des 20. Jahrhunderts.

Jedes Buch ist ein Kind seiner Zeit. Es artikuliert die Erfahrungen, Erwartungen und Herangehensweisen einer bestimmten Generation. Ich selbst habe Maria Callas nicht mehr live erleben können. Der Höhepunkt ihrer Karriere liegt rund 70 Jahre zurück, und sie starb, als ich ein Kind war. Vertraut ist sie mir nur in medialer Gestalt: aus Klangaufzeichnungen, Filmen, Bildern und vor allem Texten in atemberaubender Zahl. Die Summe der überlieferten Zeugnisse ergibt ein ebenso grandioses wie schillerndes Bild – und mit jeder neuen Veröffentlichung steigt die Gefahr weiterer Verrätselungen.

Umso herausfordernder ist es, heute ein weiteres Buch über sie zu schreiben. Doch die Voraussetzungen scheinen günstiger denn je. Callas' Aktualität ist ungebrochen, und viele neue Quellen sind inzwischen aufgetaucht – sie müssen nur sorgfältig geprüft und richtig bewertet werden. Auch wenn die Dokumentation der biographischen Zeugnisse wohl niemals abgeschlossen sein wird und ein großer Teil der Korrespondenz in Privatbesitz zerstreut ist, dürfte das heute bereits publizierte und in öffentlichen Sammlungen zugängliche Material ausreichen, um ihre künstlerische Biographie schlüssig festzuhalten.

Die kritische Revision dieser Dokumente bildet den Ausgangspunkt meiner Callas-Biographie, die ein neues Bild der Jahrhundertdiva entwirft. Auf das bloße Nacherzählen unplausibler Legenden wird dabei konsequent verzichtet. Berichtet wird nur über Ereignisse, deren Wahrheitsgehalt unstrittig und durch zuverlässige Quellen belegt ist. Allzu bereitwillig wurden in der Vergangenheit tradierte Fehlurteile und Gerüchte über die Sängerin fortgeschrieben und aufgebauscht. In vielen Fällen eröffnet ein quellenkritischer, musik- und geschichtswissenschaftlicher Blick andere Perspektiven.

Die immense Überlieferung macht zugleich eine zeitgemäße Auseinandersetzung mit dem facettenreichen Callas-Mythos unumgänglich. In seiner eigentümlichen Formulierungskraft hat Günter Grass einmal beklagt, dass in der postmodernen Gesellschaft »jeder Scheißhaufen ein Mythos genannt«[1] werde. Für unser Thema ließe sich in Anlehnung an diese Metapher die konsequente Entsorgung abwegiger Callas-Fabeln fordern. Neue Untersuchungen und Forschungsansätze aus den Kultur-, Musik- und Medienwissenschaften, der Psychologie und Soziologie, der Staranalyse, den Celebrity Studies und der Fanforschung tragen zur Erhellung vieler Fragen bei.

Noch wichtiger als die Klärung biographischer Details und Legenden bleibt die Würdigung ihrer einzigartigen künstlerischen Leistungen. Auch heute noch inspiriert, berührt und verzaubert Maria Callas die Menschen zuallererst durch ihre Musik. Daher steht in diesem Buch nicht nur bei der Schilderung ihres Lebenswegs die Musik im Mittelpunkt. Darüber hinaus werden alle künstlerischen Dimensionen ihrer Karriere in den Blick genommen: ihre Stimme, ihre Darstellungskunst, ihre Bühnenrollen und ihre Schallplattenaufnahmen werden jeweils in eigenen Kapiteln beleuchtet. Auch hierfür stehen heute neue Erkenntnisse, Möglichkeiten und Methoden zur Verfügung. Mithilfe der kulturwissenschaftlichen Stimmforschung, der musikwissenschaftlichen Performance Studies und der computergestützten Voice Analysis lassen sich inzwischen wesentlich präzisere und objektivere Aussagen über die Gesangskunst der Callas treffen als noch vor wenigen Jahrzehnten. Zudem liegen die meisten ihrer Aufnahmen in technisch immer wieder überarbeiteter, wenngleich dadurch nicht unbedingt verbesserter Klangqualität vor, und viele unbekannte oder verschollen geglaubte Mitschnitte sind inzwischen aufgetaucht. Vor diesem Hintergrund erscheinen auch ihre Zusammenarbeit mit Dirigenten, Regisseuren, Sängerinnen und Sängern sowie das Profil ihrer Opernrollen und ihre Aufnahmen in neuem Licht.

Die herausragende Sängerin des 20. Jahrhunderts war Maria Callas nicht wegen der Schönheit, sondern wegen der Expressivität und Unverwechselbarkeit ihrer Stimme. Schöne, technisch perfekt ausgebildete Stimmen gab und gibt es viele, doch was Maria Callas von Renata Tebaldi oder Anna Netrebko unterscheidet, liegt auf einer anderen Ebene. Um das Besondere ihres Gesangs und ihrer Bühnenpräsenz zu begreifen, sollte man sie nicht nur mit ihren ›Rivalinnen‹ der damaligen oder aktuellen Opernszene vergleichen, sondern sich ganz andere singuläre Stimmphänomene wie Ella Fitzgerald, James Brown, Aretha Franklin oder Freddie Mercury in Erinnerung rufen. Ingeborg Bachmann schrieb über Callas, sie habe mit ihrem Gesang »auf der Rasierklinge gelebt«[2]. Erst durch sie, so scheint es, wurde auch der Operngesang zu einer existentiellen Erfahrung.

Der künstlerische Einfluss von Maria Callas auf die Musik und das Musikleben der Gegenwart ist weiterhin immens. Jungen Sängerinnen und Sängern dient sie nicht nur aufgrund ihrer stupenden Virtuosität und Vokaltechnik als Idol, sondern auch wegen ihrer beeindruckenden Persönlichkeit und künstlerischen Professionalität. Und auch in der Bewältigung von Karriereproblemen, Stimmkrisen und selbst Adipositas berufen sich viele Sängerinnen auf ihr Vorbild. Tatsächlich scheint ihre Kunst besser in unsere Gegenwart zu passen als in die Wirtschaftswunderwelt der fünfziger Jahre.

Auf der Bühne entfesselte sie eine veritable Revolution. Die Belcanto-Renaissance ist wahrscheinlich ihr größtes historisches Verdienst. Monumentale Opernwerke wie Bellinis *Norma*, Rossinis *Armida*, Cherubinis *Medea* oder Donizettis *Anna Bolena* waren von den Spielplänen verschwunden, weil es keine Sängerinnen gab, die ihre immens fordernden Titelpartien hätten bewältigen können. Und weder die Fachwelt noch das Publikum war damals auf diese schlafenden Riesen vorbereitet.

Maria Callas hat diese und viele andere fast vergessene musikalische Tragödien zu neuem Leben erweckt – in einer Zeit, in der auf den internationalen Bühnen der hochdramatische Verdi-, Wagner- und Verismo-Gesang vorherrschend war. Sie hat durch ihre sängerische und darstellerische Expressivität den Beweis erbracht, dass die großen Koloraturheroinen der italienischen Oper des frühen 19. Jahrhunderts die gleiche dramatische Wahrhaftigkeit besitzen wie eine Fiordiligi, Brünnhilde oder Desdemona.

Damals war Maria Callas ihrer Zeit weit voraus. Sie leitete eine Repertoirewende des musikalischen Theaters und einen Paradigmenwechsel der Gesangsästhetik ein, den man als ›Belcanto turn‹ bezeichnen könnte. Diese Wende ist heute noch längst nicht Geschichte. Im Gegenteil: Sie ist aktueller denn je.

LEBEN

1 New York

2. August 1923. Als die Eheleute Evangelia und George Kalogeropoulos mit ihrer sechsjährigen Tochter Yakinthi auf einem Passagierschiff in den Hafen von New York einliefen, war Evangelia bereits im fünften Monat schwanger. Die wochenlange Überfahrt hatte ihr sichtlich zu schaffen gemacht. Nach dem frühen Tod ihres zweiten Kindes Vasily hatte George seine Familie ziemlich überstürzt zur Auswanderung nach Amerika bewogen. Er folgte dem Beispiel zahlloser griechischer Landsleute, darunter dem eines befreundeten Arztes namens Leonidas Lantzounis, der kurz zuvor in New York eingetroffen war.

Bei der Ankunft in der damals größten und modernsten Stadt der Welt sprachen die Kalogeropoulos kein Wort Englisch. Selbst in alltäglichen Belangen waren sie auf die Hilfe von Lantzounis angewiesen. Er besorgte ihnen eine kleine Mietwohnung in der Sixth Avenue Nr. 87 im Stadtteil Astoria im Bezirk Queens. Das auch als ›Little Athens‹ bekannte Viertel wurde überwiegend von griechischen Migranten bevölkert. »Manche Dinge hatten sich kaum verändert: Wir sprachen weiterhin Griechisch und lebten unter griechischen Einwanderern, so dass unser großes Abenteuer an einem fernen Ort deutlich eingeschränkt war«, wird Yakinthi (Jackie) später berichten.[1] George musste sich jahrelang mit Gelegenheitsjobs durchschlagen, solange er noch kein englisches Sprachzeugnis besaß.

Evangelia, die von allen ›Litza‹ genannt wurde, blieb mit Yakinthi zu Hause und sah ihrer nächsten Entbindung entgegen. Sehnsüchtig wünschte sie sich einen Sohn, der an die Stelle Vasilys treten sollte. Schließlich brachte sie am 2. Dezember 1923 im eleganten Beaux-Arts-Gebäude des Fifth Avenue Hospital ihre zweite Tochter zur Welt. In der Geburtsurkunde Nr. 49149 des State of New York lauten die beiden Vornamen Sophie und Cecelia, von Maria oder Mary ist noch nicht die Rede.[2] Der Familienname wurde zu ›Kalos‹ vereinfacht, woraus sich mit der Zeit die amerikanisierte Schreibweise ›Callas‹ ergab. Erst mehr als zwei Jahre später wurde das Kind am 28. Februar 1926 in der griechisch-orthodoxen Kirche der Heiligen Dreifaltigkeit in New York auf die Namen Anna Maria getauft. Das kleine amerikanisch-griechische Migrantenmädchen stand vor der schwierigen Herausforderung, irgendwo im Nirgendwo zwischen Sophia Cecelia Anna Maria Kalos und Maria Kalogeropoulou, zwischen New York und Athen, zwischen den allmählich auseinanderdriftenden Kräften ihrer konfliktreichen Familie eine eigene Identität zu entwickeln – eine Herausforderung, die sich als folgenreich und lebenslänglich erweisen sollte.

Marys Taufpaten waren Leonidas Lantzounis sowie ein weiterer befreundeter Arzt, Dr. Karouzos.[3] »Wenn man ein Kind über das Taufbecken hält, so ist man auch ein ganzes Leben lang für dieses Kind verantwortlich«, berichtet Lantzounis:

> Als Methodios Kourkoulis – er war damals unser Priester – Mary ins Taufwasser tauchte, schien sie das sehr zu genießen. Sie planschte herum und wollte gar nicht mehr herauskommen. Ich erinnere mich noch genau. Es machte ihr auch nichts aus, als man ihr das heilige Öl aufs Haupt strich, und sie ließ es auch bereitwillig zu, als man ihr gemäß unserer Tradition die Locken schnitt. Aber sie schrie mörderisch und tobte, als man ihr das Taufgewand überstülpte.[4]

Momentaufnahmen wie diese vermitteln das Bild einer geborgenen frühen Kindheit. Lantzounis jedenfalls kam seiner Verantwortung als Taufpate für dieses besondere Kind uneingeschränkt nach. Er blieb ein Leben lang der wichtigste Ansprechpartner von Maria Callas in New York und war gegen Ende ihres Lebens der wichtigste Adressat ihrer Briefe.

Die gesellschaftliche Herkunft dieser griechischen Mittelschichtsfamilie war provinziell geprägt: »Meine Mutter, Evangelia Dimitriadou, aus einer Soldatenfamilie stammend, kommt aus dem Norden Griechenlands, während mein Vater, ein Bauernsohn, in Meligala auf dem Peloponnes aufwuchs«, schreibt

Maria Callas in ihren Memoiren mit der ihr eigenen Mischung aus Understatement und kritischer Distanz.[5] Tatsächlich hatte sie aus der Rückschau keinen Anlass, ihr Elternhaus und ihre Kindheit zu verklären.

Allerdings waren die Verhältnisse, denen sie entstammte, nicht ganz so bescheiden, wie es zunächst den Anschein hat. Die Familie der Mutter war für damalige Verhältnisse recht wohlhabend und verfügte über Landbesitz in der Gegend von Stylida in Mittelgriechenland, den ihr Großvater am Ende seiner militärischen Laufbahn als Oberst erworben hatte.[6] »George Kalogeropoulos kam aus einer ärmeren Familie als wir«, unterstreicht auch Evangelia Callas stolz in ihren eigenen, allerdings nicht immer zuverlässigen Memoiren.[7] Doch auch die ›Bauernfamilie‹ des Vaters war weder völlig kulturfern noch unvermögend – andernfalls hätte sich George gewiss nicht zum Studium der Pharmazie in Athen niederlassen und sodann seine eigene Apotheke in der Heimatstadt Meligala eröffnen können. Es war weit und breit die einzige Apotheke in dieser ländlichen Region. Die Familie besaß ein großzügiges Haus und beschäftigte mehrere Bedienstete. Materielle Not dürfte also kaum den Ausschlag für die Emigration gegeben haben.

Die Ausreise war mutmaßlich ohne das Mitwissen seiner Frau geplant worden: George teilte ihr seinen Entschluss erst mit, nachdem er bereits das Wohnhaus mit der Apotheke verkauft und die Tickets für die Überfahrt gebucht hatte.[8] »Eines Morgens hörte ich meine Mutter hysterisch schreien, dann begann mein Vater, die Türen zu knallen, und unsere Hausangestellten machten sich so schnell wie möglich aus dem Staub«, sollte Marys ältere Schwester später berichten. »Allmählich tauchte das Wort Amerika in meinem Bewusstsein auf – und dann standen plötzlich überall Kisten und Kartons herum.«[9]

Über die plötzliche Emigration der Familie Kalogeropoulos und ihre privaten Beweggründe ist viel spekuliert worden. Evangelia warf George beständig eheliche Untreue vor. Später behauptete sie sogar, er habe die Tochter des Bürgermeisters von Meligala geschwängert und sei daher gezwungen gewesen, mit der Familie die Flucht zu ergreifen.[10] Angesichts der beengten Verhältnisse einer Kleinstadt von rund 2000 Einwohnern wäre ein so folgenreicher Ehebruch zweifellos ein plausibles Auswanderungsmotiv. Maria Callas, die damals noch gar nicht auf der Welt war, liefert in ihren Memoiren eine andere, versöhnlichere Erklärung: »Wahrscheinlich wären sie dort geblieben, hätten sie nicht ihren einzigen Sohn, Vasily, verloren, als er drei Jahre alt war. Dieser Schmerz machte meinen Vater unstet, er wollte weit weg von dem Ort, an dem sein Sohn starb, und so entschloss er sich, nach Amerika auszuwandern.«[11]

Nicht zuletzt dürfte aber auch die dramatische politische Situation in Griechenland eine Rolle gespielt haben. 1923 erreichte die Wirtschafts- und Flüchtlingskrise nach dem Ersten Weltkrieg einen neuen Höhepunkt. Die bereits seit 1914 anhaltende Vertreibung und Vernichtung der griechischen Bevölkerung aus Kleinasien hatte sich während des Griechisch-Türkischen Krieges (1919–22) nochmals drastisch verschärft. Weit über eine Million Geflüchtete waren Anfang der zwanziger Jahre in Griechenland eingetroffen. Nach der Niederlage der griechischen Armee im August 1922 war es in Anatolien erneut zu entsetzlichen Massakern an der griechischen Zivilbevölkerung gekommen, die in der Brandschatzung der christlichen Viertel von Smyrna (Izmir) kulminierten. Dem damals sechzehnjährigen Aristoteles Onassis, von dem noch die Rede sein wird, gelang im Herbst 1922 die abenteuerliche Flucht von Smyrna nach Buenos Aires, zahlreiche Mitglieder seiner Familie wurden indessen ermordet. In Griechenland kam es im September 1922 zum Staatsstreich, König Konstantin I. musste ins Exil nach Großbritannien fliehen, führende royalistische Politiker seiner Regierung wurden hingerichtet. Zur Lösung des ethnischen Konflikts beschloss die Friedenskonferenz von Lausanne im Januar 1923 eine Konvention über den griechisch-türkischen Bevölkerungsaustausch, alle türkischen Staatsangehörigen griechisch-orthodoxer Religion und alle griechischen Staatsangehörigen muslimischer Religion zwangsweise in das jeweils andere Land abzuschieben. Damit wurden die bereits vollzogenen Vertreibungen und Verbrechen an der griechischen Bevölkerung Kleinasiens nachträglich legitimiert.

Gewiss, das provinzielle Meligala war von den Brennpunkten dieser Schrecknisse weit entfernt. Doch die Katastrophe von 1922 und die menschlichen Tragödien der nicht abreißenden Flüchtlingsströme nach Athen waren dem Ehepaar Kalogeropoulos schmerzlich bewusst. Die meisten Verwandten Evangelias lebten in Athen, und ihre erste Tochter Yakinthi war dort am 4. Juni 1917 zur Welt gekommen – unmittelbar nach dem offiziellen Eintritt Griechenlands in den Ersten Weltkrieg an der Seite der Entente. Dass George Kalogeropoulos, der zu Beginn der Balkankriege Mitte zwanzig war, dem griechischen Militär gedient haben dürfte, war seiner Tochter Maria nicht bekannt.[12] Als junger Pharmazeut, der aus kleinen Verhältnissen stammend bereits einiges durchgemacht und sich hochgearbeitet hatte, mag er gedacht haben, sein kleines Vermögen in Amerika perspektivreicher investieren zu können als in seiner ländlichen Heimat. Nicht nur sein Freund Lantzounis, sondern auch einige Familienmitglieder hatten in Amerika Fuß gefasst: Sein Bruder Dimitros Kalogeropoulos[13] war einige Zeit zuvor ebenso in die Vereinigten Staaten ausgewandert wie Evangelias Cousine Hariklea, deren Ehemann Georges N. Cretekos in Florida ein erfolgreiches Unternehmen aufbaute.[14]

Nur spärliche Informationen sind aus den ersten Jahren in New York überliefert. Evangelia berichtet, sie habe ihre Tochter »nach griechischer Sitte« ein Jahr lang gestillt, doch bereits im Alter von drei Monaten habe sich das Kind in der Wiege aufzurichten versucht und sei von einem Nachbarn mit einem Zwieback belohnt worden. Da ihr diese Kost gut bekam, erhielt sie künftig auch von ihrer Mutter ab und an einen Zwieback, wenn sie im Kinderbett Anstalten machte, sich erheben zu wollen. Angeblich konnte sie schon mit neun Monaten laufen.[15] Ihre Schwester übte es ständig mit ihr und las ihr täglich viele Geschichten vor. Die innige Geschwisterliebe kompensierte die mangelnde Zuneigung der Eltern. Die Erziehungsmethoden der Mutter waren streng. Schon als kleines Kind sei Mary oft frech gewesen und dafür von ihr mit Schlägen bestraft worden, und wenn sie bei einer Lüge ertappt wurde, strich ihr die Mutter – ebenfalls »nach griechischer Sitte« – Pfeffer auf die Lippen.[16] Auch sonst herrschten klare Regeln. Um Punkt 20 Uhr wurde im Kinderzimmer, in dem beide Mädchen im selben Bett schliefen, das Licht gelöscht – auch wenn die sechs Jahre ältere Jackie noch nicht müde war.

Fehlende Elternliebe verspürte vor allem Jackie und projizierte ihre Sehnsüchte auf die jüngere Schwester: »Wenn kein Elternteil da war, suchte Mary bei mir Gesellschaft. Sie kuschelte sich an mich und ich versuchte, ihr die Liebe zu geben, die wir nie zu bekommen schienen. Anfangs war es vielleicht schwieriger für sie, denn ich konnte zumindest einen Teil des Tages in die Schule fliehen.«[17]

Anders als Jackie verfügte Maria zeitlebens über eine enorme Willenskraft, die ihr half, persönliche Enttäuschungen ihrer Kindheit zu verkraften. Und schon als kleines Kind war sie eine überaus dynamische und intelligente Persönlichkeit. Auch sonst wurden beide Schwestern als sehr unterschiedlich wahrgenommen: Jackie war schüchtern und oft kränklich, die weitaus lebhaftere Mary hingegen war kräftig und nach Aussage ihrer Mutter niemals krank.[18]

Die obligatorischen sonntäglichen Kirchgänge stärkten den Zusammenhalt innerhalb der griechischen Gemeinde. Hier trafen Familien unterschiedlichster sozialer Herkunft zusammen. Es mag sein, dass die Mutter in der Kirche und der anschließenden Geselligkeit ihren sozialen Statusverlust besonders stark zu spüren bekam, wie die Schwester Jackie vermutete.[19] Zugleich dürfte die Familie in der Einwanderercommunity aber auch Geborgenheit erfahren haben, und vor allem der Vater unterhielt hier zahlreiche enge Kontakte. Zu den wöchentlichen Ritualen in der Familie zählte es, jeden Donnerstagabend beim Chinesen ein Chop Suey zu essen.

Die größte Belastung für die Kinder waren sicherlich die andauernden Streitigkeiten der Eltern. Die Vorwürfe der Mutter gegenüber ihrem Ehemann kreisten um die Themen Eifersucht, sozialer Abstieg und Heimatverlust. Erschwerend kam hinzu, dass hierüber nicht nur gestritten, sondern auch in Abwesenheit des Vaters fortwährend lamentiert wurde. Während Jackie hierüber ausführlich berichtete, hatte ihre jüngeren Schwester an die frühen New Yorker Jahre »keine besonderen Erinnerungen, außer dem unbestimmten Gefühl, dass meine Eltern nicht zusammenpassten«.[20]

Obwohl die Familie ein nicht unerhebliches Vermögen mitbrachte, gingen die Rücklagen in New York bald zur Neige. Der Freund Lantzounis erinnert sich: »Georges größter Fehler war, dass er sich keine Vorstellung machte, wie lange er brauchen würde, um Englisch zu lernen – auf dass er nachher sein pharmazeutisches Examen ablegen und dann ein eigenes Geschäft aufbauen könnte. In einem Jahr, so meinte er, würde er das schaffen; genau wie ich. Aber er brauchte ganze fünf Jahre.«[21]

Tatsächlich muss dem Vater das Englischlernen sehr schwergefallen sein. Dass er kein Sprachtalent war, belegen seine späteren Interviews: Selbst nach mehr als drei Jahrzehnten in den USA vermochte er sich nur mühsam in der Fremdsprache auszudrücken und behielt weiterhin einen sehr starken Akzent.[22] Alles deutet darauf hin, dass er sich die meiste Zeit seines Lebens in griechischen Immigrantenzirkeln aufhielt.

Über Marys musikalische Anfänge kursieren diverse Anekdoten: »Mein Vater erzählt, dass ich, für ein Kind ganz ungewöhnlich, schon in der Wiege sang, Vokalisen hinausschleuderte und hohe Töne, die selbst die Nachbarn verblüfften.«[23] Dass ihr die Musik von den Eltern in die Wiege gelegt worden wäre, lässt sich indes nicht behaupten: Niemand in der Familie spielte ein Instrument. Zwar bewog Evangelia Callas 1926 ihren Mann zur Anschaffung eines Pianolas, doch dieses mechanische Selbstspielklavier diente vor allem der Unterhaltung und Repräsentation. Das Möbelstück war ein Statussymbol und konnte auf Lochstreifen codierte Notenrollen automatisch abspielen, zu-

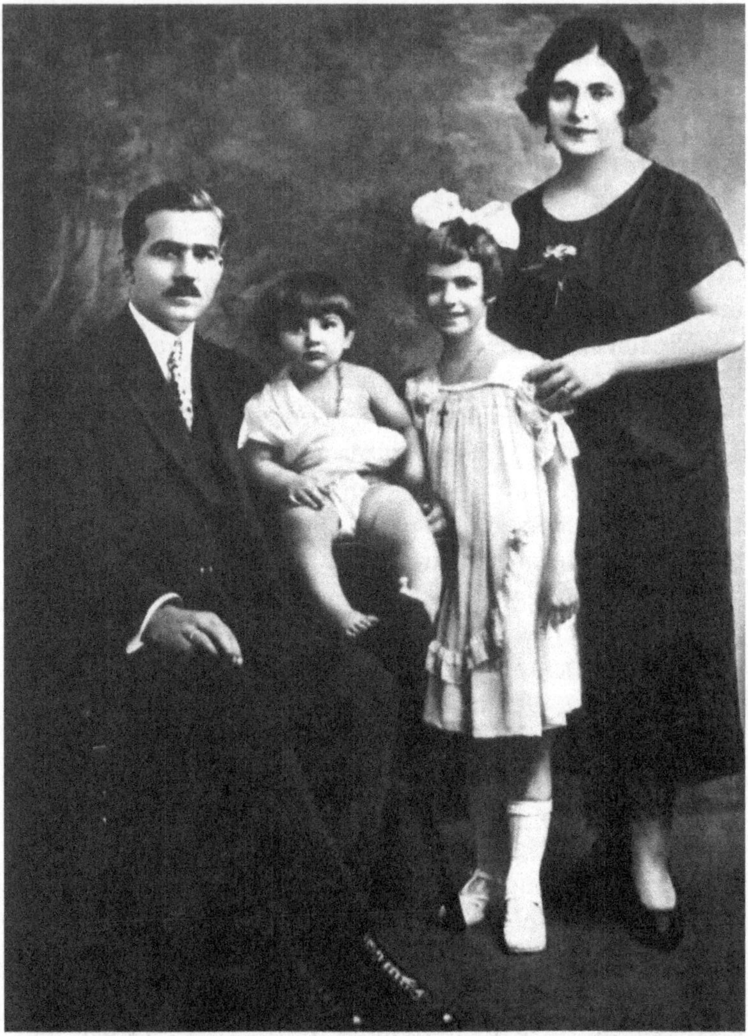

Evangelia und George Callas mit Maria (2. v. l.)
und Yakinthi (2. v. r.) am 28. Februar 1926 in New York.

gleich aber auch als normales Klavier verwendet werden. Auf diese Weise lernte Mary schon von klein auf sehr viele Opernarien kennen, welche die Mutter aus Prestigegründen den populären Songs vorzog. Als Vierjährige bediente sie die Pedale zunächst mit den Händen, da sie noch zu klein war, um sie vom Hocker aus mit den Füßen zu erreichen. Später überboten sich die Schwestern darin, sich am mechanischen Klavier als fingierte Virtuosinnen zu inszenieren, wie Jackie berichtet: »Aber es war bloß ein Wunschtraum. Ich glaube nicht, dass wir eine besondere musikalische Leidenschaft hatten, jedenfalls nicht mehr als jedes andere Kind.«[24]

Die Entdeckung und frühe Förderung ihres musikalischen Talents sind vor allem der Mutter zu verdanken, die ungeachtet ihres unerbittlichen Charakters und sonstiger persönlicher Schwächen zumindest hierfür Anerkennung verdient. Evangelia Callas hielt sich viel auf die musikalische Begabung ihrer ganzen Familie zugute, und so überrascht es nicht, dass sie dieses Talent bereits bei ihrer dreijährigen Tochter erkannt haben will. Tatsächlich soll schon ihr Vater Petros Dimitriadis eine hervorragende Tenorstimme besessen haben. In seinem Heimatort war er als ›Nachtigall von Stylis‹ bekannt, denn er brachte auch öffentlich viele bekannte italienische Opernarien zu Gehör. Evangelia Callas wäre selbst gern Sängerin geworden, doch als Mädchen aus gutem Hause hätte sie ihrer Familie damit Schande bereitet. So projizierte sie die eigenen geplatzten Träume auf die jüngere ihrer beiden Töchter. Allerdings erklärte George Kalogeropoulos 1958 im Gespräch mit dem Journalisten Hy Gardner, dass beide Eltern sich gemeinsam um ihre musikalische Ausbildung gesorgt und auch beide Marys sängerische Begabung entdeckt hätten.[25]

Ein Verkehrsunfall unmittelbar vor der Haustür ihrer damaligen Wohnung in der 192nd Street hätte Mary 1928 das Leben kosten können:

> In jenem Sommer brachte Mutter eines Tages Mary aus der Wohnung, um mich auf dem Rückweg von der Schule abzuholen und dafür zu sorgen, dass ich sicher über die belebte Straße kam. Sobald sie mich sah, rannte Mary auf die Straße, um bei mir zu sein, ohne auf den Verkehr zu achten. Ein Auto konnte nicht mehr ausweichen und erfasste das rennende Kind, so dass es ein Stück die Fahrbahn entlanggeschleift wurde.[26]

Über die Folgen dieses Unfalls variieren die Schilderungen erheblich. Während die Mutter später behauptete, dass ihre Tochter bleibende seelische Schäden davontrug, und Mary erzählte, zwölf Tage lang bewusstlos und von den Ärzten schon aufgegeben gewesen zu sein, wurden in der Klinik lediglich leichte Verletzungen diagnostiziert. Jackies Erinnerungen zufolge habe Mary noch am selben Abend das Krankenhaus verlassen können.

Erst Ende 1928 war George Kalogeropoulos in der Lage, den Erwerb einer eigenen Apotheke in Angriff zu nehmen. Bis zur Eröffnung dieser von ihm so genannten ›Splendid Pharmacy‹ in der Ninth Avenue Nr. 483 im Juni 1929 sollte ein weiteres halbes Jahr vergehen – ein denkbar ungünstiger Zeitpunkt am Vorabend der Weltwirtschaftskrise.[27] »Die Apotheke befand sich in der Nähe der Port-Authority-Busstation. Doch Litza gab sich eben gar zu vornehm; nie hätte sie zugegeben, dass sie ihre Apotheke ausgerechnet in diesem ärmlichen Stadtteil geführt haben.«[28] Die Rücklagen waren inzwischen gänzlich aufgebraucht, so dass George bei Lantzounis ein Darlehen aufnehmen musste, um die Investitionen zu finanzieren. Der Stadtteil Clinton an der früher als Problemviertel berüchtigten Westside von Manhattan, dem Schauplatz von Leonard Bernsteins berühmtem Musical *Westside Story* (1957), ist auch unter dem wenig achtbaren Namen ›Hell's Kitchen‹ bekannt. (Bernstein und Callas lernten sich Ende 1953 an der Mailänder Scala intensiv kennen. Dort studierten sie Cherubinis *Medea* gemeinsam ein und dürften sich dabei gewiss auch über ihre ähnlichen Einwanderungserfahrungen aus der Kindheit ausgetauscht haben – kurz bevor Bernstein die Arbeit an dem berühmten Musical aufnahm.)

Die Sommerferien des Jahres 1929, als George mit dem Aufbau seiner Apotheke beschäftigt war, verbrachte Evangelia mit ihren beiden Töchtern am Meer in Florida. Es war die einzige längere Urlaubsreise der Familie. Die drei wohnten bei der Cousine der Mutter in Tarpon Springs, noch heute der Stadt mit dem höchsten prozentualen Anteil griechischstämmiger Einwohner in den USA. Der Aufschwung der Kleinstadt verdankte sich der kommerziellen Zucht von Badeschwämmen, einem Gewerbe, auf das sich vor allem Griechen aus der Chalkidiki und den östlichen Ägäisinseln spezialisiert hatten. Seit Ende des 19. Jahrhunderts wurden erfahrene Schwammtaucher von dort nach Florida abgeworben. George N. Cretekos, der wohlhabende Ehemann der Cousine, verkaufte nicht nur Schwämme, sondern besaß auch die für ihren Abtransport erforderliche Flotte (ein nach ihm benanntes historisches Schiff ist heute noch vor Ort zu besichtigen). Die Familie Cretekos hatte vier Kinder in ähnlichem Alter wie die beiden Callas-Schwestern, mit denen sie rund um die Uhr am Strand spielten. Jackie Callas zufolge war dies die glücklichste Zeit in Marias Kindheit: »Vaters Geschäft schien gut zu laufen, und Mutter hatte sich etwas mehr mit Amerika versöhnt, denn sie spürte, dass wir etwas erreichen könnten.«[29]

Zweifellos zählt es zu den tragischen Ironien der Familiengeschichte, dass der Vater nach langjährigen Entbehrungen seine Apotheke just in jenem Moment zu errichten im Stande war, als die Weltwirtschaftskrise bereits am Horizont aufzog. Der New Yorker Börsencrash im Oktober 1929 machte auch die letzten Ersparnisse der Familie zunichte, und kurze Zeit später musste die Apotheke verkauft werden. Weltgeschichte und Familienschicksal wurden als symbiotisch wahrgenommen, wie Jackie sich erinnert: »Als Mutter von dem Verkauf erfuhr, stürzte sie in die Apotheke, um Vater zur Rede zu stellen, als sei er persönlich für die finanzielle Schieflage der westlichen Welt verantwortlich. Kaum war er fort, eilte sie zum Giftschrank, schnappte sich eine Handvoll Tabletten und schluckte sie hinunter.«

Dieser ›Suizidversuch‹ war nach Jackies Einschätzung eine einzige Farce, denn wenn sie wirklich hätte sterben wollen, hätte sie das mit den Möglichkeiten der Apotheke leicht realisieren können:

> In Wirklichkeit machte sie aus der ganzen Sache ein Riesendrama, und es war ihr einziger wirklich großer Auftritt auf der Bühne. Vater wusste sehr wohl, was geschehen war. Er brachte sie schnell ins Krankenhaus, wo man ihr den Magen auspumpte. Nach einer kurzen Elendszeit durfte sie nach Hause zurückkehren, zwar etwas geschwächt und entkräftet, aber ohne bleibende Folgen. Dank seiner Beziehungen im Krankenhaus konnte mein Vater dafür sorgen, dass der Vorfall nicht publik wurde, doch es war das Ende ihrer Ehe – von nun an lebten sie als leidenschaftliche Feinde unter demselben Dach.[30]

Infolge der sich verschlechternden ökonomischen Entwicklung war die Familie mehrfach gezwungen, in kleinere Wohnungen und bescheidenere Viertel umzuziehen. Tatsächlich legt die Liste der Callas-Adressen in den Jahren der Weltwirtschaftskrise einen allmählichen sozialen Abstieg nahe (der zugleich ein ›Aufstieg‹ in die höher nummerierten Straßen von Midtown Manhattan nach Harlem war). Das Board of Education der Stadt ermittelte allein für die acht Jahre, in denen Mary in New York sechs verschiedene Schulen besuchte (1929–37), sieben unterschiedliche Wohnanschriften ihrer Familie: 240 West 34th Street, 465 Columbus Avenue, 64 West 135th Street, 520 West 139th Street, 609 West 137th Street, schließlich 569 West 192nd Street und 561 West 180th Street.[31] Nach dem Verkauf der Apotheke gelang es dem Vater jedoch relativ bald, eine Anstellung als Pharmavertreter zu finden. Damit waren Reisetätigkeiten verbunden, so dass die Schwestern ihren Vater nun noch seltener zu Gesicht bekamen als zuvor. Immerhin war die Familie 1931 schon wieder in der Lage, ein Apartment in Washington Heights (dem damaligen ›Neubaugebiet‹ nördlich der 155th Street) zu beziehen.[32] George Kalogeropoulos sagte 1958 in einem Interview, dass er in Hell's Kitchen seine Apotheke führte, die Familie aber in Washington Heights gewohnt habe.[33] Als ›Sophie C. Kalos‹ kurz vor ihrer Abreise nach Griechenland 1937 den Eid auf die amerikanische Verfassung leistete, wohnte die Familie schließlich in der 520 West 183th Street.

Im September 1929 wurde Mary eingeschult, doch infolge der häufigen Umzüge und Schulwechsel fiel es ihr schwer, Freundschaften zu entwickeln. Und je bescheidener die Wohnverhältnisse wurden, desto strenger achtete die statusorientierte Mutter darauf, dass ihre Töchter nicht mit den Arbeiterkindern aus der Nachbarschaft verkehrten.[34] Die Bekanntschaften der Kinder ergaben sich in erster Linie über die Freunde des Vaters. Zu ihnen zählte die ebenfalls vom Peloponnes eingewanderten Papajohns, die in der Nachbarschaft in Washington Heights wohnten. Während die Töchter beider Familien viel Zeit miteinander verbrachten, müssen sich relativ bald auch George Kalogeropoulos und Alexandra Papajohn, eine Tante der Kinder, nähergekommen sein. Jedenfalls wurden sie später irgendwann nach der Abreise der Mutter nach Griechenland ein Paar, und nach der Scheidung wurde Alexandra seine zweite Frau.

Beide Schwestern waren gute Schülerinnen und verbrachten viel Zeit mit der Lektüre von Büchern, die aus der Stadtteilbibliothek ausgeliehen wurden. Im gesamten Zeitraum von 1929 bis 1937 zeigte Mary durchwegs gute bis sehr gute Leistungen, wie in einem Bericht der New Yorker Schulbehörde dokumentiert ist.[35] Die ehemalige Mitschülerin Georgette Kokinakis bezeichnete Mary und Jackie als wohlerzogene, folgsame Kinder, die aber wie die meisten griechischen Mädchen zu stark behütet wurden: »Jeden Morgen kam die Mutter mit Mary Anne oder Mary Anna – so nannten wir Maria damals – hier vorbei und holte sie abends auch wieder von der Schule ab. Maria durfte nie mit anderen Klassenkameraden zusammensein.«[36]

Es ist schwer zu sagen, ob und wie sehr Mary hierunter zu leiden hatte. Ihre Fähigkeit, sich allein zu beschäftigen, dürfte sie schon in der Kindheit entwickelt haben. »Ich spielte sowieso nicht so gern wie andere Kinder«, betonte sie in einem Interview.[37] Auch Jackie Callas zufolge waren »wir wohlerzogene glückliche Kinder, die von fürsorglichen Lehrern betreut wurden. Alle in unsrer Schule kamen aus stabilen Familienverhältnissen, so dass ich manchmal den Eindruck hatte, dass wir als einzige aus dem Rahmen fielen.« Insgesamt war die Schulzeit auch für sie »ein sicherer Hafen des Friedens und der Freundschaft«.[38]

Dass sich die wirtschaftlichen Verhältnisse der Familie konsolidierten, zeigt sich auch darin, dass 1931 eine etwa dreißigjährige ›Signorina Sandrina‹ engagiert werden konnte, eine italienische Klavierlehrerin, die zunächst Jackie und wenige Monate später auch Mary zweimal pro Woche unterrichtete. Bei ihr lernte Mary auch das Notenlesen. Bald war sie in der Lage, ihren eigenen Gesang am Klavier zu begleiten. Als sie zehn Jahre alt war, soll sich ein Schlüsselereignis zugetragen haben, das ihre Mutter veranlasste, von nun an Marys Gesangsentwicklung zu forcieren. Das inzwischen groß gewachsene, frühreife Mädchen – sie hatte schon mit zehn Jahren erstmals ihre Periode[39] – spielte bei offenem Fenster Klavier und sang dazu die berühmte Habanera »La Paloma« von Sebastián Yradier:

> Als ich ins Zimmer kam, schaute ich nach draußen und sah, dass eine große Menschenmenge unter dem Fenster stand und ihr applaudierte. Erst als sie zu singen aufhörte, gingen sie nach und nach davon. In diesem Moment wusste ich, dass Mary eine Stimme besaß, die ausgebildet werden musste, und ich begann Pläne für die Zukunft zu entwickeln, die nun vor ihr lag.[40]

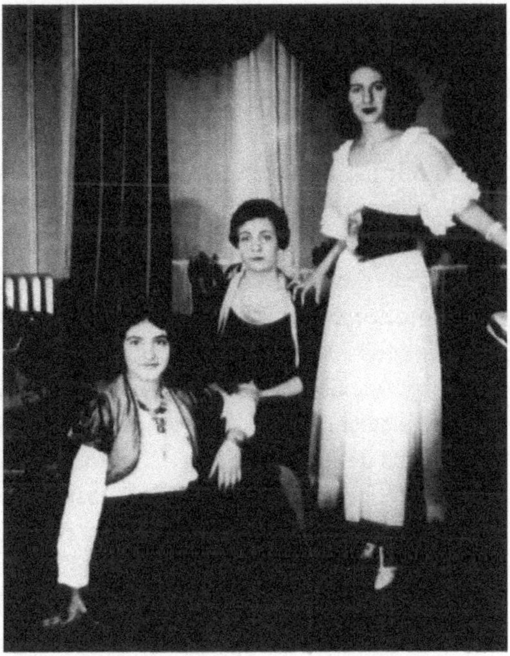

Evangelia Callas mit ihren Töchtern Jackie (Yakinthi) und Mary (Maria) im Frühjahr 1936 in New York.

Dem Vater war es wichtig zu betonen, dass er es war, der ihr wenig später auch einen schwedischen Gesangslehrer aus der Nachbarschaft vermittelte, der zumindest ab und an mit Mary Stimmübungen veranstaltete.[41] Eine kontinuierliche Ausbildung konnte er freilich nicht leisten, doch unterrichtete er sie unentgeltlich.[42]

Inzwischen verfügten die Callas auch über ein Grammophon, und regelmäßig wurden Platten ausgeliehen, um Repertoire und Stimmen kennenzulernen. Außerdem lauschte die ganze Familie am Samstagnachmittag den Radioübertragungen aus der Metropolitan Opera. Rosa Ponselle, die damalige Primadonna der Met, war Marys großes Idol während ihrer Kindheit und Jugend. Hingegen soll sie Lily Pons' Intonation in *Lucia di Lammermoor* als so mangelhaft empfunden haben, dass sie schon damals ankündigte, die berühmte Sängerin in einer ihrer Paraderollen dereinst übertreffen zu wollen.[43] Ponselle mit ihrer warmen und hellen Stimme brachte sie jedoch auch zur Verzweiflung, weil ihr die eigene Stimme im Vergleich mit diesem großen Vorbild viel zu dunkel vorkam und sie zudem noch erhebliche Schwierigkeiten in der Höhe hatte.[44]

Mit elf Jahren nahm Mary Ende 1934 erstmals an einem von Jack Benny moderierten Gesangswettbewerb des New Yorker Radiosenders WOR teil, wobei sie von Jackie am Klavier begleitet wurde. Sie sang wiederum »La Paloma« und gewann den ersten Sponsorenpreis, eine Bulova-Uhr. Evangelia »war so stolz auf sie, wie jede Mutter es sein würde, aber obwohl Mary die Uhr gefiel, war sie über ihren Erfolg nicht besonders beeindruckt. Damals wollte sie Zahnärztin werden, nicht Sängerin! Außerdem war sie aus der Schule, der Kirche und der Sonntagsschule längst daran gewöhnt, Preise für ihren Gesang zu erringen.«[45]

Maria Callas erinnerte sich später nur an zwei Wettbewerbserfolge, »einer davon war beim Sender WOR«.[46] Über ihre Gesangsauftritte in der Schule haben wir erst ab 1935 nähere Kenntnis. Auf der Schulabschlussfeier für den Jahrgang der zwei Jahre älteren Georgette Kokinakis sang Mary in diesem Jahr eine Arie aus Emmerich Kálmáns Operette *Gräfin Mariza* (»Play Gypsies, Dance Gypsies«): »Sie war damals elf Jahre alt, aber ihre Stimme tönte wesentlich reifer. Wenn sie sang, bekamen ihre dunklen Augen eine unheimliche Expressivität. Dann stürzte sie beide Hände in ihre Hüften und wippte hin und her.«[47] Ein Jahr später war sie als Zwölfjährige an einer Schüleraufführung von Gilbert und Sullivans Savoy Opera *The Mikado* in der New Yorker Public School 164 beteiligt, wofür ihre Mutter ihr ein japanisches Kostüm nähte.[48] Und anlässlich ihrer eigenen Graduierung sang sie am 28. Januar 1937 einige Nummern aus der Operette *H.M.S. Pinafore*, ebenfalls von Gilbert und Sullivan.

Alles in allem wird man annehmen dürfen, dass Mary trotz der geschilderten familiären Probleme eine relativ geordnete Kindheit in New York verlebte. Für die in der Literatur immer wieder angesprochenen angeblichen Traumata – extremer Leistungsdruck seitens der Mutter, forcierte Wunderkindambitionen, schwindelerregende Esssucht und hieraus resultierende Gewichtsprobleme – lassen sich zumindest aus der amerikanischen Kindheit und Jugend keine stichhaltigen Belege finden.

Über Marys äußere Erscheinung in ihrer Kindheit und Jugend kursieren widersprüchliche Geschichten, deren Urheberin sie teilweise selbst gewesen ist. Jackie bezeichnete ihre Schwester bis zum Alter von 13 Jahren als »sehr hübsch, eher dunkler als ich mit meinem bleichen Gesicht, und anfangs wurden auch keine unvorteilhaften Vergleiche zwischen uns gezogen«.[49] Auf allen Fotos aus ihrer amerikanischen Zeit begegnet Mary als ein frühreifes, hübsches und relativ schlankes, keineswegs übergewichtiges Mädchen. Auf dem Abschlussfoto ihrer Grundschule aus dem Jahre 1937 ist sie in der Gruppe von 22 Schülerinnen und Schülern leicht zu erkennen, weil sie als Einzige in ihrer Klasse eine Brille trug.[50]

Maria Callas hat über ihre Kindheit sehr unterschiedliche, teilweise widersprüchliche Angaben gemacht. Ihre amerikanischen Schuljahre blieben ihr in positiver Erinnerung. Gegen die Mutter erhob sie später schwere Vorwürfe, die im Zusammenhang mit dem abrupten Ende ihrer Beziehungen zu bewerten sind. In einem Interview mit Ed Murrow erklärte sie 1958, ihre Schulzeit in New York sei eine sehr glückliche Zeit gewesen: »Es waren sorgenfreie Tage. Ich erinnere mich noch gut an unsere sehr ernsthafte Klassenlehrerin, die uns immer wieder zur Selbstdisziplin ermahnte. Und ich sang in der Aula bei den Abschlussfeiern, ich war eine kleine Sängerin in der Schule.«[51]

2 Athen

Eines Tages gegen Ende des Jahres 1936 teilte die Mutter ihren völlig überraschten Töchtern kategorisch und ohne Vorwarnung mit, dass sie zu dritt nach Griechenland zurückkehren würden – ohne ihren Vater. Evangelia hatte diese Entscheidung ebenso allein getroffen, wie die Emigration 1923 ausschließlich auf das Konto ihres Mannes gegangen war. In Athen sollte Maria eine Gesangsausbildung erhalten – ein Ziel, dem nun alle anderen Überlegungen untergeordnet wurden. Natürlich gab es auch in New York sehr gute Gesangslehrer, zudem in weitaus größerer Zahl als im rückständigen Griechenland, doch fehlten ihr das Geld und die Argumente, um ihren Mann von der Notwendigkeit so großer finanzieller Opfer zu überzeugen. In Griechenland war der Lebensunterhalt wesentlich preiswerter, und Evangelia setzte auf die volle Unterstützung ihrer weitläufigen und musikalischen Familie in Athen.[1]

Der Zeitpunkt war gut gewählt, denn Marys nicht einmal achtjährige Primarschulzeit würde im Januar 1937 enden. Jackie reagierte zunächst mit Entsetzen, zum einen weil sie ihre Pläne, sich als Wirtschaftskorrespondentin ausbilden zu lassen, ruiniert sah (die zunächst erhoffte Karriere als Zahnärztin hatte sie auf Druck der Mutter längst aufgeben müssen), zum anderen weil sie ihre einzige Freundin Clare verlieren würde.[2] Es war ihr sofort klar, dass die Mutter keinen Widerspruch duldete – gleichwohl zeigte die große Schwester eine erstaunlich devote Haltung für eine Zwanzigjährige, die ihre eigenen Pläne hatte. Jackie wurde im Dezember 1936 allein vorausgeschickt und traf kurz vor Weihnachten bei ihren Verwandten in Athen ein. Evangelia, Mary und ihre drei Kanarienvögel Stephanakos, Elmina und David folgten ihr auf der SS Saturnia im Februar 1937 in Richtung Griechenland. Die lange Überfahrt nach Patras bot der Dreizehnjährigen die willkommene Gelegenheit, ihr Gesangstalent des Öfteren auch vor Publikum zu erproben.[3] Selbstverständlich nahmen alle drei wieder ihren griechischen Namen Kalogeropoulou an.

Die ersten Wochen und Monate in Athen müssen für die beiden Schwestern deprimierend gewesen sein. Ihre Mutter hatte ihnen in Amerika immer wieder von ihrer wohlhabenden Familie und ihren großzügigen Anwesen erzählt. Nun trafen sie auf ihre verwitwete und verarmte Großmutter Frosso Dimitriadou, inzwischen 63 Jahre alt, die gemeinsam mit ihren beiden unverheirateten Töchtern in einer engen Mietwohnung zusammenlebte. Und natürlich war Athen überhaupt nicht mit der Weltmetropole New York zu vergleichen. Dass Maria in Athen nicht an eine weiterführende Schule wechseln durfte, belastete die schwierige Beziehung zu ihrer Mutter zweifellos: »Meine Mutter bestimmte, dass nicht ein Moment dem Gesangs- und Klavierstudium verlorengehen sollte.«[4] Das dreizehnjährige Mädchen aus New York, das nicht ganz fehlerfrei Griechisch sprach und dennoch keine Schule besuchen durfte, musste sich wieder einmal in einer Außenseiterrolle zurechtfinden.

In Athen gab es damals drei Konservatorien bzw. Odeons: das 1871 gegründete Athener Konservatorium, das 1919 errichtete Griechische und schließlich das 1926 aus der Taufe gehobene Nationale Konservatorium. Diesen Bezeichnungen entsprechen jedoch keine hierarchisch gegliederten Verwaltungsinstanzen oder Trägerschaften. Alle drei Konservatorien waren miteinander rivalisierende, privat geführte Einrichtungen. Sie verfügten zumindest in einzelnen Klassen über anerkanntes, auch international profiliertes künstlerisches Personal und finanzierten sich nicht zuletzt über Studiengebühren. In den dreißiger Jahren hatte sich indes eine klare Rangfolge etabliert: Das höchste Ansehen genoss das Athener Konservatorium, sodann folgte das noch junge Nationale Konservatorium und erst an dritter Stelle das Griechische Konservatorium.

Das Prestige richtete sich vor allem nach den Künstlern, die dort unterrichten. Eine zentrale Persönlichkeit war der Komponist Manolis Kalomiris, der sich das Ziel gesetzt hatte, eine nationale Schule der griechischen Musik zu etablieren, und zwar sowohl kompositorisch als auch institutionell. Mit dieser Mission begründete er zunächst das Griechische Konservatorium, das er bis 1926 leitete. Dann aber verließ er es, um mit dem Nationalen Konservatorium ein noch ambitionierteres Projekt aus der Taufe zu heben.

Die Studierenden der Konservatorien kamen zumeist aus vermögenderen Schichten. Besonders galt dies für die Instrumentalklassen, da der Besitz eines Instrumentes sowie langjähriger Privatunterricht für die Aufnahme vorausgesetzt wurde – für die allermeisten Griechen damals ein unerschwinglicher Luxus. Deutlich niedriger lagen jedoch die sozialen Hürden in den Gesangsklassen, da das Instrument Stimme nicht käuflich erworben werden musste und auch erst ab einem gewissen Alter künstlerisch ausgebildet werden konnte. Umso größer waren daher auch der Andrang und die Konkurrenz innerhalb der Gesangsklassen.[5]

Natürlich versuchte Evangelia Kalogeropoulou, für ihre Tochter den bestmöglichen Studienplatz zu erhalten: »Als ich in Athen ankam, kaum dreizehn Jahre alt, war ich so groß wie heute, stämmig und viel zu ernst für mein Alter, im Gesichtsausdruck und in der Kleidung. Meine Mutter versuchte mich im Athener Konservatorium einzuschreiben, aber sie lachten sie aus. Was sollten sie mit einem dreizehnjährigen Mädchen anfangen?«[6]

Nachdem dieser Plan vorerst gescheitert war, konnte Maria auf Vermittlung ihres Onkels Efthymios Dimitriadis im September 1937 immerhin am Nationalen Konservatorium bei Maria Trivella vorsingen. Diese leitete dort eine Gesangsklasse, ohne jedoch selbst eine Bühnenkarriere durchlaufen zu haben. Als Lehrerin wurde die sehr gebildete, aus einer angesehenen Familie stammende Frau allerdings sehr geschätzt. Neben dem Gesang wusste sie auch gehobene Umgangsformen und aufrechte Haltung, aber auch die Grundlagen der französischen Sprache zu vermitteln.[7] So konnte Maria ihre Allgemeinbildung erweitern und wurde zumindest teilweise für ihren vorzeitigen Schulabbruch entschädigt.

Trivella war von Marias Stimme so angetan, dass sie ihr über den Konservatoriumsdirektor Manolis Kalomiris ein Stipendium verschaffte und sogar in Kauf nahm, dass hierfür das Geburtsdatum gefälscht wurde. Maria stürzte sich Hals über Kopf in ihre Musikstudien – endlich konnte sie mit einer ernsthaften Gesangsausbildung beginnen. In Trivella fand sie eine empathische und fürsorgliche Lehrerin, die ihr jede nur erdenkliche Aufmerksamkeit zuteilwerden ließ: »So oft und so lange wie möglich hielt sie sich im Konservatorium auf, entweder um selbst Unterricht zu erhalten oder den anderen dabei zuzuschauen«, wie Jackie berichtete.[8] Neben der Gesangsausbildung erhielt Maria auch Klavierunterricht und fand in George Karakandas, dem Leiter der Opernabteilung, bald einen wichtigen Förderer. Er war für die Besetzungen der Opernaufführungen am Konservatorium verantwortlich und unterrichtete sie in Stimmbildung und Operngeschichte.

Am 11. April 1938 hatte sie bei einem Examenskonzert des Nationalen Konservatoriums im Parnassos-Saal ihren ersten öffentlichen Auftritt. Sie sang unter anderem Arien aus Webers *Freischütz* und Gounods *La reine de Saba*. In keiner der beiden Opern sollte sie später jemals auf der Bühne stehen, doch für eine Vierzehnjährige war es ein äußerst ambitioniertes Programm. Zum Abschluss sang sie gemeinsam mit ihrem Mitschüler, dem Tenor Yannis Kambanis, das Duett aus Puccinis *Tosca*, am Klavier begleitet von dem bekannten Dirigenten Stefanos Valtetsiotis. Das Examen bestand sie mit Auszeichnung und erhielt dafür eine Partitur der Oper *Der Ring der Mutter* von Manolis Kalomiris.[9] Ihr zweiter großer Auftritt folgte am 4. Juli 1938: Auf Einladung der Griechisch-Amerikanischen Gesellschaft von Athen durfte sie zum amerikanischen Nationalfeiertag im Rex-Theater einige griechische und amerikanische Lieder singen.

Noch außergewöhnlicher war ihr dritter großer Auftritt: In einer szenischen Aufführung von Pietro Mascagnis *Cavalleria rusticana* stand die 15-jährige Maria Kalogeropoulou am 2. April 1939 am Nationalen Konservatorium zum ersten Mal in einer Hauptrolle auf der Opernbühne. »George Karakandas, ihr Schauspiellehrer, war noch stärker von ihr beeindruckt als ihre Gesangslehrer und hatte sich dafür eingesetzt, dass sie die Partie der Santuzza übernahm, obwohl sie damals die jüngste und unerfahrenste Studentin war.«[10] Wie schon damals üblich, spielte man das einaktige Werk zusammen mit Leoncavallos *Pagliacci*. Beide Opern wurden an jeweils zwei Abenden in unterschiedlicher Besetzung gegeben, wobei die beste Gesangsleistung mit dem Konservatoriumspreis ausgezeichnet wurde. Karakandas erinnerte sich, dass sie in der Vorbereitung und Darstellung dieser schweren Partie auf die kleinsten Einzelheiten achtete:

> Sie war entschlossen, den Preis zu gewinnen, und sie bekam ihn auch. Bei den Proben hörte sie wie in Trance zu. Manchmal lief sie unruhig auf und ab und wiederholte mit Vehemenz: »Eines Tages werde ich es schaffen!« Damals schon nahm sie die Angaben des Komponisten und die Bedeutung des Texts sehr ernst. Man konnte nicht vergessen, wie denkwürdig die junge Debütantin den Konflikt des verlassenen Bauernmädchens darstellte, das den Treulosen immer noch liebt, ihm aber grollt.[11]

Und schon in dieser allerersten Rolle verkörperte sie – wie so oft in ihrer späteren Karriere – eine zutiefst leidende, tragische Frauenfigur. Im Mai und Juni 1939 folgten noch drei weitere Konzerte im Nationalen Konservatorium, an denen sie mit Opernnummern u. a. von Offenbach, Verdi, Weber und Massenet teilnahm und weitere Auszeichnungen erhielt.[12]

Doch hinter dem Rücken von Trivella hatte Maria inoffiziell längst die Lehrerin gewechselt. Bereits im vergangenen Herbst hatte sie Elvira de Hidalgo privat vorgesungen, die nach dem Ende ihrer Bühnenkarriere seit 1934 eine Gesangsklasse am Athener Konservatorium leitete. Die einst weltberühmte Koloratursopranistin zeigte sich durchaus beeindruckt:

> Natürlich war ihre Stimmtechnik keineswegs perfekt, aber ihre Stimme besaß eine natürliche Dramatik, Musikalität und eine gewisse Individualität, die mich tief berührte. Mir kamen sogar die Tränen, und ich wandte mich ab, damit sie es nicht sah. Ich entschloss mich auf der Stelle, sie zu unterrichten. Als ich in ihre sehr ausdrucksvollen Augen blickte, wusste ich auch, dass sie trotz allem ein schönes Mädchen war.[13]

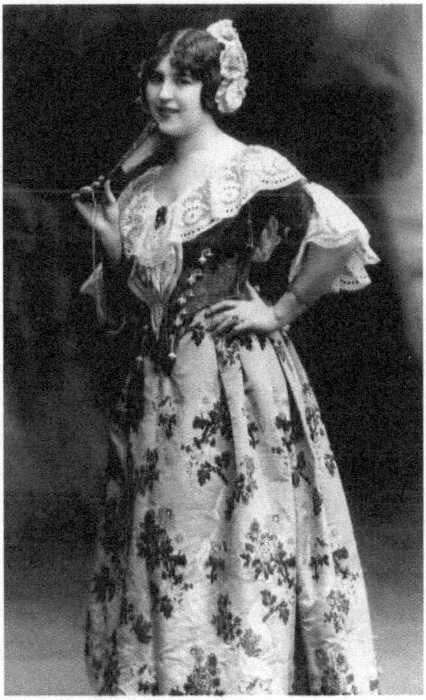

Elvira de Hidalgo als Rosina in Rossinis *Il barbiere di Siviglia* (um 1920). Die berühmte spanische Koloratursopranistin war in den Jahren 1939 bis 1945 die Gesangslehrerin von Maria Kalogeropoulou.

Freilich kannte de Hidalgo die Regeln des Konservatoriums. Die Aufnahmeprüfungen waren längst vorbei, das Studienjahr hatte bereits begonnen, und Maria war noch immer erst knapp 15 Jahre alt. Aber die erfahrene Solistin war sofort entschlossen, sie zu unterrichten und aus ihr eine erfolgreiche Opernsängerin zu machen. Bis zum Ende des Studienjahres 1938/39 musste Maria ein künstlerisches Doppelleben führen. Sie erhielt weiterhin Unterricht bei Trivella und nahm erfolgreich an den Theoriefächern, Prüfungen und Konzerten des Nationalen Konservatoriums teil. Zugleich hospitierte sie in jeder freien Minute bei Elvira de Hidalgo am Athener Konservatorium und lernte ihre Arbeit mit all ihren Schülerinnen und Schülern kennen.

Neben dem komplizierten Doppelspiel mit den beiden Lehrerinnen traten die familiären Schwierigkeiten in den Hintergrund, denn Maria war so gut wie nie zu Hause. Für ihre Schwester machte das die Lage nicht einfacher: »Das Einzige, das meine Mutter und mich bisweilen einte, war der gemeinsame Ärger darüber, dass Maria niemals im Haushalt mithalf – sie kam zum Essen und verschwand sofort wieder zu Hidalgo, ohne auch nur das Geschirr ins Waschbecken zu stellen, geschweige denn es abzuwaschen.«[14]

In Athen wiederholte sich ein Muster ihres nomadischen Lebens, das sie bereits aus New York kannte: Innerhalb weniger Jahre zog die Familie fünf- bis sechsmal um. Ihr persönlicher Ankerpunkt war das Konservatorium.

Sie charakterisierte sich selbst als Einzelgängerin, die Musik über alles liebte. Im Konservatorium war sie daher völlig in ihrem Element:

> Ich hörte mir fasziniert alle ihre Schüler an, mit dem ganzen Repertoire. Leichte Opern, auch etwas schwerere, Mezzosoprane, sogar Tenöre. Ich habe sehr viel dabei gelernt. Meist kam ich morgens um zehn ins Konservatorium, und ich verließ es oft erst mit dem letzten Schüler. Das erstaunte selbst de Hidalgo: »Warum bist du immer hier?« Meine Antwort war, dass man selbst vom unbegabtesten Schüler noch lernen kann. Er kann dir etwas beibringen, das du als Supertalent nicht beherrschst. Wie ein Revuetänzer. Große Balletttänzer können sehr viele Dinge, manchmal können sie gerade das nicht, was ein Revuetänzer kann. Man kann also immer etwas lernen. Für mich war das keine harte Arbeit. Es war ein Vergnügen.[15]

Aber zunächst musste sie auch formell am Athener Konservatorium zugelassen werden. Elvira de Hidalgo hatte dem Direktor Filoktitis Ikonomidis ihre außergewöhnliche Schülerin wärmstens empfohlen. Doch dieser war gegen sie voreingenommen, vor allem, weil er den Auftritt der Mutter vor zwei Jahren noch in Erinnerung hatte, aber auch, weil Maria vom Nationalen Konservato-

Athen, Patission-Straße 61. Im fünften Stockwerk dieses Hauses wohnte Maria Kalogeropoulou mit ihrer Mutter und ihrer Schwester in den Jahren 1940 bis 1945.

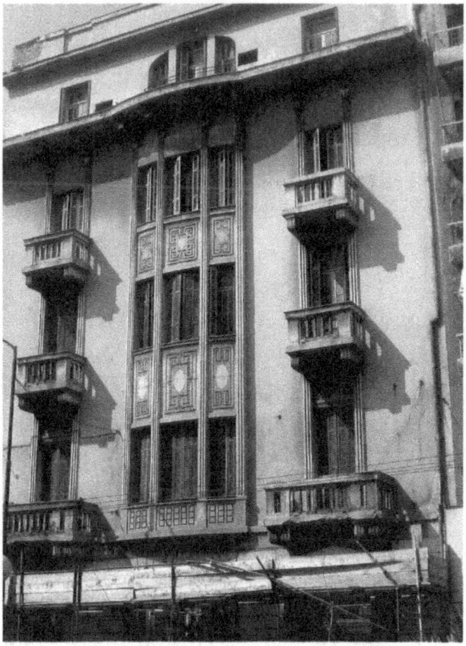

rium kam. Die Eignungsprüfungen fanden am 16. und 25. September sowie am 5. Oktober 1939 statt – genau in jenem Zeitraum also, in dem mit Hitlers Angriff auf Polen der Zweite Weltkrieg begann. Wir wissen nicht, an welchem der drei Termine Maria Kalogeropoulou antreten durfte, aber nachdem sie zwei Arien aus *Cavalleria rusticana* und *Oberon* vorgesungen hatte, war die Sache eindeutig: Die Jury erteilte ihr nicht nur die Zulassung, sondern befreite sie auch von den Studiengebühren.[16]

Die endgültige Trennung von Trivella und der offizielle Beginn des Studiums bei Elvira de Hidalgo brachte grundlegende stimmtechnische Änderungen mit sich. Hatte Trivella von Beginn an darauf gesetzt, Opernrollen einzustudieren und sich an französischen Lehrmethoden orientiert, so rückte nun die Technik nach italienischer Schule in den Vordergrund:

> Der Gesangsunterricht bei de Hidalgo bestand vor allem aus Tonleitern und Trillern. Belcanto ist nicht nur eine Methode, um mit leichter Stimme zu singen. Man bringt das Instrument in einen bestimmten Bereich, wo es nicht so laut, aber tragend klingt. Man lernt all die Tonleitern, die Triller, die Belcanto-Verzierungen, was ein eigenes, großes Vokabular ergibt.[17]

Ihren ersten öffentlichen Auftritt am Athener Konservatorium hatte sie am 23. Februar 1940. Der Unterricht bei Elvira de Hidalgo hinterließ auch in der Programmauswahl seine Spuren: Gemeinsam mit der Mezzosopranistin Arda Mandikian sang sie das Duett »Mira, o Norma« aus jener Belcanto-Oper von Vincenzo Bellini, die rund ein Jahrzehnt später zu ihrer musikalischen Signatur werden würde. Das gleiche Programm wurde am 3. April 1940 erstmals auch live im Rundfunk ausgestrahlt. Zum Examenskonzert Ende Mai 1940 sang sie dann schon erstmals die berühmte Arie »Casta Diva« aus derselben Oper.

Und dann ging es sehr schnell:

> Ich hatte gerade sechs Monate bei de Hidalgo studiert, als man mich an die erst kurz zuvor gegründete griechische Oper holte. Das Nationaltheater hatte jetzt eine Opernabteilung. Und sie brauchten einen dramatischen Sopran. Sie engagierten mich für ein Jahr, und ich durfte nirgendwo anders auftreten. De Hidalgo kümmerte sich um den Vertrag. So hatte ich etwas Geld und konnte in Ruhe studieren. Ich brauchte mich nicht nach Arbeit umzusehen. Denn es herrschte ja immerhin Krieg.[18]

3 Aufstieg

Februar 1941. Ihr Aufstieg begann mitten im Krieg. Wenige Wochen nach der Bombardierung von Piräus durch die italienische Luftwaffe und zwei Monate vor dem Beginn der deutschen Invasion Griechenlands stand Maria Kalogeropoulou an der Nationaloper von Athen zum ersten Mal in einer Solorolle auf einer professionellen Bühne. In der Operette *Boccaccio* von Franz von Suppé gab sie die Beatrice – nur eine Nebenfigur in einem insgesamt nicht übermäßig anspruchsvollen Werk. Obwohl sie nur als Zweitbesetzung für die erfahrene Sängerin Nafsika Galanou einsprang, hat sie diese Mezzosopranpartie im Zeitraum Februar bis Juli 1941 rund zehnmal übernommen.[1] Zu verdanken hatte sie dies ihrer Lehrerin Elvira de Hidalgo, die kurz zuvor zur Beraterin der Nationaloper ernannt worden war und ihrer besten Schülerin dort eine Berufsperspektive zu verschaffen suchte.

Der Bassist Nikos Papachristos, der in dieser Produktion im Chor mitwirkte, erinnert sich:

> Eines Tages erfuhren wir, dass Galanou durch Kalogeropoulou ersetzt werden sollte, über die wir praktisch nichts wussten. Bevor sie auf die Bühne kam, hatte sie aus dem Off zu rufen: »*Weh mir! Hilfe*!« Wir hörten diese volle Stimme, hysterisch und ungeheuer lebendig, die einen mitreißt. Wir waren erstaunt. Sie war unberechenbar, ganz unterschiedlich in den oberen und unteren Lagen, eine Stimme, die einen ansprach, ohne dass man wusste, warum. Sie war angenehm und irritierend zugleich.[2]

Gewiss dürfte diese Erinnerung aus großer zeitlicher Distanz auch von den späteren Eindrücken der Jahrhundertsängerin geprägt worden sein. Doch Papachristos war keineswegs der Einzige, dem die jugendliche Darstellerin der Beatrice imponierte. Auch die Operndirektion bewies ein klares Gespür für ihre außerordentlichen sängerischen und darstellerischen Fähigkeiten:

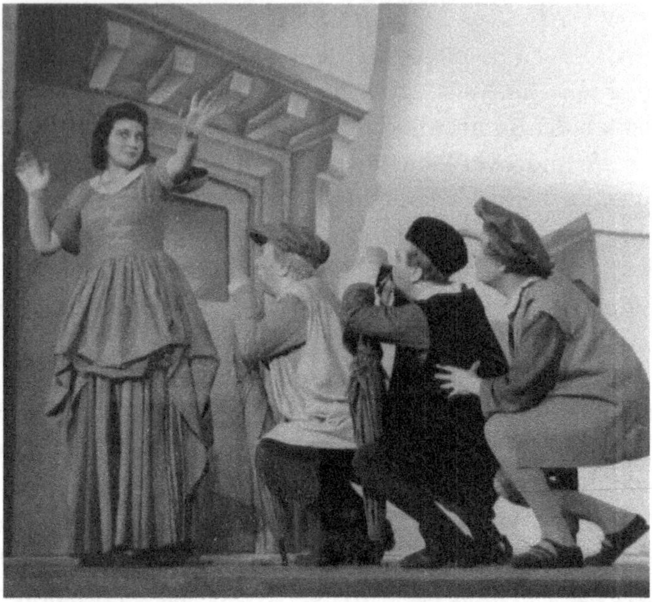

Maria Kalogeropoulou in ihrer ersten Rolle an der Athener Nationaloper als Beatrice in *Boccaccio* von Franz von Suppé, 1941.

Bereits in der übernächsten Spielzeit übernahm sie am Nationaltheater eine Hauptrolle, und zwar nicht nur als Zweit-, sondern als Erstbesetzung. Zudem handelte es sich um keine beliebige Hauptrolle, sondern um die Titelpartie in Giacomo Puccinis *Tosca*, die sie später in denkwürdigen Produktionen auf der ganzen Welt verkörpern sollte.

1942 stand sie als Tosca insgesamt achtzehnmal auf der Bühne: So oft hat sie später in ihrer gesamten Karriere keine einzige Partie in einer Spielzeit gesungen. Kein Zweifel: Maria Kalogeropoulou hatte bereits alles erreicht, was eine junge Sängerin damals in Griechenland überhaupt erreichen konnte. Sie war die erste Sängerin an der ersten Bühne ihres Landes. Und das erstaunlichste: Sie war damals erst 18 Jahre alt – zu jung für eine professionelle Primadonna?

Nach gegenwärtigen Maßstäben wäre sie zweifellos viel zu jung gewesen: Wer heute nach dem Abitur und einem rund sechsjährigen Studium mit durchschnittlich 25 Jahren an einer deutschen Musikhochschule einen Masterabschluss in Operngesang erwirbt, ist meistens noch längst nicht so weit, um gleich im Anschluss ein Engagement an einem großen Opernhaus antreten zu können. Und schon gar nicht ist damit zu rechnen, dass einer Berufsanfängerin die charismatische Titelrolle in einer der berühmtesten Opern des Repertoires angeboten würde.

Lassen sich die aktuellen Verhältnisse ohne Weiteres auf die künstlerische Entwicklung von Maria Kalogeropoulou zurückprojizieren? Wohl kaum. Viele Biographen haben ihren frühen griechischen Bühnenauftritten nur wenig Aufmerksamkeit geschenkt. Sie setzen ihren professionellen Karrierebeginn erst mit dem italienischen Debüt in der Arena von Verona im Sommer 1947 an. Das mag auf den ersten Blick plausibel erscheinen, denn Maria Callas war selbst zu diesem Zeitpunkt erst 23, und nachkriegsbedingt ging dieser Premiere eine zweijährige Pause voraus, in der sie keinen einzigen Opernauftritt hatte.

Vergleiche ihrer künstlerischen Entwicklung mit heutigen Karriereverläufen sind noch aus anderen Gründen problematisch. In früheren Zeiten kam es durchaus häufiger vor, dass Sängerinnen schon in sehr jungen Jahren auf der Bühne standen, und dies sogar in hochvirtuosen Hauptrollen. Maria Malibran, erklärtermaßen ihr größtes Vorbild, wurde bereits mit 15 Jahren am Londoner King's Theatre als Rosina in *Il barbiere di Siviglia* von Rossini stürmisch gefeiert. Malibran, die nur 28 Jahre alt wurde, besaß ein ähnliches Stimmprofil und Repertoire wie Callas. Auch ein anderer Aspekt darf nicht unberücksichtigt bleiben: Ihr beispielloser Aufstieg fiel in eine Zeit, als in Griechenland erstmals eine professionelle Opernkultur aufgebaut wurde. Diese stand ab 1941 unter der kulturpolitischen Protektion der Besatzungsmächte Italien und Nazi-Deutschland.

Als Maria Kalogeropoulou 1937 in Athen eintraf, gab es dort weder ein festes Opernhaus noch ein permanentes Sängerensemble. Das prachtvolle, von Ernst Moritz Theodor Ziller im Stil der Neorenaissance errichtete Königliche Theater an der Odos Agiou Konstandinou war im Jahre 1901 als reines Schauspielhaus eröffnet worden. Während den Balkankriegen, dem Ersten Weltkrieg und dem Griechisch-Türkischen Krieg hatte das Theater einen schweren Niedergang erlitten. Nach der Abschaffung der Monarchie wurde es umgebaut und 1932 als griechisches Nationaltheater wiedereröffnet.

Mit der Gründung der Nationaloper (Ethniki Lyriki Skini) als Zweigstelle des Nationaltheaters wurde erst 1939 während der Diktatur von Ioannis Metaxas (1936–41) zum ersten Mal in der Geschichte Griechenlands ein staatlich finanziertes Opernensemble begründet. Es war Teil der nationalistischen Kulturpolitik des sogenannten Neuen Staates (Neon Kratos), der sich in Anlehnung an die beiden großen historischen Epochen der klassischen Antike und der byzantinischen Zeit eine grandiose ›dritte griechische Kultur‹ auf die Fahnen schrieb, damit zugleich aber auch eine unmittelbare staatliche Kontrolle von Kunst und Medien verfolgte.[3] Metaxas orientierte sich nicht nur in seinem Größenwahn an Mussolini und Hitler, sondern auch an deren Herrschaftsstil. Und auch das Nationaltheater unter der Leitung seines Generaldirektors Costis Bastias richtete seinen Blick nach Italien und Deutschland. In Ermangelung einer eigenen griechischen Opern- oder wenigstens Operettenkultur war das Unternehmen fast zur Gänze auf Importwerke angewiesen. So wurde zur Eröffnung der neuen Nationaloper am 5. März 1940 im Athener Olympia-Theater *Die Fledermaus* von Johann Strauß gespielt, wenig später folgte eine Produktion von Puccinis *Madama Butterfly*.

Am Vorabend der griechischen Tragödie des Zweiten Weltkriegs entbehrt dieser Import eines italienisch-deutschen Musiktheaters nicht der historischen Ironie. Die Invasion der ›Achsenmächte‹ in Griechenland veränderte 1941 auch das Kulturleben nachhaltig. Während die italienische Besatzungszone den Großteil des Landes umfasste, kamen Athen und Piräus, der

Großraum Thessaloniki, das Grenzgebiet zur Türkei sowie Kreta und zahlreiche weitere Inseln unter deutsche Verwaltung. Nachdem am 8. Mai 1941 der Mussolini-Vertraute Nikos Yokarinis anstelle des wegen seiner probritischen Gesinnung inhaftierten Costis Bastias zum Generalintendanten des Athener Nationaltheaters ernannt worden war, ging alles sehr schnell. Bereits eine Woche später wurden an der Oper zwei bedeutende jüdische Künstler entlassen, Renato Mordo und Walter Pfeffer.[4] Der aus Wien stammende Regisseur Mordo hatte bis zum deutschen Einmarsch in der Tschechoslowakei als Oberspielleiter am Prager Deutschen Theater gearbeitet und war daraufhin nach Athen geflohen, wo er seit September 1939 in der Leitungskommission der Nationaloper mitgewirkt hatte. Pfeffer, ein Schüler der Dirigenten Felix Weingartner und George Szell, war 1938 nach dem Anschluss Österreichs von Wien nach Brüssel und von dort nach Athen geflohen.

Als im Juni 1941 die Verträge mit 15 Solisten und 35 Chormitgliedern für die nächste Spielzeit abgeschlossen wurden, war Maria Kalogeropoulou, die in der Saison 1940/41 immerhin als Choristin firmiert hatte, jedoch nicht unter den Auserwählten. Mehrere Gründe dürften hierfür den Ausschlag gegeben haben. Durch die Absetzung von Bastias hatte die Siebzehnjährige ihren wichtigsten Unterstützer verloren. Leonidas Zoras, Pfeffers Nachfolger als Chefdirigent der Oper, hielt ihre Stimme – zweifellos zu Recht – für noch ungefestigt.[5] »Machenschaften neidischer Kolleginnen« mögen ebenso zu ihrer vorübergehenden Nichtberücksichtigung beigetragen haben wie die weitblickende Vorsicht ihrer Lehrerin: »Man hatte auch festgestellt, dass die Callas bei der Wiederaufnahme von *Boccaccio* ein leichtes Schwanken in der hohen Lage entwickelte. Das mag Elvira de Hidalgo veranlasst haben, sie von der Bühne zu nehmen, bis sie diese stimmliche Schwäche überwunden hatte.« Überdies habe sie »das Gefühl gehabt, ihre Schülerin sollte nach der Beatrice eine eindrucksvolle, große Rolle singen. Deshalb hätten sie auf die richtige Gelegenheit warten müssen.«[6]

Tatsächlich waren in dieser Spielzeit, abgesehen von drei Operetten, vorwiegend Werke geplant, für deren Sopran- bzw. Mezzosopranrollen sie damals keineswegs in Frage kam: Rossinis *Il barbiere di Siviglia*, Verdis *La traviata* und Bizets *Carmen*. Immerhin wurde sie – wenngleich ohne Vertrag – gebeten, sich inoffiziell als Back-up für *Die Entführung aus dem Serail* bereitzuhalten. So studierte sie gemeinsam mit Elvira de Hidalgo 1941 die Partie der Konstanze ein, die sie auf der Bühne erst 1952 an der Mailänder Scala singen sollte – als einzige Mozart-Rolle ihrer gesamten Bühnenlaufbahn. Früh lernte sie, sich dank ihrer rasanten Auffassungsgabe und eisernen Disziplin für alle Eventualitäten zu wappnen. De Hidalgo brachte dies klar auf den Punkt: »Ich glaube, dass Maria nach *Boccaccio* gelernt hat, eine Kämpferin und Überlebenskünstlerin zu sein.«[7]

Während Maria Kalogeropoulou mit größter Konsequenz an der Weiterentwicklung ihrer noch jungen Karriere arbeitete, spitzten sich die Ereignisse im besetzten Griechenland immer dramatischer zu. Die deutschen Besatzer plünderten das gesamte Land systematisch aus. Hierdurch kam es im Winter 1941/42 zur schlimmsten Hungersnot in der Geschichte Griechenlands, der mindestens 100 000 Menschenleben zum Opfer fielen. Evangelia, Jackie und Maria Kalogeropoulou gelang es, diese furchtbare Zeit relativ glimpflich zu überstehen.

Die größte Unterstützung erhielten die drei Frauen von Jackies Verlobtem Milton Embirikos, auch wenn eine Heirat aus Standesgründen für die Reeder-Dynastie, welcher der junge Mann entstammte, nicht in Frage kam. Die Verbindung brachte beiden Seiten dennoch bedeutende Vorteile: Der schüchterne Milton erfreute sich einer attraktiven (und ebenso schüchternen) Partnerin, und die Familie konnte sich auf regelmäßige Zuwendungen und Lebensmittellieferungen verlassen, so dass sie von der großen Hungersnot verschont blieb. Auch pflegten sie Austausch mit Angehörigen sämtlicher Kriegsparteien und hatten mehr oder weniger intensive persönliche Begegnungen sowohl mit italienischen als auch mit deutschen Besatzungsoffizieren. Ungeachtet dessen ließ sich Evangelia im Sommer 1941 von einem befreundeten griechischen Offizier überreden, zwei untergetauchten britischen Armeeangehörigen vorübergehend Unterschlupf in ihrer Wohnung zu gewähren – eine mutige Entscheidung, die im Falle einer Entdeckung schwerste Konsequenzen gehabt hätte.

In dieser Zeit lernte Evangelia Kalogeropoulou den italienischen Oberst Mario Bonalti aus Verona kennen, der bald in der Wohnung ein- und ausging, wie sie schreibt:

> Er war ein charmanter, kultivierter Mann und ein versierter Pianist. Als er von Marias musikalischem Talent erfuhr, kam er immer öfter in die Patissionstraße 61. Manchmal begleitete er ihren Gesang am Klavier. Er teilte seine Nahrungsrationen mit ihr und brachte uns immer wieder kleine Geschenke. Er war mein guter Freund, und für die beiden Mädchen war er fast wie ein Vater. Sie hörten damals nichts von ihrem echten Vater, da während des Krieges der Briefverkehr eingestellt wurde.[8]

Ob Maria aber Bonalti als Ersatzvater akzeptierte, darf bezweifelt werden, denn erstens war sie damals fast nie zu Hause, und zweitens lehnte sie später, ab 1947, als sie überwiegend in Verona lebte, jede Begegnung mit ihm kategorisch ab.

Vor allem aufgrund neuer künstlerischer und administrativer Weichenstellungen sollte die Spielzeit 1941/42 für sie wegweisend werden. Am 3. Oktober 1941 gab Generalintendant Yokarinis bekannt, das Opernensemble des Nationaltheaters verselbständigen zu wollen. Als dauerhafte Spielstätte wurde nun das Olympia-Theater angemietet und umgebaut. Mit der Berufung des berühmten Tenors Ulysses Lappas in das Direktorium der Nationaloper erhielt Maria Kalogeropoulou im November 1941 einen entscheidenden Fürsprecher. Lappas präsentierte dem Direktorium bereits kurz vor Weihnachten einen Programmentwurf, der die allererste Nationalopernproduktion von Puccinis

Tosca im August 1942 mit Kalogeropoulou in der der Titelrolle vorsah. Diese einmalige Chance bedeutete den künstlerischen Durchbruch für die junge Sängerin.

Die Proben für *Tosca* in der Regie von Dino Yannopoulos unter der musikalischen Leitung von Sotos Vassiliadis begannen bereits Ende Mai 1942 und dauerten ohne Unterbrechung mehr als drei Monate, wie sich Maria Callas später erinnerte: »Ich war so erschöpft, dass dieses Werk bis heute alles andere als meine Lieblingsoper ist.«[9] Gearbeitet wurde mit zwei getrennten Ensembles, eines sang auf Griechisch, das andere auf Italienisch. Die Vorstellungen sollten abwechselnd in beiden Sprachen stattfinden, nur die Protagonisten traten in allen Vorstellungen auf. Dabei kam ihr zugute, dass sie inzwischen beide Sprachen beherrschte. Angeblich studierte Vassiliadis die gesamte Partie mit seiner jugendlichen Primadonna in der Privatwohnung der Familie Kalogeropoulos ein und wurde nach getaner Arbeit von Evangelia mit warmen Mahlzeiten verwöhnt, was in jenen Zeiten als außerordentlicher Luxus empfunden wurde.[10]

Wie kann eine Achtzehnjährige eine so schwierige und hochdramatische Sopranpartie singen? Maria Callas hat später stets mit einem Lächeln betont, sie habe alle ihre Rollen nach der ›de-Hidalgo-Methode‹ einstudiert: »Egal wie schwer eine Partie ist, die Stimme muss immer leicht bleiben. Sie muss beweglich bleiben, sie darf nicht schwer werden.«[11]

Die *Tosca*-Premiere fand am 27. August 1942 im Freilufttheater am Klafthomosplatz statt und wurde ein Riesenerfolg. Die beiden erfahrenen Sänger Antonis Delendas (Cavaradossi) und Titos Xirellis (Scarpia) sangen an ihrer Seite. In den *Deutschen Nachrichten in Griechenland* war zu lesen, Maria Kalogeropoulou »brachte für die Tosca eine schöne gewinnende Bühnenerscheinung mit, die die begehrte Frau und die gefeierte Künstlerin in gleicher Weise glaubhaft machte. Ebenfalls war sie durch eine mühelos beherrschende und modulationsfähige Stimme ausgezeichnet.«[12] Auch bei den Ensemblemitgliedern hinterließ sie großen Eindruck: »Ich erinnere mich an das ›Mario! Mario!

Mario!‹ Da lief einem ein Schauer über den Rücken! Es war ein Schrei, der aus dem Herzen kam«, erinnerte sich später der Chorist Stefanos Chiotakis, der auch die ungeheure Spannung am Ende des zweiten Aktes beschrieben hat, kurz bevor Scarpia von Tosca ermordet wird:

> Auf dem Tisch lag der Dolch, mit dem Griff zu ihr gerichtet. Sie bewegte sich immer näher an den Tisch heran, wobei sie etwas unsicher ging, und wir, die wir wussten, dass sie nichts sehen konnte, waren sehr gespannt. Würde sie ihre Hand darauflegen, und was wäre, wenn nicht? Aber sie hatte ihre Schritte perfekt dosiert, erreichte den Tisch und nahm den Dolch mit absoluter Präzision auf, ohne auch nur den Kopf zu drehen. Das ließ uns wirklich das Blut in den Adern gefrieren! Es war, als würde ein Magnet ihre Hand zum Griff ziehen.[13]

Doch danach trat sie an der Nationaloper für einige Zeit wieder in den Hintergrund. Obwohl ihr Gehalt erhöht wurde, musste sie sich in der Oper *O protomastoras* (dt. *Der Baumeister*) aus der Feder von Manolis Kalomiris ab dem 19. Februar 1943 in zwölf Vorstellungen damit begnügen, in den Intermezzi mitzuwirken. Im April sang sie im Italienischen Kulturinstitut von Athen die Sopranpartie in Pergolesis *Stabat mater* in einem Konzert, das live im Radio übertragen wurde, und besuchte als Zuschauerin Opernaufführungen von *Lucia di Lammermoor* und *Adriana Lecouvreur*.[14] Zugleich bereitete sich die inzwischen Neunzehnjährige auf ihre Examensprüfungen am Athener Konservatorium vor, bei denen sie nicht nur Arien von Gluck, Mozart, Giordano und Pizzetti vortrug, sondern auch am Klavier mit Johann Sebastian Bachs »Präludium« und »Fuge f-Moll« (vermutlich aus dem *Wohltemperierten Klavier*, Teil II) sowie dem Scherzo aus Ludwig van Beethovens Klaviersonate op. 2 Nr. 3 hervortrat. Obwohl sie beide Prüfungen mit Auszeichnung absolvierte, beendete sie ihr Studium ohne formellen Abschluss, da sie an den

Theorieprüfungen nicht mehr teilnahm. Von nun an wurde sie von de Hidalgo nur noch privat unterrichtet. Zusätzlich nahm sie auch einige Gesangsstunden bei dem erfahrenen Bariton Vangelis Mangliveras, woraus sich bald auch eine intensive Liebesbeziehung entwickelte.[15]

Am 17. Juli 1943 wurde *Tosca* an der Nationaloper wiederaufgenommen, allerdings nur für eine einzige Aufführung, und so erhielt sie ein letztes Mal die Gelegenheit, in dieser Rolle in Athen zu brillieren. Friedrich W. Herzog, der Kritiker der *Deutschen Nachrichten in Griechenland*, war begeistert:

> Ihr Sopran besitzt Jugend, Wohllaut, Schmelz, Weichheit und Rundung, und mit diesen Vorzügen erfüllt sie die Titelpartie in einer hochgespannten Ausdruckslinie, die der lyrischen Kantilene den großen Zug und den leuchtenden Atem verleiht. Auch im Spiel offenbarte die Künstlerin ihr Talent, wenngleich sie in manchen Zügen noch etwas unfertig erschien, was angesichts ihrer Jugend nur natürlich ist.[16]

Daraufhin besuchte Maria Kalogeropoulou den Nazi-Journalisten persönlich in seinem Büro, um ihm für seine Unterstützung zu danken, wie Herzog später berichtete:

> Zunächst erkannte ich in meiner Besucherin, einem jungen, kräftigen Mädchen in einer Art Dirndlkleid und mit einer Brille in der Hand, die Tosca kaum wieder. In der halb Griechisch, halb Französisch geführten Unterhaltung erfuhr ich kurz ihre Lebensgeschichte. Sie erzählte mir, dass sie Amerikanerin sei und große Angst vor einer möglichen Internierung habe. Ihre Furcht war unbegründet. […] Sobald sie von ihrer Kunst sprach, geriet sie in Rage. Mit Ach und Krach habe sie die Tosca singen können. Die Veteraninnen der Staatsoper pochten auf ihre wohlerworbenen Rechte und ließen die Jugend nicht aufkommen. ›Ich werde singen, ich muss singen!‹ rief sie immer wieder aus.[17]

Nachdem Italien im September 1943 einen Waffenstillstand mit den Alliierten unterzeichnet und die italienischen Soldaten fluchtartig Griechenland verlassen hatten, stand Athen unter alleiniger Kontrolle der deutschen Besatzungstruppen. Dies hatte einen tiefgreifenden kulturpolitischen Wandel zur Folge, der sich selbstverständlich auch im Spielplan des Nationaltheaters niederschlug. Die bis dahin vorherrschenden italienischen Opern wurden nun auf Anordnung der Besatzungsmacht unter dem musikliebenden Militärbefehlshaber Wilhelm Speidel zunehmend durch deutsche Werke ersetzt. Zugleich zog die Oper unter der Leitung ihres neuen Intendanten Manolis Kalomiris in das Olympia-Theater um. Ende 1943 begannen die Proben für Eugen d'Alberts *Tiefland*, mit Maria Kalogeropoulou, Antonis Delendas und Vangelis Mangliveras in den Hauptrollen. Laut ihrer Schwester habe Maria wie eine Wahnsinnige für ihre Rolle in der von den Nazis angeordneten deutschen Oper geprobt – überwiegend wohl allein zu Hause am Klavier.[18] Da die Bauarbeiten am Olympia-Theater sich verzögerten, konnte die Premiere jedoch erst am 22. April 1944 stattfinden. Herzog schrieb in den *Deutschen Nachrichten in Griechenland*, Maria Kalogeropoulou sei »eine Martha von urwüchsiger Natürlichkeit« gewesen:

> Was andere Sängerinnen erlernen müssen, besitzt sie von Natur. Den dramatischen Instinkt, die Nervigkeit des Spiels und die Freizügigkeit der Gestaltung. Ihre Stimme entfaltet in der Höhe eine durchschlagende metallene Kraft, und in den getragenen Augenblicken weiß sie alle Farben ihres kostbar jungen und von angeborener Musikalität geführten Soprans aufzudecken.[19]

Der Rezensent behauptete zudem, dass diese Oper »durch ihre starken Bühnenakzente dem griechischen Volksnaturell doch sehr entgegenkommt. Begreiflich wird das, wenn man bedenkt, dass der italienische Opernstil durch lange Jahre in Griechenland vorherrschend war. Umso höher ist die jetzige Leistung des ganzen

Ensembles zu werten, das unter der sicher führenden Hand Leonidas Zoras' sich mit Verve dem musikdramatischen Fluidum des Werkes hingab und die ihm gestellte neue Aufgabe vorbildlich löste.«

Nach dem Krieg ›enthüllte‹ Herzog in der *Wildente*, einer Zeitschrift für ehemalige Angehörige der Propagandakompanien (PK) der Wehrmacht, wie »Callas Athene mithilfe der PK 1943 bei ihren Landsleuten durchgesetzt« worden sei:

> Da Maria von Seiten ihrer Landsleute kaum Unterstützung zu erwarten hatte – sie wurde stets als Eindringling behandelt und war selbst auch zu keiner konzilianten Geste zu bewegen –, haben sich immer wieder deutsche Stellen, vor allem die PK-Angehörigen, für Maria Kalogeropoulou eingesetzt. Der Erfolg solcher Bemühungen blieb nicht aus.[20]

Ihr enormer Erfolg als Martha in *Tiefland* zahlte sich auch finanziell für sie aus: Nur zwei Tage nach der Premiere beschloss das Leitungskomitee der Oper im Zuge von Rationalisierungsmaßnahmen eine neue Gagenstruktur für das künstlerische Personal. An der Spitze der Pyramide standen nun jeweils fünf Sängerinnen und Sänger der Kategorie A mit einem Monatseinkommen von 30 Millionen Drachmen, darunter auch Maria Kalogeropoulou. Im Unterschied zu den berühmten älteren Kräften des Ensembles wie Delendas oder Mangliveras, die auch zuvor Einkünfte in dieser Größenordnung bezogen, bedeutete dies für die 20-jährige Nachwuchssängerin eine unerwartet plötzliche Gagenexplosion, die freilich nicht nur Anerkennung, sondern auch Neid nach sich zog.[21]

Nun folgte eine Premiere auf die nächste, und in sämtlichen Produktionen war Maria Kalogeropoulou in der weiblichen Hauptrolle zu erleben. Bereits am 6. Mai 1944 sang sie in *Cavalleria rusticana* die Santuzza – jene Partie, in der sie 1939 am Nationalkonservatorium zum ersten Mal auf einer Opernbühne gestanden hatte. Diesmal fiel Herzogs Kritik in den *Deutschen*

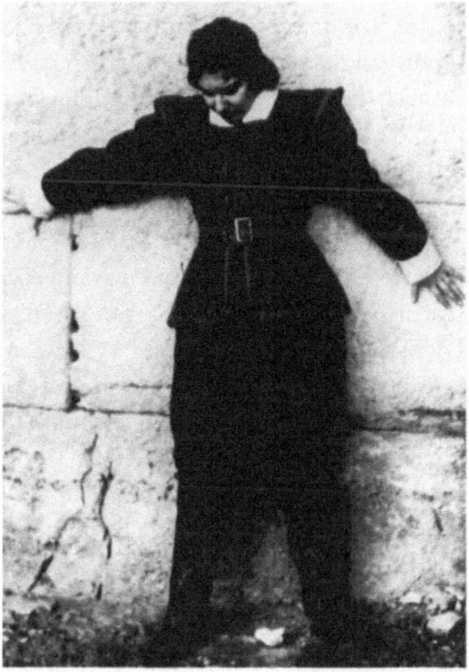

Unter der deutschen Besatzungsherrschaft: Maria Kalogeropoulou als Leonore in Beethovens *Fidelio*. Nationaloper Athen, 1944.

Nachrichten in Griechenland noch zügelloser aus: »Maria Kalogeropoulou war eine Santuzza von triebhaftem Temperament. Ihr dramatischer Sopran entfaltet sich ebenso mühelos wie empfindsam in weit ausladender opernhafter Gebärde, bei der auch die Träne in der Stimme nicht fehlte.«

Schlechter kam sie in der griechischen Presse weg. Während die *Athinaika Nea* sie als »eine begabte Debütantin mit reicher Stimme und bemerkenswertem szenischen Talent« einstufte, jedoch einwandte, »sie soll singen und nicht brüllen«, hatte sie der Zeitung *I Proia* zufolge »jedes Maß der Dramatik verloren. Dieses Übertreiben verminderte ihre Darbietung nicht nur in Gestaltung und Dramatik, sondern auch im Gesang. Die schöne Sopranstimme verlor durch das unnötige Forcieren an Qualität und Farbe.«[22]

Im Sommer 1944 standen kurz nacheinander zwei weitere Opern an, in denen sie die weibliche Hauptrolle zu singen hatte: Zunächst am 30. Juli die Wiederaufnahme des *Protomastoras* von Manolis Kalomiris – nun aber mit Maria Kalogeropoulou als Smaragda, sodann – wiederum auf ausdrückliche Anordnung der deutschen Besatzungsmacht – am 14. August Beethovens *Fidelio* im antiken Freilufttheater des Herodes Atticus. Mittlerweile hatte der deutsche Dirigent Hans Hörner die Leitung des Nationaltheaterorchesters übernommen. Wenngleich Hörner den Dienstgrad eines Majors der Wehrmacht bekleidete, galt er als sehr bescheidener, einfühlsamer und zuverlässiger Orchesterleiter, der mit den einheimischen Musikern vorwiegend in französischer Sprache kommunizierte.[23]

Ein völlig anderes Kaliber war der *Fidelio*-Regisseur Oscar Walleck, ein Nazi der ersten Stunde. Er diente dem Regime seit 1934 als Präsident des Deutschen Bühnenvereins und als Generalintendant der Bayerischen Staatstheater. Goebbels berief ihn 1935 ins Präsidium der Reichstheaterkammer und ernannte ihn 1936 zum Reichskultursenator. In der SS, der er schon seit 1932 angehörte, brachte er es zum Standartenführer und war Träger des Totenkopfrings. Doch auch Walleck genoss aufgrund seiner professionellen Arbeitsweise beim Athener Ensemble größten Respekt.[24]

Wiederum lobte Friedrich W. Herzog sie ohne jede Einschränkung:

> In dem auf höchster Verinnerlichung gerichteten Spiel standen Maria Kalogeropoulou als Leonore und Anton Delendas als Florestan ebenbürtig nebeneinander. Gesanglich und ausdrucksmäßig entfaltete Kalogeropoulou ihren ungewöhnlich ausgiebigen und klangvollen Sopran zu einer Intensität, die das vom reinen künstlerischen Erleben durchglühte Herz in jeder Geste fühlen ließ.[25]

Auch ihre Schwester erkannte diesen Erfolg unumwunden an: »Zum ersten Mal in ihrer Karriere war sie ohne jede Einschränkung hinreißend. Ihr Gewichtsproblem war irrelevant in der Rolle einer als Mann verkleideten Frau, und da das Schauspielen in *Fidelio* genauso wichtig wie das Singen ist, konnte sie ihre einzigartigen darstellerischen Fähigkeiten glänzend entfalten.«[26]

Unter der Protektion der deutschen Besatzer durfte Maria Kalogeropoulou, die an der Griechischen Nationaloper nach der *Tosca* von 1942 kaum noch eine Rolle gespielt hatte, innerhalb von fünf Monaten vier Hauptpartien nacheinander übernehmen. Auch wenn Herzogs spätere Darstellung, sie sei eine Entdeckung der deutschen Besatzer gewesen, sicher überzogen ist, unterliegt es keinem Zweifel, dass sie von den dramatischen politischen Entwicklungen und dem Wohlwollen der Militärherrschaft unter Speidel wesentlich profitierte.[27] Als soziale Außenseiterin arbeitete sie mit unerbittlichem Fleiß und Ehrgeiz an ihrer musikalischen Berufung und erreichte just 1944 den Status einer angesehenen Primadonna. Dass die nationalsozialistische Fremdherrschaft hierzu einen wesentlichen, wenngleich höchst ambivalenten Beitrag leistete, hat sie selbst mit der ihr eigenen Mischung aus Professionalität und Selbstgerechtigkeit umstandslos anerkannt: »Um ehrlich zu sein: Die Athener Oper hat eigentlich nur ein einziges Mal wirklich funktioniert – und zwar unter der deutschen Besatzungsmacht. Sonst aber herrschte dort das totale Chaos, ein Desaster!«[28] Auch Jahrzehnte später äußerte sie sich bemerkenswert positiv über die deutschen Besatzer: »Als ich während des Krieges in Athen auftrat, bin ich von den Deutschen in keiner Weise belästigt worden, obwohl ich Inhaberin eines amerikanischen Passes war.«[29]

Auf die Befreiung Griechenlands und den Abzug der deutschen Truppen folgte unter britischer Militärverwaltung eine weitere Phase politischer Instabilität. Maria Kalogeropoulou fand eine Beschäftigung im Hauptquartier der britischen Streitkräfte in Athen:

Ich wurde der Abteilung für den Versand geheimer Post zugewiesen. Die Arbeit begann morgens um acht, aber ich musste um halb sieben aufstehen, denn um zu sparen, ging ich immer zu Fuß den ganzen Weg zum Büro, das sehr weit von unserer Wohnung entfernt war. Bei den Engländern bekamen wir ein reichhaltiges Mittagessen, das ich nicht im Hauptquartier aß, sondern in einen Topf füllte und zu Hause mit meiner Mutter teilte.[30]

An der Athener Nationaloper wurden nun die Karten neu gemischt. Während der deutschen Besatzungsherrschaft hatte sie sich viele Feinde gemacht. Verständlicherweise verübelten es ihr einige ältere Kolleginnen aus dem Opernensemble, dass sie ihnen die Rollen wegnahm und dabei von den deutschen Besatzern und zugleich von ihrer einflussreichen Lehrerin Elvira de Hidalgo protegiert wurde. Drei ihrer insgesamt fünf Rollen am Nationaltheater stammten aus deutschen Stücken, was ihr ebenso zum Vorwurf gemacht wurde wie ihre Kontakte zu deutschen Offizieren, Journalisten und Theaterleuten. Besonders die beiden etablierten Sopranistinnen Mireille Fléri und Anna Remoundou hatten darunter zu leiden, dass ihnen eine junge ›Anfängerin‹ vorgezogen wurde, und auch etliche männliche Kollegen bezogen Stellung gegen sie. Vor allem wegen der Besetzung der Leonore kam es zum Eklat mit Fléri. Deren Ehemann, der Tenor Nikos Glynos, ergriff für seine Frau Partei und nannte Maria Kalogeropoulou »eine Hure, die es mit Italienern und Deutschen getrieben und nur deshalb das höchste Gehalt in der Kompanie« erhalten habe.[31] Es sei eine »Schande, dass ein einundzwanzigjähriges Mädchen auf die gleiche Stufe mit Künstlern ihres Formats und Dienstalters gestellt« werde.[32] Als sie sich Anfang 1945 um eine Verlängerung ihres Engagements bewarb und sich für die nächste Spielzeit verständlicherweise große Hoffnungen auf die Hauptrollen in Wagners *Fliegendem Holländer* und Umberto Giordanos *Fedora* machte, erhielt sie eine bittere Abfuhr: »Der Vertrag von Maria Kalogeropoulou wird nicht verlängert. Sie hat eine zu aktive Rolle in den letzten Monaten der Besatzung gespielt.«[33] Vertragsgemäß führte sie die laufende Spielzeit zu Ende, die trotz der geänderten politischen Situation mit Hitlers Lieblingsoper *Tiefland* fortgesetzt wurde. Später berichtete sie, der Direktor der Nationaloper sei sehr verlegen gewesen, »als er mir stotternd, mit vielen Entschuldigungen, das Ende meines Engagements eröffnete. Ich würde nach Amerika gehen, sagte ich ihm und fügte hinzu: ›Ich hoffe, dass Sie das nie bereuen werden.‹ Doch bevor ich ging, gab ich ihnen noch einmal eine Probe meiner Kunstfertigkeit und sang in Millöckers *Bettelstudent*, einer Operette, die unendlich schwer ist für einen Sopran. Sie mussten mir die Rolle geben, denn keine andere konnte sie singen.«[34]

Den Abschluss ihrer griechischen Karriere verstand sie zugleich als das Ende ihrer Ausbildungszeit:

> Ich hatte gelernt, wie weit ich gehen kann, was ich tun muss. Wenn man jung ist, in der Schulzeit, muss man sich sehr zurücknehmen. Anschließend ging ich nach Italien. Dort begann meine große Karriere. Dabei lernte ich, was einen richtigen Musiker ausmacht. Man muss seine Stimme, sein Instrument, in den Dienst der Musik stellen. Nicht nur in den Dienst des Belcanto, sondern der Musik an sich.[35]

Drei Tage nach ihrem letzten Auftritt als Laura im *Bettelstudent* schiffte sie sich am 15. September 1945 auf der MS Gripsholm nach New York ein. Der Hauptgrund für die überstürzte Abreise war administrativer Natur. Im Unterschied zu den übrigen Familienmitgliedern besaß sie aufgrund ihrer Geburt in New York die amerikanische Staatsbürgerschaft, die sie nach Erreichen der Volljährigkeit – damals mit 21 Jahren – jedoch nur behalten konnte, indem sie persönlich in die Vereinigten Staaten zurückkehrte.[36] Bei ihrer Ankunft in New York am 9. Oktober wurde Maria Callas – wie sie fortan wieder hieß – zu ihrer größten Überraschung von ihrem Vater empfangen, der ihren Namen auf einer

Passagierliste in der Zeitung entdeckt hatte. Seit Jahren war er ohne jede Nachricht von seiner Familie geblieben und wertete diese Mitteilungen systematisch aus, in der Hoffnung, auf diese Weise auf Personen zu stoßen, die Kontakt mit seinen Angehörigen gehabt haben könnten. Maria war überwältigt: »Ich umarmte ihn wie einen von den Toten Auferstandenen und weinte mich vor Freude an seiner Schulter aus.«[37] Zunächst zog sie in sein Apartment in der West 157th Street ein. Er hoffte, dass sie ihm beim Aufbau eines neuen Drogeriegeschäfts behilflich sein würde. Zunächst zeigte er noch immer wenig Verständnis für ihre künstlerischen Ambitionen, denn er hatte ihre erstaunliche Entwicklung an der Athener Oper ja nicht erleben können. Aber er behandelte sie die nächsten anderthalb Jahre – in den Worten von Maria Callas – »wie eine Königin. Er kaufte mir ein neues Schlafzimmer, Kleider, elegante Schuhe. Ich fand den Glauben an mich selbst wieder.«[38] Nach den schrecklichen Kriegsjahren muss ihr New York wie ein Paradies erschienen sein. Ihr Patenonkel Leonidas Lantzounis beobachtete mit Sorge ihren außerordentlichen Appetit und eine starke Gewichtszunahme in den ersten Monaten seit ihrer Rückkehr nach Amerika.[39]

Ihre Mutter brachte den Gegensatz zwischen Athen und New York ziemlich drastisch auf den Punkt:

> In Athen hatte Maria Kalogeropoulou als führende Sopranistin des Königlichen Theaters ihren Ruhm genossen und wurde mit Blumen und Applaus überschüttet. Sie war berühmt und wurde in Geschäften, Restaurants und auf der Straße erkannt. In New York war Maria Callas lediglich eine unbekannte junge Frau, die den Wunsch hatte, Opern zu singen, und deren Stimme unbeschadet ihrer Qualität weiter ausgebildet werden musste.[40]

Tatsächlich erhielt sie diesen Ratschlag in New York von vielen Seiten. Einer der ersten und berufensten, der diese Empfehlung aussprach, war Giovanni Martinelli, der führende italienische

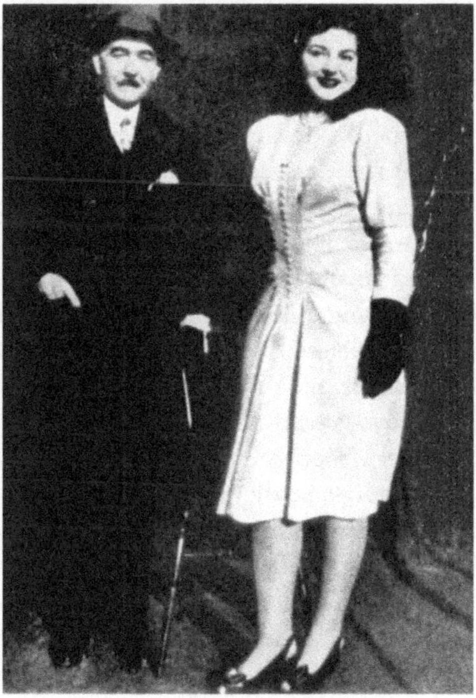

Maria Callas mit ihrem Vater George Callas in New York, 1946.

Tenor der Metropolitan Opera über viele Jahrzehnte. Allein in New York hatte es Martinelli auf über 900 Opernauftritte gebracht – weitaus mehr, als Callas an sämtlichen Opernhäusern der Welt zusammengenommen jemals erreichen sollte. Er war ihr wohlgesonnen und kannte sich mit Stimmen wahrlich aus, doch sie ließ sich von seinem Rat nicht beirren. Sie hoffte sogar auf eine Audienz bei Arturo Toscanini, der seinerzeit das 1937 eigens für ihn gegründete NBC Symphony Orchestra leitete und noch immer ab und zu an der Metropolitan Opera dirigierte. Mit diesem Wunsch wandte sie sich an den ebenfalls an der Met tätigen griechischen Bass Nicola Moscona, der sie in Athen kennengelernt und versprochen hatte, ihr in Amerika zu helfen. Doch auch Moscona riet ihr zu einer weiteren Ausbildung ihrer Stimme und lehnte es ab, Maestro Toscanini mit einem so aussichtslosen Ansinnen zu behelligen.[41] Und der Direktor der San Francisco Opera Gaetano Merola empfahl, ihre Karriere zunächst in Italien zu starten und sich später wieder bei ihm zu melden.[42] Callas bedankte sich höflich und ließ den verdutzten Intendanten wissen, dass sie ihn nicht mehr benötigen werde, sobald sie erst einmal in Italien Karriere gemacht habe. Tatsächlich sollte sie niemals in ihrem Leben in San Francisco auftreten.

Im Dezember 1945 und im Januar 1946 hatte sie zweimal die Gelegenheit, an der Metropolitan Opera vorzusingen. Die Reaktionen fielen unterschiedlich aus. Während der Dirigent Paul Breisach ihr eine außergewöhnliche Stimme bescheinigte, die man gewiss bald auf der Bühne hören werde, erkannte Frank St. Leger neben einem »guten Material« ebenfalls vor allem die Notwendigkeit, die Stimme weiter ausbilden zu lassen.[43] Immerhin kam sie mit dem Met-Direktor Edward Johnson auf die Besetzung der Hauptrollen in *Fidelio* und *Madama Butterfly* zu sprechen, wobei Callas geäußert haben soll, dass sie die Partie der Leonore nicht auf Englisch singen würde und sie diejenige der Cio-Cio-San als unpassend für sich empfand. Ihrer Lehrerin Elvira de Hidalgo berichtete sie am 28. Januar 1946 voller Stolz: »Johnson sagte, ich müsse Butterfly und Desdemona aus Otello singen. Um Himmels willen!« Ihre klare Schlussfolgerung: »Ich habe nicht vor, dort zu singen, es sei denn, ich mache mir vorher anderswo einen großen Namen – und dann wird man mir auch nicht vorhalten können: Du musst auf die deutsche oder französische Art singen.«[44] Als abschreckendes Beispiel verwies sie auf das Schicksal ihrer Kollegin Licia Albanese, die als Sängerin zuvor in Italien viel besser gewesen sei: »Sie ist hier ruiniert worden, weil Herr Johnson, anstatt das Theater zu sehen, die Künstler, die aus Italien und mit der schönen italienischen Gesangsmethode kommen, sehr kritisch beobachtet und versucht, sie zu belehren und im deutschen Stil singen zu lassen.«[45]

Um diese Zeit machte sie Bekanntschaft mit dem New Yorker Rechtsanwalt und Opernliebhaber Edgar Richard (›Eddie‹) Bagarozy. Sie lernte ihn über den Inhaber der Apotheke kennen, in der ihr Vater damals arbeitete.[46] Bis zum Sommer 1947 förderten Bagarozy und seine Frau Louise Caselotti die junge Sängerin in mancher Weise und boten ihr in ihrem großzügigen Apartment ein zweites Zuhause. Die erfahrene Gesangspädagogin Caselotti gab Callas auch Unterricht, während Bagarozy Pläne für ihre Karriere schmiedete und zugleich am Aufbau eines eigenen Opernunternehmens arbeitete.

Ende 1946 beschloss Evangelia Callas, ebenfalls nach New York zu ihrem Mann zurückzukehren, und bat ihre Tochter um finanzielle Unterstützung für die Überfahrt. Einmal mehr musste Patenonkel Lantzounis aushelfen und lieh ihr 750 Dollar.[47] Diesmal war die Reiseroute besonders beschwerlich: Von Piräus fuhr sie mit dem Schiff zunächst bis Marseille und weiter mit der Bahn nach Paris und anschließend nach Calais, setzte von dort über nach England und fuhr schließlich auf der *Queen Elizabeth* nach New York, wo sie im Dezember 1946 eintraf. Zum ersten Mal nach fast zehn Jahren begegnete sie ihrem Ehemann wieder: »Ich war glücklich, ihn zu sehen, obwohl wir nie zueinander gepasst hatten und unsere Liebe seit langem entschwunden war. Doch es gab zwischen uns ein gewisses Verständnis, und wir blieben Freunde, aber nicht mehr als das.«[48] Sie blieb noch viele Jahre in der Wohnung und führte ihrem Mann in New York den Haushalt.

In der zweiten Jahreshälfte 1946 nahmen Bagarozys Opernpläne immer konkretere Gestalt an. Schließlich gründete er die United States Opera Company, deren Eröffnungsvorstellung in Chicago Anfang 1947 stattfinden sollte. Giacomo Puccinis *Turandot* stand auf dem Programm, und zwar mit Maria Callas in der Titelrolle. Die weiteren Hauptrollen sollten Mafalda Favero (Liù), Galliano Masini (Calaf) und Nicola Rossi-Lemeni (Timur) übernehmen.[49] Dem Impresario war es gelungen, namhafte Künstler aus Europa zu engagieren, da kurz nach dem Krieg dort noch immer viele Opernhäuser geschlossen und Auftrittsmöglichkeiten rar waren. Doch Callas konnte sich Anfang Januar die Reise nach Chicago sparen. Bagarozy hatte nicht alle Unwägbarkeiten eines so aufwändigen Unternehmens bedacht. Erst musste der Premierentermin vom 6. auf den 27. Januar 1947 verschoben werden, dann machte die Musikergewerkschaft (American Guild of Musical Artists) einen Strich durch die Rechnung, da Bagarozy die geforderten finanziellen Garantien für die Bezahlung von Chor und Orchester nicht beibringen konnte. Die United States Opera Company war damit geplatzt.

Maria Callas war nicht die einzige Sängerin, die sich daraufhin nach neuen Perspektiven umschauen musste. Nicola Rossi-Lemeni ergriff die Gelegenheit, dem berühmten Tenor Giovanni Zenatello vorzusingen, der nach seinem Abschied von der Bühne die Leitung des Festivals in der Arena von Verona übernommen hatte und in New York nach einer Besetzung für *La Gioconda* Ausschau hielt. Er nahm Rossi-Lemeni sofort unter Vertrag, war aber immer noch auf der Suche nach einer Sängerin für die Titelrolle. In New York wollte er Zinka Milanov und Herva Nelli hören und möglichst eine der beiden für die Aufgabe gewinnen. Stattdessen schlug ihm Rossi-Lemeni vor, erst einmal die unbekannte Sängerin Maria Callas vorsingen zu lassen. Zenatello willigte ein und ließ sich von Callas' Auftritt überzeugen – und vor allem davon, dass sie viel preiswerter als Milanov oder Nelli zu haben war.[50] Die unerfahrene Callas war so versessen auf dieses italienische Engagement, dass sie sich bereiterklärte, für die geringe Abendgage von 40 000 Lire in Verona aufzutreten – wobei sie für die Überfahrt und ihren Aufenthalt in Verona auch noch selbst sorgen musste. Mit anderen Worten: Es war das reinste Verlustgeschäft. Auch Bagarozy war bei dem miserablen Deal mit von der Partie: Er bot an, seine weitläufigen Beziehungen spielen zu lassen, um für die Sänger eine günstige Überfahrt nach Italien zu organisieren. Auf diese Weise gelang es ihm, sowohl Callas als auch Rossi-Lemeni einen Vertrag unterschreiben zu lassen, der ihn für einen Zeitraum von zehn Jahren ab dem 13. Juni 1947 zu ihrem alleinigen Repräsentanten machte, mit einem Anspruch auf zehn Prozent ihrer Gagen.

4 Italien

17. Juni 1947. Von New York aus brach Maria Callas zu ihrer bislang dritten Atlantiküberquerung auf, die sie nun endlich – dem Rat ihrer Lehrerin Elvira de Hidalgo folgend – nach Italien, in das Heimatland der Oper, führen sollte. Mit ihr an Bord eines schäbigen russischen Frachtschiffes waren Nicola Rossi-Lemeni sowie Louise Caselotti. Am 27. Juni landete die SS Rossia in Neapel, von wo aus die drei in einem überfüllten Zug weiter nach Verona reisten. Dort hatte der Festivalmanager Gaetano Pomari zu Ehren der angereisten Künstler bereits ein Abendessen mit dem Industriellen Giovanni Battista Meneghini und weiteren Honoratioren der Stadt arrangiert. Es fand am Abend des 30. Juni statt, unmittelbar vor Beginn der Opernproben.

Als Meneghini, ganz in weiß gekleidet, Maria Callas vorgestellt wurde, war sie von ihm sofort angetan. Doch dann verlor sie ihn wegen ihrer Kurzsichtigkeit erst einmal aus den Augen, da er ihr am Tisch nicht direkt gegenübersaß. Nun ergriff Meneghini die Initiative und ließ ihr auf Vermittlung Louise Caselottis die Einladung für einen gemeinsamen Ausflug zukommen: »Um es kurz zu machen, ich fuhr mit ihm nach Venedig, und auf dieser Reise begann unsere Liebe.«[1] Meneghini, ein kleiner, korpulenter Bauunternehmer von damals 52 Jahren – und damit 28 Jahre älter als Callas –, wird oft recht unvorteilhaft als ›Hagestolz‹, ›Pfennigfuchser‹ und ›Provinz-Casanova‹ beschrieben.[2] Gut möglich, dass gerade diese Eigenschaften auf Callas anziehend wirkten. Jedenfalls schrieb sie wenig später, es sei ihr sofort klar gewesen, dass sie nie einen großzügigeren Mann als ihn hätte treffen können und dass Gott sehr gut zu ihr war, als er sie beide zusammenführte.[3]

Meneghini suchte mit ihr den Gesangslehrer und Komponisten Ferruccio Cusinati auf, bei dem sie fortan Unterricht nahm:

> Wenn sie nicht gerade mitten in den Proben in der Arena war, ging sie in sein Studio in der Via Valverde. Elvira de Hidalgo hatte Maria die Technik des Gesangs gelehrt und ihr die Welt

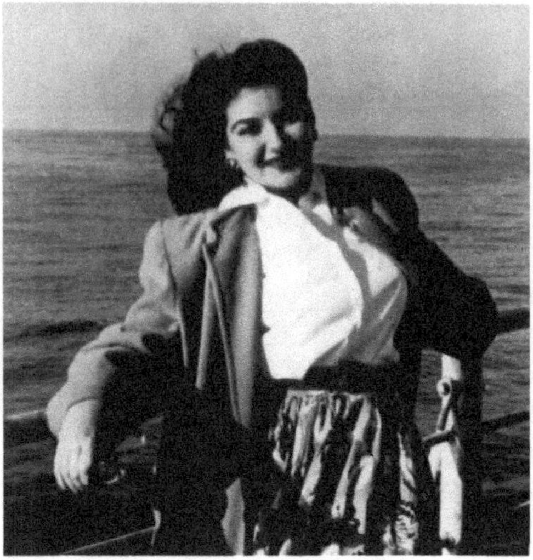

Maria Callas Mitte Juni 1947 auf der Reise von New York nach Neapel.

der Musik eröffnet, doch es war Ferruccio Cusinati, der mit ihr die Opern ihres Repertoires einstudierte. Er war es, der ihr half, ihre berühmten Interpretationen zu entwickeln. Sein Name erscheint in keiner Callas-Biographie, aber er war ihr Lehrer.[4]

Bei den Kostümproben für *La Gioconda* erlitt Callas einen Unfall, der sie beinahe ihren Auftritt gekostet hätte:

> Ich sollte zu dem künstlichen Meer rennen, welches das Schiff umgab, und endete in einem dieser Eingänge, wo früher wilde Tiere herausstürmten. Glücklicherweise war der Zugang aus Holz, sonst wäre ich mit meinem Kopf gegen den Felsen gekracht. Ich verstauchte mein Fußgelenk, aber statt es bandagieren zu lassen, setzte ich die Probe fort. Ich habe oft solche Anfälle von Pflichtbewusstsein, die vor allem mir schaden. Nach dem dritten Akt konnte ich nicht mehr auftreten. Ein Arzt wurde gerufen, aber es war schon zu spät, ich konnte vor Schmerzen die ganze Nacht nicht schlafen.[5]

Auch bei der Premiere war ihr Fuß noch bandagiert, doch es verlief alles gut. An der Seite ihres berühmten Tenorpartners Richard Tucker wurde sie vom Publikum gefeiert. Anders als oft zu lesen, waren ihre fünf Auftritte in *La Gioconda* in Verona vom 2. bis 17. August 1947 allerdings keineswegs der große Durchbruch, auf den sie so lange gehofft und gewartet hatte. Die Kritiken waren durchwachsen, und weitere Angebote blieben vorerst aus.

Bagarozy war für sie auch weiterhin ein sehr wichtiger Berater, mit dem sie sich intensiv über ihre Engagements und Perspektiven austauschte. Dass sie ihm einen auf zehn Jahre befristeten Exklusivvertrag unterzeichnet hatte, schien sie längst vergessen zu haben. Hemmungslos schilderte sie ihm ihre berufliche Situation weit rosiger, als sie tatsächlich war. Im Spätsommer 1947 hatte sie ihren Angaben zufolge das

> Angebot erhalten, im November in Barcelona *Norma* und *La forza del destino* zu singen. Ich denke, ich sollte das annehmen, oder nicht? Was die Mailänder Scala betrifft, so bin ich im Moment nicht an der Sommersaison interessiert. Im nächsten Winter werde ich wohl in der Hauptsaison singen. Wir werden sehen. Man hat mir andere Angebote gemacht, aber warum sollte ich weiterhin zweit- und drittklassige Opern singen, wenn ich ganz entspannt und ausgeruht die größten Partien singen könnte? Gott sei Dank habe ich Glück und brauche das Geld nicht. Im Moment versuche ich, mich von dem Unfall und dem Unglück zu erholen, dass ich unter furchtbaren Schmerzen und Leiden fünf Vorstellungen singen musste.[6]

Neben Bagarozy brachte sich nun ein zweiter ›Agent‹ in Stellung, nämlich ihr Liebhaber. Spontan bot ihr der erfahrene Unternehmer Meneghini einen Halbjahrespakt an, der ihr eine umfassende materielle, administrative und beratende Unterstützung für diesen Zeitraum zusicherte. Maria Callas ließ sich darauf ein, denn sie hatte zum damaligen Zeitpunkt keine weiteren italienischen Engagements in Aussicht und trug sich mit dem qualvollen Gedanken einer Rückkehr zu ihrem Vater nach New York. Das hätte womöglich die Übernahme einer Stelle als Sekretärin und das Ende ihrer Karriereträume als Sängerin bedeuten können.

Trotz dieser Rückschläge war es ihr ein wichtiges Anliegen, Bagarozy über ihren gestiegenen Marktwert zu unterrichten: Der Veroneser Festival-Dirigent Tullio Serafin, eine der wichtigsten Persönlichkeiten des italienischen Musiklebens, sei verrückt nach ihr, ließ sie ihn drei Tage nach der letzten *Gioconda*-Vorstellung am 20. August 1947 wissen. Und sie sei sich ziemlich »sicher, dass er mir ein Angebot machen wird, wenn er diesen Winter nach England geht, das hat er mir ziemlich klar gemacht.«[7] Auch wenn es hierzu nicht kam, hatte sie beim Arena-Gastspiel in Tullio Serafin tatsächlich ihren wichtigsten Förderer für die nächsten Jahre gefunden. Zugleich sah sie sich veranlasst, Bagarozy gegenüber ihr Verhältnis mit Meneghini etwas differenzierter dazustellen:

> Sicher ist, dass ich seit meinem letzten Brief an dich meine Meinung geändert habe. Ich habe das Für und Wider abgewogen, lange darüber nachgedacht und bin zu dem Schluss gekommen, dass ich nicht heiraten sollte. Es wäre dumm, es jetzt zu tun, auch wenn ich ihn liebe: Er ist sowieso mit mir zusammen. Ich habe einen reichen und mächtigen Mann, der mich unterstützt, und ich kann singen, wo und wann ich will.[8]

Es bleibt ungewiss, welche Schlussfolgerungen Bagarozy hieraus im Hinblick auf seinen eigenen Status gezogen haben mag. Fest steht jedoch, dass er abgesehen von dem Verona-Auftritt kein einziges Mal als Künstleragent von Maria Callas in Erscheinung treten sollte.

Ein Vorsingen an der Mailänder Scala kurz nach Ende der Veroneser Spielzeit am 17. September 1947 brachte nicht den gewünschten Erfolg.[9] Der künstlerische Direktor Mario Labroca, ebenfalls ein damals angesehener Opernkomponist, äußerte sich gegenüber Meneghini vernichtend über ihren Vortrag von Bellinis »Casta Diva«: »Für sie ist hier nichts zu holen. Sie sollte wieder nach Amerika gehen, dort könnte es klappen. Wenn sie hierbleibt, verschwendet sie ihre Zeit, denn hier hat sie absolut keine Aussichten.«[10]

Serafin war es schließlich, der ihr das nächste Engagement verschaffte: Am 30. Dezember 1947 feierte sie ihr erfolgreiches Debüt in Venedig in Richard Wagners *Tristan und Isolde*, nun für 50 000 Lire pro Abend. Insgesamt viermal sang sie am Teatro La Fenice die Isolde und beeindruckte dabei so sehr, dass sie am selben Theater sogleich für fünf weitere Aufführungen in der Titelpartie von Puccinis *Turandot* unter Vertrag genommen wurde. Nun erst konnte von einem wirklichen Durchbruch die Rede sein. Es entbehrt nicht der Ironie, dass Maria Callas ausgerechnet mit einer hochdramatischen Wagner-Partie erstmals in Italien triumphierte.

Infolge ihrer venezianischen Erfolge und dank Serafin war ihre Karriere Anfang 1948 endlich relativ solide aufgegleist. In den nächsten Monaten folgten weitere Auftritte mit *Turandot*, *La forza del destino*, *Tristan und Isolde* und *Aida* in Udine, Triest, Genua, Turin, Rovigo und Pisa. Dabei ließ Meneghini ihre Abendgage Schritt für Schritt auf 100 000 Lire ansteigen.[11] Wie früh sich Callas ihrer stupenden stimmlichen Fähigkeiten bewusst war, offenbart vor allem die Korrespondenz mit ihrer Lehrerin. So beklagte sie sich gegenüber Elvira de Hidalgo am 30. September 1948 anlässlich ihrer triumphalen *Aida* in Turin, alle würden nun behaupten, sie sei die wahre Stimme Verdis: »Die armen Dummköpfe! Das ist auch der Grund, warum die Qualität der Kunst so stark nachlässt. Es mangelt am richtigen Urteilsvermögen! Was soll's: Ich habe triumphiert, und allein das zählt!«[12]

Daraufhin stellte sie Serafin dem designierten Direktor des Teatro Communale von Florenz vor, Francesco Siciliani:

> Er erkannte ihre außerordentlichen künstlerischen Fähigkeiten sofort und bot ihr die Titelrolle in *Norma* an, deren Aufführung in Florenz für Ende November 1948 geplant war. War Serafin der erste Dirigent, der ihr Potential erfasste, so wusste Siciliani als erster Theaterdirektor ihre Fähigkeiten mit größter Intelligenz einzusetzen. Eigens für sie suchte er nach Rollen, die sie besonders herausfordern würden. Er war es, der ihr später – nach dem Erfolg ihrer *Norma* – nicht nur *La traviata* und *Lucia di Lammermoor* anbot, sondern auch Rossinis *Armida* – die sonst nie gespielt wurde, weil niemand das singen konnte – und Cherubinis *Medea*, die später einer ihrer größten Triumphe an der Mailänder Scala werden sollte.[13]

Als Kind ihrer Zeit – der Nachkriegszeit – bezeichnete Callas ihr bevorstehendes Rollendebüt in *Norma* de Hidalgo gegenüber als ›Endkampf‹. Und dass sie diesen Kampf gewinnen würde, war ihr ebenfalls klar:

> Meine Liebe, beten Sie für mich, dass es gut geht – beten Sie, dass ich gesund bin, denn nach diesem Auftritt, wenn es denn so läuft, wie wir hoffen und träumen, werde ich die Gesangskönigin in Italien sein, um nicht zu sagen überall, aus dem einfachen Grund, dass ich die Perfektion des Gesangs beisteuere, und dass es keine andere Norma auf der ganzen Welt gibt![14]

In der umjubelten Florentiner *Norma* sang sie am 30. November und 2. Dezember 1948 neben Fedora Barbieri (Adalgisa), Mirto Picchi (Pollione) und Cesare Siepi (Oroveso) unter der Leitung von Tullio Serafin.

Wegen einer Blinddarmoperation musste Callas im Dezember 1948 zehn Tage in Verona im Krankenhaus verbringen. Anschließend konnte sie erstmals mit Meneghini Weihnachten gemeinsam in Verona feiern. Im Januar 1949 folgten vier Aufführungen der *Walküre* mit Callas in der Titelrolle der Brünnhilde am Teatro La Fenice in Venedig, für die ebenfalls Tullio Serafin verantwortlich zeichnete. Als etwa gleichzeitig am selben Theater Margherita Carosio, die Sängerin der Elvira in Bellinis *I puritani* erkrankte, ließ sich Serafin von seiner Frau Elena Rakowska überzeugen, dass Maria Callas diese völlig anders gelagerte große Partie innerhalb weniger Tage einstudieren und übernehmen könnte. Tatsächlich stand sie bereits am 19. Januar 1949 als Elvira auf der Bühne, nur drei Tage nach der letzten Vorstellung der *Walküre*. Dass Callas unmittelbar vom hochdramatischen Wagner-Fach zum Bellini-Koloratursopran wechselte und die neue Rolle zudem in Rekordzeit einstudierte, grenzt an ein Wunder, das immer wieder mit Staunen kommentiert wurde – besonders plastisch von Iris Bünsch: »Man könnte ein solches Abenteuer mit dem Gewinn zweier Goldmedaillen bei denselben Olympischen Spielen in so gegensätzlichen Disziplinen wie Gewichtheben und Fechten vergleichen.«[15]

Bereits im September 1948 hatte sie in einem Brief an de Hidalgo erwähnt, dass sie *Die Walküre* auch am Teatro Massimo in Palermo singen werde, was am 28. Januar und 10. Februar unter Francesco Molinari-Pradelli geschah.[16] Am 12. Februar gab sie mit *Turandot* ihr Debüt im größten und mutmaßlich schönsten Opernaltbau der Welt, dem 1737 eröffneten Teatro San Carlo von Neapel. Nach drei weiteren Vorstellungen fuhr sie nach Rom, wo sie mit der Rolle der Kundry aus *Parsifal* am 26. Februar 1949 debütierte. Sie war nun die führende Wagner- und *Turandot*-Sängerin Italiens. Nicht ohne Stolz schrieb ihre Lehrerin de Hidalgo diesen Erfolg ihrer eigenen Unterrichtsmethode zu, als sie Callas aus ihrem damaligen Wohnort Ankara am 15. März 1949 zu ihren Wagner-Erfolgen gratulierte:

> Brava Maria! Wie du siehst, hatte ich Recht, als ich dir sagte, dass du auf niemanden hören sollst, denn mit meiner Methode würdest du eines Tages jede Oper singen können. Während andere dir sagten, dass du mit 16 Jahren ein dramatischer Sopran warst, habe ich dich *Cenerentola* singen und Tonlei-

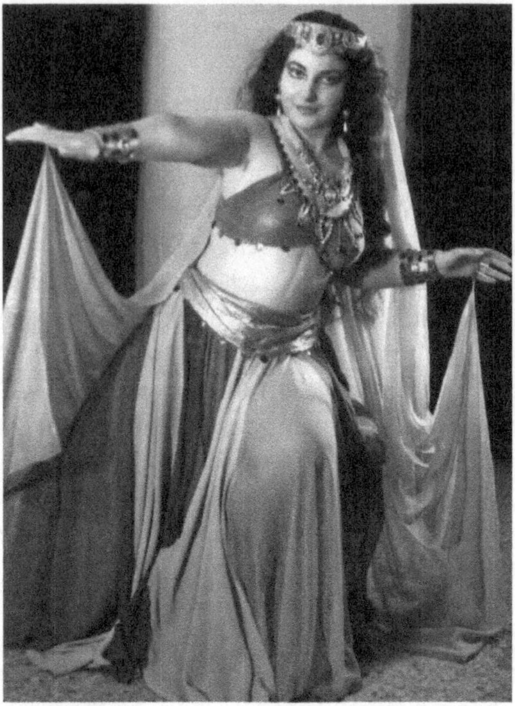

Maria Callas als Kundry in Richard Wagners *Parsifal*, Rom 1949.

> tern wie ein leichter Sopran einstudieren lassen: Deshalb kannst du heute alle verblüffen, wenn du *Puritani* und *Parsifal* singst.[17]

De Hidalgos Stolz war mehr als berechtigt. Ihrer in der damaligen Zeit ungewöhnlichen Unterrichtsmethode verdankte Callas zu wesentlichen Teilen ihr Alleinstellungsmerkmal, die Sopranpartien sämtlicher Fächer bewältigen zu können. Fortan entwickelte sie den Brückenschlag zwischen hochdramatischen und Koloraturpartien zu ihrem Markenzeichen. Bei einem Konzert des italienischen Rundfunks am 7. März 1949 wählte sie ein Programm, das beide Welten miteinander verband. Es umfasste die beiden Bellini-Arien »Qui la voce« und »Casta Diva«, den »Liebestod« aus *Tristan und Isolde* sowie »O patria mia« aus Verdis *Aida*.

Die Entscheidung für die Eheschließung mit Meneghini fiel im Frühjahr 1949 aus recht pragmatischen Gründen. Da Callas am 22. April allein zu ihrer Tournee nach Buenos Aires aufbrechen sollte, war es ihr ein Bedürfnis, auch den Namen Meneghini in ihrem Reisepass stehen zu haben. Also beschloss das Paar, unmittelbar vor ihrer Abreise zu heiraten. Nachdem im Laufe des April endlich die für die Eheschließung notwendigen Dokumente aus New York und Athen eingetroffen waren und einige kirchenrechtliche Schwierigkeiten dieser interkonfessionellen Verbindung aus dem Weg geräumt waren, konnte die standesamtliche Eheschließung am 21. April um 15 Uhr im Rathaus von Zevio bei Verona stattfinden. Die kirchliche Trauung folgte zwei Stunden später in der Chiesa dei Filippini, Meneghinis Heimatkirche in Verona. Unmittelbar danach gingen sie ins Hotel, um die Koffer zu packen. Abends fuhr das frisch vermählte Paar nach Genua, und am nächsten Tag begab Callas sich zum letzten Mal auf eine Schiffsreise über den Atlantik (künftig sollte sie hierfür das Flugzeug nehmen).

Während der dreimonatigen Tournee war das Paar zum ersten Mal seit ihrer Begegnung in Verona im Sommer 1947 so lange getrennt. Die Briefe, die Maria Callas an Bord des Schiffes SS Argentina an ihren frisch angetrauten Ehemann schrieb, offenbaren das ganze Ausmaß ihrer Liebe, Melancholie und Sehnsucht, aber auch der großen Erschöpfung nach den vier gegensätzlichen Riesenpartien des zurückliegenden Frühjahres (*Walküre, I puritani, Parsifal, Turandot*):

> Mein Lieber, lieber, lieber! Stell dir vor, wir sind erst seit vier Tagen unterwegs und ich vermisse dich schon so gewaltig! Ich muss dir nicht mit Worten sagen, wie erschöpft ich bin. Ich bete nur zu Gott, dass es bald vorbei ist, damit ich zu dir zurückkehren kann, denn nur in deiner Nähe fühle ich mich

glücklich und zufrieden. Auch wenn du den ganzen Tag arbeitest, es ist mir egal![18]

Wenige Tage später fragte sie ihn, ob Gott sie etwa mit ihrer immensen Liebe quälen wolle: »Warum nur muss ich von dir getrennt sein, wenn ich deine Abwesenheit nicht ertragen kann?«[19] Und kurz darauf heißt es im selben Brief: »Ich weiß nicht anders zu sagen, als dass ich dich anbete, liebe und hochachte. Und, mein Liebster, ich bin so stolz auf meinen Battista!!! Keine Frau ist so glücklich, wie ich es bin! Ich bin als Sängerin berühmt – und vor allem habe ich den Mann meiner Träume!«[20]

Nicht minder sehnsuchts- und hingebungsvoll schrieb sie ihrem Mann fast täglich aus Buenos Aires.[21] Eindrücklich widerlegen diese Briefe die geläufige Vorstellung, die Ehe mit dem Bauunternehmer sei lediglich ein auf Gegenseitigkeit begründetes Zweckbündnis gewesen. Kein Zweifel: Maria Callas liebte Meneghini bedingungslos – sie liebte ihn damals sogar noch mehr als ihren Beruf und ihre Berufung.

Heute ist es kaum noch vorstellbar, welchen Stellenwert Operngastspiele in Argentinien im frühen 20. Jahrhundert besaßen. Giacomo Puccini feierte hier 1905 triumphale Erfolge, und Enrico Caruso erzielte in Buenos Aires exorbitante Gagen. Auch in den vierziger Jahren war Argentinien noch immer ein sehr wohlhabendes Land, und das Teatro Colón besaß Weltruf. Kein Wunder, dass auch Maria Callas nicht zögerte, das lukrative Angebot anzunehmen, zumal das viermonatige Gastspiel wiederum unter der künstlerischen Leitung Serafins stand. Auch die Sängerbesetzung hatte Weltformat. In Buenos Aires eröffnete sie am 20. Mai 1949 die Saison mit *Turandot* an der Seite von Mario Del Monaco, sodann folgten *Norma* und *Aida* mit Fedora Barbieri, Antonio Vela sowie ihrem Freund Nicola Rossi-Lemeni.

Am 14. Juli 1949 traf sie wieder in Italien ein, nicht mit dem Schiff, sondern am Flughafen von Rom, wo Meneghini sie abholte. Anschließend brachen sie zu ihrer verspäteten Hochzeitsreise nach Venedig auf. In der Zwischenzeit hatte ihr Ehemann über den Büroräumen seiner Firma in Verona eine Wohnung für die beiden ausbauen lassen. Ihr Wunsch nach einem gemeinsamen Zuhause war zwei Jahre lang ein ständiges Thema auch in ihrer Korrespondenz gewesen. Verständlicherweise, denn schließlich hatten beide fast zwei Jahre lang gemeinsam meist nur in Hotels gelebt. In den folgenden Wochen war sie mit nichts anderem beschäftigt, als sich um die Einrichtung der Wohnung zu kümmern.[22] An Gesangsübungen und Rollenstudien mit ihrem bewährten Coach Ferruccio Cusinati oder gar an Opernengagements war im Sommer 1949 überhaupt nicht zu denken.

Das junge Eheglück wurde nur überschattet durch einige ungeheuerliche Briefe der Mutter Evangelia Callas, die einerseits ihre Tochter mit schweren Vorwürfen überzog, zugleich aber auch immer anmaßendere Forderungen stellte: Sie wollte nicht nur mehr Geld überwiesen bekommen, sondern eröffnete den Eheleuten am 18. September 1949 sogar ihre Absicht, persönlich in die frisch renovierte Wohnung in Verona miteinziehen zu wollen.[23] Ob sie es wollten oder nicht: Die Meneghinis waren fortan gezwungen, die übergriffige (Schwieger-)Mutter deutlich in die Schranken zu weisen.

Maria Callas' erster öffentlicher Auftritt nach der Rückkehr aus Argentinien fand erst am 18. September 1949 in der Chiesa di San Pietro in Perugia statt. Unter der Leitung von Gabriele Santini sang sie die Partie der jungen Herodias in dem Oratorium *San Giovanni Battista* von Alessandro Stradella. Es war ihr einziger Ausflug in das barocke Repertoire – und zugleich das erste Mal, dass sie ihre eigene Stimme in einer Klangaufzeichnung erleben konnte: »Wir hörten uns das Playback in der Pause zwischen den beiden Teilen des Werks an. Sie können sich nicht vorstellen, wie sehr ich geweint habe. Ich wollte nicht mehr weitermachen. Ich war verzweifelt, und manche andere waren auch verzweifelt. Ich war völlig entsetzt über mich selbst.«[24]

Schon bald nach dieser Radioaufzeichnung folgten ihre ersten Schallplatteneinspielungen im Studio: Am 8., 9. und 10. November 1949 nahm die 25-Jährige für das Label Cetra in Turin auf drei 78er-Schellackplatten zwei Arien aus Bellinis *Norma* (»Casta Diva«) und *I puritani* (»Qui la voce«) sowie den »Liebestod« aus Richard Wagners *Tristan und Isolde* auf. Fortan sollte ihr der technisch reproduzierte Klang der eigenen Stimme immer vertrauter werden. Vor allem »Qui la voce« berührt durch den enormen Farbenreichtum der jugendlich-schlanken, schlafwandlerisch exakt phrasierten Stimme. Die stark verkürzte Aufnahme von »Casta Diva« leidet indessen unter dem Fehlen des Chores sowie des einleitenden Rezitativs, des Tempo di Mezzo und des zweiten Cabalettaverses. Zum Glück gibt es mehr als genug spätere Aufnahmen desselben Stückes von ihr. Das fantastische Legato ihres »Liebestods« wiederum mischt sich glänzend mit dem getragenen Orchesterklang und verströmt als unendlich-polyphone Melodielava: italienischer Wagner vom Feinsten.

Kurz darauf sang sie in Turin am 24. November 1949 in einer weiteren Radioproduktion den dritten Akt aus Giacomo Puccinis *Tosca* und den vierten Akt aus dessen *Manon Lescaut* – einer Oper, die auch später nie zu ihrem Bühnenrepertoire zählte. Und am 20. Dezember 1949 übernahm sie die äußerst schwere Amazonenpartie der Abigaille in Verdis *Nabucco* in Neapel. Der Live-Mitschnitt dieser Produktion besitzt heute Kultstatus – und dies nicht nur, weil es sich um die erste Callas-Aufnahme einer vollständigen Oper überhaupt handelt. Anders als in den wohldosierten Studioproduktionen ging Callas in ihren leidenschaftlichen Bühnenauftritten von Beginn an hemmungslos über alle Grenzen hinaus, ohne dass dies die technischen Schwierigkeiten tangiert hätte: Souverän bewältigte sie Koloraturketten, Riesensprünge und ein glasklares dreigestrichenes Es.

Nicht nur musikalisch, sondern auch darstellerisch riss Maria Callas das Publikum zu Begeisterungsstürmen hin. Der damals 26-jährige Princeton-Student William Weaver, der später als Schriftsteller, Übersetzer, Literaturprofessor und nicht zuletzt Callas-Verehrer von sich reden machen sollte, erlebte in *Nabucco* sein künftiges Idol zum ersten Mal und bewunderte ihre scheinbar grenzenlose Selbstsicherheit:

> Im Gegensatz zu den meisten ihrer Kolleginnen sang sie die ganze schwierige und (für italienische Theater damals wie heute) wahrscheinlich zu wenig einstudierte Rolle der Abigaille, ohne jemals den Dirigenten anzusehen. Und doch war sie immer perfekt im Takt, jeder Einsatz war sauber und präzise. Auch als sie die bedrohliche Treppe überwinden musste, schaute sie nicht ein einziges Mal auf ihre Schuhe oder hob zaghaft ihre Schleppe, um einen Sturz zu vermeiden. Sie zeigte grenzenloses Vertrauen.[25]

Der neapolitanische Triumph mit *Nabucco* krönte ein insgesamt höchst erfolgreiches Jahr, das sie gleich mehrere entscheidende Etappenziele ihrer Karriere erreichen ließ. Innerhalb kürzester Zeit war sie als 25-Jährige zu einer Sängerin internationalen Formats herangewachsen und hatte bedeutende Hauptrollen an allen großen Opernhäusern Italiens gesungen – mit Ausnahme der Mailänder Scala. Sie nahm ihre ersten Schallplatten auf und wirkte in bedeutenden Rundfunkproduktionen mit. Ihre Abendgage betrug nun 200 000 Lire und hatte sich somit innerhalb von drei Jahren verfünffacht.[26] Und auch privat konnte sie durch ihre Heirat und die Begründung eines festen Lebensmittelpunktes endlich jene persönliche Sicherheit erlangen, die sie nach den prekären Jahren eines rastlosen Hotellebens so lang ersehnt hatte.

In das Jahr 1950 startete sie mit drei umjubelten *Norma*-Vorstellungen am Teatro La Fenice in Venedig. Die etwa hundert Kilometer von ihrem Wohnort Verona entfernte Lagunenstadt war den Meneghinis längst zur zweiten Heimat geworden. Im Februar und Anfang März, der traditionellen Opernsaison des Karnevals, begann sich ihr Auftrittspensum erheblich zu steigern, und das erste Halbjahr stand vor allem im Zeichen von *Aida*. In Brescia stand sie in dieser Oper am 2. und 7. Februar an der Seite von Mario Del Monaco auf der Bühne, während sie parallel dazu *Tristan und Isolde* in Rom unter der Leitung von Tullio Serafin probte und am 6. Februar die erste von fünf Vorstellungen bestritt. Mario Frigerios *Tristan*-Inszenierung muss in mehrfacher Hinsicht denkwürdig gewesen sein. Da sich kein italienischer Tenor finden ließ, engagierte man August Seider, der die Rolle auf Deutsch vortrug, während alle übrigen auf Italienisch sangen. Unfreiwillige Verfremdungseffekte stellten sich auch durch die Wahl der Kostüme ein, wie William Weaver notierte:

> Callas, mit einer langen roten Perücke, war eine dämonische Isolde. Ihr Kleid hatte einen Umhang, dessen Spitzen an ihren Fingern befestigt waren, so dass sie, wenn sie die Arme ausstreckte, wie Batwoman aussah. Elena Nicolai als Brangäne war ähnlich kostümiert und agierte ebenso hyperaktiv. Der ganze Sinn des ersten Aktes war völlig verändert. Es schien die Geschichte eines armen Mannes zu sein, der versehentlich das falsche Schiff bestiegen hatte und sich, da er die Sprachbarriere nicht überwinden konnte, immer wieder Ärger mit den beiden hysterischen Frauen einhandelte.[27]

Am 23. Februar kam in Rom noch *Norma* hinzu, so dass Callas in der italienischen Hauptstadt zwei Wochen am Stück jeden zweiten Abend eine dieser beiden gewaltigen Partien zu singen hatte. Einen derart intensiven Vorstellungsrhythmus mutete sie sich in späteren Jahren nie wieder zu. Doch die römische Öffentlichkeit hatte damals kaum eine Vorstellung davon, was für außergewöhnliche Auftritte ihr geboten wurden:

> Zu dieser Zeit ging das breitere Publikum noch nicht in die Oper, um Maria Callas zu sehen, doch langsam begann sich ein fester Kreis von Fans herauszukristallisieren, der seinem Idol bei allen Vorstellungen hinterherreiste. Zu den Stammgästen ihrer Aufführungen in Rom gehörte auch der Regisseur Luchino Visconti (der damals selbst noch keine Opern inszenierte). Umgeben von einer Gruppe von Freunden saß er immer auf seinem Lieblingsplatz ganz vorn in der Mitte der ersten Reihe.[28]

Mit *Norma* gastierte sie im März auch viermal in Catania, ehe am 12. April ihr lang erwartetes Mailänder Debüt stattfand: Anstelle der erkrankten Renata Tebaldi sprang sie für drei *Aida*-Vorstellungen mit Mario Del Monaco an der Scala ein. Ihre Auftritte vor ausverkauftem Haus verliefen zufriedenstellend und wurden vom Publikum applaudiert, doch der als missgünstig berüchtigte Intendant Antonio Ghiringhelli verzichtete demonstrativ darauf, ihr zu gratulieren, und auch die Presse übte sich in Zurückhaltung. Es ist viel über Ghiringhellis angebliche Ablehnung der Callas geschrieben worden. Allerdings war der langjährige Leiter der Mailänder Scala alles andere als ignorant, schon gar nicht im Hinblick auf Gesangsstimmen. Doch es herrschte wahrlich kein Mangel an Primadonnen in jenen Jahren, und genau das hatte ihr bereits der künstlerische Direktor der Scala, Mario Labroca, bei ihrem ersten Mailänder Vorsingen Ende 1947 sehr deutlich zu verstehen gegeben.

Renata Tebaldi war keineswegs die einzige bedeutende Sopranistin, die Ghiringhelli seinerzeit unter Vertrag hatte: Auch Kirsten Flagstad, Margherita Carosio, Elisabeth Schwarzkopf, Hilde Güden, Alda Noni, Elisabetta Barbato, Hilde Konetzni, Maria Caniglia, Caterina Mancini und Licia Albanese traten in jenen Jahren an der Scala auf. Da Callas beim Vorsingen 1947 in Mailand keinen bleibenden Eindruck hinterlassen hatte, konnte sie nicht erwarten, nur wenig später gegen eine solche Konkurrenz ernsthaft in Betracht gezogen zu werden. Hinzu kam, dass schon damals die meisten Engagements längerfristig vereinbart wurden.

Vor allem aber wirkte es sich negativ aus, dass Callas nicht von einer Künstleragentur vertreten wurde, sondern von ihrem Ehemann. Professionelle Agenten schnürten in den Verhandlungen mit den Theaterleitern umfassende Personalpakete, um auch die weniger profilierten Sängerinnen und Sänger aus ihren Reihen vermitteln zu können. Meneghini hingegen hatte nur eine einzige Künstlerin anzubieten, was seine Verhandlungsposition zumindest so lange deutlich schwächte, als es auf dem Markt ebenbürtige Sängerinnen mit einflussreicheren Managern gab, denen man guten Gewissens den Vorzug geben konnte. Und Ghiringhelli hatte zumindest bis 1950 keinen Anlass, von seinen bewährten Personalstrategien abzurücken. So blieb ihre *Aida*-Aushilfe an der Scala vorerst nur ein Intermezzo, und sie reiste mit gemischten Gefühlen weiter nach Neapel, wo sie am Teatro San Carlo für vier weitere Aufführungen derselben Oper gemeinsam mit Mirto Picchi und Cesare Siepi gebucht war.

Wenige Tage nach der letzten neapolitanischen *Aida* brach Callas zu einer Mexiko-Tournee auf und nutzte einen Zwischenaufenthalt in New York für ein Wiedersehen mit ihren Eltern. Doch das Familientreffen stand unter keinem guten Stern, sondern wurde von heftigen Auseinandersetzungen überschattet. Bei ihrer Ankunft lag ihre Mutter im Krankenhaus. Maria Callas und ihre befreundete Kollegin Giulietta Simionato besuchten ihren Vater in seiner Wohnung. Er bot Simionato ein Kaltgetränk an, doch nach dem ersten Schluck musste sich die berühmte Mezzosopranistin sofort erbrechen und in ärztliche Behandlung begeben. Später stellte sich heraus, dass Evangelia Callas Insektengift in einer Seven-Up-Flasche im Kühlschrank aufbewahrt hatte.[29] Maria Callas hatte zudem stets ein gebrochenes Verhältnis zu ihrer Heimatstadt, in die sie nur selten zurückkehrte. So blieb ihr Kurzbesuch bei den Eltern in schlechter Erinnerung, wie sie an Meneghini schrieb: »Ich vergaß zu erwähnen, dass ich New York hasse. Die Stadt ist zu laut und hat zu viel Verkehr.«[30]

Am 14. Mai landete sie zusammen mit der inzwischen wieder erholten Simionato in Mexico City, wo sie der dortige Operndirektor Antonio Caraza-Campos am Flughafen begrüßte. Kurz darauf traf auch ihre Mutter ein, die sie eingeladen hatte, sie auf der Tournee zu begleiten, und der sie die gesamte Reise inklusive Luxushotel und teurer Geschenke spendierte. In Mexiko sang sie insgesamt zehn Opernvorstellungen: jeweils dreimal *Aida* und *Il trovatore* sowie je zweimal *Norma* und *Tosca*. Die Qualität der Aufführungen war unterschiedlich und insgesamt durchwachsen, wie die Mitschnitte zeigen. Callas sang eine herausragende *Norma*, doch der Tenor Kurt Baum, der erst im letzten

Moment eintraf und mit Callas mehrfach aneinandergeriet, kannte die Partitur nur ungenügend und musste noch in der Generalprobe in den Klavierauszug schauen.[31] Chor, Orchester und die meisten kleineren Rollen waren ebenfalls schwach besetzt.

Die mexikanische *Aida* wurde vor allem durch das sehr lang ausgehaltene hohe Es berühmt, das Maria Callas am Schluss des Finales des zweiten Aktes auf Wunsch des lokalen Operníntendanten einfügte. Spektakuläre artistische Hochseileinlagen wie diese finden sich natürlich niemals in Callas' Studioaufnahmen, sondern nur in einigen Live-Mitschnitten, besonders den älteren. Auch die mexikanischen Kritiken fielen uneinheitlich aus. Während den Autor des *Excelsior* nur die Tatsache traurig stimmte, »dass wir nie wieder in unserem Leben eine solche *Norma* hören werden«[32], lobte *El Universal* zwar die Schauspielerin, ihre Bühnenpräsenz und Gesangstechnik, doch das Timbre ihrer Stimme sei sehr ungleichmäßig und würde nicht immer einen tiefen Genuss bereiten.[33] Als privates Detail der Mexikoreise ist ein Brief an ihren Mann vom 6. Juni 1950 erwähnenswert, in dem Callas ihren großen Wunsch ausspricht, ein Kind von ihm zu bekommen, und hinzufügt, dass dies »auch gut für meine Stimme und meine bedauernswerte Haut sein« werde.[34]

Die Mexiko-Reise war eine enorme Strapaze für Callas, nicht nur wegen der Höhenluft, sondern auch wegen anderer gesundheitlicher Probleme. Als größte Belastung erwies sich die permanente Gegenwart ihrer Mutter. Nach der Rückkehr kam es erneut zu heftigen brieflichen Anschuldigungen. Schließlich war es Meneghini, dem der Geduldsfaden riss. Er wandte sich in einem Brief direkt an seine Schwiegermutter – der er niemals persönlich begegnet war – und verbat sich in deutlichen Worten weitere Angriffe gegen seine Ehefrau:

> Ich musste leider seit einiger Zeit beobachten, dass Maria immer dann, wenn sie Ihre Briefe erhielt, äußerst aufgeregt und nervös reagierte. Um weiteres Ungemach und noch Schlimmeres zu verhindern, ließ ich den letzten Brief, den Sie ihr

> geschickt haben, von einer Person meines Vertrauens übersetzen. Mit großem Bedauern habe ich ihn nun zur Kenntnis genommen und muss meine Enttäuschung und Bitterkeit zum Ausdruck bringen. Verzeihen Sie mir, wenn ich es ausspreche, dass solche Beleidigungen besonders seitens der Mutter niemals angebracht sind. Ständig haben Sie seitenweise Beleidigungen und Groll geäußert. Maria hat diese Behandlung in keiner Weise verdient, und ich weise jede Beleidigung gegen sie zurück.[35]

Sehr wahrscheinlich gab dieser seitenlange Brief Meneghinis, der im weiteren Verlauf auch die finanziellen Forderungen der Schwiegermutter deutlich zurückweist, den Ausschlag für das Ende der Beziehungen zwischen Evangelia und Maria Callas. Die gemeinsame Mexiko-Reise blieb jedenfalls das überhaupt letzte persönliche Zusammentreffen von Mutter und Tochter.

Einen Tag bevor Meneghini diesen verhängnisvollen Brief schrieb, fand in Mailand eine außerordentliche Begegnung statt: Auf Vermittlung des Industriellen und leidenschaftlichen Callas-Verehrers Luigi Stefanotti hatte Arturo Toscanini sie zum Vorsingen in seine Privatwohnung in die Via Durini 20 in Mailand eingeladen.[36] Toscanini plante im Verdi-Jahr 1951 – zum fünfzigsten Todestag des Komponisten – eine Aufführungsserie von *Macbeth* in Verdis Heimatstadt Busseto und an der Mailänder Scala. Wally Toscanini zufolge war ihr Vater sofort von Calllas' Stimme fasziniert: »Für ihn gab es keine Zweifel: Er hatte die ideale Lady Macbeth gefunden. Maria hatte einen speziellen, gleichsam verruchten Klang in ihrer Stimme – genau das, was mein Vater gesucht hatte.«[37] Die Audienz bei Toscanini blieb nicht ohne Folgen: Ghiringhelli zeigte auf einmal Interesse und bat Callas in einem Brief vom 2. Oktober 1950, sich im August und September nächsten Jahres für *Macbeth* bereitzuhalten.[38]

Erst in der zweiten Oktoberhälfte 1950 trat sie wieder auf die Opernbühne. Ihre vier Vorstellungen in der Rolle der Fiorilla in

Rossinis *Il turco in Italia* im römischen Teatro Eliseo standen am Beginn der ›Rossini-Renaissance‹, der Wiederentdeckung auch der übrigen Opern des Komponisten jenseits des *Barbiere di Siviglia.*[39] Zugleich war es für Maria Callas die erste Hauptrolle in einer Komödie und die erste Zusammenarbeit mit Luchino Visconti – der als Mitglied einer der ältesten und wohlhabendsten Mailänder Adelsfamilien allerdings nur als Sponsor und einer der Gesellschafter der Theatertruppe beteiligt war. Unter der musikalischen Leitung von Gianandrea Gavazzeni sangen außerdem Sesto Bruscantini, Mariano Stabile, Franco Calabrese und Cesare Valletti. Leider ist von dieser Produktion nur ein Audiofragment der Arie »Non si dà follia maggiore« überliefert. Es sollte bis 1955 dauern, ehe Franco Zeffirellis Inszenierung von *Il turco in Italia* mit Callas auch an der Mailänder Scala triumphierte.

1951 blieb als das Jahr in Erinnerung, in dem es Callas gelang, die Scala zu erobern. Doch bis zur Eröffnung der Spielzeit am 7. Dezember war es noch ein langer Weg. Immerhin war Ghiringhellis Interesse nun so groß, dass er nach Florenz fuhr, um sie in *I vespri siciliani* zu hören. Ihr großer Erfolg als Elena in Verdis für Paris komponierter Oper beim Festival Maggio Musicale am 26. Mai 1951 unter Erich Kleiber erwies sich als ausschlaggebend nicht nur für das Mailänder Engagement, sondern auch dafür, dass Ghiringhelli dieses selten gespielte Werk ebenfalls auf den Spielplan setzte. Und zum ersten Mal konnte das Publikum hier den gewaltigen Gesamtumfang ihrer Stimme an einem einzigen Abend erleben, vom tiefen Fis in der Kadenz von »Arrigo! ah parli a un cuore« bis zum interpolierten hohen E^3 am Schluss der Siciliana.

Im Anschluss an *I vespri siciliani* hatte Callas in Florenz noch eine zweite Herausforderung zu meistern. Das einzige Mal in ihrer gesamten Karriere wirkte sie an der szenischen Uraufführung einer Oper mit. Am 9. Juni 1951 sang sie, wiederum unter Erich Kleiber, die Partie der Euridice in Joseph Haydns *Orfeo ed Euridice*, ein Werk, das 1791 in London entstanden, jedoch damals nicht zur Aufführung gelangt war. Leider ist kein Mitschnitt von dieser außerordentlichen Callas-Rarität erhalten. Nun konnte sie mit Ghiringhelli den langersehnten Vertrag für den Mailänder Saisonauftakt unterschreiben.[40]

Davor hatte sie noch Tourneen nach Mexiko und Brasilien zu absolvieren. In Mexiko sang sie im Juli jeweils drei Vorstellungen von *Aida* (gemeinsam mit Oralia Dominguez, Mario Del Monaco und Giuseppe Taddei) und *La traviata* (mit Cesare Valletti und wiederum Taddei). Zum ersten Mal wurde sie von ihrem Ehemann nach Übersee begleitet. Auch die Brasilien-Tournee im September und Anfang Oktober trat das Ehepaar gemeinsam an. Auf den Programmen in São Paulo und Rio de Janeiro standen *Norma*, *La traviata* und *Tosca*, jeweils in herausragenden und alternierenden Besetzungen, unter anderem mit Renata Tebaldi, Mario Del Monaco, Giuseppe Di Stefano und Tito Gobbi sowie den beiden Stardirigenten Tullio Serafin und Antonino Votto. In Rio waren Callas und Tebaldi abwechselnd als Tosca und Violetta zu erleben. Meneghini hatte soeben die Anteile am Familienunternehmen an seine beiden Brüder verkauft, um sich beruflich ausschließlich dem Management seiner Frau widmen zu können.[41] Hierdurch war er zugleich gezwungen, fortan das Maximum aus ihren Auftritten herauszuholen:

> Anstatt Ziegelsteine zu verkaufen, was ich viele Jahre lang erfolgreich getan hatte, begann ich, ihre Stimme zu vermarkten. Die wichtigste Voraussetzung war es, ein Produkt von erstklassiger Qualität zu haben. Da Marias Stimme nicht nur erstklassig, sondern auf der ganzen Welt völlig einzigartig war, zögerte ich nicht, die höchstmöglichen Gagen zu verlangen. Es war meine Überzeugung, dass Marias Preis ständig weiter steigen könne.[42]

Bereits zwischen 1947 und 1951 hatte sich ihre Abendgage von 40 000 auf 400 000 Lire verzehnfacht.

5 Zenit

7. Dezember 1951. Der Gedenktag des Heiligen Ambrosius von Mailand wandelt sich zum inoffiziellen Nationalfeiertag des italienischen Groß- und Bildungsbürgertums. Denn seit 1951 wird alljährlich an diesem Tag die Opernsaison der Mailänder Scala eröffnet – mit einer Galavorstellung, die einem Staatsakt gleichkommt. Die Anwesenheit höchster politischer und gesellschaftlicher Prominenz gehört dabei ebenso zum Zeremoniell wie das vereinte Mitsingen der Nationalhymne im Zuschauerraum. Und in nicht enden wollenden Beifallskundgebungen pflegt das mondäne Publikum sich selbst zu feiern. Die Initiative, den Startschuss der Stagione mit dem Festtag des Stadtheiligen zu koppeln, geht auf Victor de Sabata zurück, seinerzeit Chefdirigent des weltberühmten Operntempels. Mit der Vorverlegung des Eröffnungstermins begründete die Scala ein weiteres Alleinstellungsmerkmal, das in der Musikwelt bis heute einen Ehrenplatz einnimmt.

In den Annalen der Scala ist der 7. Dezember 1951 auch aus einem anderen Grund ein ganz besonderes Datum. An diesem Abend wurde erstmals eine Spielzeit mit Maria Callas in der Hauptrolle eröffnet: In Giuseppe Verdis *I vespri siciliani* übernahm sie die Partie der Elena. Damit war es ihr endgültig gelungen, die mächtigste Bastion der italienischen Oper zu erobern. Der Intendant Antonio Ghiringhelli hatte schließlich eingelenkt, und auch die langjährige Rivalin Renata Tebaldi musste sich damit abfinden: Der ›Engel‹ (Tebaldi) trat in den Schatten der ›Tigerin‹ (Callas). Auch in den nächsten Jahren sollte diese Rollenverteilung meistens Bestand haben: 1952 eröffnete Maria Callas die Scala-Saison mit *Macbeth*, 1954 mit *La vestale*, 1955 mit *Norma* und 1957 mit *Un ballo in maschera*. Nur 1953 kam Tebaldi in der Titelrolle von Alfredo Catalanis *La Wally* zum Zug, doch die Premiere war eine Katastrophe: »Selbst das Bühnenbild war gegen Tebaldi – die Lawine landete im Orchestergraben.«[1] Drei Tage später stahl ihr Callas am 10. Dezember mit der *Medea* die Show. Das Beinahe-Anagramm ›Callas‹ wurde gleichsam zum Synonym für ›La Scala‹, und Tebaldi zog sich vorerst in die Vereinigten Staaten zurück. Maria Callas nannte ihre erste Scala-Premiere den schwierigsten Test ihrer Laufbahn: »Die Reaktion des Mailänder Publikums auf meine *Vespri siciliani* unter der Leitung von Maestro de Sabata war jedoch so positiv, dass alle meine Zweifel verflogen. Ich war stolz, die anspruchsvollsten Zuhörer der Welt erobert zu haben.«[2]

Durch ihren Mailänder Triumph erhielt die Callas-Euphorie in ganz Italien einen neuen Schub. Als sie zwischen der sechsten und siebten Vorstellung von *I vespri siciliani* am 30. Dezember 1951 in Verdis Heimatstadt Parma *La traviata* sang, waren die Erwartungen immens. Auch die berühmte Mozart- und Strauss-Primadonna Elisabeth Schwarzkopf und ihr Ehemann, der mächtige EMI-Produzent Walter Legge, waren eigens angereist, um Maria Callas erstmals gemeinsam live zu hören: »Sie war damals noch mehr als robust und gesund, weit entfernt von der zerbrechlichen, zarten Violetta ihrer späteren Jahre. Das Haus brodelte bereits vor Erwartung, als wir unsere Plätze einnahmen. Zu unserem Erstaunen war der Orchestergraben von Polizisten, Feuerwehrleuten und Krankenschwestern gesäumt, die das Kommende erwarteten.«[3]

Man rechnete offenbar mit Ausschreitungen zwischen den verfeindeten Lagern – Tebaldi hatte in Parma studiert und besaß hier eine starke Hausmacht.

Am Ende wurde es für Callas aber ein eindeutiger Erfolg: »Wie jeder weiß, gibt es in Italien keinen größeren Sieg, als in Parma in einer Verdi-Rolle gefeiert zu werden!«[4] Das Parma-Gastspiel bestärkte sie in ihrem Entschluss, auch die Scala unmissverständlich an ihre *Traviata*-Zusage zu erinnern: »Ghiringhelli denkt wohl, dass er mich mit *La traviata* hinhalten kann, doch das wird er bereuen. Wenn er mir keine eindeutige Zusage gibt, werde ich *Norma* in einigen Wochen nicht singen. Schreibe ihm dies mit genau diesen Worten«, wies sie Meneghini an.[5] Ihr Ehemann tat, wie ihm befohlen. Der Theaterleiter antwortete sibyllinisch, dass jedes Problem mit Maria Callas immer in der größten Einvernehmlichkeit gelöst werde. Doch diese blumige Antwort reichte ihr nicht. Im Büro des Intendanten kam es zum Showdown, bei dem Ghiringhelli beichten musste, dass es in der laufenden Spielzeit keine *Traviata* mehr geben werde. Um die Angelegenheit zu befrieden, überreichte er Callas einen Scheck in Höhe ihrer damaligen Abendgage für vier Vorstellungen, also 1,4 Millionen Lire. Auf *La traviata* an der Scala musste Callas daraufhin bis 1955 warten.

Ungeachtet dessen war ihr Auftrittspensum 1952 atemberaubend. Auf die letzte Vorstellung von *I vespri siciliani* am 3. Januar folgten wenige Tage später zwei Aufführungen von Bellinis *I puritani* in Florenz, ehe die nächste Mailänder Premiere mit *Norma* bereits am 16. Januar stattfand (mit sieben Anschlussvorstellungen dieses Werkes). Im März gab es drei *Traviata*-Vorstellungen in Catania, anschließend begannen an der Scala die Vorbereitungen für die dritte Callas-Premiere in dieser Spielzeit: *Il ratto dal Serraglio* (dt. *Die Entführung aus dem Serail)*, die einzige Mozart-Oper, in der sie jemals auf der Bühne stand.

Abgesehen von der Scala wurde vor allem Florenz für sie mehr und mehr zum Sprungbrett. Francesco Siciliani, der einfühlsame und auch im ausgefallenen Opernrepertoire sehr kenntnisreiche künstlerische Leiter des Teatro Communale, gab ihr die Gelegenheit, einige außergewöhnliche Partien aufzuführen, die ihre Stimme besonders gut zur Geltung brachten. Hier hatte sie 1948 Bellinis *Norma* und 1951 Verdis *I vespri siciliani* erstmals singen dürfen, und hier folgte beim Maggio Musicale Fiorentino am 26. April 1952 mit der damals fast vergessenen *Armida* von Rossini unter der Leitung von Tullio Serafin eine weitere Herausforderung. Das Festival stand zum 160. Geburtstag des Komponisten ganz im Zeichen der damals anlaufenden Rossini-Renaissance und präsentierte noch vier weitere seiner Opern (*Il conte Ory, La scala di seta, La pietra del paragone* und *Tancredi*). Dass Callas es bewältigte, diese immens anspruchsvollen Partien innerhalb von nur fünf Tagen einzustudieren, grenzt an ein Wunder: Nicht von ungefähr haben spätere *Ar-*

mida-Sängerinnen wie Raina Kabaivanska oder Montserrat Caballé erklärt, für diese Rolle mindestens fünf Monate zu benötigen.[6] Die Lobeshymnen fielen eindeutig aus. Alfredo Bonaccorsi schrieb in *La voce repubblicana*: »Unsere Großeltern sagten immer, dass die alten Opern nicht mehr aufgeführt werden, weil die Sänger keine Koloraturen mehr singen können. Hätten sie Maria Callas gehört, müssten sie ihre Meinung revidieren, sowohl wegen der Kraft und Sicherheit ihrer Stimme als auch wegen der Präzision ihrer Melismen.«

Und im *Giornale dell'Emilia* nannte man Callas eine »wahre Zauberkünstlerin, die das stilistische Genie der großen Sängerinnen des 19. Jahrhunderts wieder auferstehen ließ und schier unermessliche Schwierigkeiten überwand, an die sich heute wohl keine zweite Sängerin herantrauen würde.«[7]

Im Mai folgten noch drei Vorstellungen von *I puritani* in Rom, ehe sie mit derselben Oper am 29. Mai ihr drittes und letztes Mexiko-Gastspiel eröffnete. Inzwischen hatte ihre Abendgage die Schallmauer von 1000 US-Dollar erreicht, eine Summe, die sie für jeden ihrer elf Auftritte im Pallacio de Bellas Artes kassierte.[8] In allen elf Vorstellungen sang sie an der Seite von Giuseppe Di Stefano: Auf *I puritani* folgten *La traviata*, *Lucia di Lammermoor*, *Rigoletto* und *Tosca*. Die Intensität der künstlerischen Beziehung sollte auch privat nicht folgenlos bleiben: »Seit unserer Begegnung wussten wir, dass wir füreinander geschaffen waren«, ließ sich Di Stefano später gerne zitieren: »Liebe auf den ersten Blick« sei es gewesen.[9] Vor allem aber sollte die künstlerische Zusammenarbeit in den nächsten Jahren Bestand haben, ganz besonders im Plattenstudio. Seit Mexiko blieb Giuseppe Di Stefano ihr wichtigster Tenorpartner – bis hin zur gemeinsamen Abschiedstournee 1973/74.

Als künstlerischer Höhepunkt der Mittelamerika-Reise gilt allgemein *La traviata*, deren Mitschnitt sowohl ihre früheren wie auch die späteren Aufnahmen dieses Werkes an Intensität noch übertrifft. Zum ersten Mal überhaupt sang sie in Mexico *Lucia di Lammermoor*, eine weitere ihrer künftigen Signaturrollen, die sie in den nächsten acht Jahren fast fünfzigmal auf der Bühne verkörpern sollte. Der Jubel schien nach der »Wahnsinnsszene« keine Grenzen zu kennen: Sechzehnmal wurde sie vor den Vorhang gerufen.[10] Ebenfalls eine Premiere war für sie die Gilda aus Verdis *Rigoletto*, eine Oper, die sie 1955 gemeinsam mit Di Stefano und der Mailänder Scala unter Serafin in einer EMI-Referenzaufnahme einspielen sollte, aber nie mehr auf der Bühne sang – wohl weil diese Rolle keine echte Herausforderung für sie war und das dunkle Timbre ihrer Stimme nicht zur Reinheit dieses idealistischen jungen Mädchens zu passen schien.

Unmittelbar nach Mexiko kehrte Callas erstmals seit 1948 wieder zum Festival nach Verona zurück, wo sie im Juli zweimal *La Gioconda* und im August viermal *La traviata* sang – für eine Abendgage von inzwischen 600 000 Lire. Das bedeutendste künstlerische Ereignis in diesem Sommer fand jedoch nicht in der Arena statt, sondern fiel genau zwischen diese beiden Produktionen: Am 21. Juli 1952 unterzeichnete sie in Verona nach langjährigen Verhandlungen jenen Exklusivvertrag mit der EMI, der bis zum Ende ihrer Schallplattenkarriere im Jahr 1969 Bestand haben sollte. Der legendäre Produzent Walter Legge, der wenige Jahre zuvor auch Herbert von Karajan und Wilhelm Furtwängler für sein Label verpflichtet hatte, war beim Vertragspoker bis an die Schmerzgrenze gegangen: Er drohte mit Rücktritt, falls EMI Callas unverrichteter Dinge ziehen lassen würde. Erst nach dieser kalkulierten Finte konnte er in Anspielung auf Scarpias Gefügigmachung der Tosca sein »Callas – finalmente mia« über den frisch paraphierten Kontrakt wispern.[11]

Am 8. November 1952 gab Callas mit Bellinis *Norma* an der Royal Opera ihr lang erwartetes London-Debüt. In ihren Memoiren beschreibt sie, wie sehr sie vor dem Auftritt gezittert habe, angesichts der gewaltigen Publizität, die ihm vorausgegangen war:

> Es ist immer so mit uns Künstlern: Wir arbeiten jahrelang, um bekannt zu werden, dann sind wir schließlich berühmt

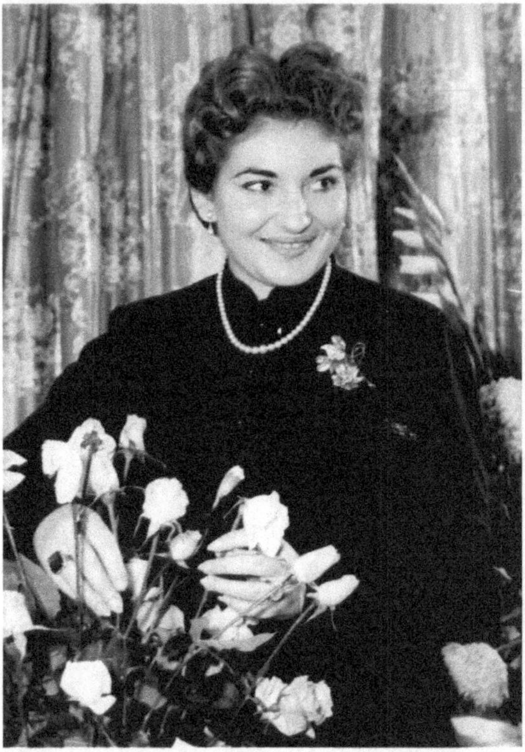

Maria Callas anlässlich ihres Debüts an der Royal Opera im November 1952 in London.

> und dazu verdammt, uns der Berühmtheit würdig zu erweisen und das Publikum nicht zu enttäuschen, das von seinen Idolen wahre Wunder erwartet. Dabei sind wir nur menschlich, mit allen Schwächen der Natur. Ich gelte als sehr sensible Künstlerin, aber genau diese Sensibilität erschwert mir meine ohnehin schon anstrengende Aufgabe.[12]

Sie zeigte sich dieser großen Aufgabe voll und ganz gewachsen. Dem damaligen Londoner Publikum war *Norma* kaum noch gegenwärtig: Seit Rosa Ponselles Aufführungen im Jahre 1929 war

Bellinis Werk in Covent Garden nicht mehr gespielt worden. Der herausragende Live-Mitschnitt dieser Produktion enthält Callas' womöglich überzeugendste Wiedergabe der Arie »Casta Diva«. Maria Callas war sich bewusst, in die Fußstapfen ihres Jugendidols zu treten. Zugleich kam sie bei dieser Gelegenheit erstmals mit der jungen Joan Sutherland zusammen, die in der kleinen Partie der Clotilde ebenfalls ihr Debüt in der britischen Hauptstadt gab. Später sollte sich Sutherland anschicken, die Callas-Nachfolge anzutreten.

Der letzte Höhepunkt des Jahres war erneut die Saisoneröffnung der Scala am 7. Dezember 1952 mit *Macbeth*. Inzwischen hatte sich der 85-jährige Arturo Toscanini aus dem Operngeschäft zurückgezogen. Mit der von Toscanini zwei Jahre zuvor geplanten weiblichen Idealbesetzung realisierte nun der Scala-Chefdirigent Victor de Sabata Verdis Oper. Die Aufführungen fanden in äußerst angespannter Atmosphäre statt: Tebaldi-Anhänger veranstalteten nach der Schlafwandelszene ein Pfeifkonzert, das den enthusiastischen Applaus der Mehrheit des Publikums nur noch verstärkte. Auch Callas hörte während des Beifalls »zwei oder drei deutliche Pfiffe heraus. Mir taten sie weh, aber das Publikum applaudierte umso stärker. Seit damals ist dieser Pfeifer mir treu geblieben. Ich habe mich an ihn gewöhnt, ich habe ihn inzwischen fast gern.«[13]

Nach fünf denkwürdigen *Macbeth*-Vorstellungen sang Callas auch die zweite Scala-Premiere der neuen Spielzeit: *La Gioconda* stand vom 26. Dezember bis 3. Januar ebenfalls fünfmal auf dem Programm. Dann reiste sie weiter nach Venedig, wo sie zum 100. Jubiläum der Uraufführung in einer neuen *Traviata*-Inszenierung mit aufsehenerregenden Bühnenbildern von Nicola Benois auftrat. Der amerikanische Schriftsteller Leo Lerman, der sich später mit Callas anfreundete, hat den Kontrast zwischen der entrückten Kameliendame und der lärmenden, wild gestikulierenden und den Walzer-Takt des Orchesters übertönenden Menge der Ballgäste am Beginn der Oper eindrucksvoll beschrieben:

> Auf der Bühne, unten links, ganz abseits, in einer traumhaften Einsamkeit, sitzt eine monumentale, tizianhaarige, marmorne Gestalt, eingehüllt in ihr voluminöses, aber schlichtes weißes Kleid, und wirft lässig, fast gleichgültig, weiße Kamelien in Richtung der tanzenden Gäste. Bilde ich sie mir nur ein? Von ihr kommt die eindringlichste Stimme, die ich je gehört habe. Sie ist erfüllt von verlorenen Freuden, durchdrungen von gegenwärtiger Verzweiflung. Hier die grelle Frivolität, dort die unausweichliche Tragödie.[14]

Mit dieser 1953er *Traviata* vollzog Callas den nächsten Schritt in ihrer sich stets weiterentwickelnden Gestaltung der Rolle der Violetta. Am Ende der Vorstellung war Lerman überwältigt:

> Im dritten Akt verschwindet die Größe dieser Violetta völlig, und selbst die Stimme ist schon im Jenseits und alles träumt. Die Zerstörung dieser monumentalen Frau durch ihre monumentale Leidenschaft für einen schwachen, konventionellen Mann: Wie viel verheerender und gewaltiger machte Callas ihre Selbstvernichtung als jede noch so zerbrechliche Violetta. Wir gingen erschöpft in die dunkle venezianische Winternacht hinaus und schwiegen, denn jeder von uns wusste, dass wir die größte Opernaufführung seit Jahren erlebt hatten.[15]

Nach drei weiteren *Traviata*-Aufführungen in Rom folgte ihre erste *Lucia di Lammermoor* auf italienischem Boden: Wieder war es Francesco Siciliani in Florenz, der ihr diese Partie angeboten hatte, gemeinsam mit Giacomo Lauri Volpi (Edgardo) und Ettore Bastianini (Lord Enrico Ashton). Ebenfalls mit *Lucia di Lammermoor*, doch mit einer völlig anderen Besetzung und Tullio Serafin als Dirigent, wurde vom 29. Januar bis 6. Februar in Florenz Callas' erste EMI-Studioproduktion unter der Aufnahmeleitung von Walter Legge realisiert: Hier sind Giuseppe Di Stefano in der Rolle des Edgardo und Tito Gobbi als Lord Ashton an der Seite von Maria Callas zu erleben. Die Veröffentlichung dieser LPs verzögerte sich jedoch, da Legge erst Bellinis *I puritani* auf den Markt bringen wollte, deren Aufnahmen rund zwei Monate später in der Mailänder Basilica di Santa Eufemia stattfanden. Mit Giuseppe Di Stefano als Arturo und wiederum Serafin als Dirigenten waren dies ihre ersten Schallplatten mit dem Ensemble und Orchester der Mailänder Scala.

Sowohl die *Lucia*- als auch die *Puritani*-Aufnahmen sind Meilensteine der Schallplattengeschichte geworden. *Lucia* kannte man in Deutschland damals nur in mehr oder weniger verschnittenen Versionen, an denen sich hin und wieder einige herausragende Soubretten versuchten. Die Urgewalt der dramatischen Callas-Stimme mit ihren weiträumig phrasierten Legatobögen, gepaart mit Koloraturkaskaden in äußerster Perfektion, war nicht nur für das damalige Publikum eine Offenbarung, sondern ist bis heute unübertroffen. Serafins *Puritani* waren die überhaupt erste Gesamteinspielung dieser Oper. Als einziger Wermutstropfen bleibt anzumerken, dass das Werk eigentlich einen der Callas ebenbürtigen Tenor erfordern würde. Giuseppe Di Stefano, obwohl damals auf dem Zenit seines Könnens, fehlt die nötige Höhe und Agilität für einen großen Belcanto-Tenor, und er hat sich auch später nie wieder an eine der großen Bellini-Partien herangewagt.

Abgesehen von diesen beiden herausragenden Schallplattenproduktionen sang Callas in diesem grandiosen Frühjahr noch fünfmal *Il trovatore* an der Scala, viermal *Norma* in Rom und zweimal *Lucia di Lammermoor* in Catania. Ihr kolossales Auftritts- und Probenpensum bei gleichzeitiger strenger Diät reduzierte ihr Gewicht zwangsläufig und kontinuierlich. Die berühmte ›Callas-Diät‹ war daher kein allzu erstaunliches Rätsel oder Wunder, sondern resultierte aus dem einfachen Zusammenspiel von Willensstärke, Disziplin und permanent praktiziertem Hochleistungssport. Und das nächste große Abenteuer wartete schon auf sie: Am 7. Mai 1953 stand sie in Florenz erstmals als Medea in der gleichnamigen Oper von Luigi Cherubini auf der Bühne. Das Werk – eigentlich eine französische Oper aus dem Jahre 1797 mit gesprochenen Dialogen, die erst 1855 für eine Aufführung in München durch Rezitative ersetzt worden waren – war in Italien praktisch unbekannt geblieben. Diese Wiederentdeckung schien wie auf Callas zugeschnitten: Die Oper fokussiert die psychologische Entwicklung der Protagonistin und die Transformation ihrer Liebe in zerstörerischen Hass. Wie bei Euripides, dem Autor des ältesten erhaltenen Medea-Dramas (431 v. Chr.), stehen dabei die Ereignisse am Hofe des Königs Kreon in Korinth im Mittelpunkt: die Vorbereitungen zur Hochzeit von Jason und Glauce im ersten Akt, die Hochzeitsfeierlichkeiten im zweiten Akt sowie die Ermordung Glauces und der Kinder Medeas im dritten Akt, der mit einem spektakulären Katastrophenfinale endet.

Bei den Proben kam es zu heftigen Auseinandersetzungen zwischen Callas und dem Dirigenten Vittorio Gui sowie dem Regisseur André Bersacq.[16] Callas, die auch diese herausfordernde Rolle wieder einmal innerhalb kürzester Zeit einstudiert hatte, war nicht willens, sich auch noch auf szenische Experimente einzulassen – zumal Medea in dieser Oper fast die ganze Zeit über auf der Bühne präsent ist. Unmissverständlich ließ sie den Regisseur wissen, dass er die übrigen Mitglieder des Ensembles um sie herum in Bewegung setzen möge, sie selbst werde während ihres Gesangs in der Mitte der Bühne stehen bleiben. So geschah es – zur allgemeinen Begeisterung.[17]

Nach drei weiteren *Lucia*-Vorstellungen in Rom (19. bis 24. Mai) ging es wieder nach London an die Royal Opera, die sich neben der Scala nun zum wichtigsten Callas-Hotspot entwickeln sollte. Im unmittelbaren Anschluss an die Londoner Krönungsfeierlichkeiten für Königin Elisabeth II. am 2. Juni 1953 kam es so zu einem veritablen Callas-Festival: Zehnmal stand sie vom 4. Juni bis zum 1. Juli in Covent Garden auf der Bühne, davon dreimal in *Aida*, viermal in *Norma* und dreimal in *Il trovatore*. An allen zehn Abenden sang sie an der Seite ihrer alten Freundin Giulietta Simionato, und sowohl in *Aida* als auch in *Norma* wirkte wiederum die aufstrebende Joan Sutherland mit.

Anstatt sich und Meneghini eine wohlverdiente Sommerfrische zu gönnen, brillierte Callas im Juli und August wiederum in der Arena von Verona, zunächst gemeinsam mit Mario Del Monaco in *Aida*, sodann auch noch in *Il trovatore*. Beide Inszenierungen stammten von dem inzwischen 68-jährigen vormaligen expressionistischen Stummfilmregisseur Georg Wilhelm Pabst. Doch damit nicht genug: Zwischendurch gab es weitere inzwischen legendäre Schallplattenproduktionen. Vom 10. bis 21. August 1953 sang Callas in der Mailänder Scala die Titelpartie in Puccinis *Tosca* mit Giuseppe Di Stefano (Cavaradossi) und Tito Gobbi (Scarpia), dirigiert von Victor de Sabata. Diese *Tosca* gilt heute allgemein als Jahrhundertaufnahme. Kurz zuvor hatte sie innerhalb von nur zwei Tagen in Mailand wiederum mit Di Stefano auch eine Gesamtaufnahme von Pietro Mascagnis *Cavalleria rusticana* unter der Leitung von Tullio Serafin realisiert – ein Werk, das sie zuletzt als 14-jährige 1938 in Athen gesungen hatte.

Der größte Höhepunkt des Jahres sollte die letzte Premiere an der Mailänder Scala werden: Am 10. Dezember stand *Medea* mit Callas in der Titelrolle auf dem Programm. Ghiringhelli zuliebe hatte sie Renata Tebaldi den Vortritt gelassen, die am 7. Dezember die Saison mit *La Wally* von Alfredo Catalani eröffnen durfte. Als zweite Premiere war eigentlich *Il mitridate eupatore* (1707) von Alessandro Scarlatti mit Callas geplant. Es wäre die erste Barockoper ihrer Karriere und gewiss ebenfalls eine aufsehenerregende Entdeckung gewesen. Doch unter dem Eindruck des großen Erfolgs der Florentiner *Medea* nahm Ghiringhelli die Oper Cherubinis nun auch in Mailand auf den Spielplan und betraute die Scala-Ballettdirektorin Margarete Wallmann mit der Inszenierung. Der junge, in Italien damals noch weitgehend unbekannte amerikanische Dirigent Leonard Bernstein sprang kurzfristig für den erkrankten Victor de Sabata ein. Für Franco Zeffirelli, der die Premiere erlebte, war diese *Medea* eine operngeschichtliche Zäsur: »Als es vorbei war, wussten wir, die Welt der Oper hatte sich verändert. Es gab nun so etwas wie eine neue Zeitzählung: v. C. und n. C. – vor Callas und nach Callas.«[18]

Das Jahr 1954 begann mit einer weiteren sensationellen Mailänder Premiere: Am 18. Januar sang Maria Callas die Hauptrolle in *Lucia di Lammermoor* unter der Leitung von Herbert von Karajan, der das Werk auch selbst inszeniert hatte. Der Maestro äußerte sich sofort begeistert über sie:

> Sie hat eine Anpassungsfähigkeit, eine Disziplin und einen guten Willen bewiesen, wie sie mir bei einer Primadonna selten begegnet sind. Aber dieses Befolgen meiner Anweisungen hat ihre eigene Initiative keineswegs eingeschränkt, hat ihr wunderbares Gespür für die richtige Geste im richtigen Moment keineswegs beeinträchtigt. Sie identifizierte sich vollkommen mit ihrer Figur und blieb dabei doch sie selbst.[19]

Es war die erste Zusammenarbeit zwischen Callas und Karajan – und leider sollten nicht mehr viele weitere folgen. Schuld daran war gewiss nicht die häufig kommentierte Differenz zwischen den beiden anlässlich der vom Publikum regelmäßig geforderten Wiederholung des grandiosen Sextetts. Tatsächlich ließ Karajan dieses schwierige Ensemble in jeder Vorstellung wiederholen – eine mörderische Herausforderung für die Sopranistin, der in der anschließenden »Wahnsinnsszene« Höchstleistungen abverlangt werden. Callas reagierte in einer der Vorstellungen auf ihre ganz persönliche Art und Weise: Sie drehte Karajan ausgerechnet in der Wahnsinnsszene den Rücken zu. Auch Callas war sich bewusst, dass ihre Karriere Ende 1953 und Anfang 1954 einen künstlerischen Höhepunkt erreicht hatte: »In dieser Scala-Saison zählten die *Medea* und *Lucia* zu meinen größten Erfolgen überhaupt«, schrieb sie in ihren Memoiren.[20] Und mit diesen beiden Opern feierte sie im Februar und März 1954 auch am Teatro La Fenice von Venedig glänzende Erfolge.

Inzwischen sorgte ihr bedeutender Gewichtsverlust, der Anfang 1954 durch Hormontherapien in zwei Schweizer Privatkliniken beschleunigt wurde, auch in der Öffentlichkeit für Aufsehen.[21] Ausgerechnet Meneghinis Schwager und ihr Trauzeuge Dr. Giovanni Cazzarolli versuchte daraus Kapital zu schlagen: Im Auftrag der Nudelfirma Pantanella unterzeichnete er ein Schreiben, demzufolge er als behandelnder Arzt von Maria Callas allen Ernstes attestierte, dass sich ihr Diäterfolg dem regelmäßigen Genuss der ›physiologischen Pasta‹ von Pantanella verdanken würde. Maria Callas war hierüber so erzürnt, dass sie gegen den Teigwarenproduzenten vor Gericht zog. Bald stellte sich heraus, dass der Direktor der Firma ein Neffe des amtierenden Papstes Pius XII war. Dieser lud das Ehepaar Meneghini zu einer Privataudienz in den Vatikan. Nach einer längeren Unterredung über die Oper, ihre Karriere und Richard Wagner äußerte der Papst seinen Wunsch, dass man sich im Rechtsstreit mit Pantanella einigen werde. Doch auch der Einfluss des Papstes war begrenzt. Erst nachdem Pius XII 1958 gestorben war, wurde der Hersteller zum Widerruf seiner Behauptungen und Schadenersatzzahlungen verurteilt.[22]

Unterdessen feierte Maria Callas in Mailand weitere Triumphe. Nach *Medea* widmete sie sich einer anderen griechischen Tragödie in einer Vertonung des 18. Jahrhunderts: Am 4. April 1954 fand die erste Aufführung überhaupt von Christoph Willibald Glucks ›Reformoper‹ *Alceste* (1767) an der Scala statt – was die berechtigte Schlussfolgerung nahelegt, dass die vom Komponisten seinerzeit propagierte ›Reform‹ der Oper in Italien gar nicht stattgefunden hatte. Unter der musikalischen Leitung von Carlo Maria Giulini und in einer weiteren Margarete-Wallmann-Inszenierung konnte Callas somit erneut eine ›Wiederentdeckung‹ präsentieren. Inzwischen hatte sie ihr Idealgewicht erreicht, und ihr grandioser Vortrag der Arie »Dività infernal« offenbart, dass ihre Stimme nicht das Geringste an Majestät, Agilität oder Durchschlagskraft eingebüßt hatte.

Nur eine Woche später folgte am 12. April mit Verdis *Don Carlo* unter Antonino Votto ihr nächstes Rollendebüt. Callas hatte die Partie der Elisabetta bereits 1951 einstudiert, als sie die

Oper in Neapel und Rom singen sollte, aber wegen einer Gelbsucht absagen musste. Die Schallplattenaufnahmen von Bellinis *Norma* mit Mario Filippeschi und Ebe Stignani fanden vom 23. April bis 3. Mai 1954 unter der Leitung von Tullio Serafin im Mailänder Metropol-Kino statt. Damals setzte sie auch ein Testament auf, das nur aus einem einzigen Satz besteht: »Ich hinterlasse mein gesamtes Vermögen meinem Ehemann, Battista Meneghini.«[23] Serafin dirigierte im Juni auch die Platteneinspielung von Leoncavallos *Pagliacci* mit Giuseppe Di Stefano und Tito Gobbi. Callas hat die weibliche Hauptrolle der Nedda aus *Pagliacci* weder zuvor noch später jemals auf der Bühne gesungen.

Im Sommer 1954 gastierte sie zum letzten Mal in ihrer Karriere beim Festival von Verona, wo sie mit Arrigo Boitos *Mefistofele* die dritte für sie neue Partie innerhalb von vier Monaten aufführte. Anschließend gönnten sich die Meneghinis dreiwöchige Sommerferien auf Ischia, bevor im August und September eine ganze Serie von Plattenaufnahmen anstand: erst Verdis *La forza del destino* (mit Richard Tucker) und Rossinis *Il turco in Italia* (mit Nicolai Gedda) in Mailand, sodann die beiden sehr erfolgreichen ›Konzeptalben‹ *Puccini Heroines* und *Lyric & Coloratura Arias* unter der Leitung von Tullio Serafin in London. Die Puccini-Platte gilt bis heute als Callas' meistverkauftes Soloalbum.

Ihr lang erwartetes USA-Debüt erfolgte nicht etwa an der New Yorker Metropolitan Opera, deren General Manager Rudolf Bing zu lange taktiert hatte, sondern in Chicago. Carol Fox und Lawrence Kelly hoben dort im Frühjahr 1954 gemeinsam mit dem italoamerikanischen Dirigenten Nicola Rescigno das Lyric Theatre of Chicago aus der Taufe und verfolgten dabei ein mutiges Opernkonzept: Sie setzten auf Stars und Fundraising, verfügten aber weder über ein Orchester noch einen Chor. Beide Kollektive wurden für die kurzen Spielzeiten ad hoc gebildet, und die etwaige Mitwirkung eines Balletts wurde gar nicht in Erwägung gezogen.[24] Die schlicht gehaltenen Inszenierungen stammten fast ausnahmslos von dem Hausregisseur William Wymetal. Auch auf Zweitbesetzungen wurde aus Kostengründen verzichtet. Carol Fox hat das Credo des Unternehmens auf den Punkt gebracht: »Wir arbeiten ganz bewusst nach dem Starsystem und glauben an Starensembles. Wir richten uns nach den verfügbaren Terminen unserer großen Sängerinnen und Sänger und gestalten das Repertoire nach ihren besten Rollen.«[25] Und da die Stars ihre Partien beherrschten, kam man mit wenigen Proben aus. Das eröffnete wiederum größere Spielräume bei den Gagen. Callas erhielt 2000 US-Dollar pro Vorstellung – doppelt so viel wie Rudolf Bing ihr zuletzt in Aussicht gestellt hatte.[26]

Es war ein Wiedersehen der besonderen Art. In Chicago hätte 1947 ja eigentlich ihre amerikanische Karriere starten sollen, doch war die seinerzeit geplante United States Opera Company von ›Eddie‹ Bagarozy wie bereits geschildet auf Sand gebaut gewesen. Sieben Jahre später hatten Carol Fox und Larry Kelly ihr Opernunternehmen wesentlich professioneller aufgezogen. Bagarozy beobachtete das Startup mit höchster Aufmerksamkeit – vor allem wegen der bevorstehenden Rückkehr von Maria Callas und Nicola Rossi-Lemeni in die Vereinigten Staaten. Denn beide hatten sich 1947 vertraglich für zehn Jahre an den New Yorker Rechtsanwalt gebunden. Rossi-Lemeni, der sich außergerichtlich mit Bagarozy einigte und ihm 4000 Dollar zahlte, empfahl ihr, ein entsprechendes Agreement zu treffen.[27] Doch Callas beharrte wahrheitsgemäß darauf, dass Bagarozy niemals als Agent für sie tätig geworden sei.

Am 1. November 1954 ging das Lyric Theatre of Chicago mit einer nur dreiwöchigen Spielzeit an den Start, die es in sich hatte. Den Anfang machte wieder einmal Bellinis *Norma*, mit Maria Callas in der Titelrolle. An ihrer Seite sangen die bewährten Freunde Giulietta Simionato (Adalgisa) und Nicola Rossi-Lemeni (Oroveso), den Pollione übernahm der berühmte Tenor Mirto Picchi. Wenige Tage später folgten Puccinis *La bohème* (mit Giacinto Prandelli und Rosanna Carteri), Rossinis *Il barbiere di Siviglia* (mit Giulietta Simionato, Léopold Simoneau und Tito Gobbi), Verdis *La traviata* (mit Callas, Simoneau und Gobbi), Donizettis *Lucia di Lammermoor* (mit Callas und Giuseppe Di Stefano), Bizets *Carmen* (mit Simionato und Picchi) sowie Puccinis *Tosca* (mit Eleanor Steber, Di Stefano und Gobbi). Jede Oper wurde zweimal vor ausverkauftem Haus gegeben, doch die sechs Callas-Abende wurden die größten Triumphe. Über die Eröffnungsvorstellung des Lyric Theatre of Chicago am 1. November 1954 hielt Leo Lerman in seinem Tagebuch fest:

> Callas sang exquisit, vor allem in den Verzierungen und reinen Koloraturpassagen. Die hohen Töne schwankten zwar ein wenig, aber die Stimme hat großes Herz, Brillanz, Unbeschwertheit. Sie wurde mit einer solchen Leichtigkeit vorgetragen, dass sie zuweilen in der Luft zu schweben schien, ein Wesen in sich selbst, unabhängig von jeder menschlichen Einflussnahme.[28]

Kaum hatte Callas Chicago am 18. November in Richtung Mailand verlassen, begannen dort bereits die Proben für die erste der insgesamt fünf gemeinsamen Produktionen unter der Regie von Luchino Visconti. Die Scala-Saison begann am 7. Dezember 1954 mit der damals nahezu unbekannten Oper *La vestale* von Gasparo Spontini. An der Seite von Franco Corelli in der Rolle des römischen Generals Licinio sang Maria Callas die zur Keuschheit verpflichtete Oberpriesterin Giulia. Allen war klar, dass die ungewöhnliche Stückauswahl der Ähnlichkeit mit *Norma* geschuldet war. Es war die erste Musiktheaterarbeit des berühmten Regisseurs, dessen Leidenschaft für die Kunstform Oper viele seiner Filme prägt: Schlüsselszenen des im selben Jahr 1954 uraufgeführten Risorgimento-Epos *Senso* spielen beispielsweise im Opernhaus La Fenice von Venedig. Doch hätte er wohl niemals selbst eine Oper inszeniert, wäre er nicht Maria Callas begegnet.

Am 8. Januar 1955 sang sie zum ersten Mal die Rolle der Maddalena in Umberto Giordanos *Andrea Chénier*, ein Werk, das die Scala kurzfristig anstelle von *Il trovatore* ins Programm nahm.

Angeblich kam es zu der Änderung, weil Mario Del Monaco befürchtete, dass Callas ihm die Show stehlen würde und einen Vorwand suchte, damit die Verdi-Oper kurzfristig durch eine seiner Paraderollen ersetzt wurde. Da Callas die Rolle der Maddalena nicht in ihrem Repertoire hatte, studierte sie sie innerhalb von fünf Tagen ein und sang Del Monaco in den sechs Vorstellungen von *Andrea Chénier* nun erst recht buchstäblich an die Wand.[29]

Anfang Februar 1955 begannen an der Scala die Proben für Bellinis *La sonnambula* in einer weiteren Visconti-Inszenierung. Es war zugleich die zweite Scala-Produktion Leonard Bernsteins, der inzwischen völlig von Callas fasziniert war. An seine Frau Felicia Bernstein schrieb er am 4. Februar:

> Callas ist großartiger als je zuvor. Sie ist auf einen winzigen Durchmesser abgemagert und wunderschön, auch abseits der Bühne. Sie hat aschblonde Haare und kleidet sich viel besser – und singt wie eine Puppe. Gestern Abend habe ich sie als Maddalena in *Andrea Chénier* gehört, und sie war eine göttliche Kokette von etwa 17 Jahren, völlig glaubwürdig! Wir hatten heute unsere erste Leseprobe von *Sonnambula*, und sie hat mich zum Weinen gebracht.[30]

Kaum war die letzte Vorstellung der *Sonnambula* absolviert, begannen Anfang Mai auch schon die Proben für die dritte Visconti-Inszenierung an der Scala: Unter der Leitung des damals 41-jährigen Dirigenten Carlo Maria Giulini wurde *La traviata* mit Maria Callas zu einer der umjubelten Sternstunden der Operngeschichte im 20. Jahrhundert. Auch die männlichen Hauptrollen waren mit Giuseppe Di Stefano (Alfredo) und Ettore Bastianini (Germont) herausragend besetzt. Carlo Maria Giulini war »überwältigt von der Schönheit, die ich vor mir sah. Die gefühlvollste, die exquisiteste Ausstattung, die ich in meinem ganzen Leben gesehen habe. Jedes Detail von Lila De Nobilis außergewöhnlichen Bühnenbildern und Kostümen ließ mich spüren, dass ich buchstäblich in eine andere Welt ging, in eine Welt von unbegreiflicher Unmittelbarkeit.«[31]

Die legendäre Callas-Giulini-Visconti-*Traviata* ist in einem hervorragenden Premierenmitschnitt vom 28. Mai 1955 dokumentiert. Das langwierige gemeinsame Textstudium mit dem Regisseur zahlte sich ebenso aus wie Giulinis akribische Probenarbeit mit dem Scala-Orchester, welches das Gesangsdrama ausdrucksvoll und geschmeidig trägt. Der Dirigent hat sich enthusiastisch über das Besondere dieser Zusammenarbeit geäußert:

> Luchino Visconti ist – wegen seiner Vertrautheit mit der Oper und seiner musikalischen Kenntnisse – derjenige Regisseur, der von Grund auf den Unterschied zwischen der Regie im Sprechtheater und derjenigen in der Oper begriffen hat. In der Oper – anders als es im Sprechtheater der Fall ist – bestimmt der Komponist in vollständiger Weise den Charakter der Figuren, indem er durch die Musik ihren Seelenzustand ausdrückt, durch den Rhythmus die Zeitabfolgen der Handlung, durch die Lautstärken die Lebendigkeit des Geschehens.[32]

Gleichwohl war auch diese Produktion nicht unumstritten. Die Kritik entzündete sich am expressiven Realismus der Hauptfigur und daran, dass Visconti die Handlung in die Belle Époque des späten 19. Jahrhunderts verlegte. William Weaver zufolge konnte Visconti »sehr kühl sein, manchmal geradezu sadistisch. Und dann verlangte er von Maria Dinge, die sie absolut nicht tun wollte – nur um zu sehen, wie weit er mit ihr überhaupt gehen konnte. Er fand Gefallen an der Macht, die er über sie hatte. Er konnte ihr sagen, dass sie auf allen vieren auf die Bühne kommen müsse – und sie tat es!«[33]

Zumindest anfangs war ihre Begeisterung für Visconti grenzenlos. Natürlich wusste sie um seine Homosexualität, »doch wie viele andere Frauen fand auch sie seinen virilen Charme unwiderstehlich. Und wenn sie zusammenarbeiten, gehorchte sie ihm wie eine Sklavin.«[34] Im Laufe der Zusammenarbeit kam es jedoch zu einer allmählichen Entfremdung, und Callas fühlte sich durch seine direkte, oftmals vulgäre Art provoziert.[35]

Wie schon in den Vorjahren waren die Monate August und September für Schallplattenaufnahmen reserviert. Zunächst nahm Callas Anfang August an der Scala Puccinis *Madama Butterfly* unter Herbert von Karajan mit dem jungen Nicolai Gedda auf, damals eine Neuentdeckung Walter Legges. Karajans schon in sehr jungen Jahren erworbene intime Vertrautheit mit Puccinis Partituren befähigte ihn später zu einzelnen historisch denkwürdigen Produktionen. Hierzu zählt zweifellos die Studioaufnahme von *Madama Butterfly* mit Maria Callas und Nicolai Gedda an der Mailänder Scala aus dem Jahre 1955, die sich abgesehen von der herausragenden Besetzung der beiden Hauptrollen vor allem im ersten Akt durch sehr getragene Tempi auszeichnet. Diese Produktion diente zugleich der Vorbereitung des für den Herbst geplanten Chicago-Gastspiels mit dieser Oper, die sie bislang noch nicht auf der Bühne gesungen hatte. Unmittelbar auf *Madama Butterfly* folgte vom 10. bis 24. August an der Scala die Gesamtaufnahme von Verdis *Aida* mit Richard Tucker, Fedora Barbieri und Tito Gobbi unter der Leitung von Tullio Serafin. Und in den ersten beiden Septemberwochen stand am selben Ort die Einspielung von *Rigoletto*, wiederum unter Serafin mit Tito Gobbi und Giuseppe Di Stefano, auf dem Programm. Anschließend reiste sie nach West-Berlin, wo an der Deutschen Oper am 29. September und 2. Oktober zwei Gastspielaufführungen von *Lucia di Lammermoor* mit Ensemble, Chor und Orchester der Mailänder Scala unter der Leitung von Herbert von Karajan stattfanden. Es waren ihre ersten Auftritte in Deutschland überhaupt. Der Mitschnitt dieser Produktion mit einem Giuseppe Di Stefano in Höchstform zählt zweifellos zu den herausragenden Live-Aufnahmen ihrer gesamten Karriere. In den Worten des Kritikers und Callas-Experten John Ardoin: »Der Höhepunkt bei Karajans Leitung ist das Finale des zweiten Akts, in dem alle dramatischen Register gezogen werden und sich die Erregung bis zum Fieber steigert.«[36]

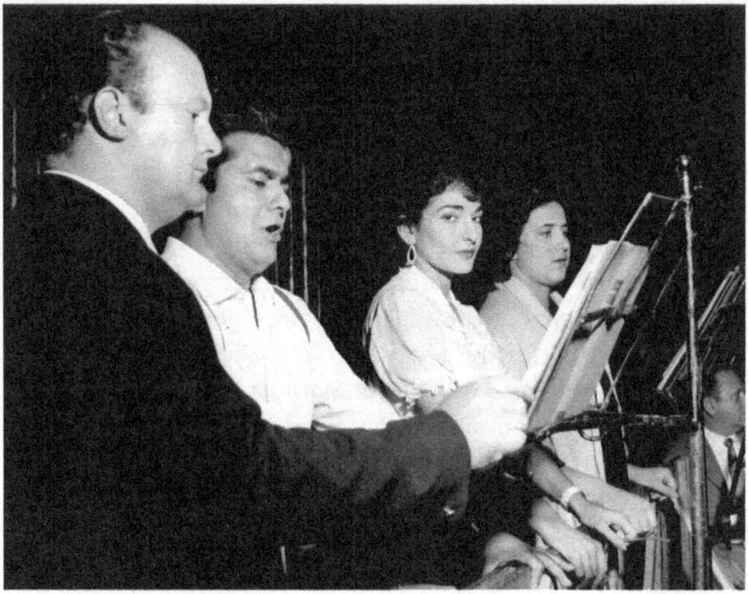

Tito Gobbi, Giuseppe Di Stefano, Maria Callas, Adriana Lazzarini (v.l.n.r.) während einer Aufnahmesitzung von Verdis *Rigoletto* im September 1955.

Die Herbstsaison in Chicago dauerte für sie vom 31. Oktober bis 20. November 1955 und begann mit zwei Aufführungen von *I puritani* mit Giuseppe Di Stefano, Ettore Bastianini und Nicola Rossi-Lemeni. Es folgten zwei Vorstellungen von *Il trovatore*, die die einzigen waren, bei denen sie jemals gemeinsam mit dem großen schwedischen Tenor Jussi Björling auf der Bühne stand. Den Abschluss der Tournee bildeten drei Aufführungen von *Madama Butterfly* mit Giuseppe Di Stefano unter der Leitung von Nicola Rescigno. Aber ihr war noch nicht bewusst, dass hinter den Kulissen bereits eine Intrige gegen sie inszeniert wurde: Edgar Bagarozy, ihr ehemaliger Mentor und Freund, verfolgte sie inzwischen auf juristischem Wege. Bagarozy hatte ihr 1947 ihr erstes italienisches Engagement in Verona vermittelt. In den Vertrag hatte er eine Klausel gesetzt, die Callas für die Dauer von zehn Jahren exklusiv an ihn als Agenten binden sollte. Doch seitdem war er nicht ein einziges Mal für die Sängerin tätig geworden. Sobald Meneghini das Management der Sängerin übernommen hatte, schien Callas den alten Vertrag mit ihrem Jugendfreund vergessen zu haben.

Nach der letzten *Butterfly*-Aufführung in Chicago am 17. November 1955 kam es zum Eklat. Als sich Maria Callas nach einem viertelstündigen Jubelorkan des enthusiasmierten Publikums und unzähligen Vorhängen endlich in ihre Künstlergarderobe zurückziehen wollte, wurde sie dort von Marshal Stanley Pringle und Sheriff Dan Smith empfangen, während Pressefotografen ihre Fassungslosigkeit angesichts dieser Behandlung dokumentierten. Die beiden Exekutivbeamten überreichten ihr die zivilrechtliche Anklageschrift, in der Bagarozy auf der Grundlage des 1947 geschlossenen Vertrages als ihr exklusiver Agent von ihr die Summe von 300 000 Dollar an noch nicht gezahlten Tantiemen forderte.[37] Es folgte ein langwieriger Rechtsstreit, der erst zwei Jahre später, am 13. November 1957, beigelegt werden konnte.[38]

Wie schon im Vorjahr ging es unmittelbar nach dem Chicago-Gastspiel in Mailand mit den Vorbereitungen für die nächste Spielzeiteröffnung der Scala weiter: Diesmal stand *Norma* als Galavorstellung zu Ehren des neuen Staatspräsidenten Giovanni Gronchi in einer Inszenierung von Margarete Wallmann auf dem Programm. Unter der Leitung von Antonino Votto sangen Mario Del Monaco und Giulietta Simionato an der Seite von Maria Callas insgesamt neun umjubelte Vorstellungen bis zum 8. Januar 1956. Elf Tage später folgte bereits die Wiederaufnahme der Visconti-*Traviata* mit neun Vorstellungen wiederum unter der Leitung von Carlo Maria Giulini, ehe dieser am 16. Februar 1956 auch die erste von fünf Vorstellungen von *Il barbiere di Siviglia* mit Callas als Rosina, Luigi Alva als Graf und Tito Gobbi als Figaro dirigierte. Dem Premierenmitschnitt ist die spätere EMI-Studioaufnahme mit derselben Sängerbesetzung von 1957 deutlich vorzuziehen. John Ardoin kritisierte, Callas sei »als Rosina auf der Bühne zu stark, überspielt ab und zu und stellt oft mehr eine Xanthippe als ein Zankteufelchen dar.«[39]

Ende März gastierte sie für drei Vorstellungen von *Lucia di Lammermoor* in Neapel. Inzwischen lag ihre Abendgage in Italien bei 1 Million Lire. Da für die Administration des Teatro San Carlo eine solche Summe nicht darstellbar war, bediente man sich eines buchhalterischen Tricks: Giovanni Battista Meneghini wurde pro forma als stellvertretender Regisseur engagiert und die Gesamtsumme in den Abrechnungen auf beide ›Künstler‹ verteilt.[40] Es war ihr letztes Gastspiel in Neapel. Walter Legge teilte sie ihr Bedauern mit, dass er nicht dabei war, denn sie habe noch besser gesungen als in Berlin: »Leider hat Karajan nicht dirigiert, und ich kann diese Oper ohne ihn einfach nicht hören.«[41] Im Unterschied zu dieser *Lucia*, die durch einen hervorragenden Livemitschnitt dokumentiert ist, gibt es leider keine Tonaufzeichnung von *Fedora*, ihrer nächsten Scala-Produktion vom 21. Mai 1956 unter Gianandrea Gavazzeni und mit Franco Corelli.

Im Juni 1956 gastierte die Scala in Wien mit *Lucia di Lammermoor* – einer Oper, die in der österreichischen Hauptstadt zuletzt 1929 unter der Leitung von Arturo Toscanini gespielt worden war. Nun dirigierte Herbert von Karajan zur Wiedereröffnung der im Krieg zerstörten Staatsoper drei umjubelte Vorstellungen seiner eigenen, ebenso statischen wie sängerfreundlichen Inszenierung mit Maria Callas (Lucia), Giuseppe Di Stefano (Edgardo) und Rolando Panerai (Lord Ashton). Unter den Zuschauern der Premiere am 12. Juni befand sich auch Österreichs Bundespräsident Theodor Körner mit zahlreichen weiteren Staatsgästen und Hundertschaften an Sicherheitskräften, was das Publikum nicht davon abhielt, einen der längsten Schlussapplause der Wiener Theatergeschichte zu spendieren: Mehr als zwanzig Minuten lang wurde geklatscht und gejubelt. Umso bedauerlicher ist es, dass von dieser mutmaßlichen Jahrhundertaufführung kein Mitschnitt existiert. Am 14. Juni, dem Tag der zweiten *Lucia*-Aufführung, wurde bekanntgegeben, dass Karajan zum Künstlerischen Leiter der Wiener Staatsoper ernannt worden war. Die meiste Aufmerksamkeit aber galt nicht ihm, sondern Maria Callas, die in der hochvirtuosen Titelrolle das Belcanto-entwöhnte Wiener Publikum ausnahmslos begeisterte. Callas und Karajan vereinbarten anschließend für 1957 eine gemeinsame Wiener *La traviata*, die letztlich wegen der Gagenforderungen Meneghinis nicht zu Stande kommen sollte.

Auch dieser Triumph hatte für Callas einen hohen Preis – nach dem Wiener Gastspiel fühlte sich Callas wochenlang völlig ausgepowert. Es fiel ihr nicht leicht, sich im Juli auf Ischia zu erholen, jener traumhaften Insel bei Neapel, der Stadt, in der sie vier Monate zuvor ebenfalls die Lucia gesungen hatte – sicher nicht ahnend, dass dies ihr überhaupt letzter Auftritt in der Mezzogiorno-Metropole gewesen sein sollte. Doch die nächste Kraftprobe stand bereits bevor: Anfang August nahm sie an der Mailänder Scala mit Walter Legge für EMI Verdis *Il trovatore* unter Karajans Leitung auf, mit Fedora Barbieri (Azucena), Giuseppe Di Stefano (Manrico) und Rolando Panerai (Graf Luna) in den Hauptrollen. Dank Karajan und Callas sind die Platten ein großer Wurf, auch wenn die drei anderen Protagonisten – besonders Di Stefano – vergleichsweise schwächeln.

Kaum waren die Aufnahmen von *Il trovatore* vollendet, mutete sich Callas noch im selben Monat zwei weitere Mailänder Operngesamteinspielungen zu: Am 20. August ging sie erneut an die Scala, um Puccinis *La bohème* und Verdis *Un ballo in maschera* unter der Leitung von Antonino Votto aufzunehmen. Die anrührende Partie der Mimì, für die es keiner außergewöhnlichen gesangstechnischen Fähigkeiten bedarf, hat Callas aus verständlichen Gründen niemals auf der Bühne verkörpert, was dazu beigetragen haben dürfte, dass die Aufnahmen ziemlich lange dauerten: Erst am 4. September konnte Walter Legge grünes Licht für den Abschluss dieser sängerisch herausragenden Produktion geben, für die man sich höchstens ein elektrisierenderes Dirigat gewünscht hätte. Callas gestaltet die tuberkulosekranke Mimì nach dem Vorbild ihrer eigenen, in jenen Jahren so prominenten (und ebenfalls schwindsüchtigen) Traviata. Kaum eine andere Sängerin hat jemals die Spannungskurve der Auftrittsarie Mimìs kontrastreicher gestaltet. In der Todesszene greift sie auf einen fast schon Pierrot-lunatischen Sprechgesang zurück. Auch die männlichen Hauptrollen – wiederum Di Stefano und Panerai – kamen mit ihren lyrischen Partien hervorragend zurecht, und die damals erst 24-jährige Anna Moffo brilliert als kokette Musetta.

Ohne Pause gingen die Studiositzungen vom 4. bis 12. September weiter mit *Un ballo in maschera* , der überhaupt letzten – allerdings nicht der besten – Verdi-Gesamtaufnahme von Maria Callas. Wiederum standen ihr Fedora Barbieri (Ulrica) und Giuseppe Di Stefano (Manrico) zur Seite, während der große Bariton Tito Gobbi Amelias eifersüchtigen Ehemann Renato gab. Ein Mailänder Konzertauftritt am 27. September 1956 bot das Material für eine Rundfunkübertragung sowie die nächste Platte. Sie enthält Arien aus Spontinis *La vestale*, Rossinis *Semiramide*, Bellinis *I puritani* und Ambroise Thomas' *Hamlet*.

Damit endete eine überaus erfolgreiche und vielgestaltige Aufnahmeserie – und ein neuer Karriereabschnitt begann. Maria Callas kehrte in die Stadt ihrer Geburt zurück. Am 15. Oktober 1956 landete sie mit dem Flugzeug in New York.

6 Gegenwind

29. Oktober 1956. Endlich feierte Maria Callas ihr umjubeltes Debüt an der Metropolitan Opera. Auch in New York durfte sie die Spielzeit eröffnen, einmal mehr mit Bellinis *Norma*. Damit war sie auf einem weiteren und vorerst letzten Gipfel der internationalen Musikwelt angekommen: Nach mehreren Anläufen war es ihr gelungen, auch in ihrer lange gemiedenen ›Heimatstadt‹ New York künstlerisch zu triumphieren. Insgesamt zwölf restlos ausgebuchte Vorstellungen sang sie bis zum 19. Dezember 1956 an der Met. Neben der *Norma* konnte sie in zwei ihrer weiteren

Paraderollen glänzen, in Puccinis *Tosca* und Donizettis *Lucia di Lammermoor*.

Gemessen an der medialen Aufmerksamkeit war die Saison 1956/57 ein neuer Höhepunkt in ihrer Karriere. Flankiert wurde die New Yorker Premiere jedoch von einer seitenlangen Titelstory im *Time Magazine* aus der Feder des berühmt-berüchtigten Journalisten und Pulitzerpreisträgers George de Carvalho. Ihm sollte es gelingen, den Ruf der Jahrhundertdiva nachhaltig zu ramponieren. Vor allem zwei Abschnitte seines Essays trugen hierzu bei: jener über ihre ›Rivalität‹ mit Renata Tebaldi und die brutale ›Aufdeckung‹ ihrer zerrütteten Mutterbeziehung. De Carvalho porträtierte Maria Callas als eine ›Besessene‹, die ihren Unmut immer wieder an den Menschen in ihrer Umgebung auslassen würde: »Ihr erstes Opfer war eine befreundete Sopranistin, Renata Tebaldi, seit langem ein Publikumsliebling an der Scala, mit einer Stimme von cremiger Weichheit, einer Musikalität von zarter Sensibilität und einem entsprechenden Temperament. Sie war der Callas nicht gewachsen.«[1]

Genüsslich schildert der Autor einen unerbittlichen Konkurrenzkampf, der Tebaldi systematisch zermürbt habe, während Callas nachgerade »von der Konkurrenz« lebe: »Jahr für Jahr reduzierte Tebaldi ihre Auftritte, bis sie letztes Jahr ganz der Scala fernblieb und Callas mit 37 Auftritten das Feld beherrschte.«[2] So habe sie sich ihren Weg zu ihrem Weltruhm »mit einer rücksichtslosen Grausamkeit erkämpft, die ihre Feinde in Ehrfurcht erstarren lässt und ihr nur wenige professionelle Freunde beschert hat«.

Hierzu muss man wissen, dass Tebaldi inzwischen der Liebling der amerikanischen Opernszene geworden war – ganz so wie damals in Mailand ›vor Callas‹. Das erneute Anfachen der Tebaldi-Callas-Rivalität diente somit einem klaren strategischen Ziel: Es sollte das amerikanische Publikum unmittelbar ansprechen und mithilfe eines Callas-Bedrohungsszenarios den Absatz der Zeitschrift ankurbeln.

Denselben »schrecklichen Zorn« habe sie auch gegen ihre eigene Mutter gerichtet, der sie es nie verzeihen werde, dass sie ihr die Kindheit genommen habe. Einmal soll die Mutter »für ihr tägliches Brot« die Tochter in einem Brief um hundert Dollar gebeten haben, doch diese habe in einem Antwortschreiben gnadenlos geantwortet: »Komm nicht zu uns mit deinen Sorgen. Ich musste für mein Geld hart arbeiten, und du bist auch noch jung genug, um zu arbeiten. Wenn du nicht genug Geld zum Leben verdienst, kannst du aus dem Fenster springen oder dich ertränken.«[3] Die konservative amerikanische Öffentlichkeit, der die Institution der Familie heilig ist, war schockiert. Und die italienische erst recht, die den Beitrag in diversen Auszügen und Fassungen sofort zu lesen bekam.

Der ›zitierte‹ Brief war womöglich nicht völlig aus der Luft gegriffen, sondern könnte Äußerungen paraphrasiert haben, die im Zorn über anmaßende Geldforderungen der Mutter gefallen sein mögen. Jedenfalls berichten sowohl Jackie[4] als auch Evangelia Callas[5] in ihren Enthüllungsbüchern vom Eintreffen eines Briefes im Sommer 1951, der mit den folgenden Sätzen endete: »Nun ist das Wetter ausgezeichnet. Jetzt im Sommer kannst du ans Ufer gehen und frische Luft schnappen. Wenn du, wie du sagst, kein Geld hast, solltest du lieber in den Fluss springen und dich ertränken.« Die Berichte unterscheiden sich gleichwohl in einem wesentlichen Detail: Während Jackie im Einklang mit de Carvalho später schrieb, der Brief sei an die Mutter gerichtet gewesen, behauptete diese, die Empfehlung zum Suizid habe nicht ihr, sondern Jackie gegolten. Sie selbst habe sodann einige Zeit später einen weiteren Brief erhalten, der folgendermaßen endete: »Wenn du nicht genug Geld für deinen Lebensunterhalt verdienen kannst, solltest du aus dem Fenster springen.«[6] Dies seien die letzten Worte gewesen, die sie jemals an ihre Mutter gerichtet habe. Maria Callas widersprach diesen Anschuldigungen jedoch kategorisch: »No, I never said that.«[7] Doch jeglichen Nachfragen wich sie in Interviews mit dem Hinweis auf ihre Privatsphäre aus, da jede weitere Stellungnahme die Möglichkeit einer späteren Aussöhnung erschweren würde.[8]

Auch künstlerisch lief in New York längst nicht alles glatt. Zwar reagierte das Publikum enthusiastisch, doch die Musikkritik hielt sich nicht nur in ihrer ersten Saison mit Lobeshymnen zurück. Übereinstimmenden Berichten zufolge waren viele ihrer Auftritte an der Metropolitan Opera ernüchternd. Das reservierte Verhältnis beruhte auf Gegenseitigkeit. Von der Akustik und den Bühnenverhältnissen war sie sehr enttäuscht. In einem Interview sagte sie, dass sie die Mailänder Scala der New Yorker Metropolitan Opera in nahezu jeder Hinsicht vorziehen würde:

> Die Scala hat mehr Geld, die Scala hat mehr Tradition, und sie hat den Auftrag, der Welt zu zeigen, dass sie bessere Oper macht als alle anderen. Auch habe ich dort viel mehr gesungen und viele unbekannte Opern auf die Welt gebracht, an der Met jedoch niemals. Das Gebäude der Scala ist viel schöner, auch die Akustik ist viel besser. In New York haben wir leider keine gute Akustik. Wenn Sie an der Metropolitan Opera singen, verlieren Sie die Kontrolle über ihre Stimme, weil sie sich selbst überhaupt nicht hören können und daher forcieren.[9]

Auch mit dem mächtigen Met-Intendanten Rudolf Bing, der mit ihr noch Großes vorhatte, erzielte sie keine Übereinstimmung. Besonders enttäuscht war Bing Ende 1956 über ihre Absage für *Salome*, obwohl er ihr für diese Rolle sogar eine Erhöhung der Abendgage auf 2000 Dollar angeboten hatte. Zugleich machte er ihr klar, dass er für ihre anderen Rollen »unter keinen Umständen 2000 Dollar zahlen« könne.[10] Dies wiederum dürfte ihren Manager und Ehemann Meneghini geärgert haben, den Bing nicht ausstehen konnte, weil er ihn für einen notorischen Geizkragen hielt.[11] Für Maria Callas kam ein Auftritt in Richard Strauss' dekadentem Meisterwerk aus rein künstlerischen Gründen nicht in Frage, weil sie die deutsche Sprache nicht beherrschte. Außerdem konnte sie sich schwerlich mit diesem Frauentypus einer jugendlichen Femme fatale identifizieren, die in lustvoller Verzückung das abgeschlagene Haupt Johannes des Täufers zu küssen hat.

Maria Callas begegnete all diesen Widrigkeiten womöglich mit etwas zu demonstrativer Nonchalance. Ihre enge Freundin Giovanna Lomazzi wusste zu berichten, dass sie in New York generell sehr wenig aß, kaum etwas anderes als Kaffee trank und noch am Tag der Vorstellung an der Fifth Avenue shoppen ging. Dann kam sie mit ihren Einkaufstaschen, ohne vorher ins Hotel zu gehen, direkt in die Oper:

> Ich weiß nicht, wie sie das schaffte. Ich brach jeweils auf den erstbesten Stuhl zusammen, war völlig erledigt (und war doch erst 20 Jahre alt) und schaute dann erstaunt, wie sie sich ihr Make-up auflegte und sich für die Vorstellung zurechtmachte. Dann ging sie auf die Bühne und sang eine abendfüllende Partie. Maria sagte mir immer, dass ihre Stimme eigentlich keine besondere Ruhe oder ein besonderes Training brauchte.[12]

Inzwischen wissen wir, dass sie hierbei einer Fehleinschätzung unterlag. Sie mutete ihrem Körper und ihrer Stimme in diesen Jahren viel zu viel zu und leistete dadurch dem unvermeidlichen Verschleiß in dramatischer Weise Vorschub.

Zugleich absolvierte sie weiterhin ein abenteuerliches Arbeitspensum. Anfang 1957 reiste sie zunächst nach London. Dort standen Proben und eine weitere Aufführungsserie der *Norma* in Covent Garden auf dem Programm, wo sie seit dreieinhalb Jahren nicht mehr aufgetreten war. Direkt anschließend wurde vom 7. bis 14. Februar die legendäre EMI-Gesamtaufnahme von Rossinis *Il barbiere di Siviglia* mit dem Philharmonia Orchestra unter Alceo Galliera mit Luigi Alva und Tito Gobbi eingespielt. Zum ersten Mal seit vier Jahren sang sie in einer Studioaufnahme ohne Mitwirkung der Mailänder Scala.

Doch der publizistische Gegenwind, der ihr entgegenschlug, ließ auch Anfang 1957 keineswegs nach. Bereits im Alter von 33 Jahren sah sie sich veranlasst, in der italienischen Zeitschrift *Oggi* ihre Memoiren zu veröffentlichen. Sie dienten vor allem der Selbstverteidigung – eine Attitüde, welche die Sängerin fortan immer häufiger einzunehmen gezwungen war. Bislang hatte sie sich aus Bescheidenheit immer geweigert, über ihre Erfolge zu sprechen. Stattdessen habe sie es anderen überlassen, über sie zu schreiben, »in der Überzeugung, dass ich es mit intelligenten, gutgesinnten, großzügigen Menschen zu tun hätte. Unglücklicherweise jedoch befinde ich mich gerade aus diesem Grund im Mittelpunkt von unzähligen, den Globus umkreisenden Gerüchten.« Daher habe sie sich nun, »wenn auch widerwillig, entschlossen, die vielen Ungenauigkeiten zu klären und die wichtigsten Begebenheiten meines Lebens und meiner Karriere als Künstlerin darzustellen«.[13]

Der Zeitpunkt, Bilanz zu ziehen und auf ihre bisherige Karriere zurückzublicken, war in mehrfacher Hinsicht gut gewählt. Denn abgesehen von den medialen Schlammschlachten, denen sie begegnen wollte, lief auch künstlerisch längst nicht mehr alles rund. Und Callas war stets selbst ihre strengste Kritikerin gewesen. Kein Zweifel: Sie hatte ihren Zenit überschritten. Doch sie gab sich kämpferisch: »In ein paar Tagen werde ich wieder an der Scala singen, in *Sonnambula*, *Anna Bolena* und *Ifigenia*. Meine Feinde erwarten mich, aber ich werde kämpfen und das Publikum, dessen Liebe, Achtung und Bewunderung ich nicht verlieren möchte, nicht enttäuschen.«[14]

Auch in Mailand wurden die Proben und insgesamt sechs Liveauftritte von *La sonnambula* mit einer terminlich eng getakteten Kompletteinspielung für EMI kombiniert: Kaum war die umjubelte Wiederaufnahme von Bellinis Oper am 2. März unter Leitung von Antonino Votto über die Bühne gegangen, ließ Walter Legge dieselbe Besetzung (mit Nicola Monti als Elvino und Nicola Zaccaria als Rodolfo) schon am nächsten Tag in der Basilica di Santa Eufemia für die Plattenaufnahmen antreten. Als Schlafwandlerin Amina präsentiert sich Callas einmal mehr in Topform – auch wenn die unvergleichliche Schlussarie »Ah! non credea mirarti« durch Vottos etwas zu unruhiges Tempo an Wirkung verliert.

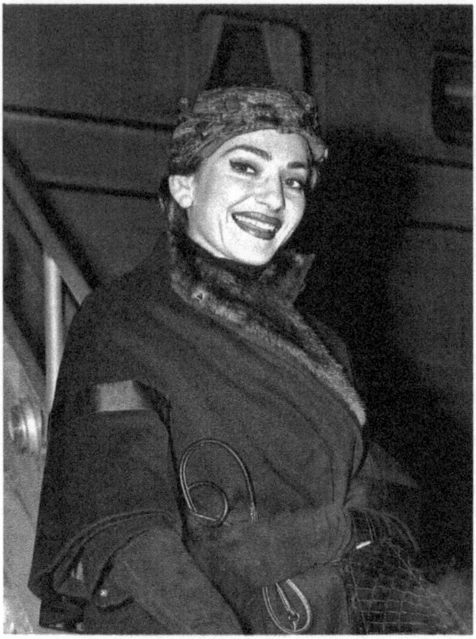

Maria Callas bei ihrer Ankunft am Chicago Midway Flughafen am 12. Januar 1957, drei Tage vor ihrem Benefizkonzert in Chicago für die Opfer der sowjetischen Invasion in Ungarn (1956).

Wenige Wochen später begannen bereits die Proben für Donizettis *Anna Bolena* in der Inszenierung Viscontis, die zu einem weiteren Höhepunkt des Belcanto-Revivals werden sollte. Die Vorstellung vom 14. April ist durch einen sehr guten Livemitschnitt dokumentiert. *Anna Bolena* zählt zu den umfangreichsten Partituren Donizettis und enthält rund dreieinhalb Stunden Musik, von denen in der Scala-Fassung Gianandrea Gavazzenis rund ein Viertel geopfert wurde. Wie in den meisten Bühnenauftritten, die sie gemeinsam mit ihren langjährigen Freunden Giulietta Simionato (Jane Seymour) und Nicola Rossi-Lemeni (Heinrich VIII.) realisieren konnte, war Maria Callas hier in ihrem Element, zumal sie sich mit der Rolle der Anna Bolena besonders stark identifizierte. In Interviews hat sie immer wieder an diesem Beispiel darauf hingewiesen, dass man die Interpretation einer Rolle aus der Musik heraus entwickeln müsse und diese Opernfigur nichts mit der historischen englischen Königin zu tun habe.

Die Scala-Premiere von Glucks *Ifigenia in Tauride* am 1. Juni 1957 stand unter keinen besonders günstigen Vorzeichen. Es sollte die letzte gemeinsame Produktion mit Visconti sein. Schon während der viel zu knappen Vorbereitungen waren die beiden aneinandergeraten. Callas wollte wie in *Medea* die archaische Tragödin geben und pochte auf ihre griechische Herkunft, Visconti und sein Ausstatter Nicola Benois wählten hingegen ein venezianisches Rokokodekor à la Tiepolo, weil dies eher der frühklassischen Musiksprache des Werkes gemäß sei. Callas trug eine Perlenkrone und einen tiefroten Mantel über einem Seidenkleid mit einer 25 Meter langen Schleppe. Während der Ouvertüre bei offenem Vorhang musste sie eine Treppe hinaufgehen und sich oben vor eine Windmaschine stellen, die ihre Schleppe in eine bewegte Meereslandschaft verwandelte.[15] Nach vier Vorstellungen endete am 10. Juni die Scala-Spielzeit, und diese in den meisten Rollen sehr mäßig besetzte Produktion verschwand für immer in der Versenkung. Der Live-Mitschnitt zählt zu ihren schwächsten Gesamtaufnahmen. Man hätte sich mehr von Viscontis Rokoko-Leichtigkeit auch in der Musik gewünscht, deren monochrome Monumentalität das unfassbar schleppende Dirigat Nino Sanzognos ebenso akzentuiert wie das statuarisch-wacklige Dauervibrato der Protagonistin.

Eigentlich hätte Callas im Anschluss an diese kräftezehrende Saison einen Erholungsurlaub dringend nötig gehabt, doch dieser fiel den Mailänder Terminverschiebungen und Meneghinis mitunter fragwürdigem Verhandlungsgeschick zum Opfer: Stattdessen musste sie am 19. Juni in Zürich ein solitäres, ziemlich überflüssiges Konzert mit dem Winterthurer Stadtorchester geben, und wiederum eine Woche später fand in Rom eine konzertante Aufführung von *Lucia di Lammermoor* für das Radio statt. Kurz darauf reiste sie mit dem Ensemble, Chor und Orchester der Scala nach Köln, wo sie zur Eröffnung des von Wilhelm Riphahn neu errichteten Opernhauses am 4. und 6. Juli

1957 unter der Leitung von Antonino Votto zwei Vorstellungen von *La sonnambula* in der Mailänder Visconti-Inszenierung sang.

Unmittelbar darauf ließ sie sich auf ein weit größeres Wagnis ein: Im Mailänder EMI-Studio hatte Walter Legge schon für den 9. Juli den Beginn der Gesamtaufnahme von Puccinis *Turandot* mit Tullio Serafin anberaumt. In den Jahren 1948/49 hatte Callas diese hochdramatische Titelrolle zwei Dutzend Mal gesungen – häufiger als jede andere Partie in diesen Jahren – und damit ihren künstlerischen Durchbruch erzielt: »Ich sang die *Turandot* in ganz Italien und betete zu Gott, dass meine Stimme das überlebte. Denn diese Rolle ist nicht gut für die Stimme und hat schon so manche ruiniert.«[16] Die enorme Anstrengung dieser Partie merkt man der Studioaufnahme selbst im Schlussabschnitt der Arie »In questa reggia« kaum an, wenn Callas im fortissimo permanent in höchster Lage zu singen hat. Umso nachdrücklicher kontrastiert sie zur filigraneren zweiten Sopranpartie der Liù, die in dieser Aufnahme von Elisabeth Schwarzkopf etwas unterkühlt gesungen wird.

Gleich nach *Turandot* ließ sich Callas dazu überreden, die Lücken ihres Puccini-Repertoires zu schließen, und nahm im selben Mailänder EMI-Studio letztmalig mit Giuseppe Di Stefano auch noch *Manon Lescaut* auf – eine Oper, die sie in ihrer gesamten Karriere niemals auf der Bühne dargestellt hat. Und die im Übrigen auch völlig andere Anforderungen stellte als Vincenzo Bellinis *La sonnambula*, mit der sie im August auf dem Festival von Edinburgh gastieren sollte. Doch damit nicht genug: Dazwischen waren auch noch zwei Konzertauftritte beim Sommerfestival in Athen geplant. Die Rückkehr von Maria Callas in ihre Heimat hatte ein enormes Medienecho und auch politische Kontroversen wegen der Höhe ihrer Gage ausgelöst. So sah sich die Künstlerin veranlasst, in einer Presseerklärung zu den Vorwürfen Stellung zu beziehen: »Mein Debüt in Athen war sogar mit einer ganzen politischen Affäre verbunden, mit denen, die mich zu Fall bringen wollten, weil es ihnen zuvor mit anderen Argumenten nicht gelungen war, sogar mit einem Minister oder dem gesamten Ministerium: demjenigen, der einfach nicht den Mut hatte, meinen Vertrag zu unterschreiben.«[17]

Doch wegen einer Erkrankung musste sie das erste der beiden Konzerte kurzfristig absagen. Im zweiten Konzert gelang es ihr am 5. August, die feindselige Stimmung von Teilen des Publikums zu brechen und die Aufführung im Freilufttheater des Herodes Atticus (wo sie zuletzt 1944 in *Fidelio* gesungen hatte) zu einem Triumph werden zu lassen.

Die extremen körperlichen und seelischen Belastungen ihres fieberhaften Proben-, Auftritts- und Reisepensums bei gleichzeitiger Beibehaltung einer strengen Diät forderten über die Monate und Jahre hinweg zwangsläufig ihren Tribut. Immer häufiger traten diese Verschleißerscheinungen deutlich hörbar im Klang ihrer Stimme zu Tage. Möglicherweise machten sich schon zu diesem Zeitpunkt die Folgen der Dermatomyositis bemerkbar, einer schweren Autoimmunerkrankung des Bindegewebes, die bei Callas allerdings erst 1975 gesichert diagnostiziert und 2011 von den beiden Medizinern und Phoniatern Franco Fussi und Nico Paolo Paolillo als die wahrscheinlichste Ursache für den allmählichen Niedergang ihrer Gesangsstimme identifiziert wurde.[18] Ungeachtet ihrer Erkrankungen hatte Maria Callas bis dahin die Verpflichtungen ihres randvollen Auftrittskalenders zuverlässig erfüllen können. Doch ab 1957 war sie hierzu nicht immer in der Lage. Ihre Absagen begannen sich zu häufen, und angesichts der immensen Erwartungen, die das Publikum, die Presse und die Veranstalter mit ihren Auftritten verbanden, konnte es nicht ausbleiben, dass jede nicht zustande gekommene Vorstellung als Skandalon inszeniert wurde.

Das Edinburgh Festival im Sommer 1957 machte den Anfang in einer Reihe von medial aufgebauschten ›Skandalen‹. Auf dem Programm standen fünf Aufführungen von *La sonnambula*, jener Oper, die ganz am Ende mit der erlesenen Arie »Ah! non credea mirarti« ein unvergleichliches melodisches Juwel aufzubieten hat, und die sich damals nahezu ausschließlich mit dem

Namen ihrer herausragenden Interpretin Maria Callas verband. Diese reiste allerdings gesundheitlich angegriffen nach Schottland und zeigte – wie die Aufnahmen belegen – zumindest in zwei ihrer vier Vorstellungen durchwachsene Leistungen.[19] Das war jedoch nur für einige Kritiker ein Problem, das Publikum war begeistert. Das Ärgernis bestand jedoch darin, dass in der angekündigten fünften Vorstellung nicht Callas, sondern die junge Renata Scotto die Partie der Amina übernahm: »Die Scala hatte für die Festspiele in Edinburgh vier Vorstellungen mit mir vereinbart. Ohne vertragliche Grundlage, aus welchen Gründen auch immer, stellte die Scala dann der Edinburgher Festspielleitung fünf Vorstellungen mit mir in Aussicht. Ich aber hatte keine Verträge für fünf Vorstellungen. Deshalb bin ich auch am 30. August nicht aufgetreten.«[20]

Zum veritablen ›Skandal‹ wurde dieser vermeintliche ›Edinburgh Walk Out‹, schließlich aber erst dadurch, dass Callas am 3. September, an dem die fünfte *Sonnambula*-Vorstellung mit Renata Scotto an ihrer Stelle stattfand, im Luxushotel Danieli in Venedig an einer Party der einflussreichen Klatschreporterin Elsa Maxwell teilnahm (die auch ihre erste Begegnung mit Aristoteles Onassis am nächsten Tag auf dem Lido vermittelte). Vor diesem Hintergrund musste ihre anschließende Absage in San Francisco wie ein Offenbarungseid wirken:

> Ich sollte vom 27. September bis zum 10. November desselben Jahres in San Francisco singen, aber am 1. September telegraphierte ich dem Direktor Kurt Herbert Adler, um ihn über meinen Gesundheitszustand zu informieren und ihm vorzuschlagen, für den Fall der Fälle einen Ersatz bereitzuhalten. Daraufhin untersuchte mich mein Arzt erneut und verbot mir, Mailand zu verlassen, da ich nicht einmal mehr in der Lage sei zu reisen, geschweige denn zu singen. Zwei Wochen vor der Premiere in San Francisco teilte ich Adler mit, dass es mir unmöglich sei, aufzutreten, aber nun musste ich die Konsequenzen von Edinburgh tragen. Adler schien den Stand-

> punkt zu vertreten, dass ich, nachdem ich Edinburgh abgesagt hatte, nun auch San Francisco abblitzen ließ.[21]

Zugleich legte sie ein medizinisches Gutachten von Dr. Arnaldo Semeraro vor: »Die Patientin weist ein Syndrom auf, das durch einen ängstlich-besorgten Zustand mit starker Polarisierung auf Faktoren der emotionalen Anspannung und Müdigkeit gekennzeichnet ist, der seit einigen Monaten anhält und durch Angstkrisen verstärkt wird.«[22]

Allerdings enthält ihre Rechtfertigung nur die halbe Wahrheit. Callas unterschlug nämlich, dass sie Mitte September – zur Zeit ihrer Untersuchung – trotz ärztlicher Warnung eine ganze Woche lang intensiv gesungen hatte – natürlich unter Ausschluss der Öffentlichkeit: Vom 14. bis 19. September produzierte sie in der Mailänder Scala für das Ricordi-Label eine weitere *Medea*-Aufnahme, der man ihre gesundheitlichen Probleme durchaus anmerkt.[23] Als Adler hiervon erfuhr, zeigte er sie am 21. September 1957 bei der American Guild of Musical Artists (AGMA) wegen Vertragsbruchs an.[24] Zu allem Überfluss saß ihr in Amerika auch noch der Bagarozy-Prozess im Nacken. Am 1. November schrieb sie ihrem Anwalt Walter Cummings, dass sie den bevorstehenden Auftritt in Dallas keinesfalls wegen eines Gerichtstermins in der Auseinandersetzung mit ihrem ehemaligen Agenten verschieben könne, um nicht einen weiteren Skandal zu riskieren:

> Wie ist es möglich, dass das Gericht den Rufschaden und den wirtschaftlichen Verlust, der mir dadurch entsteht, nicht nachvollziehen kann? Ich habe mich fast den gesamten Monat November und auch im April für diesen Prozess zur Verfügung gestellt. Es kann nicht sein, dass ich auf diese Weise meine Engagements verliere. Du weißt ja, was passiert, wenn ich aus gesundheitlichen Gründen absagen muss – umso mehr kannst du dir vorstellen, was passieren würde, wenn ich wegen eines Prozesses absagen müsste. Niemals![25]

Callas war sich bewusst, dass ihr Name und ihre Karriere auf dem Spiel standen: »Ich kann mir keine weiteren Skandale leisten, indem ich Auftritte verschiebe.«[26] Sie bat ihren Anwalt, den Richter davon zu überzeugen, dass es sich bei Bagarozys Strategie um Erpressung handelte und dass er, nicht sie, verurteilt werden müsse.[27] Vor allem drängte sie ihren Anwalt zur Eile, »denn meine Koffer, Flugtickets und Hotelreservierungen sind fertig. Denk daran, ich komme eigens aus Europa und nicht aus Long Island!«[28] In einem Brief an den Herausgeber der Turiner Tageszeitung *La Stampa* vom 4. November 1957 unterstrich sie, dass sie nicht wisse, ob sie wegen des in Amerika anhängigen Rechtsstreits überhaupt nach Italien zurückkehren dürfe. Ursprünglich hatte sie bereits in der zweiten Februarhälfte 1957 – unmittelbar nach der Premiere von *Norma* und der Aufnahme von *Il barbiere di Siviglia* in London – nach Amerika zurückkehren sollen, um vor Gericht zu erscheinen, erhielt jedoch einen Aufschub, um an der Scala Mitte Februar *La sonnambula* vorzubereiten und aufzuführen, die dann verschoben wurde. Nun würde es keinen weiteren Aufschub mehr geben.

Am 10. November traf das Ehepaar Meneghini in New York ein.[29] Dort war der Gerichtstermin zunächst für den 12. November 1957 angesetzt, sollte dann aber kurzfristig um eine Woche verschoben werden, was Callas wiederum in ernste Bedrängnis gebracht hätte. Die Gefahr, dass auch die bevorstehenden Aufführungen in Dallas und Mailand platzen würden und ihr Ansehen weiter Schaden nehmen könnte, ließ ihr keine Ruhe. Schließlich gelang es ihr, sich am 13. November außergerichtlich mit Bagarozy zu einigen, so dass dieser die Anklage fallen ließ:

> Es war sehr falsch von ihm, mir Geld abzupressen. Das Ganze war Erpressung. Obwohl Battista meine finanziellen Angelegenheiten regelte, habe ich selbst dafür gesorgt, dass die Sache 1957 außergerichtlich beigelegt wurde. Eddie war glücklich mit der relativ bescheidenen Summe, die er bekam. Wie dem auch sei, ich war erleichtert, denn ich hasse es, ein Fall

für die Gerichte zu sein. Auch Battista war sehr froh, dass der leidige Streit beendet wurde.[30]

Bagarozy hatte ursprünglich 300 000 Dollar gefordert, erhielt aber schließlich nur 15 000 Dollar, ein Zwanzigstel des zunächst geforderten Betrags.

Ihr Konzert zur Eröffnung der Civic Opera von Dallas in der Music Hall at Fair Park – bestehend aus fünf Arien aus der *Entführung aus dem Serail, I puritani, Macbeth, La traviata* und *Anna Bolena* im Wechsel mit Orchesterstücken – fand am 21. November statt. Der Mitschnitt der Generalprobe am Vorabend dokumentiert auch die Unterbrechungen und zeigt, dass Maria Callas nicht immer mit voller Stimme aussang. Bereits am 23. November musste sie für den Probenbeginn an der Scala zurück sein. Die Saisoneröffnung der Mailänder Scala am 7. Dezember mit Verdis *Un ballo in maschera* – einer Oper, die in ihrer Karriere insgesamt nur eine untergeordnete Rolle spielte – sowie vier weitere umjubelte Vorstellungen brachten das turbulente Jahr 1957 für Maria Callas schließlich doch noch zu einem versöhnlichen Abschluss. Letztmalig stand sie in dieser Produktion gemeinsam mit Giuseppe Di Stefano auf einer Opernbühne. Gleich nach Weihnachten fuhr sie dann mit ihrem Mann nach Rom, wo sie zu Beginn des neuen Jahres viermal *Norma* singen sollte.

Noch deutete nichts darauf hin, dass der mutmaßlich größte mediale Opernskandal des 20. Jahrhunderts unmittelbar bevorstand: »Es hatte also alles gut angefangen, sogar prächtig. Ich war am zweiten Weihnachtsfeiertag in Rom angekommen, und am nächsten Tag ging ich um die Mittagszeit ins Theater und begann mit den Proben. Ich war froh, nach einiger Zeit wieder in Rom zu sein.«[31]

Tatsächlich war sie seit mehr als drei Jahren nicht mehr an der römischen Oper aufgetreten, an der sie in so vielen für ihre Karriere wegweisenden Produktionen gesungen hatte: *Parsifal, Turandot, I puritani, Tristan und Isolde, Aida, Lucia di Lammer-*

moor, La traviata, Medea, Il trovatore und natürlich auch *Norma*. Die Proben wurden am 28. Dezember ganztägig fortgesetzt:

> Ich war recht zufrieden mit mir, auch wenn ich am späten Abend einen leichten Schmerz im Hals verspürte. In der Zwischenzeit hatte sich Fedora Barbieri, die Adalgisa spielen sollte, mit einer Grippe ins Bett gelegt und war durch Miriam Pirazzini ersetzt worden. Es war besser, vorsichtig zu sein: Ich verbrachte den größten Teil des Sonntags, 29. Dezember, in meinem Hotelzimmer und ruhte mich aus. Am nächsten Tag ging es mir gut: Am Abend fand die Hauptprobe statt, die ich in bester Verfassung sang.[32]

Auch die Generalprobe an Silvester verlief normal, Callas sang mit voller Stimme. Danach ging sie in ihre Garderobe, »einen eiskalten Raum in einem Theater, das seit sechs oder sieben Monaten, nämlich seit Ende der letzten Saison, nicht mehr benutzt worden war. Es zog durch alle Fugen. Plötzlich fühlte ich kalte Schauer und bemerkte die Symptome einer beginnenden Heiserkeit.«[33]

Doch sie hatte noch am selben Abend einen Fernsehauftritt der Eurovision zu absolvieren, bei dem im Vorgriff auf die Premiere einmal mehr die Arie »Casta Diva« aus *Norma* auf dem Programm stand. Um Mitternacht stieß sie dann mit ihrem Mann und einigen Freunden auf das neue Jahr an und ging kurz darauf zu Bett.

Am nächsten Morgen hatte sich ihr Zustand deutlich verschlechtert:

> Mein Mann rief am Neujahrstag, dem Tag vor der Premiere, den Theaterarzt gegen zehn Uhr vormittags an. Es war überhaupt kein Mensch von der Oper aufzutreiben. Erst gegen ein Uhr mittags traf ein Arzt im Hotel ein. Mein Hals war rot entzündet. Der Arzt betrachtete die Entzündung aus respektvoller Entfernung – vielleicht, um nicht selber angesteckt zu werden – und sagte mir, ich solle heiße Kompressen machen.[34]

Tatsächlich ging die Heiserkeit dank dieses einfachen Hausmittels am Morgen des 2. Januar zurück, dem Tag der Premiere. In Anwesenheit des italienischen Staatspräsidenten Giovanni Gronchi und unzähliger Prominenz aus Politik, Gesellschaft und Kultur sollte Maria Callas die römische Opernsaison eröffnen. Dass sie wieder einmal die Norma verkörpern sollte, erwies sich als symbolträchtige Programmwahl: In dieser Oper steht die Titelfigur einem ganzen Heer römischer Belagerer gegenüber. So ähnlich sollte es kommen. Denn es gab ein gewaltiges Problem: Die Heiserkeit war zwar vorübergehend verschwunden, aber es stellte sich eine schwere Bronchitis ein. Die Operndirektion hatte es versäumt, ein Backup zu engagieren. Das war verständlich, denn es gab damals kaum eine zweite Sängerin auf der Welt, die diese Partie beherrscht hätte. Und das Publikum kam sowieso nur aus einem Grund: Es wollte Callas und sonst keine hören.

So blieb ihr nichts anderes übrig, als am Abend des 2. Januar aufzutreten. Da sie jedoch während der Vorstellung spürte, dass ihr die Stimme entglitt, brach sie ihren Auftritt nach dem ersten Akt ab. Die Verantwortlichen beschworen sie, unbedingt weiterzumachen. Doch sowohl das Argument, dass sie ihren Auftritt dem Staatspräsidenten schuldig sei, als auch der Hinweis darauf, dass sie den schwierigsten Part der Oper schon hinter sich habe, verfehlten ihre Wirkung: »Ich habe nein gesagt. Es ist wahr, man kann mit Fieber singen, man kann mit wunden Beinen singen, mit einem explodierenden Kopf. Ich selbst habe es mehr als einmal getan. Aber ohne Stimme kann man nicht singen.«[35] Auch auf den Vorschlag, ihre Rolle lediglich pantomimisch darzustellen, ging sie verständlicherweise nicht ein.

Irgendwann wurde dem ungeduldigen Publikum mitgeteilt, dass die Vorstellung nach dem ersten Akt zu Ende war. Callas wusste genau, was sie tat. Es blieb ihr keine andere Möglichkeit. Niemand kannte sie so gut wie sie sich selbst, und niemals hätte sie eine Vorstellung abgebrochen, wenn es sich hätte vermeiden lassen. Aber aus medizinischer Sicht gab es keinen Zweifel, dass sie in diesem Zustand nicht singen konnte, wie sie sich am nächs-

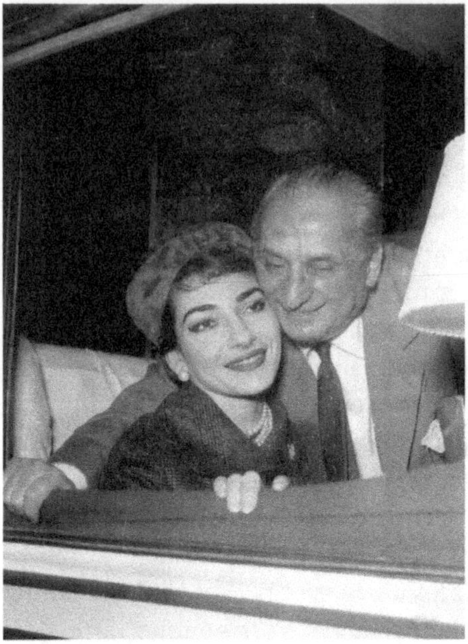

Maria Callas und Giovanni Battista Meneghini bei der Abreise aus Rom am 9. Januar 1958. Eine Woche zuvor hatte sie dort mit der abgebrochenen Vorstellung von *Norma* den bisherigen Tiefpunkt ihrer Karriere durchlitten.

ten Tag attestieren ließ. Diese Ankündigung löste im Auditorium einen Tumult aus. Stundenlang warteten entrüstete Zuschauer am Künstlereingang auf die Sängerin, die unterdessen gemeinsam mit ihrem Mann ins benachbarte Hotel Quirinale geflohen war. Für Maria Callas war es der traurigste Abend ihrer künstlerischen Laufbahn: Niemals hätte sie »die Welle von Gewalt und Grausamkeit voraussehen« können, »die nach dem so schmerzhaft verkürzten Auftritt am 2. Januar über mich hereinbrach. Ich wurde buchstäblich gelyncht«.[36] Aber sie erhielt auch zahlreiche Solidaritätstelegramme, Blumensträuße und Briefe voller Zuneigungsbekundungen. Sie war sich ihrer Resilienz bewusst und würde auch diesen Skandal überstehen, auch wenn sie damals die gesundheitlichen Zusammenhänge ihrer nachlassenden Stimmkraft nicht kennen konnte. Anfang Februar 1958 schrieb sie an Cohleen J. Bischoff: »Mein Weg ist oft mit großen Steinen übersät, aber ich scheine immer darüberzuspringen.«[37]

Zu diesem Zeitpunkt befand sie sich längst in Amerika: Am 16. Januar 1958 war sie mit ihrem Ehemann für ein Konzert der Alliance Française nach Chicago geflogen, und von dort ging es weiter nach New York. Hier hatte sie an der Metropolitan Opera bis Mitte März zweimal *La traviata*, dreimal *Lucia di Lammermoor* und zweimal *Tosca* zu singen. Kurz vor der *Traviata*-Premiere hatte das Board of Gouvernors der AGMA zur San-Francisco-Absage verkündet, dass Callas »aufgrund ihres damaligen physischen und psychischen Zustands berechtigterweise nicht auftreten konnte«.[38] Anders als im Vorjahr waren die New Yorker Kritiker diesmal nahezu uneingeschränkt begeistert sowohl von ihrer Stimme als auch ihrer szenischen Darbietung. Lediglich der renommierte Paul Henry Lang vertrat in der *Tribune* eine etwas reserviertere Auffassung und behauptete, Callas und der Tenor Daniele Barioni hätten im Duett des ersten Aktes von *La traviata* (»Un dì felice«) zu tief gesungen. Daraufhin meldete sich kein Geringerer als Leonard Bernstein, der ebenfalls der Premiere beigewohnt hatte, in einem Leserbrief zu Wort und korrigierte, nur Barioni habe zu tief gesungen.[39] Ganz besonderen Anklang fand ihre *Tosca* unter der Leitung von Dimitri Mitropoulos mit Richard Tucker und George London. Howard Taubman stellte in der *New York Times* eine enorme Entwicklung ihrer Rollengestaltung gegenüber der letzten Spielzeit fest: »Vor einem Jahr wirkte sie vergleichsweise zurückhaltend und blass. Aber diesmal entsprang alles einer inneren Flamme. Nicht, dass Maria Callas übertrieben hätte. Aber sie spielte, als sei jedes ihrer Sinnesorgane wach und engagiert.«[40] Ihre großen Erfolge linderten nicht nur ihre Sorgen infolge der vorangegangenen Skandale, sondern ließen auch Rudolf Bing nicht unbeeindruckt: Für die kommende Spielzeit schloss er Verträge für weitere Auftritte in *La traviata* und *Tosca* sowie für eine Neuproduktion von *Macbeth* mit Maria Callas ab. Doch ihr Einvernehmen mit Bing, dem ebenso mächtigen wie unbarmherzigen General Manager der Met, sollte nicht von Dauer sein.

Der fast zweimonatige Aufenthalt in New York ermöglichte viele Begegnungen mit ihrem Vater, der es sich nicht nehmen ließ, alle sieben Opernvorstellungen seiner Tochter zu besuchen. Evangelia Callas, die seit kurzem von ihrem Mann geschieden war, aber weiterhin in New York lebte, bemühte sich ebenfalls um eine Begegnung mit ihrer Tochter, doch diese ging ihr aus dem Weg und lehnte jede Stellungnahme dazu ab.[41] Auf ihrer Rückreise nach Mailand legte sie Zwischenstopps für ein Konzert in Madrid und zwei Vorstellungen von *La traviata* in Lissabon ein. Letztere sind nicht nur durch den Audiomitschnitt berühmt geworden, sondern auch durch einige kurze Videoausschnitte, die heimlich aus dem Zuschauerraum gefilmt worden waren. Sie zählen zu den wenigen Filmdokumenten ihrer Opernarbeit. Die Rolle des Alfredo Germont sang der junge Alfredo Kraus, mit dem sie später leider keine Gelegenheit für einen gemeinsamen Auftritt mehr hatte.

Nach dem Skandal von Rom war Maria Callas jedoch in ganz Italien Persona non grata. Ihre Rückkehr an die Mailänder Scala glich daher einem Spießrutenlauf. Auch der Scala-Intendant Ghiringhelli war nicht für sie zu sprechen und ging jeder Begegnung mit ihr aus dem Weg.[42] Im April 1958 hatte sie insgesamt fünf Vorstellungen von *Anna Bolena* in der Visconti-Inszenierung aus dem letzten Jahr zu singen. Bei der Wiederaufnahmepremiere wurde sie frostig empfangen, doch spätestens in ihrem großen Auftritt im zweiten Akt gelang es ihr, die Zuschauer in ihren Bann zu ziehen: »Sie wandte sich direkt an das Publikum und sang wie eine Furie, weitaus besser als im vergangenen Jahr. Ich war begeistert. Sie machte sofort klar, wer sie war, und das Publikum fand sich im Delirium wieder«, erinnerte sich der Dirigent Gianandrea Gavazzeni.[43]

Auch als sie am 19. Mai 1958 die Partie der Imogene in Bellinis *Il pirata* mit Franco Corelli in der Titelpartie übernahm, war die Anspannung gewaltig. Es war ihre erste neue Rolle in diesem Jahr, und die vorletzte in ihrer gesamten Karriere. Der Jubel nach der Vorstellung kannte kein Ende, immer wieder wurde sie vor den Vorhang gerufen. Schließlich riss Ghiringhelli der Geduldsfaden: Er ordnete an, den Eisernen Vorhang zwischen Bühne und Zuschauerraum herunterzulassen und setzte so den Ovationen ein brutales Ende. Über ihre stimmlichen Leistungen an diesem Abend lässt sich wenig sagen, da keine Aufnahme erhalten ist. Es gibt jedoch zu denken, dass ihr Ehemann Giovanni Battista Meneghini das Ende ihrer stimmlichen Höchstleistungen mit der Mailänder Scala-Produktion von *Il pirata* datierte.[44]

Im Juni 1958 kehrte sie wieder nach London zurück. Zunächst sang sie in einem Konzert zum 100-jährigen Jubiläum der Royal Opera in Anwesenheit der Königin, sodann folgten fünf Vorstellungen von *La traviata* unter der Leitung von Nicola Rescigno. Der Live-Mitschnitt der Aufführung vom 20. Juni 1958 offenbart erneut stimmliche Probleme, die sie durch gesteigerten Ausdruck zu kompensieren sucht: »Die hohen Cs sind mehr gewollt als gesungen, und das nunmehr unumgängliche Es am Ende von ›Sempre libera‹ ist dünn und gefährdet«, notierte der Kritiker John Ardoin, doch lobte er zugleich, dass Callas »an die Schwierigkeiten der Cabaletta keine Zugeständnisse« machen und »ihr gleichmäßiges Tempo und eine angemessene Linienführung aufrecht« erhalten würde.[45]

Mitte September 1958 ging sie in die legendären Londoner Abbey Road Studios, um ihr erstes Verdi-Arien-Album (*Callas portrays Verdi Heroines*) mit dem Philharmonia Orchestra unter Nicola Rescigno aufzunehmen. Da sie mit der dortigen Akustik nicht einverstanden war, wurde unmittelbar im Anschluss ihr folgendes Album mit ›Wahnsinnsszenen‹ (*Callas sings Mad Scenes*) in der Kingsway Hall aufgenommen. Auf dieser Platte ist sie erstmals auch mit einer Arie in französischer Sprache zu hören, der Wahnsinnsszene der Ophelia aus *Hamlet* von Ambroise Thomas, welche einen delikaten Kontrast zwischen den italienischen Szenen aus *Anna Bolena* und *Il pirata* bildet – zwei Opern, von denen man sich komplette Studioaufnahmen gewünscht hätte.

Am 7. Oktober 1958 brach Maria Callas zu ihrer ersten Konzerttournee durch die Vereinigten Staaten und Kanada auf. Organisiert hatte sie der legendäre Impresario Sol Hurok (der später auch die sogenannte ›Abschiedstournee‹ managen sollte). In zehn Städten trat sie mit identischem Programm auf: je eine Arie aus *La vestale*, *Macbeth*, *Il barbiere di Siviglia*, *La bohème* und *Hamlet* im Wechsel mit Ouvertüren und Orchesterstücken. Nach ihrer Ankunft in New York traf sie sich zunächst mit dem dortigen Opernintendanten Rudolf Bing, um die Details für ihre geplanten Auftritte an der Metropolitan Opera im kommenden Frühjahr zu besprechen. Dabei kam es allerdings zu erheblichen Differenzen, denn Callas äußerte sich negativ über die angestaubte Ausstattung der Produktion von *Lucia di Lammermoor*, aber auch über Rolf Gérards Bühnenbilder zu Tyrone Guthries alter Inszenierung von *La traviata*. Auch Bings Vorschlag, *Macbeth* als zweite Produktion neben *La traviata* hinzuzunehmen, stieß auf wenig Gegenliebe, da Callas verständlicherweise nicht zwei solch herausfordernde Partien unmittelbar nacheinander singen wollte. Bing zeigte hierfür jedoch wenig Verständnis:

> Die Lady Macbeth ist eine außerordentlich schwierige Rolle, in einer viel tieferen Stimmlage als die Violetta und Frau Callas zeigte Bedenken, diese beiden Partien kurz hintereinander zu singen. Ich machte mir deswegen nicht allzu viele Sorgen, denn sie hatte im vorigen Jahr in Dallas kurz nach der Violetta die Medea gesungen, die genauso tief liegt wie die Lady Macbeth, und würde jetzt in Dallas nach der Medea die Lucia singen, die sogar noch höher liegt als die Violetta. Außerdem gestattete unser Spielplan ihr nicht weniger als acht Tage, um ihre Stimme von Lady Macbeth auf die Höhe von Violetta einzustellen, und jeweils vier Tage, und sich nach einer Violetta auf die nächste Lady Macbeth vorzubereiten.[46]

Die ersten vier Konzerte der Amerika-Tournee führten sie nach Birmingham (Alabama), Atlanta, Montreal und Toronto, sodann unterbrach sie die Serie für zwei texanische Operngastspiele mit *La traviata* und *Medea*. Als sie Ende Oktober 1958 in Dallas ein-

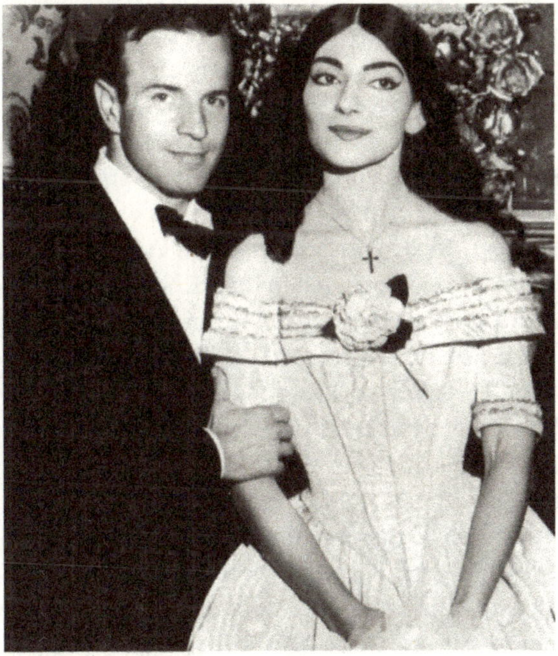

Maria Callas und der Regisseur Franco Zeffirelli anlässlich der Premiere von Verdis *La traviata* am 31. Oktober 1958 in Dallas. Eine Woche später empfing Callas dort per Telegramm die Vertragsannullierung der Metropolitan Opera New York.

traf, war nicht abzusehen, dass sie hier bereits die letzte *Traviata* ihres Lebens singen würde. Franco Zeffirelli hatte für diese legendäre Inszenierung ein Konzept entwickelt, das seither vielfach kopiert worden ist (auch von Zeffirelli selbst, der es in seiner späteren Verfilmung der Oper mit Teresa Stratas wiederholte). Die Handlung beginnt während der Ouvertüre bei offenem Vorhang und zeigt die sterbende Violetta, so dass die drei folgenden Akte als Rückblick auf die Schlüsselmomente ihres verlöschenden Lebens erscheinen. Ausstattung und Kostüme sind auf das Uraufführungsjahr 1853 ausgelegt, und die Lichtregie bietet die

Illusion einer historischen Gasbeleuchtung. Die Premiere am 31. Oktober 1958 war für Leo Lerman die außergewöhnlichste *Traviata*, die er je jemals gesehen hatte:

> Violetta befindet sich in ihrer eigenen Vergangenheit, empfängt ihre Gäste und ist heilfroh, dass sie nicht auf dem Sterbebett liegt. Während des gesamten Aktes wird man durch viele subtile Andeutungen in ihrer Charakterisierung ständig daran erinnert, dass es um die Erinnerung an die Vergangenheit geht. Es ist nie aufgesetzt; die Magie verrät den Zauberer nicht. Die Illusion hat Bestand, so wie sie es in Venedig 1953 tat. Das ist nicht einen Augenblick lang unzeitgemäß.

Das Wichtigste aber war: »Die Diva hat so gut gesungen, wie ich sie seit Jahren nicht mehr gehört habe.«[47] Unterdessen lieferten sich Meneghini und Rudolf Bing einen brieflichen Schlagabtausch, der auf einen offenen Bruch mit der Metropolitan Opera hinauslaufen musste. Am 2. Oktober schrieb Meneghini im Namen seiner Frau an den New Yorker Opernchef einen Brief, der an Deutlichkeit nichts zu wünschen ließ:

> Und nun lassen Sie uns über die nächste Saison sprechen. Lassen Sie mich noch einmal wiederholen, dass es durchaus nicht stimmt, dass ich kein Interesse an einer Rückkehr an die Met habe. Vielmehr bin ich nicht an dem interessiert, was die Met mir zu bieten hat. Lassen Sie uns das klar und deutlich festhalten. Ich kann mich der Met nicht für die gleichen alten Angebote zur Verfügung stellen, auch aus Gründen, die mein Mann gestern Morgen am Telefon gegenüber Ihrer Übersetzerin sehr deutlich zum Ausdruck gebracht hat; die Met wird dadurch weder verhungern noch in den Ruin getrieben werden.[48]

Als am 6. November 1958 – dem Tag der *Medea*-Premiere – in Dallas das berühmte Rauswurf-Telegramm des New Yorker Intendanten eintraf, erlebte sie Leo Lerman in ihrer Garderobe »in einer Wut, wie ich sie noch nie gesehen hatte. Sie hielt ein Telegramm von Bing in der Hand.«[49] Kurze Zeit später wurde sie von Journalisten umringt, denn an der Metropolitan Opera hatte bereits eine Pressekonferenz stattgefunden, in der Bing seine Sicht der Dinge klargemacht hatte:

> Dies ist die einzige Erklärung, die ich über die Zusammenarbeit, oder sollte ich sagen, die Trennung, zwischen Maria Meneghini Callas und der Metropolitan Opera abgeben werde. Was die Metropolitan Opera und mich selbst betrifft, ist das Thema abgeschlossen. Ich möchte nicht in einen öffentlichen Konflikt mit Frau Callas geraten, denn ich weiß, dass sie auf diesem Gebiet viel mehr Wissen und Erfahrung mitbringt als ich selbst.
>
> Frau Callas hat mir vor nicht allzu langer Zeit gesagt, dass sie nicht mehr singen möchte. Vielleicht dienen die willkürlichen Stellungnahmen, die sie in Bezug auf die Metropolitan Opera abgegeben hat und die zu den anderen jüngsten Ereignissen in ihrer Karriere, über die viel gesprochen wurde, hinzugekommen sind, diesem Zweck. Auf jeden Fall freue ich mich, dass ich die Gelegenheit hatte, sie dem New Yorker Publikum vorzustellen, das es meiner Meinung nach verdient, alle großen Künstler der Welt zu hören, und ich habe keinen Zweifel daran, dass Frau Callas eine von ihnen ist. Es würde mich wundern, wenn irgendjemand überrascht wäre, wie sich die Dinge letztendlich entwickelt haben. Obwohl die künstlerischen Qualifikationen von Madame Callas Gegenstand heftigster Kontroversen zwischen ihren Freunden und ihren Feinden sind, ist ihr Ruf, ihr unbestrittenes schauspielerisches Talent in ihre Geschäftsbeziehungen einzubringen, allgemein bekannt. Dies und ihr Beharren auf dem Anspruch, einen Vertrag nach Belieben und Laune zu ändern oder zu widerrufen, hat schließlich zu dieser Lage geführt, die lediglich eine Wiederholung der Erfahrungen ist, die fast alle großen

> Opernhäuser in der Vergangenheit im Umgang mit ihr gemacht haben. Wir sind dankbar für das Glück, zwei Spielzeiten lang ihre Auftritte und ihr künstlerisches Schaffen erlebt haben zu dürfen; aus Gründen, die die Fachpresse und die Öffentlichkeit bestimmt verstehen werden, ist die Metropolitan Opera jedoch erleichtert, dass die Zusammenarbeit beendet ist.[50]

Die Nachricht der Vertragsauflösung durch die Met dürfte ihre *Medea*-Performance in Dallas beflügelt haben, wie Lerman berichtet:

> Als sie auf ein Podest über einige Stufen steigt und sich dem Orchester zuwendet, hört das Orchester auf zu spielen. Die Augen sind so voller Hass, dass sofort klar wird, dass sie Herrn Bing, wenn er in der Nähe wäre, erschlagen würde. [...] Das war Maria in Vollendung – die Maria, die zu Medea werden konnte, und die Medea, die zu Maria werden konnte – die Essenz des Theaters.[51]

Man täte Bing Unrecht, würde man ihm unterstellen, dass es ihm nur darauf ankam, in einem erbitterten Machtkampf mit der Primadonna die Oberhand zu behalten. Denn abgesehen von den ›Skandalen‹ des letzten Jahres begannen sich bereits um die Mitte der fünfziger Jahre zahlreiche gesundheitliche Probleme in besorgniserregender Form zu manifestieren, die ihm nicht verborgen geblieben waren. Zugleich benötigte er Planungssicherheit in einem Opernbetrieb, der immer längerfristige vertragliche Bindungen erforderlich machte. Der Met-Rauswurf ist kontrovers beurteilt worden. Während die Callas-Apologeten Bings intrigante Machenschaften aufs Schärfste verurteilten, vertraten andere Kritiker die gegensätzliche Überzeugung: Callas und Meneghini hätten durch eine Hinhaltetaktik auf einen Rauswurf spekuliert, um nicht selbst vertragsbrüchig werden zu müssen.[52] Für beide Auffassungen gibt es gute Argumente, doch greifen sie wohl zu kurz. Callas hatte selbst keinen Anlass, auf ein Ende der Zusammenarbeit mit Bing zu setzen. Ihre glänzenden Erfolge in New York im Frühjahr hatten ihrer Karriere nach den Rückschlägen des vorangegangenen Herbstes und Winters wieder Stabilität gegeben. Und das geplante Frühjahrsgastspiel 1959 wäre kaum mit alternativen Szenarien kollidiert. Vor allem war es Meneghini, der andere strategische und finanzielle Ziele verfolgte und sogar die Korrespondenz mit Bing manipulierte, indem er die Unterschrift seiner Frau fälschte.[53] Zweifellos gehört der sich abzeichnende Interessenkonflikt zwischen Callas und Meneghini zur Vorgeschichte der späteren Trennung des Ehepaares. In einem Brief an den Mailänder Regisseur und Impresario Remigio Paone sprach Meneghini Anfang Januar 1959 von dem »unseligen Vertrag, den nicht Bings Einfallsreichtum, sondern Gottes Vorsehung zerbrochen hat«.[54] Aber es gelang ihm nicht, den finanziellen Verlust der acht bis zehn entgangenen Vorstellungen durch lukrativere Engagements zu kompensieren. Zwei konzertante Aufführungen von *Il pirata* in der Carnegie Hall und in Washington Ende Januar waren kein gleichwertiger Ersatz für eine entgangene Met-Spielzeit, und ein geplantes Frühjahrsgastspiel in Paris vermochte er nicht umzusetzen.

Es liegt in der Natur von Machtkämpfen, dass beide Seiten schwere, mitunter unheilbare Verletzungen davontragen. Allerdings ist ein Operndirektor kraft seines Amtes und der Beständigkeit seiner Institution gewöhnlich in der deutlich besseren Position. Ähnlich wie vor ihm schon Ghiringhelli konnte auch Bing gewiss sein, dass Primadonnen kommen und gehen, die großen Opernhäuser aber fortbestehen werden. Die eigentliche Kontroverse wurde auch nicht zwischen Bing und Callas, sondern zwischen Bing und Meneghini ausgetragen, was sich in demonstrativen Gesten offenbarte. So ließ Bing dem Callas-Gatten bereits 1956 die Gage in Fünf-Dollar-Noten auszahlen, nachdem dieser eine Überweisung auf ein Schweizer Konto abgelehnt hatte.[55]

Die theatralische Wut, die Maria Callas nach dem Telegramm aus New York inszenierte, war mehr als verständlich. Sie war nicht nur erneut in aller Öffentlichkeit brüskiert und gedemütigt worden, sondern musste sich zugleich eingestehen, dass ihre Opernkarriere irreparablen Schaden genommen hatte. Viele Optionen hatte sie nicht mehr. Für eine Ausnahmekünstlerin von Weltrang kam damals nur eine Handvoll Theater ernstlich in Betracht. Die beiden bedeutendsten – die Mailänder Scala und die Metropolitan Opera – hatte sie möglicherweise für immer verloren. Damit drohte sie auch zwei ihrer wichtigsten Märkte zu verlieren: Italien und die Vereinigten Staaten waren für Opernauftritte nun prekär geworden, denn es war mittelfristig uninteressant, die Peripherie zu bereisen, solange ihr die Metropolen verschlossen blieben. Und auch Dallas konnte ihr nicht mehr als vier Auftritte pro Jahr anbieten. Zunächst musste sie in der zweiten Novemberhälfte aber ihre Konzerte in Cleveland, Detroit, Washington, San Francisco und Los Angeles absolvieren.

In Europa blieb ihr neben der Bastion London eigentlich nur noch Paris als weitere Perspektive. Tatsächlich fanden von ihren letzten 54 Opernaufführungen der Jahre 1959 bis 1965 allein 22 in Paris sowie zwölf in London statt (weitere vier in Dallas waren Covent-Garden-Koproduktionen). Von den beiden großen europäischen Metropolen abgesehen waren ihre Möglichkeiten auf den Opernbühnen limitiert. Ihr Pariser Debüt in einer Benefizgala zu Gunsten der Ehrenlegion am 19. Dezember ging als ihr Karrierehöhepunkt des Jahres 1958 in die Annalen ein. Das zweiteilige Konzert in der Opéra Garnier präsentierte unter anderem Duette aus *Norma* und *Il trovatore*, die Rosina-Arie aus *Il barbiere di Siviglia* sowie nach der Pause den kompletten zweiten Akt aus *Tosca*. Für die Kostüme zeichneten die Modehäuser Chanel, Christian Dior, Hermès und Rodier verantwortlich. Callas selbst trug im Laufe des Abends drei verschiedene von Alain Reynaud für Biki Couture entworfene Kleider, und Elizabeth Arden sorgte für Frisur und Make-up. Das Publikum ließ an Prominenz nichts zu wünschen übrig. Die Politik war durch den französischen Staatspräsidenten René Coty, den NATO-Generalsekretär Paul-Henri Spaak, die Botschafter der Vereinigten Staaten, der

Sowjetunion, Großbritanniens und Italiens sowie den Präsidenten der französischen Nationalversammlung Jacques Chaban-Delmas repräsentiert. Edward VIII., der ehemalige König von Großbritannien und Kaiser von Indien, sowie der pakistanische Prinz Aly Khan, seinerzeit Vizepräsident der Generalversammlung der Vereinten Nationen, vertraten die internationalen Fürstenhäuser. Die Schauspieler Charlie Chaplin, Juliette Gréco, Michèle Morgan, Gérard Philippe und Brigitte Bardot gaben sich ebenso die Ehre wie die Schriftsteller Jean Cocteau und Françoise Sagan oder die Chansonniers Gilbert Bécaud und Sacha Distel. Ganz abgesehen von diversen Superreichen, darunter Angehörige der altehrwürdigen Bankiersfamilie Rothschild oder der griechische Milliardär Aristoteles Onassis.

Der gesellschaftliche Rahmen dieser live und zur besten Sendezeit von der Eurovision international im Fernsehen ausgestrahlten Callas-Show war selbst für die Maßstäbe eines Aristoteles Onassis eine Nummer zu groß. Der griechische Flottenbesitzer durfte zwar den Politrentner Winston Churchill zu seinen Freunden zählen, doch nie und nimmer wäre er in der Lage gewesen, aus eigener Kraft eine so illustre Gesellschaft zusammenzubringen. Nachdem Callas' erste flüchtige Begegnung mit dem griechischen Reeder im September 1957 in Venedig folgenlos geblieben war, habe Onassis im Anschluss an die Benefizgala in der Pariser Oper Meneghini zufolge einen diabolischen Plan gefasst: »Wenn ich diese Frau kriege, werde ich alle beeindrucken.«[56]

Im neuen Jahr kehrten Maria Callas und Meneghini in die Vereinigten Staaten zurück, wo am 11. Januar das Abschlusskonzert der im letzten Jahr begonnenen Tournee in St. Louis stattfand. Ende Januar schlossen sich ein weiteres Konzert in Philadelphia sowie konzertante Aufführungen von Bellinis *Il pirata* unter der Leitung von Nicola Rescigno in New York und Washington an. Die Produktion der American Opera Society litt unter der schwachen Besetzung der übrigen Rollen mit Regina Sarfaty (Adele), Pier Miranda Ferraro (Gualtiero), Constantino Ego (Ernesto) und Glade Peterson (Goffredo). Immerhin entstand so am 27. Januar 1959 in der hervorragenden Akustik der Carnegie Hall die einzige Gesamtaufnahme dieser Oper mit Callas – ermöglicht durch die Absage der ursprünglich geplanten Vorstellungen an der Met.

Vom 16. bis 21. März 1959 nahm Callas in der Londoner Kingsway Hall mit dem Philharmonia Orchestra unter Tullio Serafin zum zweiten Mal *Lucia di Lammermoor* auf. Die einzige wesentliche Verbesserung gegenüber der älteren Studioaufnahme aus dem Jahre 1953 besteht in der Verwendung der neuen Stereotechnik, ansonsten sind auch die übrigen Hauptrollen mit Ferruccio Tagliavini (statt Giuseppe Di Stefano), Piero Cappuccilli (statt Tito Gobbi) und Bernard Ładysz (statt Raffaele Arié) entschieden schwächer besetzt.

Im Mai startete sie ihre große Konzerttournee durch Europa, die sie zunächst nach Madrid und Barcelona, sodann nach Deutschland führte. Konzerte boten gegenüber Opernaufführungen zahlreiche Vorteile, das hatte auch Meneghini aus den Erfahrungen der Amerika-Tournee gelernt. Fünf Arien reichten aus, um in Verbindung mit einigen Orchesterstücken das Programm zu füllen, und geeignete Hallen fanden sich selbst in mittleren Großstädten. Vor allem ließen sich höhere Gagen erzielen, da für die Veranstalter viel geringere Kosten anfielen als bei einer szenischen Opernproduktion.

Das Konzert in der Hamburger Musikhalle am 15. Mai 1959 unter der Leitung von Nicola Rescigno ist durch einen Videomitschnitt (*Maria Callas in Concert*) dokumentiert. Es bestand aus fünf Arien aus *La vestale, Macbeth, Il barbiere di Siviglia, Don Carlo* und *Il pirata* sowie einzelnen Orchesterstücken. Anschließend sang sie das gleiche Programm auch in Stuttgart, München, Wiesbaden und Berlin, wobei ihr jeweils nicht enden wollende Ovationen zuteilwurden. Nach der sehr erfolgreichen Konzerttournee ging es wieder nach London, wo Callas vom 17. bis 30. Juni in Covent Garden fünf *Medea*-Vorstellungen in der aus Dallas übernommenen Zeffirelli-Inszenierung gab. Nach der Premiere luden Aristoteles Onassis und seine Ehefrau Tina zu

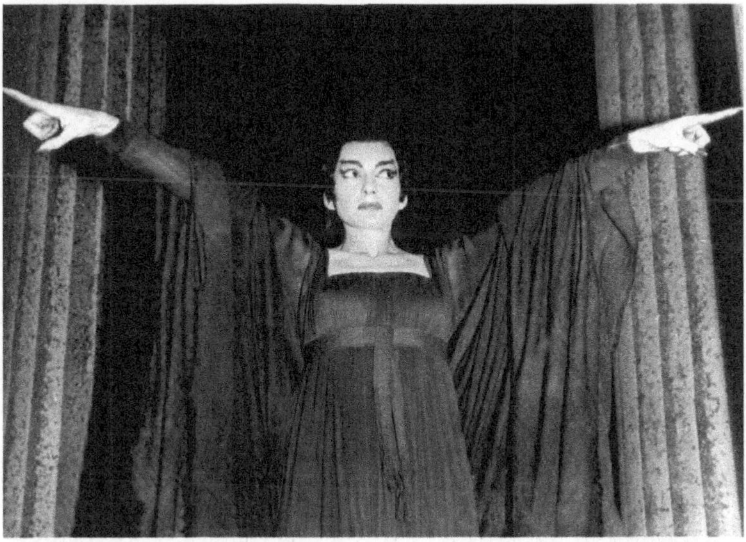

Maria Callas als Medea an der Royal Opera in Covent Garden in London, Juni 1959. Es war ihre letzte Opernproduktion vor der Kreuzfahrt mit Aristoteles Onassis im selben Sommer.

Ehren von Maria Callas eine illustre Gesellschaft zu einer rauschenden Ballnacht in das Luxushotel Dorchester ein. Als sich die Meneghinis, die zwei Monate zuvor im Pariser Restaurant Maxim ihren zehnten Hochzeitstag gefeiert hatten, gegen drei Uhr morgens von den Gastgebern verabschiedeten, lud Onassis das Ehepaar für den Sommer auf eine Mittelmeerkreuzfahrt auf seiner berühmten Yacht Christina ein.

Elsa Maxwell, die über die Hintergründe offenbar mal wieder am besten informiert war, wünschte ihr Mitte Juli »eine wundervolle Reise an Bord dieser herrlichen Yacht, mit diesem außergewöhnlichen und intelligenten Gastgeber Ari [gemeint ist Aristoteles Onassis] und dem ehemaligen Staatsmann, der jetzt leider etwas abbaut, aber 1940 die Welt gerettet hat [Winston Churchill]«. An Bord der Christina werde sie an die Stelle der mittlerweile zu alten Hollywood-Ikone Greta Garbo treten: »Ich habe die Garbo nie gemocht, und Dich habe ich immer geliebt.«[57]

Es entbehrt nicht der Ironie, dass Meneghini selbst es war, der seine Frau zur Teilnahme an der Kreuzfahrt überreden musste. Noch hatte sie zwei Konzertauftritte in Amsterdam und Brüssel am 11. und 14. Juli zu absolvieren. Eine Woche später flog das Ehepaar am 21. Juli 1959 von Mailand nach Nizza und fuhr von dort aus weiter mit dem Taxi nach Monte Carlo, wo die Kreuzfahrt am 22. Juli startete.[58] Onassis machte sie mit den übrigen Gästen bekannt, darunter Winston Churchill und seine Ehefrau Clementine sowie deren Tochter und Enkeltochter, Diana und Celia Sandys.[59]

Die dreiwöchige Reise führte entlang der italienischen, jugoslawischen, albanischen und griechischen Küste bis nach Kleinasien und von dort wieder zurück, mit vielen Zwischenstopps und Ausflügen, beispielsweise nach Portofino, Delphi, Epidauros, Santorin, Rhodos, Smyrna und Istanbul.[60] Dort empfing sie der Patriarch Athenagoras, das Oberhaupt der griechisch-orthodoxen Kirche. Er begrüßte Callas und Onassis als »die größte Sängerin der Welt und den größten Seefahrer der Neuzeit, den neuen Odysseus«. Dann ließ er sie niederknien und segnete sie.[61] Nicht erst jetzt wurde klar, dass sich Giovanni Battista Meneghini auf dieser Kreuzfahrt fehl am Platz fühlte:

> Für die meisten dieser Leute war das Leben an Bord leicht und sorgenfrei. Ihr Benehmen war sehr anders als das, was Maria und ich gewohnt waren. Wir hatten den Eindruck, unter Verrückten zu sein. Mehrere Paare tauschten die Partner. Die Frauen, und auch die Männer, badeten völlig nackt in der Sonne und alberten vor allen übrigen herum. In einfachen und präzisen Worten: Ich hatte den Eindruck, mich in einem Schweinestall zu befinden.[62]

Churchills Privatsekretär Anthony Montague Browne, der ebenfalls mit an Bord war, hat dieser Darstellung in einem Brief an die

Times im Januar 1983 entschieden widersprochen: »Es ist unvorstellbar, dass Sir Winston und Lady Churchill oder jemand aus ihrem Bekanntenkreis etwas von der Art geduldet hätte, die Signor Meneghini beschreibt. Außerdem bemühten sich Mister und Mrs. Onassis auf diesen Kreuzfahrten sehr gewissenhaft um Sir Winstons Wohlergehen.«[63]

Wie auch immer, im Verlauf dieser gemeinsamen Reise war sich Meneghini bewusst geworden, dass seine Ehe mit Maria Callas gescheitert war. Am Nachmittag des 13. August flogen sie in einem Onassis-Privatflugzeug von Nizza nach Mailand zurück.

Zwei Tage später sagte Callas zu ihrem Mann laut dessen Tagebuch: »Ari und ich sind vom Schicksal überrascht worden, und wir können nicht dagegen ankämpfen. Diese Macht übersteigt unsere Kräfte. Wir haben nichts Falsches getan und uns bis jetzt streng an die Regeln von Moral und Ehrlichkeit gehalten, aber keiner von uns kann noch länger ohne den anderen sein.«[64]

Zu diesem Zeitpunkt war Onassis bereits ebenfalls in Mailand, und noch am selben Abend fand ein offenbar sehr höfliches Gespräch zu dritt in der Via Buonarotti statt. Meneghini soll dabei sehr großherzig erklärt haben: »Da es aus dieser Lage keinen anderen Ausweg gibt, werde ich helfen, dass eure Pläne sich schnell verwirklichen.«[65] Am 17. August traf man sich erneut zu dritt, diesmal in Sirmione. An diesem ungemütlichen Abend trank vor allem Onassis sehr viel, und heftige Beschimpfungen wurden gewechselt. Dann entschwanden Callas und Onassis mitten in der Nacht in Richtung Mailand.

Dort richtete sich Callas nach einem kurzen Monaco-Intermezzo bald wieder in ihrer Wohnung in der Via Buonarotti ein, während ihr Ehemann sich nach Sirmione zurückzog. Sie tat im Laufe der nächsten Tage das Vernünftigste, was ihr in dieser Situation möglich war: Sie bereitete sich auf ihre Arbeit vor. Bis zu diesem Zeitpunkt hatte die Öffentlichkeit noch nichts von den Ereignissen auf der Kreuzfahrt und ihrer Trennung mitbekommen. Am 3. September wurden Callas und Onassis gemeinsam in einem Mailänder Restaurant gesehen und von Presseleuten fotografiert, und wiederum drei Tage später gab sie eine Erklärung ab, die alle Zeitungen nachdruckten:

> Ich bestätige, dass meine Trennung von meinem Mann uneingeschränkt und endgültig ist. Sie lag bereits seit einiger Zeit in der Luft. Der Umstand, dass sie sich auf der Kreuzfahrt an Bord der Christina vollzogen hat, ist rein zufällig. Die Anwälte beschäftigen sich mit dem Fall und werden zu gegebener Zeit eine Erklärung abgeben. [...] Ich bin jetzt meine eigene Agentin. Ich bitte in dieser schmerzlichen persönlichen Situation um Verständnis. Zwischen mir und Aristoteles Onassis besteht nur eine tiefe Freundschaft. Ich habe außerdem geschäftliche Verbindungen mit ihm. Die Oper Monte Carlo hat mir Angebote gemacht, und daneben gibt es Verhandlungen über einen Film.[66]

Vom 4. bis 11. September 1959 erarbeitete sie mit Walter Legge in der Scala eine weitere Gesamtaufnahme von Amilcare Ponchiellis *La Gioconda* mit Fiorenza Cossotto und Piero Cappuccilli unter der Leitung von Antonino Votto. Die Aufnahme gehört unter ihren späten Operneinspielungen zu den besten. Gegenüber der früheren *Gioconda* von 1953 zeichnet sie sich durch ihre äußerst präzise Diktion und Textgestaltung, aber auch größere Feinheit in der melodischen Linienführung aus: »Vielleicht war die Arbeit an den Aufnahmen genau das richtige Ventil für den Überdruck, der sich außerhalb der Bühne anstaute«[67], vermutete der Kritiker und Callas-Vertraute John Ardoin. Die Zusammenarbeit mit dem Ensemble, Chor und Orchester der Mailänder Scala eröffnete ihr zugleich die Möglichkeit einer Wiederannäherung an Ghiringhelli, und es stellte sich heraus, dass dieser, da er es nicht mehr mit ihrem Ex-Manager Meneghini zu tun hatte, nun weitaus umgänglicher war. Es dauerte nicht lange und er bot ihr die Hauptrolle in der Spielzeiteröffnung 1960 an. Auch Rudolf Bing zeigte sich über die professionelle

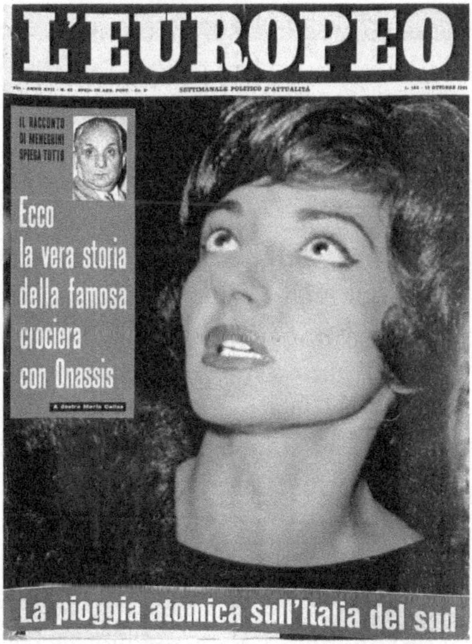

L'Europeo vom 15. Oktober 1961 mit den angeblich wahren Hintergründen zu der berühmten Kreuzfahrt gemeinsam mit Meneghini und Onassis.

Trennung von ihrem Manager-Ehemann erfreut und freundete sich später wieder mit ihr an.[68]

Unmittelbar nach dem Ende der Aufnahmesitzungen wurde sie in einem Privatflugzeug nach Venedig gebracht, um mit Onassis einige Tage auf der Christina zu verbringen, mit der sie bis nach Athen fuhren. Von dort flog sie zu ihrem nächsten Konzertauftritt nach Bilbao, wo sie bereits am 17. September mit dem Orquesta Sinfónica del Gran Teatre Liceu de Barcelona unter der Leitung von Nicola Rescigno Arien aus *Don Carlo, Hamlet, Ernani* und *Il pirata* vortrug. Im erzkatholischen Spanien der Franco-Diktatur empfanden große Teile des Publikums den sehr knapp bemessenen Auftritt der Primadonna als Provokation, und der Beifall fiel eher spärlich aus. Sechs Tage später sang sie in der Londoner Royal Festival Hall ein ähnliches Programm mit dem London Symphony Orchestra und wurde zehnmal vor den Vorhang gerufen.[69] Der Callas-Biograph Michael Scott nahm eigenhändig Teile des Konzerts auf einem tragbaren Tonbandgerät auf, »one of the first private live recordings made in Europe«.[70] Anschließend flog sie zurück nach Mailand, um die Trennung von ihrem Ehemann zu regeln, ehe sie wiederum in London am 3. Oktober eine Fernsehgala gemeinsam mit ihrem Freund Tito Gobbi und dem Royal Philharmonic Orchestra unter Malcolm Sargent zu bestreiten hatte. Dort sang sie eine hinreißende Mimì aus Puccinis *La bohème*, deren ausuferndes Vibrato auf dem Höhepunkt der Arie das Mitleiden mit der Tuberkulosekranken glaubhaft unterstützt. Außerdem stand die Arie »L'altra notte« aus *Mefistofele* von Boito auf dem Programm, ein Stück, das sie nur selten gesungen hatte, und bei dem ihr nun ein kleiner Gedächtnisverlust unterlief.[71]

Ungeachtet der privaten Turbulenzen ging das dichte Auftrittspensum vorerst weiter. Nach einem umjubelten Konzert am 23. Oktober im Berliner Titania-Palast mit dem dortigen Radio-Symphonie-Orchester flog sie nach Amerika: Zunächst gastierte sie im ziemlich entlegenen Kansas City und zog von dort nach Dallas weiter. Hier standen jeweils zwei Vorstellungen von *Lucia di Lammermoor* (6. und 8. November) in der Londoner – auf Joan Sutherland zugeschnittenen – Inszenierung von Franco Zeffirelli sowie die Wiederaufnahme der *Medea* (19. und 21. November) auf dem Programm. Die Callas-Aufführungen hatten nicht mehr das gleiche Niveau wie im Vorjahr, doch der Presse und der Öffentlichkeit war das egal: Sie interessierte sich nur noch für ihr Privatleben.

7 Rückzug

14. November 1959. Zwischen ihren letzten beiden Opernproduktionen des Jahres in Amerika, *Lucia di Lammermoor* und *Medea* in Dallas, musste Maria Callas für wenige Tage nach Italien und gleich wieder zurückfliegen, um in Brescia ihre Angele-

genheiten mit Meneghini zu regeln. Vor Gericht verständigte man sich auf eine Trennung im beiderseitigen Einvernehmen und Aufteilung des Vermögens. Callas wurde dabei das Haus in Mailand und Meneghini dasjenige in Sirmione zugesprochen. Sie durfte ihre kostbaren Juwelen behalten, er die sonstigen Immobilien. Auch der übrige Besitz einschließlich der Kunstsammlungen wurde mehr oder weniger gütlich aufgeteilt – nur die beiden Pudel waren unzertrennlich und blieben bei ihr.[1]

Elf Tage später reichte Tina Onassis in New York die Scheidung von ihrem Ehemann Aristoteles Onassis ein – offiziell aber nicht wegen Callas, sondern wegen eines fünf Jahre zurückliegenden Ehebruchs mit Jeanne Rhinelander. Der Vorwand einer längst verloschenen Affäre kam sowohl ihrem Mann als auch Callas entgegen und war zugleich ein kluger Schachzug: »Sie bekam die Scheidung, und sie bewies der Callas überzeugend, dass es im Leben von Onassis andere Frauen gegeben hatte und nach ihr zweifellos weitere folgen würden.«[2]

Unterdessen hielt sich Callas längst wieder in Mailand auf, wo sie sich im Dezember auskurierte: Sehr niedriger Blutdruck, chronische Nebenhöhlenentzündungen sowie eine Hernie infolge einer mehr als zehn Jahre zurückliegenden Blinddarmoperation machten ihr zu schaffen.[3] Weitere Unannehmlichkeiten verursachte ihre Mutter, die Ende 1959 in New York von Journalisten interviewt wurde und 1960 mit ihrem ›Enthüllungsbuch‹ *My Daughter Maria Callas* an die Öffentlichkeit ging, auf das später noch zurückzukommen sein wird. Dass Onassis im Frühjahr 1960 gemeinsam mit Winston Churchill eine weitere Kreuzfahrt unternahm, zu der Maria Callas ausdrücklich nicht eingeladen war, dürfte ihre Verfassung nicht verbessert haben. Und seitdem sie mit ihrem Ehemann auch den Manager verloren hatte, gab es vorerst keine konkreten künstlerischen Perspektiven. Eine ursprünglich für den Winter geplante Produktion der *Medea* an der Pariser Oper war nicht zustande gekommen, das nächste Konzert im Kursaal von Ostende war erst für Juli geplant (und musste schließlich krankheitshalber abgesagt werden).[4]

Immerhin trafen zwei Angebote ein, die sie im Sommer 1960 wieder sängerisch fordern sollten. Zunächst lud Walter Legge sie ein, in der Town Hall von Watford für EMI eine weitere Stereo-Gesamtaufnahme einzuspielen: *La traviata* mit dem Dirigenten Antonio Tonini. Allerdings konnte das Projekt nicht realisiert werden, so dass man sich stattdessen verständigte, mit dem Orchester in dem bereits gebuchten Saal drei besonders anspruchsvolle Belcanto-Arien aufzunehmen, »Bel raggio lusinghier« aus *Semiramide* (Rossini), »D'amore al dolce impero« aus *Armida* (Rossini) und »Arrigo! ah, parli a un core« aus *I vespri siciliani* (Verdi). In Anbetracht der vorangegangenen siebenmonatigen Pause und der schon vorher zu Tage getreten stimmlichen Probleme überrascht die Auswahl gerade dieser sehr schweren Nummern. Und vielleicht noch erstaunlicher war es, dass Maria Callas diese Herausforderung überhaupt annahm. Allerdings überzeugten Legge die am 13. und 15. Juli 1960 eingespielten Aufnahmen nicht, so dass sie unveröffentlicht blieben.

Dann folgten ihre ersten Opernauftritte seit Dallas: Am 24. und 26. August war sie in zwei Open-Air-Aufführungen der *Norma* im antiken Theater von Epidauros vor jeweils rund 18 000 Zuschauern zu erleben. Das überwiegend griechisch besetzte Ensemble und die Musiker der Athener Nationaloper lagen der Diva zu Füßen. Am Pult stand Tullio Serafin, mit dem sie in den letzten Jahren zwar viele Schallplatten eingespielt, aber seit 1953 nicht mehr in einer gemeinsamen Bühnenproduktion zusammengearbeitet hatte. Ihre erneute Rückkehr nach Griechenland erregte ein enormes öffentliches Aufsehen, war aber künstlerisch ebenso ungefährlich wie bedeutungslos. Das Publikum schien sich weniger für die künstlerische Leistung als für die bloße Anwesenheit der Nationalheldin zu interessieren, die in Begleitung von Onassis auf der Christina angereist war. In der internationalen Presse wurde weitaus mehr über das griechische Paar als über *Norma* berichtet. Onassis blieb der ersten Aufführung allerdings fern und beschränkte sich auf die Ausrichtung einer Party an Bord seines Schiffes. Die geplante dritte Aufführrung musste Callas krankheitsbedingt absagen, was sie allerdings nicht daran hinderte, zum Abschied gemeinsam mit Onassis auf der Christina in See zu stechen.

Die beiden Auftritte in Epidauros dienten vor allem der Vorbereitung auf die vom 5. bis 12. September an der Mailänder Scala realisierte Gesamteinspielung derselben Oper. Unter den zahllosen Mitschnitten von Bellinis *Norma*, die mit Callas existieren, überzeugt diese erste Stereoproduktion von 1960 in Abwägung der diversen Vorzüge und Einwände zwar nicht stimmlich, aber interpretatorisch am meisten – nicht nur, weil Tullio Serafin wiederum das Mailänder Orchester dirigieren durfte und mit Franco Corelli und Christa Ludwig auch zwei der drei weiteren Hauptrollen optimal besetzt waren (jedenfalls sofern man bereit ist, Corellis kruden Sigmatismus zu tolerieren). Das Hauptverdienst dieser Aufnahme gebührt Maria Callas, die ihre in den Bühnendarstellungen so bewunderte leidenschaftliche Emphase deutlich zurücknimmt und ihr Augenmerk vor allem darauf richtete, eine perfekte stimmliche und artikulatorische Balance in jeder einzelnen Gesangsphrase zu gestalten.

Die Saisoneröffnung der Mailänder Scala mit Donizettis selten gespielter Oper *Poliuto* am 7. Dezember 1960 war ein Comeback der besonderen Art. Ein letztes Mal studierte Callas eine völlig unbekannte Bühnenrolle neu ein und drückte ihr ihren Stempel auf. Allerdings war dieser späte Achtungserfolg keinesfalls mit den spektakulären Wiederentdeckungen von *Armida*, *Medea* oder *La vestale* zu vergleichen. Das lag nicht zuletzt am Stück selbst, denn die Oper behandelt auf etwas umständliche Weise das traurige Schicksal einer frühchristlichen Märtyrergemeinde im alten Rom und bietet sowohl szenisch als auch musikalisch vergleichsweise wenige Höhepunkte. Zudem steht die Primadonna in diesem Werk hinsichtlich Anzahl und Qualität der ihr zugedachten Solo- und Ensemblenummern durchaus im Schatten des Tenors. Hierdurch ergab sich eine völlig ungewohnte Konstellation der Subalternität, die Maria Callas zuvor in keiner anderen Oper ihres Repertoires (vielleicht mit Ausnahme von Giordanos *Andrea Chénier*) erdulden musste – und die ihr möglicherweise auch gar nicht bewusst war, als sie sich zur Übernahme der Partie der Paolina bereiterklärte. Dass die Mailänder Scala mit Franco Corelli die seinerzeit schönste verfügbare Tenorstimme aufbieten konnte, akzentuierte das brisante Rollengefälle zusätzlich.

Einiges spricht dafür, dass sich Callas mit dieser Situation durchaus arrangierte. Da die Partie praktisch unbekannt war, fehlten dem Publikum Vergleichsmöglichkeiten. Nur wenigen Experten wie John Ardoin dürfte bereits in der Premiere aufgefallen sein, dass sie zwei der insgesamt drei im Notentext vorgeschriebenen hohen Cs in der Cabaletta ihrer Auftrittsarie wegließ.[5] Doch natürlich bringt der Livemitschnitt diese Defizite schonungslos ans Licht, und womöglich war Callas dankbar, dass ihr extremere Herausforderungen in *Poliuto* erspart blieben. Vor der Premiere war sie »wahnsinnig nervös und hatte fast tödliche Angst«, wie ihre langjährige Kollegin Giulietta Simionato berichtet hat: »Es war, als hätte man ihr die Flügel gestutzt. Sie wusste genau, dass sie die Kontrolle über ihre Stimme verloren hatte.«[6] Unmittelbar nach der Vorstellung bedrängte sie der Journalist Marco Blase, den sie jedoch – als er auf ihre private Situation zu sprechen kommen wollte – rasch abwimmelte: »Es ist schwierig, über Kunst zu sprechen, und über andere Dinge zu sprechen bin ich nicht in der Lage. Daher führt dieses Interview zu nichts.«[7] Immerhin erlebten Kritiker wie Andrew Porter sie in Hochform:

> Die Callas fügt jeder Rolle etwas Neues hinzu. Bei ihrer Paolina ist es nicht nur die Schönheit ihrer Präsenz, der Phrasierung, der Gestik und der Nuancierung, sondern eine beinahe körperliche Darstellung der Anmut, angefangen von den ersten Regungen, wenn die heidnische Heldin den Gesang der Christen hört, bis zu dem übernatürlichen Strahlen, das sie in der letzten Szene erfüllt, wenn sie beschließt, sich den Christen im Martyrium anzuschließen.[8]

Nach *Poliuto* betrat sie mehr als sieben Monate lang keine Opernbühne mehr. Die Chronologie der Ereignisse zeigt, dass die Begegnung mit Aristoteles Onassis mit ihrem Rückzug aus dem Theaterbetrieb wenig zu tun hatte. Natürlich wusste sie künstlerisch ganz genau, was sie tat. Sie begann das schwer kalkulierbare Risiko von Live-Aufführungen im Opernhaus zu meiden und konzentrierte sich stattdessen zunehmend auf Studioproduktionen und einzelne Konzertauftritte. Zumindest anfangs sollten ihr die künstlerischen Resultate Recht geben. Ab 1961 verlagerten sich ihre Aktivitäten in zunehmendem Maße nach Paris. Dies hatte abgesehen von Onassis, der dort im 16. Arrondissement eine Wohnung besaß, auch damit zu tun, dass sie hier in dem EMI-Produzenten Michel Glotz einen neuen Partner für ihre künstlerischen Projekte fand.[9] Zu Beginn des Jahres ließ sie sich im Hotel Lancaster an der Rue de Berri unweit der Champs Élysées nieder.[10] Ende März nahm sie dann in der Pariser Salle Wagram für EMI eine ihrer ungewöhnlichsten Schallplatten auf: *Callas à Paris I* bzw. *Callas sings Great Arias from French Operas*. Sie enthält elf französische Arien aus drei Jahrhunderten von sieben Komponisten aus acht verschiedenen Opern! Und vielleicht noch außergewöhnlicher ist: Von all diesen Werken hatte sie lediglich ein einziges jemals auf der Bühne gesungen – und dies nicht etwa auf Französisch, sondern auf Italienisch (*Alceste* von Christoph Willibald Gluck). Auch das Spektrum der unterschiedlichen Stimmlagen ist höchst eindrucksvoll: Callas singt auf diesem Album nicht nur Sopran-, sondern auch Mezzosopran- und Altpartien. Sogar eine Travestierolle in Altlage ist dabei, jene des Orpheus (aus *Orfeo et Euridice*, ebenfalls von Gluck). Sie singt die berühmte Arie »Che farò senza Euridice« zwar auf Französisch (»J'ai perdu mon Eurydice, rien n 'égale mon malheur«), jedoch nicht nach der vom Komponisten umgearbeiteten ›Pariser‹ (Tenor-)Fassung von 1774, sondern der originalen, nun aber übersetzten ›Wiener‹ Fassung (1762), die ursprünglich für den italienischen Kastraten Giuseppe Guadagni geschrieben und 1859 von Hector Berlioz für die Sängerin Pauline Viardot-García eingerichtet worden war. Außerdem singt sie Arien von Bizet (*Carmen*), Saint-Saëns (*Samson et Dalila*), Gounod (*Roméo et Juliette*), Thomas (*Mignon*), Massenet (*Le Cid*) und Charpentier (*Louise*).

Wie bei keiner zweiten LP lässt sich anhand dieser Zusammenstellung sehr unterschiedlicher Stile spekulieren, in welche Richtung Maria Callas' Karriere trotz nachlassender Kräfte hätte weitergehen können. *Carmen* hätte sie damals auch auf der Bühne bestens bewältigen können, doch mochte sie die Rolle nicht, weil sie ihrem traditionellen Frauenbild zuwiderlief: Ihr missfiel die Vorstellung einer Femme fatale, und sie störte sich daran, dass eine Frau mehrere und häufig wechselnde Männer liebt.

Natürlich fühlte sie sich bei der gemeinsam mit dem Dirigenten Georges Prêtre getroffenen Auswahl besonders zu den Koloraturarien hingezogen, doch klingt ihre Stimme zumindest für die Opéra-Comique zu dramatisch, und die Koloraturpartie der Philine in Ambroise Thomas' *Mignon* wäre ihr szenisch gewiss auch zu klein gewesen (sie tritt erst im zweiten Akt auf). Gounods Juliette liegt ihr mehr, allerdings hätte man sich statt der Walzerarie (»Je veux vivre«) ihre damals kaum bekannte, weil in der Partitur später gestrichene hochdramatische zweite Arie gewünscht (»Amour ranime mon courage«). Die für Altstimme komponierte Rolle der Dalila bewältigt sie auch in der Tiefe mühelos, so dass man darüber nachdenken könnte, ob sie ihre Karriere nicht auch mit Wagners Erda hätte beschließen können. Besonders lag ihr Massenets »Pleurez, mes yeux« sowie Charpentiers »Depuis le jour« – ein Repertoire, für das damals leider selbst das französische Publikum noch nicht bereit war.

Ein außergewöhnliches Wohltätigkeitskonzert der Edwina Mountbatten Stiftung führte sie am 30. Mai 1961 im Londoner St. James Palace mit Yehudi Menuhin zusammen. Im ersten Teil des Konzertes spielte Menuhin Violinsonaten von Beethoven und César Franck, nach der Pause sang Callas Arien aus *Norma, Le Cid, Don Carlo* und *Mefistofele.* Wie schon im Vorjahr trat sie auch im August 1961 zweimal im antiken Theater von Epidaurus

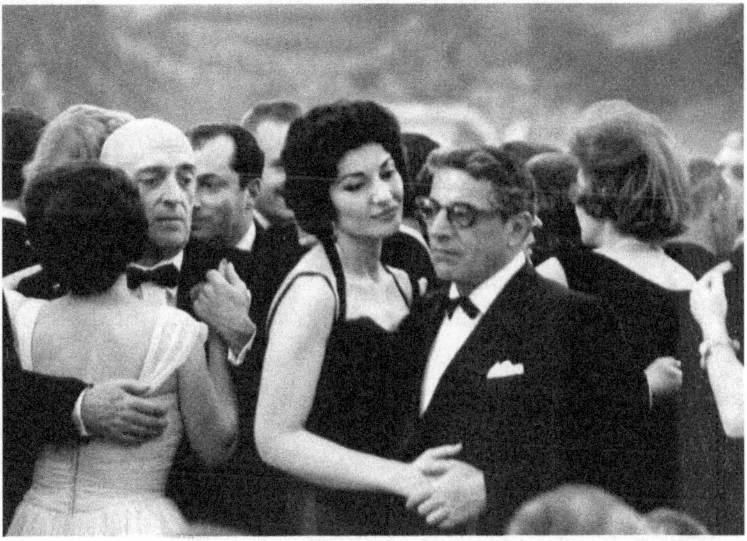

Maria Callas und Aristoteles Onassis in Monte Carlo, 1961.

auf, diesmal mit Cherubinis *Medea*. Erneut gab es Partys auf der Christina. Vor allem aber traf sie aus diesem Anlass zum ersten Mal seit Jahren wieder mit ihrer Schwester und ihrem Vater zusammen. Namentlich Letzterer schien sich mit ihrem neuen Partner bestens zu verstehen.[11]

Im Sommer war Callas mit Onassis wieder auf der Christina unterwegs. Von dort aus schrieb sie an den befreundeten Musikkritiker Herbert Weinstock, es gebe keine besonderen Neuigkeiten von ihr, aber sie habe zuletzt sehr gut gesungen – was sich wohl auf ihr erstes französisches Album bezieht. Zugleich berichtete sie, mit großem Gewinn in Weinstocks Operngeschichte gelesen zu haben und bat ihn um weitere musikalische Lektüreempfehlungen.[12] Auch im Herbst ähnelte ihr künstlerisches Programm dem des Vorjahres: Zunächst nahm sie mit Walter Legge in der Londoner Kingsway Hall drei Arien von Rossini sowie eine von Donizetti auf – sie rufen schmerzlich vier grandiose Opern in Erinnerung, die man sich mit Callas gewünscht hätte, solange es noch in ihrer Macht stand: *La Cenerentola*, *Semiramide*, *Guglielmo Tell*, *Lucrezia Borgia*. Sodann fuhr sie für drei Opernaufführungen an die Scala, die im Dezember wieder *Medea* in einer weiteren, gegenüber Dallas und Epidauros nur leicht abgewandelten Minotis-Inszenierung auf den Spielplan setzte. Während dieser Produktion litt sie an einer Sinusitis und musste sich in Mailand einer Nebenhöhlenoperation unterziehen.[13] Der Mitschnitt fällt gegenüber früheren *Medea*-Versionen deutlich ab, offenbart aber zugleich, dass Callas auch Ende 1961 auf internationalem Niveau in ihren Signaturrollen konkurrenzlos war. Überdies verfügte die von Thomas Schippers etwas hölzern geleitete Aufführung mit Giulietta Simionato, John Vickers und Nicolai Ghiaurov auch in den übrigen Partien über eine hervorragende Besetzung: ein Gradmesser für die sich abzeichnende Rückkehr dieser Oper ins Repertoire.

Gemeinsam mit Georges Prêtre bereitete sie sich Anfang 1962 auf eine Konzertserie vor, die am 27. Februar in der Royal Festival Hall in London ihren Anfang nahm. Die Kritik übte sich in Zurückhaltung, und der *Daily Herald* meldete am nächsten Tag trocken: »Good show, Maria, but not good singing.«[14] Drei Wochen später ging es weiter nach Deutschland, mit umjubelten Auftritten in München, Hamburg, Essen und Bonn. Ihrer positiven Einstellung zu Deutschland blieb sie treu, und nun sollten Taten folgen. Schon nach dem römischen Skandal Anfang 1958 erinnerte sie sich an die Bemühungen Herbert von Karajans, sie nach Deutschland zu holen.[15] Bei ihren Auftritten in Berlin 1955 und in Köln 1957 hatte sie sich davon überzeugen können, dass das Publikum hierzulande »disziplinierter und ernsthafter« sei als in Italien und »einen gewissen Respekt vor den Heiligtümern der Oper« bezeuge.[16] Dennoch war der deutschsprachige Raum für sie damals uninteressant, nicht nur, weil weder sie noch Meneghini die deutsche Sprache beherrschte. Das wichtigste Opernhaus, die Wiener Staatsoper, hatte im Frühjahr 1957 ihre Gagenforderung nicht erfüllt, und Callas war nicht bereit, einen Abstieg gegenüber dem bereits erreichten Status Quo hinzunehmen.

Unter den Bühnen im geteilten Deutschland konnte in den fünfziger Jahren am ehesten noch die Bayerische Staatsoper unter ihren Generalmusikdirektoren Rudolf Kempe (1952–1954) und Ferenc Fricsay (1956–1958) Weltgeltung beanspruchen. Allerdings boten die deutschen Bühnen schon aufgrund des hierzulande üblichen Repertoire- und Ensemblesystems für Superstars kaum Optionen. Die Vorstellungstermine derselben Oper folgten im Repertoirebetrieb nicht unmittelbar aufeinander, und die Inszenierungen waren mit dem Hausensemble einstudiert. Der Aufwand von Einweisungsproben für Gäste war beträchtlich, ganz abgesehen davon, dass die meisten Bühnen italienische Opern damals noch in deutscher Sprache zur Aufführung brachten.

Für Maria Callas war es daher undenkbar, den deutschen Opernbetrieb ernsthaft in Erwägung zu ziehen. Die einzigen Opernaufführungen, die sie jemals an deutschen Theatern gesungen hatte, waren Gastspielproduktionen der Mailänder Scala: 1955 trat sie unter der Leitung von Herbert von Karajan in zwei Vorstellungen von *Lucia di Lammermoor* an der Deutschen Oper Berlin auf, und im September 1957 stand sie im Mittelpunkt, als sich die Stadt Köln zur Eröffnung ihres neuen Opernhauses zwei umjubelte Scala-Aufführungen von *La sonnambula* leistete. Den deutschen Markt entdeckte und eroberte sie erst, als sie sich vom Opern- auf das Konzertgeschäft zu verlegen begann. Hierfür fand sie in Deutschland eine besonders dichte Infrastruktur von Konzertsälen und hervorragenden Orchestern vor.

Callas teilte ihre Kräfte gut ein: Auf dem Programm standen jeweils drei französische und drei italienische Arien im Wechsel mit Opernouvertüren und Zwischenaktmusiken, die der Sängerin hinreichend Gelegenheit zur Regeneration boten. So lag die stimmliche Gesamtbeanspruchung bei weniger als einer halben Stunde pro Konzert, gefolgt von drei Ruhetagen bis zum nächsten Auftritt. Der französische erste Programmblock kombinierte den Klagegesang der Chimène aus Jules Massenets *Le Cid* mit der Habanera und Seguidilla aus Bizets *Carmen*, alle drei Stücke sind auch schon auf dem 1961 aufgenommenen Konzeptalbum *Callas à Paris I* zu hören. Nach der Pause gab es Arien von Verdi (*Ernani, Don Carlos*) und Rossini (*La Cenerentola*).

Joachim Kaiser, seinerzeit Deutschlands führendender Musikkritiker, notierte nach ihrem Münchner Konzertauftritt vom 12. März 1962 in der *Süddeutschen Zeitung*:

> Was die Stimme an sich betrifft, so hat Frau Callas gegenwärtig manchmal eine zu scharfe Höhe. Sie setzt das hohe B und das H keineswegs immer sauber an, der Ambitus der Schwingungen ist oben zu groß, auch die Parlando-Leichtigkeit steht ihr nicht von vornherein zu Gebote. Der Stimme nach ist Frau Callas ein fast lyrischer Mezzosopran mit Altneigungen. Vor einigen Jahren fiel ihr die Höhe offenbar leichter (*Tosca*-Aufnahme der Columbia); inzwischen hat sie wohl anfangen müssen zu forcieren. Kein Wunder, dass sie in München nur sechs Arien sang. Alle diese Einschränkungen mache ich ungern – und sie sollten nur zusammen mit der Voraussetzung gelesen werden, dass es sich um die berühmteste Sängerin der Erde handelt. Und schön die Mittellage, überraschend brillant die Koloraturen, glänzend Aussprache und Nuancierung. Aber mögen solche Einzelheiten die Gesanglehrerinnen interessieren; man braucht ihrer nicht zu achten, weil die Callas da erst einzigartig wird, wo die Sphäre des Vortrags, des Ausdrucks, ja man darf sagen: der Seele beginnt.[17]

Kurz nach dem Ende der Konzerttournee reiste sie nach London, um in der ersten Aprilhälfte drei Arien von Rossini (*La Cenerentola*), Weber (*Oberon*) und Verdi (*Don Carlo*) aufzunehmen. Zwei Wochen später inszenierte ihre Mutter einen weiteren Suizidversuch durch Einnahme einer »unbestimmten Menge an Hypnotika« und wurde am 26. April ins New Yorker Roosevelt Hospital eingeliefert. Der behandelnde Psychiater Dr. William Boyce bescheinigte der alten Dame eine »instabile Persönlichkeit«.[18] Der Zeitpunkt war gut gewählt, denn Evangelia Callas wusste, dass ihre Tochter nach New York kommen und die Öffentlichkeit daher aufmerksam werden würde. Maria Callas nahm dies nicht zum Anlass, sie aufzusuchen. Am 8. Mai 1962 schrieb die Sängerin an Edward Konrad, einen ihrer Bewunderer, Gott habe ihr »zwei große Kreuze zu tragen gegeben, erstens meine Mutter, die nicht ganz gesund ist, und zweitens meinen lieben Mann, der fast drei Viertel meines Geldes verschlungen hat«.[19] Zur Feier des 45. Geburtstags von US-Präsident John F. Kennedy traten am 19. Mai 1962 Maria Callas und Marilyn Monroe zum einzigen Mal in derselben Veranstaltung auf. Callas sang im New Yorker Madison Square Garden, von Charles Wilson lediglich am Klavier begleitet, ihre beiden mittlerweile omnipräsenten Arien aus *Carmen*, und Marilyn Monroe hauchte ihr berühmtes »Happy Birthday, Mr. President« ins Mikrophon. Im Showbusiness war Monroe schon früher mit dem Phänomen Callas konfrontiert worden: Bereits 1960 hatte sie in dem Musical *Let's Make Love*, das die Liebesgeschichte zwischen einem Milliardär und einer Sängerin erzählt, den Song »Specialisation« mit den Textzeilen »Maria Callas / is booked in Dallas, / the carpet's rolled out« gesungen.

Von New York aus flog Maria Callas nach Mailand für zwei weitere *Medea*-Aufführungen am 29. Mai und 3. Juni 1962, die allein dadurch historische Bedeutung erlangten, dass es – wie sich herausstellen sollte – ihre letzten Auftritte an der Scala und in Italien überhaupt waren. Und nicht nur das: Ab Sommer 1962 trat sie für die nächsten eineinhalb Jahre nur noch ganz sporadisch künstlerisch in Erscheinung. Wie in den beiden vergangenen Jahren waren ihr wieder Opernauftritte in Epidauros angeboten worden, diesmal wollte man *Poliuto* aus Mailand übernehmen. Ihre auf stimmliche und gesundheitliche Probleme zurückzuführende Ablehnung wurde in der Presse irrigerweise als Beweis dafür herangezogen, dass sie dem mondänen gesellschaftlichen Treiben mit Onassis gegenüber ihrer künstlerischen Karriere den Vorzug gab.

Der Rückzug aus ihren professionellen Verpflichtungen vollzog sich allmählich, und die Aussicht auf ein erfülltes Privatleben schien ihr die bessere Alternative zu bieten. Vor allem in Monte Carlo und auf der Christina verbrachten Callas und Onassis viel Zeit gemeinsam – sofern ihr ›Partner‹ nicht gerade mit einer seiner beiden anderen Geliebten, Agnetta Castallanos und Lee Radziwill, der jüngeren Schwester Jacqueline Kennedys, unterwegs war.[20] So überrascht es nicht, dass ihre Liebesbeziehung nicht nur in der Presse, sondern auch im engeren Freundeskreis mit zunehmendem Argwohn betrachtet wurde. Franco Zeffirelli etwa erfüllte es allmählich mit Unbehagen, wenn die beiden ihn »hin und wieder in irgendein schickes Restaurant oder einen Nachtklub« einluden: »Das war dann eine Art vergoldeter Vorhölle, wo man kaum etwas sehen konnte, weil all die Blitzlichter blendeten. Allmählich hasste ich seinen Reichtum und seine Macht.«[21]

Man mag über Onassis denken, wie man will, doch gewiss trägt er nicht die Verantwortung für das Ende von Maria Callas' Karriere. Seine musikhistorische Bedeutung – wenn von einer solchen die Rede sein kann – beschränkt sich darauf, dass er es ihr erleichterte, beinahe zum richtigen Zeitpunkt aufzuhören. So kam es in diesem Jahr am 4. November nur noch zu einem einzigen und überraschenden Auftritt in der Fernsehsendung *A Golden Hour from the Royal Opera House* in London. Unter der Leitung ihres engen Pariser Vertrauten Georges Prêtre sang sie wieder einmal ihre bekannten Stücke aus *Carmen* und *Don Carlos* und trat zum Abschluss gemeinsam mit Giuseppe Di Stefano im Duett aus *Cavalleria rusticana* auf. Callas und Onassis verbrachten Weihnachten und den Jahreswechsel gemeinsam in London. Unterdessen versuchte ihre Mutter in New York, höhere Unterhaltszahlungen seitens ihrer Tochter durchzusetzen. Das Sozialamt legte ihren monatlichen Bedarf mit 130 US-Dollar fest und forderte Maria Callas auf, diese Zahlungen zu leisten.[22] Diese erklärte, dass sie nie die Unterstützung verweigert habe und auch weiterhin 200 Dollar im Monat zahlen werde. Sie erwarte allerdings, dass ihre Mutter endlich aufhöre, sie zu verleumden und zu erpressen, wie sie an Lantzounis schrieb.[23] Im selben Brief deutete sie zugleich an, dass ihre Gesundheit ein Weiterarbeiten wie bisher unmöglich machen würde, doch bat sie ihn, mit niemandem darüber zu sprechen. Ihre Mutter könnte mit den 200 Dollar monatlich in Griechenland wesentlich komfortabler leben als in New York. Es sei undenkbar, dass ihre Beziehung zu ihrer Mutter jemals wieder wie früher werden könne. Sie sei »dermaßen verrückt, dass sie nicht weiß, was sie getan hat und einer solchen Tochter in ihrem Alter weiterhin antut, ganz abgesehen von der Ruine, die sie aus meiner Schwester gemacht hat«.[24]

Der Rückblick auf das vergangene ›harte‹ Jahr, den sie am 12. Januar an Bord der Christina für de Hidalgo verfasste, fiel durchwachsen aus. Sie habe zwar keine Sinusitis mehr, werde aber von vielen Zweifeln geplagt und müsse sich erholen: »Wie sehr wünschte ich, ich hätte Dein Temperament. Ich wurde zu sensibel geboren, zu stolz, aber auch zu zerbrechlich. Eine seltsame Geschichte.«[25] Im Januar musste sie sich einer Hernienoperation unterziehen, deren Rekonvaleszenz »wegen des internen Kunststoffs« langsam vonstattengehe, wie sie Lantzounis gegenüber in einem Brief erwähnte.[26] Im Frühjahr 1963 bereitete sie sich intensiv auf ihre nächste Schallplattenproduktion vor, und Anfang Mai 1963 wurde in der Salle Wagram *Callas à Paris II* mit französischen Opernarien aufgenommen. An die Stelle von Walter Legge war nun Michel Glotz als Produzent getreten, der auch ihre weiteren Aufnahmen betreuen sollte. Georges Prêtre begleitete sie mit dem Orchestre de la Société des Concerts du Conservatoire. Fast alle Stücke auf dieser Schallplatte hatte sie bis dahin noch nie öffentlich gesungen. Die einzige Ausnahme war eine Arie aus Glucks *Ifigenia in Tauride*, die sie bis dahin nur in italienischer Fassung aufgeführt hatte. Die Höhepunkte der Platte bilden die Arie »D'amour l'ardente flamme« aus Hector Berlioz' »La Damnation de Faust«, die rührende Miniatur »Adieu, notre petite table« aus Jules Massenets *Manon* sowie die Briefszene aus *Werther* desselben Komponisten. Mit ihrer klaren Diktion des Französischen und der weiterhin vorhandenen Farbenvielfalt ihrer Stimme hätte sie ihre Karriere auch als Interpretin französischer Lieder von Berlioz bis Fauré ausklingen lassen können. Doch mit einem solchen Repertoire gab es damals leider noch keinen Blumentopf zu gewinnen.

Im Mai 1963 folgte ihre nächste Deutschland-Tournee mit Konzerten in Berlin, Düsseldorf und Stuttgart, und im Juni ging es mit fast unverändertem Programm weiter nach London, Paris und Kopenhagen. Diesmal beschränkte sie sich ausschließlich auf italienisches Repertoire. Vor der Pause interpretierte sie drei ihrer Belcanto-Schlachtrösser, im zweiten Teil dann prunklosere Puccini- und Leoncavallo-Stücke. Das Berliner Konzert offenbarte in »Bel raggio lusinghier« aus *Semiramide* (Rossini) dem Kritiker John Ardoin zufolge »eine enttäuschende Ungleichheit der Doppelschläge, von dem fast vollständigen Auslassen der Kadenz vor der Reprise von ›La dolce pensiero‹ gar nicht zu sprechen«, und die Nabucco-Arie litt unter der Auslassung der Cabaletta.[27] Dem Stuttgarter Mitschnitt von »Casta Diva« ist bei aller bewundernswerten Legato-Qualität deutlich zu entnehmen, wie ausladend und unregelmäßig ihr Vibrato inzwischen geworden war. Besser kam sie nach der Pause mit den Verismo-Stücken zurecht, und namentlich in der Sterbeszene aus Puccinis *Madama Butterfly* war sie nochmals als große Tragödin zu erleben. Gleichwohl fiel der Beifall in Deutschland diesmal deutlich geringer aus als im Vorjahr. In Kopenhagen sang sie zum Abschluss der Tournee am 9. Juni vor der dänischen Königsfamilie. Anschließend flog sie nach Mailand, um ihr Haus zu verkaufen. Fortan lebte sie fast nur noch in Paris.

Am 15. Juli 1963 erhielt sie einen Brief von Jacqueline Kennedy, der Gattin des amerikanischen Präsidenten. Sie lud sie ein, anlässlich des gemeinsamen Abendessens mit dem Kaiser Haile Selassie von Äthiopien am 1. Oktober ins Weiße Haus zu kommen und in einem rund halbstündigen Konzert aufzutreten. Doch sie sagte unter Verweis auf geplante Schallplattenaufnahmen ab, die jedoch gar nicht stattfanden.[28]

Die Beziehung zu Aristoteles Onassis wurde allerdings nicht unbedingt einfacher. Nicht genug damit, dass dieser sich auf eine

Affäre mit Lee Radziwill eingelassen hatte: Nun begann er sich nun zunehmend auch für deren ältere Schwester Jacqueline Kennedy zu interessieren. Im Spätsommer 1963 gelang es ihm tatsächlich, die Gattin des amerikanischen Präsidenten auf eine seiner Kreuzfahrten mitzunehmen. Die Anwesenheit von Callas – die in diesem Zeitraum keinerlei berufliche Verpflichtungen hatte – war verständlicherweise nicht erwünscht, und so verfolgte sie den Verlauf der Reise in der Presse. Am 13. Oktober verabschiedete sich Jacqueline Kennedy in Athen von ihrem großzügigen Gastgeber Onassis und machte sich auf die Rückreise. Sechs Wochen später begleitete sie ihren Mann auf eine Wahlkampfveranstaltung nach Dallas – jenen Ort, in dem Callas ihre bislang letzten amerikanischen Opernerfolge erleben durfte. Am 22. November 1963 wurde John F. Kennedy in Dallas auf dem Rücksitz einer offenen Limousine von zwei Kugeln getroffen. Seine Ehefrau saß neben ihm und blieb unverletzt.

Unterdessen hatte Maria Callas ihren Wohnsitz nach Paris verlegt, wo sie am 10. November 1963 ein eigenes Apartment in der Avenue Foch Nr. 44 im noblen sechzehnten Bezirk bezog.[29] Der Gebäudekomplex Nr. 88 gehörte Onassis, der dort ebenfalls eine Wohnung hatte, so dass sie in Paris nun fast Nachbarn waren. Inzwischen hatten sich der Intendant des Royal Opera House Covent Garden David Webster und der Regisseur Franco Zeffirelli darauf verständigt, Callas zu einem Operncomeback zu überreden. Beide dürften von unterschiedlichen Motiven getrieben worden sein. Während Webster sich eines enormen Medien- und Publikumsandrangs glaubte sicher sein zu können, war es für Zeffirelli auch persönlich ein Bedürfnis, sie aus der angeblichen »Vorhölle« mit Onassis zu befreien: »Ich hätte sie wahrscheinlich in Ruhe gelassen, wenn der Grund dafür, dass sie mit dem Singen aufgehört hatte – ihr Verhältnis mit Onassis – ihr das so sehr ersehnte Glück gebracht hätte. Ich war mehr und mehr davon überzeugt, dass dies nicht der Fall war.«[30] Zeffirelli machte Onassis »grenzenlosen Sadismus« zum Vorwurf: »Er hatte die Neigung, sie zu demütigen, vor allem in Gegenwart alter Freunde, und schien ganz und gar nicht gewillt, sie zu heiraten. Trotz allem hing Maria nämlich sehr an ihrem griechisch-orthodoxen Glauben und sehnte sich nach einer kirchlichen Trauung.«[31]

Für das Bühnencomeback hatten sich Webster und Zeffirelli aus mehreren naheliegenden Gründen auf Puccinis *Tosca* verständigt: Das Werk enthält keine extremen Höhen oder übermäßige vokaltechnische Schwierigkeiten, sondern stellt vor allem darstellerische Herausforderungen an die Primadonna. *Tosca* war also geradezu prädestiniert für Maria Callas, zumal sie das Stück – anders als die übrigen Opern von Puccini – sehr häufig gesungen hatte. Doch verband der Regisseur – der auf Onassis (zwar nicht erotisch, aber als Freund) äußerst eifersüchtig war – damit auch beinahe perfide künstlerische Ziele: Seine im Grunde ebenfalls sadistische Idee war es nämlich, die Beziehungen der realen Personen Callas und Onassis mit denen der Bühnenfiguren Tosca und Scarpia miteinander in Beziehung zu setzen:

> Für mich ist Tosca ein leidenschaftliches, triebhaftes Wesen, nicht die verkniffene, überhebliche, herausgeputzte Diva mit einem mit Pfauenfedern verzierten Hut und Sonnenschirm, wie sie normalerweise dargestellt wird. Meiner Tosca sollte man ansehen, dass ein attraktiver Mann große Anziehungskraft auf sie ausübt, selbst wenn sein Herz aus Stein ist. Diese Tosca würde wie die Magnani sein, sinnlich, erotisch, als sie in die Kirche läuft, macht sie Cavaradossi eine Eifersuchtsszene; ganz plötzlich ist das vorbei, und sie küsst ihn leidenschaftlich, als wollten sie sich auf der Stelle lieben. Und natürlich ist es eben diese Sinnlichkeit, die ihre Konfrontation mit Scarpia so spannungsgeladen macht. Ohne es zu wissen, ist sie weit davon entfernt, ihn nur zu hassen; vielmehr ziehen er, seine Macht, seine Grausamkeit sie auf geheimnisvolle Weise an. Am Ende tötet Tosca Scarpia nicht nur, um ihren Geliebten, sondern auch, um sich vor sich selber zu retten. Ich konnte mir gerade noch verkneifen, hinzuzufügen, dies sei ihren Gefühlen gegenüber Onassis doch nicht unähnlich.[32]

Zuvor mutete Callas sich im Dezember 1963 noch ein weiteres Mammutprogramm zu: Gleich mehrere Soloalben wurden mit dem Orchestre de la Société des Concerts du Conservatoire unter Nicola Rescigno nacheinander in einem Zeitraum von drei Wochen bis in die Weihnachtszeit hinein begonnen (4. bis 27. Dezember), weitere Aufnahmesitzungen folgten im Januar und April 1964, im Anschluss an die Londoner *Tosca*. Außergewöhnlich ist vor allem die Zusammenstellung der ersten Platte, die Arien von Mozart, Beethoven und Weber enthält, jeweils in der Originalsprache (Italienisch und Englisch): Beethovens Konzertarie »Ah! perfido« und Webers »Ozean-Arie« aus *Oberon* flankieren die drei Sopranarien aus *Don Giovanni* sowie »Porgi, amor« aus *Le nozze di Figaro*. Auch die späten Verdi-Aufnahmen (die 1968/69 noch um eine zweite und 1978 posthum eine dritte Platte erweitert wurden), präsentieren Stücke aus mehreren Opern, die nicht zu ihrem Bühnenrepertoire gehörten.[33] Ihr (vorwiegend ökonomischer) Wert liegt in der Erweiterung und Abrundung des Callas-Titelkatalogs.

Obwohl sie ihren künstlerischen Zenit mittlerweile seit fast einem Jahrzehnt überschritten hatte, konnte sie ihre kommerzielle Spitzenposition im Klassiksektor weiterhin aufrechterhalten. Im ersten Quartal 1964 lagen Herbert von Karajan und Maria Callas bei den Schallplattentantiemen der EMI mit 10 903 und 10 022 Pfund Sterling fast gleichauf an der Spitze. Weit abgeschlagen folgten Dietrich Fischer-Dieskau mit 7165 und Otto Klemperer mit 6 234 Pfund. Allerdings verdienten schon damals die Popgrößen deutlich mehr als ihre Klassik-Kollegen: Die Beatles kassierten im selben Dreimonatszeitraum 46 982 Pfund, Cliff Richard immerhin noch 18 847 Pfund.[34]

Ihr Comeback auf der Opernbühne mit *Tosca* in der Inszenierung von Franco Zeffirelli am 21. Januar 1964 in London erwartete die Öffentlichkeit mit äußerster Spannung. Die Rolle des Mario Cavaradossi war mit Renato Cioni, jene des Scarpia mit Tito Gobbi besetzt, die musikalische Leitung übernahm Carlo Felice Cillario. Im Anschluss an die sechste *Tosca*-Vorstellung wurde

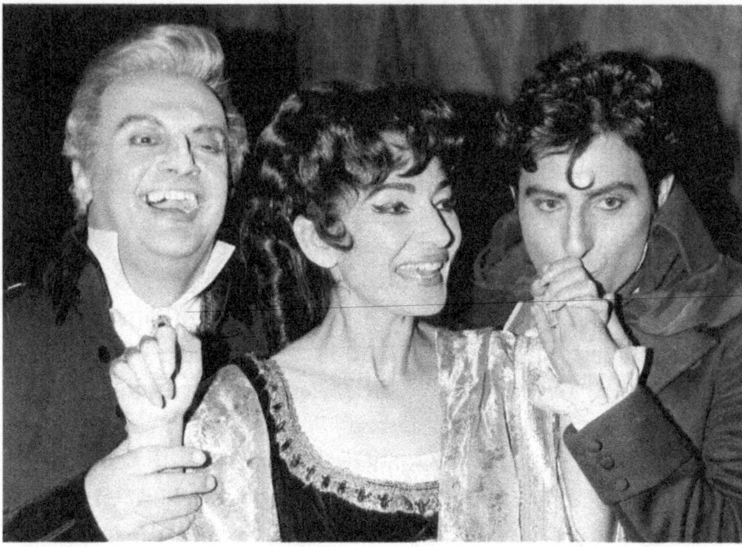

Maria Callas mit Tito Gobbi (l.) und Renato Cioni (r.) nach ihrer letzten *Tosca*-Aufführung am Londoner Royal Opera House in Covent Garden, 5. Juli 1965.

am 9. Februar der gesamte zweite Akt für eine Fernsehausstrahlung gefilmt. Es handelt sich um die längste kontinuierliche Filmaufzeichnung einer szenischen Produktion mit Maria Callas. Allerdings gibt es zwei ältere Filmproduktionen des Finales des zweiten Aktes, die sie als Tosca in wesentlich besserer stimmlicher Verfassung zeigen: Eine Studioaufnahme mit George London aus New York (1956) sowie die Pariser Gala mit Tito Gobbi (1958). Der Vergleich der drei Filme zeigt deutlich auf, wie sich ihre szenische Darstellungskunst immer weiter verfeinert, während die Stimme an Volumen, Glanz und Intonationssicherheit verlor.

Im April begannen in Paris bereits die Proben für *Norma* in einer weiteren Zeffirelli-Inszenierung, die Callas' letzte Opernneuproduktion werden würde. In der Premiere am 22. Mai 1964 am Théâtre National de l'Opéra unter der Leitung von Georges

Prêtre trat sie zusammen mit Fiorenza Cossotto (Adalgisa) und Charles Craig (Pollione) auf. Ab der vierten Vorstellung übernahm Franco Corelli die Tenorpartie. Nach Anzahl der Aufführungen war dies die überhaupt erfolgreichste ihrer späten Opernproduktionen: Insgesamt dreizehnmal trat Callas als Norma in Paris auf, davon in acht Vorstellungen 1964 und fünf weiteren im Folgejahr. Die unvollständigen Mitschnitte vermitteln ein ambivalentes Bild von der Entwicklung ihrer Stimme während dieser Aufführungsserien. Obwohl Maria Callas diese Oper so oft gesungen hatte wie keine andere, war es eine tragische Wahl, denn sie konnte die Spitzentöne dieser gewaltigen Partie einfach nicht mehr mit der nötigen Zuverlässigkeit bewältigen. In der Aufführung vom 6. Juni 1964 kollabierte ihre Stimme auf einem hohen c, und ein Aufruhr des Entsetzens ging durch den ganzen Saal. Sie gab dem Dirigenten ein Zeichen, noch einmal zu beginnen, und beim zweiten Mal gelang ihr das hohe c lupenrein.[35] Das war natürlich nur ein schwacher Trost. Andererseits dokumentieren ihre allerletzten *Norma*-Mitschnitte in der Mittellage eine sängerische Perfektion, die sogar die älteren Aufnahmen nicht immer erreichen: »Wenn sie auch nur bei siebzig Prozent der Partie sicher zu Hause ist, so ist ihr Gesang in einem Maße edel und entrückt, dass wir ohne diese Aufführungen um vieles ärmer wären.«[36]

Selbst im Hochsommer widmete sie sich einem neuen und sehr herausfordernden Aufnahmeprojekt: Georges Bizets' *Carmen*. Nachdem sie die Oper erstmals komplett einstudiert hatte, nahm Maria Callas mit Michel Glotz vom 6. bis 20. Juli 1964 das Werk in der Salle Wagram unter der Leitung von Georges Prêtre auf. Nicolai Gedda sang die Rolle des Don José. In ihrer einzigen Gesamtaufnahme einer Oper in französischer Sprache beeindruckt sie durch eine unvergleichliche Diktion – auch wenn nach damaligem Usus nicht die Originalfassung mit gesprochenen Dialogen, sondern die von Ernest Guiraud nachkomponierte Rezitativfassung Verwendung findet. Nach dem Ende der Aufnahmesitzungen reiste sie nach Griechenland, wo sie mit

Aristoteles Onassis auf der Christina nach Skorpios fuhr – eine zunächst noch karge Insel im ionischen Meer, die Onassis 1963 gekauft hatte und sodann mit rund 200 verschiedenen Baumarten aufforsten ließ.

Im Oktober 1964 traf sich der Reeder Panagis Vergottis mit Onassis und Callas in einem Pariser Restaurant, um ein lukratives Investitionsprojekt zu besprechen: Gemeinsam wollten die drei für 3,9 Millionen Dollar den Tanker *Artemision II* kaufen, wobei Vergottis und Callas jeweils 25% und Onassis 50% der Anteile übernehmen sollte.[37] Diese geschäftliche Angelegenheit verdient in zweierlei Hinsicht Interesse. Zum einen zeigt sie, dass Maria Callas trotz offener Vermögensfragen nach der Trennung von ihrem Ehemann Meneghini durchaus in der Lage war, in der internationalen Finanzwelt als selbstständige Geschäftspartnerin aufzutreten. Zum anderen sollten sich aus diesem Deal in den kommenden Jahren juristische Auseinandersetzungen mit Vergottis entwickeln, in denen Onassis und sie gezwungen waren, vor Gericht über ihre privaten Verhältnisse auszusagen. Doch dazu später mehr.

Auch in künstlerischer Hinsicht taten sich neue Horizonte auf. Das amerikanische Magazin *Life* schrieb am 30. Oktober 1964, die Tigerin sei zum Lamm geworden, nachdem sie sich von ihrem vormaligen Erzfeind Rudolf Bing zu einer Rückkehr an die Metropolitan Opera zum Frühjahr 1965 hatte überreden lassen.[38] In einem Interview mit Peter Dragadze gestand sie im Rückblick auf ihre gescheiterte Ehe, dass sie niemals vorhatte, einen Impresario zu heiraten, und wenn schon, hätte sie wenigstens einen guten heiraten sollen.[39] Angesprochen auf das Nachlassen ihrer Gesangsleistungen sagte sie, ihr größter Fehler sei es gewesen, ihre Stimme zu intellektualisieren:

> Das hat mich um Jahre zurückgeworfen. Ich habe versucht, einen animalischen Instinkt zu kontrollieren, anstatt ihn so zu lassen, wie er ist – einfach eine gottgegebene Gabe. Ich gebe zu, dass ich vor zwei oder drei Jahren eine furchtbare

> Stimmkrise hatte, aber ich glaube ernsthaft, dass ich die größten Probleme überwunden habe. Ich hatte versucht, meine Stimme so gut zu platzieren, dass ich einfach nicht mehr singen konnte.[40]

Auch habe sie noch vor zwei Jahren ein großes Wackeln in der Stimme gehabt, das jetzt verschwunden sei: »Ich konnte meine Ohren nicht mehr kontrollieren, also habe ich gepresst und gepresst und meinen Mund zu sehr geöffnet. Der Ton strömte einfach unkontrolliert heraus. Ich musste mich der Welt wieder stellen, also vergaß ich, wer ich war, und wurde nach 28 Jahren Karriere wieder zur Schülerin.«[41]

Kurz darauf stürzte sie sich mit *Tosca* in Paris in eine weitere Gesamteinspielung. Mit Carlo Bergonzi als Mario und Tito Gobbi als Scarpia optimal besetzt, sollte diese von Georges Prêtre dirigierte Plattenaufnahme zugleich als Soundtrack für einen *Tosca*-Film von Zeffirelli dienen, der jedoch niemals zustande kam.

Auch das neue Jahr stand zunächst ganz im Zeichen von *Tosca*. Zur Behebung der stimmlichen Schwierigkeiten hatte sie auch wieder mit ihrer früheren Lehrerin Elvira de Hidalgo zusammengearbeitet.[42] Die Londoner Zeffirelli-Produktion wurde vom 19. Februar bis 13. März nun auch in Paris insgesamt siebenmal mit Callas aufgeführt. Dann flog sie nach New York für zwei weitere *Tosca*-Vorstellungen, für die sie jeweils eine Abendgage von 14 000 Dollar erhielt – zu diesem Zeitpunkt ein Rekord an der Metropolitan Opera.[43] Franco Corelli war am 19. März und Richard Tucker am 25. März ihr Partner, Tito Gobbi in beiden Aufführungen. Nicht nur beim Publikum war der Erfolg überwältigend: Diesmal hatte sie auch die Kritiker auf ihrer Seite. Harold Schonberg bezeichnete ihre Rollenkonzeption in der *New York Times* als »elektrisierend«, und in der *Herald Tribune* war zu lesen, ihre Stimme habe an die »weiche Leichtigkeit ihrer allerersten Einspielungen« erinnert: »Der ganze zweite Akt war eine verblüffende Studie in Menschlichkeit.«[44]

Im Mai 1965 mutete sie sich dann den ultimativen Härtetest zu: Fünf weitere Vorstellungen von *Norma* waren am Palais Garnier angesetzt. Sie litt unter einem Rachenkatarrh und weiterhin sehr niedrigem Blutdruck. Schon vor der ersten Aufführung musste der Opernintendant vor das Publikum treten und für ihre gesundheitlichen Umstände um Verständnis bitten. Sie trat auf und sang nicht gut. Auch an den folgenden Abenden wurde es nicht wesentlich besser. John Ardoin brachte die Unterschiede ihres Umgangs mit *Tosca* und *Norma* klar auf den Punkt: »Während sie ihren Weg durch die *Tosca* einfach durch ihren Willen bahnen konnte, unterstützt durch die Eigendynamik des Dramas, ist die *Norma* mit ihren vielen hohen Cs jetzt für sie ein furchterregendes Hindernisrennen.«[45] Die fünfte Vorstellung am 29. Mai 1965 musste sie kurz vor Schluss abbrechen. Der Musikkritiker Sergio Segalini war bei ihrem letzten Auftritt in *Norma* an der Pariser Oper dabei: »Nach dem ersten Akt ging ich zu Maria in die Künstlergarderobe, und sie sah aus, als wäre sie tot. An diesem Abend, während dieser Aufführung, muss sie gemerkt haben, dass sie die Norma nie wieder würde singen können. Und als Maria das kapierte, beschloss sie, dass es mit der Callas ein Ende haben müsse.«[46]

8 Abschied

5. Juli 1965. Es war ein Abschied in Raten. Als Maria Callas im Anschluss an ihre umjubelte Vorstellung der *Tosca* am Royal Opera House Covent Garden in London im Beisein der englischen Königin sowie zahlloser Prominenz aus allen Bereichen des gesellschaftlichen Lebens die üblichen minutenlangen Ovationen entgegennahm, ahnten nur wenige der Anwesenden, dass sie soeben den letzten Opernauftritt der größten Sängerin des 20. Jahrhunderts erlebt hatten. Wir wissen nicht, ob Callas selbst zu diesem Zeitpunkt schon mit einem Ende ihrer

Bühnenlaufbahn rechnete, denn sie stand für weitere Auftritte in London und Paris in der kommenden Spielzeit unter Vertrag und entwarf bereits ambitionierte Pläne für die nähere Zukunft.

Es war ihr erster Opernabend seit jenem 29. Mai, an dem sie in Paris im zweiten Akt der *Norma* einen Schwächeanfall erlitten hatte, so dass die Schlussszene entfallen musste. Die wochenlange Pause hatte ihr gutgetan, aber ihre Rückkehr auf die Bühne war weiterhin sehr riskant. Eigentlich waren in London vier Vorstellungen von *Tosca* vorgesehen. Ihr Arzt riet ihr dringend, die ganze Serie abzusagen, da sie weiterhin unter sehr niedrigem Blutdruck litt, der auch schon für den Pariser Zusammenbruch verantwortlich gewesen war. Tatsächlich wurde sie in den ersten drei Londoner *Tosca*-Vorstellungen durch Marie Collier ersetzt – zum Entsetzen des Publikums, das unter großem zeitlichem und finanziellem Aufwand in den Besitz der Eintrittskarten gelangt war: Bereits mehrere Tage (und Nächte) vor Öffnung der Vorverkaufskasse der Royal Opera hatte sich dort eine lange Schlange gebildet.[1] Doch Callas entschied sich immerhin wider ärztlichen Rat, die Gala am 5. Juli zu singen. Dass sie es unter Schmerzen tat, ist dem Mitschnitt anzuhören – und steigert zugleich die Glaubwürdigkeit ihrer Rollengestaltung: In keiner ihrer vielen Aufnahmen von »Vissi d'arte« hat sie dieses künstlerische Lebenscredo meditativ-melancholischer intoniert.

Alles deutete auf eine Fortsetzung der Londoner *Tosca* hin, denn Zeffirelli plante einen Film auf der Grundlage der Covent-Garden-Inszenierung, für den sie schließlich den Soundtrack schon eingespielt hatten. Allerdings kam es zum Konflikt mit Herbert von Karajan und seinem damaligen Geschäftspartner Leo Kirch, dessen Gesellschaft Beta Film bei Puccinis Verleger Ricordi schon die Filmrechte erworben hatte. Zeffirelli wiederum erhoffte sich finanzielle Unterstützung von Onassis, der sich jedoch reserviert zeigte. Die Pariser Oper wollte *La traviata* in der berühmten Visconti-Inszenierung aufführen, doch scheiterte dieses Projekt letztlich an ihrer unerfüllbaren Forderung,

Chor- und Orchesterproben über einen Zeitraum von mindestens drei Wochen anzusetzen.[2]

Diese und viele weitere Vorhaben verliefen im Sande. Das Jahr 1966 war das erste seit genau zwanzig Jahren, in dem es überhaupt keinen öffentlichen künstlerischen Auftritt von Maria Callas zu verzeichnen gab. Und auch den Schallplattenstudios blieb sie in diesem wie auch in den folgenden Jahren fern. Ihre künstlerische Karriere war praktisch zu Ende. Ungeachtet dessen gingen ihre privaten Nöte weiter. Um ihre Ehe mit Meneghini zumindest außerhalb Italiens annullieren zu können, bediente sie sich am 18. März 1966 in der Pariser US-Botschaft eines einfachen, aber ungewöhnlichen rechtlichen Schritts: Sie gab ihre amerikanische Staatsbürgerschaft auf und war nun auch offiziell eine Griechin. Als solche galt sie als unverheiratet, da ihre Eheschließung nicht in einer griechisch-orthodoxen Kirche stattgefunden hatte und daher in Griechenland keine Gültigkeit besaß. Damit hatte sie zugleich auch ein Hindernis für die erhoffte Heirat mit Onassis aus dem Weg geräumt.[3] Als dieser von Journalisten hierauf angesprochen wurde, antwortete er reserviert, diese Entwicklungen hätten auf das lediglich freundschaftliche Verhältnis zwischen Callas und ihm keinen Einfluss: »Er hatte aufgehört, weiter in Callas zu investieren.«[4] Ganz stimmt das nicht, denn das neue Apartment im dritten Stockwerk der Avenue Georges Mandel Nr. 36, in das Maria Callas im Frühjahr 1966 einzog, hatte Onassis über eine seiner Firmen in den USA gekauft und ließ auch den Unterhalt des Anwesens über eines seiner Konten finanzieren. Die Einrichtung der neuen Wohnung beschäftigte sie einige Monate – auch dies trägt zur Erklärung ihrer völligen künstlerischen Abstinenz in dieser Zeit bei.

Anfang 1967 waren Callas und Onassis wieder auf der Christina unterwegs, und von Bord erteilte sie ihrer Haushälterin Bruna Lupoli am 16. Februar umfangreiche Anweisungen für die Einrichtung der neuen Residenz.[5] Die Gelegenheit zu einem Wiedersehen mit Rudolf Bing ergab sich dann am 31. Mai, als das Ensemble der Metropolitan Opéra mit Rossinis *Il barbiere di Si-*

viglia für ein Gastspiel im Pariser Théâtre de l'Odéon weilte. Obwohl sie sich nur im Publikum zeigte, löste sie größere Ovationen aus als die mittelmäßige Aufführung.[6]

Der Rechtsstreit mit Vergottis wurde im April in London im Sinne von Callas und Onassis entschieden: Der vormalige Geschäftspartner musste die Callas-Anteile des gemeinschaftlich erworbenen Tankers zurückgeben und die Prozesskosten bezahlen. Doch der private Preis für diesen Erfolg vor Gericht war nicht unerheblich, denn das ›Traumpaar‹ entzauberte sich vor den Augen der Öffentlichkeit. Zur Verdeutlichung seiner Interessen erklärte Onassis vor Gericht, nur freundschaftliche und geschäftliche Beziehungen mit Callas zu unterhalten und keinerlei Verpflichtungen ihr gegenüber zu haben, was diese später ausdrücklich bestätigte:

> Ich möchte daran erinnern, dass es bei der Gerichtsverhandlung um Anteile ging, die ich mit meinem Geld gekauft hatte, und Ari war viel zu klug, um sich von Vergottis' Anwalt hereinlegen zu lassen. Vergottis glaubte eindeutig, er werde den Prozess gewinnen, indem er meine Beziehung mit Ari enthüllte und einen Skandal hervorrief. Wie falsch! Und warum hätte Ari irgendwelche Verpflichtungen haben sollen? Wir waren beide unabhängige und verantwortungsbewusste Menschen.[7]

Dieser Auffassung schloss sich auch das Gericht an.

Inzwischen zeichneten sich neue künstlerische Perspektiven ab. Der EMI-Manager Peter Andry wünschte sich eine weitere Callas-Gesamtaufnahme von *La traviata* mit dem Dirigenten Carlo Maria Giulini und Luciano Pavarotti als Alfredo, worauf sie sich zunächst auch einließ.[8] Es wäre ihre einzige Zusammenarbeit mit dem großen Tenor geworden, dessen Stimme damals in voller Blüte stand. Als Rudolf Bing ihr allen Ernstes vorschlug, die einzige Rolle in Francis Poulencs Monodram *La voix humaine* zu singen und am selben Abend pantomimisch in Richard

Strauss' Ballett *Josephs Legende* zu agieren, dürfte er selbst eine Absage von vornherein einkalkuliert haben. Er erhielt sie auch prompt.[9]

Am 30. Januar 1968 schrieb Callas Onassis aus Paris einen verspäteten Geburtstagsbrief, in dem sie bekennt, »dass ich nach achteinhalb Jahren und nach allem, was wir durchgemacht haben, von ganzem Herzen stolz auf dich sein kann. Ich liebe deinen Körper und deine Seele, und mein einziger Wunsch ist, dass du dasselbe fühlst.« Sie bekennt sich zu dem Glück, ihm begegnet zu sein, und fleht ihn um seine Liebe an: »Bitte versprich mir, dass wir für immer zusammenbleiben können, oder versuche es zumindest, denn ich brauche deine Liebe und deinen Respekt für immer. Ich bin zu stolz, um es zuzugeben, aber ich weiß, dass du mein Atem, mein Geist, mein Stolz und meine Zärtlichkeit bist.« Der Brief endet mit den Worten: »Ich gehöre dir, mach mit mir, was du willst. Deine Seelenverwandte, Maria«. Es ist der einzige Brief von Callas an Onassis, der an die Öffentlichkeit gelangte.[10]

Einige Wochen später brachen Callas und Onassis auf ihre Frühjahrskreuzfahrt in die Karibik auf. Anfang März schrieb sie an Bruna Lupoli, dass sie schon ganz braungebrannt sei, obwohl sie gar nicht in der Sonne liege, und dass sie wegen der stürmischen Witterung strenge Diät halte. Auch die beiden Pudel fühlten sich wohl auf dem Schiff.[11] Nach Zwischenaufenthalten in Haiti und New York kam es auf der Christina jedoch zu einem heftigen Streit, worauf hin Callas nach Paris zurückkehrte. Mitte April flog Onassis unter dem Vorwand einer Geschäftsreise nach New York, traf dort Jackie Kennedy und verbrachte mit ihr und ihren Kindern die Ferien in Palm Beach.[12] Callas behielt bei all diesen Turbulenzen einen bemerkenswert klaren Kopf. Am 23. und 24. April 1968 führte sie für das Fernsehen der BBC in ihrem Apartment mit Lord Harewood die sogenannten *Callas Conversations*, das längste und wichtigste Interview ihrer gesamten Karriere.[13] Darin schildert sie nicht nur in vielen Details die wichtigsten Stationen ihrer Biographie, sondern legt auch ihre künstlerischen Auffassungen umfassend dar.

Zu dieser Zeit stand auch das Weltgeschehen nicht still. Am 4. April wurde Martin Luther King in Memphis erschossen, am 6. Juni fiel Robert Kennedy in Los Angeles einem tödlichen Attentat zum Opfer. Inzwischen erlebte im Mai 1968 die Studentenrevolution in Paris ihren Höhepunkt – was Callas Sorgen bereitete, obwohl sie im noblen 16. Arrondissement vermutlich nicht viel mitbekam. In Griechenland hatten die Militärs bereits ein Jahr zuvor die Herrschaft übernommen, und Ende Mai 1968 wurde auch die bis dahin unabhängige Justiz entmachtet. Onassis, dem die griechische Fluggesellschaft Olympic Airways und rund neunzig weitere Unternehmen gehörten, hinderte dies nicht daran, gemeinsam mit der Junta den Ausbau der griechischen Infrastruktur voranzutreiben. Und vielleicht noch erstaunlicher war es, dass er sich dabei die meiste Zeit auf seiner Privatyacht aufhielt und Callas vorzeitig nach Hause schickte, um unmittelbar anschließend seine Liaison mit Jackie Kennedy aufzugleisen.

Aus Paris schrieb Callas am 16. Juni 1968 zwei völlig gegensätzliche Briefe, die ihre verzweifelte Lage erkennen lassen. Der eine war an Elvira de Hidalgo adressiert, der andere an den befreundeten Kritiker John Ardoin in Dallas. Ihrer alten Lehrerin gegenüber öffnete sie das Herz: »Ich versuche, diese Monate zu überleben. Ich kann nicht viel tun, weil ich kaum mentale und psychische Kraft habe. Und ich weiß wirklich nicht, wohin ich gehen soll, um ein wenig Ruhe zu finden. Ich bin so verloren nach so vielen Jahren der Arbeit und Aufopferung, dass ich nicht mehr weiß, wohin die Reise noch geht.«[14]

Ardoin hingegen teilte sie die völlig unrealistische Erwartung mit, ihre Pläne für *La traviata* im September einzuhalten.

Doch die Ereignisse nahmen noch einmal eine überraschende Wendung: Onassis lud Callas erneut auf die Christina ein, und in Begleitung ihres langjährigen Freundes Lawrence Kelly ging sie im Juli von Skorpios aus, der Privatinsel von Aristoteles Onassiss in der Ägäis, wieder an Bord. Die Versöhnung war indessen nur von kurzer Dauer. Anfang August kam es erneut zum

Streit und so dann zum endgültigen Bruch, als der Gastgeber mitteilte, dass sie das Schiff wegen des bevorstehenden Eintreffens wichtiger Gäste verlassen müsse. Kelly begleitete sie daraufhin nach Paris, wo sie nach der Einnahme von Beruhigungsmitteln im American Hospital behandelt werden musste. Kelly lud Callas ein, mit ihm nach Amerika zu fliegen. Sie ließ sich darauf ein, und gemeinsam reisten sie nach Kansas City, Santa Fe, Las Vegas, Hollywood, San Francisco und Mexiko.[15] Zehn Tage lang war sie Gast bei Mary Carter in Dallas, wo sie wieder einmal Pläne für ein Operncomeback schmiedete: »Lawrence Kelly und Nicola Rescigno sind seit sehr langer Zeit meine Freunde. Mit ihnen habe ich mein Amerika-Debüt gemacht. Und mit ihnen möchte ich auf die Bühne zurückkehren.«[16]

Am 13. September gab sie John Ardoin, dem Musikkritiker der *Dallas Morning News*, in dessen Haus ein rund einstündiges Interview zu musikalischen Themen, wobei sie viele der bereits in den Harewood-Gesprächen entwickelten Gedanken wieder-aufnahm. Anschließend bat sie Ardoin, auch ihre persönlichen Bemerkungen zur gescheiterten Beziehung mit Onassis aufzunehmen, diese jedoch nicht zu veröffentlichen. Anschließend reiste sie nach New York, wo sie am 16. September in der Metropolitan Oper die Aufführung von *Adriana Lecouvreur* mit Renata Tebaldi besuchte. Nach der Vorstellung kam es zum legendären Wiedersehen der beiden Primadonnen, das Rudolf Bing im Beisein der Presse in der Künstlergarderobe arrangierte. Zur selben Zeit hielt sich auch Onassis in New York auf, ohne dass die beiden einander begegnet wären. Wieder zu Hause in Paris, erhielt sie am 17. Oktober 1968 einen Anruf von Onassis' Butler, der sie über die bevorstehende Hochzeit seines Chefs mit Jackie Kennedy informierte.[17] Am selben Nachmittag ging deren Privatsekretärin Nancy Tuckerman mit der Mitteilung an die Presse, dass die Hochzeit der Präsidentenwitwe mit Aristoteles Onassis an einem geheim gehaltenen Ort in der nächsten Woche bevorstehen würde.[18] Natürlich war die Jahrhunderthochzeit das beherrschende Thema in den Medien während der nächsten

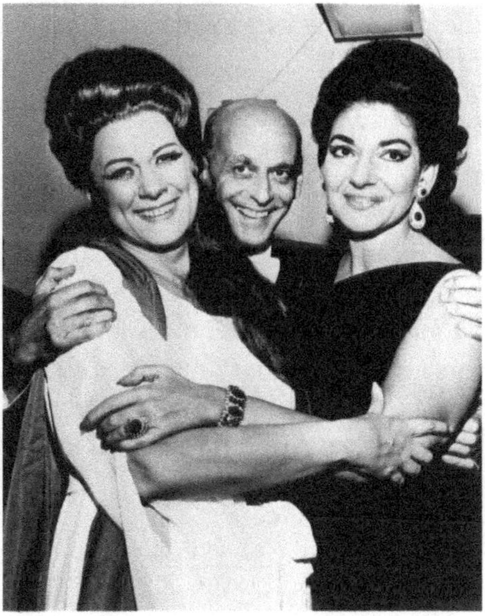

Wiedersehen nach vielen Jahren. Der New Yorker Operndirektor Rudolf Bing mit den beiden Primadonnen Renata Tebaldi (links) und Maria Callas in der Metropolitan Opera, 16. September 1968.

Wochen. Und es blieb nicht aus, dass auch Callas und Kennedy auf Schritt und Tritt miteinander verglichen wurden. Doch anders als bei ihrer früheren Rivalin Renata Tebaldi lief es nicht mehr auf einen Vergleich zwischen ›Tigerin‹ und ›Engel‹ hinaus. Beinahe wurde sogar Callas zum (gefallenen) ›Engel‹. Denn die Verhältnisse waren offiziell klar geregelt: Kennedy heiratete Onassis am 20. Oktober 1968 auf dessen Privatinsel Skorpios, Callas hatte verloren. Die Öffentlichkeit orientierte sich an dem amtlichen Resultat. Auch sah man nicht nur die Gegensätze zwischen den beiden Celebrities. Beide waren New Yorkerinnen. Oder in den selbstgefälligen Worten Leo Lermans: »Maria Kalogeropoulos, geboren im Flower Hospital, und Jacqueline Bouvier Kennedy, geboren in Southampton, Long Island. Ihre Wege kreuzten sich, weil ich Maria überredete, bei einer Wohltätigkeitsgala als ägyptische Kaiserin aufzutreten, und dort traf sie Elsa Maxwell, die sich in sie verliebte.«[19] Die komplizierte Syntax dieses Statements verschleiert, dass Callas und ›Jackie O.‹ einander persönlich nie begegnet sind. Wie hätten sie auch? Selbst Onassis und seine zweite Ehefrau sahen einander nur selten.

Das Beziehungsende spornte sie umso mehr zur Wiederaufnahme ihrer künstlerischen Karriere an. Hierbei fand sie in Larry Kelly ihren wichtigsten Helfer. In gewisser Weise füllte er in professioneller Hinsicht das Vakuum, das die Trennung von Meneghini, das Ende der Zusammenarbeit mit Walter Legge und zuletzt auch die Differenzen mit Michel Glotz hinterlassen hatten. Gemeinsam mit Kelly hatte sie einen stimmigen Comeback-Plan für 1969/70 entwickelt, den wir aus einem Brief des Artistic Directors der Angel Records, John Coveney, an den EMI-Manager Peter Andry kennen:

> Den Auftakt der Opernsaison in San Francisco wird sie am 11. September 1969 mit *Norma* bestreiten, gefolgt von vier oder fünf weiteren Vorstellungen. Dann geht es in Dallas weiter vom 21. Oktober (erste Probe) bis zum 12. November (letzte Vorstellung). […] Danach wird sie nach New York kommen und zwischen dem 1. Dezember und Ende Februar zehn Vorstellungen an der Met geben. Auf dem Programm wird *Medea* stehen, eine Neuinszenierung unter der Regie ihres Landsmanns Michael Cacoyannis. Anschließend hat Adler sie gebeten, nach Kalifornien zurückzukehren, um an der Frühjahrssaison des San Francisco Opera House in Los Angeles mitzuwirken.[20]

Bald stellte sich freilich heraus, dass es mit New York und San Francisco keine Einigung geben würde. So blieb lediglich Dallas übrig, und Kelly ließ dort für 1969 *La traviata* anstelle von *Norma* ankündigen.[21] Doch auch dies erwies sich als ebenso voreilig wie die Ersatzlösung, die Oper durch eine Aufführung von Verdis *Requiem* zu ersetzen.[22] Das Pariser Théâtre des Champs-Élysées scheiterte ebenfalls mit einem Versuch, Callas zu einem Operncomeback zu überreden und für die Rolle der Magda in

Gian Carlo Menottis *The Consul* zu verpflichten.[23] Am 5. März 1969 endete mit dem Abschluss des dritten Verdi-Albums auch ihre Karriere bei der EMI. Gemeinsam mit Nicola Rescigno nahm sie Szenen und Arien aus *Il corsaro, I lombardi, Attila* und *I vespri siciliani* auf, die zu ihren Lebzeiten nicht veröffentlicht wurden. Kurz darauf erklärte sie am 20. April in einem Fernsehinterview des französischen Journalisten Pierre Desgraupes das Ende ihrer Gesangskarriere damit, dass sie sich selbst treu bleiben wollte: »Ich war nicht zufrieden, und ich war sehr müde. Ich war nicht glücklich mit dem, was ich tat. Es funktionierte einfach nicht mehr, nicht technisch, nicht nervlich, und auch nicht in meinem Privatleben. Dann muss man schwere Entscheidungen treffen.«[24]

So realisierte sie 1969 schließlich keine musikalischen Opern- oder Konzertauftritte, sondern einen Spielfilm: *Medea* nach Euripides unter der Regie von Pier Paolo Pasolini, mit Callas als Medea – aber ohne Gesang. Über Pasolini dachte sie anfangs nicht besonders positiv. Abgesehen davon, dass er als Kommunist und Homosexueller genauso wenig wie Visconti in ihr weiterhin kleinbürgerliches Wertesystem passte, kannte sie nur einen Film von ihm. Gemeinsam mit dem Musikpublizisten Jacques Bourgeois hatte sie 1968 *Teorema – Geometrie der Liebe* in einem Pariser Kino gesehen. Das kapitalismuskritische Gesellschaftsdrama war Pasolinis kommerziell erfolgreichster Film. Er behandelt das Schicksal einer Millionärsfamilie, die plötzlich Hausbesuch von einem faszinierenden jungen Mann erhält. Nach und nach entwickelt der Ankömmling sexuelle Beziehungen zu sämtlichen weiblichen und männlichen Haushaltsangehörigen der älteren wie der heranwachsenden Generation. *Teorema* war der erste Film, den Pasolini gemeinsam mit dem Produzenten Franco Rossellini realisiert hatte. Dieser war es auch, der dem Regisseur vorschlug, das neue Projekt mit Maria Callas in der Hauptrolle von Mai bis August 1969 zu drehen. Pasolini wollte den Schwerpunkt auf einen psychologischen Prozess verlagern, durch den Medea »nach Auflösung des uralten Bandes mit ihrer Gemeinschaft zum isolierten Individuum wird und die Gesellschaft durch ihre Maßlosigkeit herausfordert«.[25] Pasolini stand für *Medea* das höchste Budget seiner Laufbahn zur Verfügung. Als persönliche Assistentin engagierte Callas für diesen Film die bulgarisch-amerikanische Journalistin Nadia Stancioff, die ihre Freundin wurde und später eine Biographie verfasste. Sie war auch bei allen Dreharbeiten in Italien, der Türkei und Syrien dabei. Einen Monat nach der Mailänder Weltpremiere wurde *Medea* am 28. Januar 1970 auf einer Galaveranstaltung in der Pariser Oper in Anwesenheit höchster Prominenz präsentiert. In der Bundesrepublik Deutschland lief der Film 1972 im Fernsehen, in die Kinos kam er erst 1979, zwei Jahre nach dem Tod von Maria Callas.Unterdessen erhielt Callas auf Vermittlung der befreundeten griechischen Pianistin Vasso Devetzi eine Einladung nach Moskau, wo sie im April 1970 einen Konzertabend gestalten sollte.[26] Auch dieses Projekt kam nicht zu Stande, doch reiste sie gemeinsam mit Devetzi und Tito Gobbi im Juni 1970 zum Tschaikowsky-Wettbewerb in die Sowjetunion, an dem sie und Gobbi in der Kategorie Gesang sowie Devetzi für Klavier in der Jury mitwirkten. An der Veranstaltung nahmen die führenden Größen des russischen Musiklebens teil, darunter Dmitri Schostakowitsch, David Oistrach, Emil Gilels und Mstislaw Rostropowitsch.[27]

Seit den Dreharbeiten zu *Medea* verband Callas mit Pasolini eine enge Freundschaft, die bis zum tragischen Tod des Regisseurs und Dichters am 2. November 1975 anhielt. 1970 verbrachten Callas und Pasolini gemeinsam einen Sommerurlaub auf der griechischen Insel Tragonisi, die sich im Privatbesitz eines anderen Reeders befand: Perry Embirikos. Kein Wunder, dass sich auch Onassis am 15. August per Helikopter auf der Insel einfand: Ein Foto, das ihn in inniger Umarmung mit Maria Callas zeigt, ging um die Welt.[28]

Am 1. Dezember 1970 billigte das italienische Parlament mit knapper Mehrheit das Gesetz, das die Ehescheidung in Italien einführte. Es handelte sich um eine gesellschaftliche Revolution. Mindestens zwei Millionen Italienerinnen und Italiener litten unter dem ›Ehejoch‹, dem sie bis zu diesem Zeitpunkt rechtlich nicht entfliehen konnten. Kaum war das neue Gesetz in Kraft, reichte auch Callas die Scheidung ein, die ihr ohne weiteres bewilligt wurde. Sie nutzte ihren Aufenthalt in Mailand, um auf Einladung Ghiringhellis wieder einmal an der Saisoneröffnung der Scala teilzunehmen. Genau wie 1951 spielte man Verdis *I vespri siciliani*, nun aber mit Renata Scotto in der Hauptrolle: »Es lag einige Spannung in der Luft, und bereits nach dem ersten Akt konnten sich die Callas-Fans nicht mehr zurückhalten und schrien erbarmungslos *Vogliamo Maria*!«[29]

Für Anfang 1971 hatte sie die Einladung des Dirigenten Max Rudolf angenommen, eine Meisterklasse mit fortgeschrittenen Gesangsstudierenden am Curtis Institute of Music in Philadelphia zu leiten. Doch nach nur zwei Terminen brach sie das Vorhaben am 9. Februar ab, da sie das Niveau der 18 eingeladenen Sängerinnen und Sänger für unzureichend hielt. Peter Mennin, der Direktor der Juilliard School, nahm die Idee auf und lud sie für wesentlich gründlicher vorbereitete Meisterkurse von Oktober 1971 bis März 1972 nach New York ein. Leo Lerman war nicht der Einzige, der sich sorgte, dass ihre Begegnung mit Mennin auch private Folgen haben würde, doch sie beruhigte ihn: »Ich möchte das, was ich kann, an junge Menschen weitergeben. Das Gute an der Sache ist, dass ich seit fünf, sechs Jahren nicht mehr gesungen habe, und jetzt endlich kommen die Leute wieder.«[30]

Um ein Debakel wie in Philadelphia zu vermeiden, ließ Mennin eine Auswahl aus rund dreihundert Bewerbungen treffen. Im Frühjahr 1971 wählte Callas bei einem Vorsingen 25 Gesangsstudierende aus, darunter die später weltberühmte Sopranistin Barbara Hendricks. Für diese Auserwählten wurde nach deren Wünschen ein Repertoire für die Kurse bestimmt. Hendricks sollte die drei Rollen Elvira (*I puritani*), Violetta (*La traviata*) und Mimì (*La bohème*) vorbereiten. Callas war mit der Auswahl zufrieden und führte den Unterricht vereinbarungsgemäß an insgesamt 23 Terminen durch. Die *New York Times* berichtete über die erste Veranstaltung:

> Die Bühne war leer, bis auf einen Flügel ganz links, einen Hocker und einen Tisch. Pünktlich um 17:30 Uhr betraten Callas und Juilliard-Präsident Peter Mennin den Saal. Callas nahm die Bühne sofort in Besitz. Mennin machte nur einige einleitende Bemerkungen, wies das Publikum darauf hin, dass es einer Lehrveranstaltung und nicht einer Aufführung beiwohne, bat darum, nicht zu klatschen oder in irgendeiner Weise zu unterbrechen, schüttelte der Callas die Hand und ging davon. Währenddessen nahm eine ältere Dame in einem Kleid mit Blumenmuster am Flügel Platz.[31]

Callas arbeitete mit den einzelnen Sängerinnen und Sängern jeweils rund eine Viertelstunde. Zuerst ließ sie Vorsingen, dann kommentierte und korrigierte sie. Anschließend sagte sie dem Journalisten der *New York Times*:

> Ich habe das Gefühl, dass sich die Opernwelt in einer Krise befindet. Man muss sich nur die weltweiten Aufführungen ansehen. Die Ausbildung ist schlichtweg nicht gut genug. Die Sängerinnen und Sänger werden zu früh auf die Bühne geschickt, sie nehmen Engagements an, bevor sie so weit sind. Zu meiner Zeit war es viel schwieriger, Karriere zu machen, weil man zunächst einmal ein hervorragender Musiker sein und eine Stimme haben musste.

Als Teilnehmerin hatte Barbara Hendricks durchaus gemischte Gefühle und Erlebnisse. Sie nahm die Kurse vor allem als eine Prestigeveranstaltung der Hochschule und Maria Callas als eine ›instinktive‹ Künstlerin wahr. Die jungen Sängerinnen und Sänger standen unter enormem Druck, auch wegen der vielen prominenten Gäste im Publikum. Daher sangen sie die Stücke, die sie am besten beherrschten, um sich möglichst gut zu präsentieren. Dennoch äußerte sich Hendricks später: »Aber ich habe trotzdem einiges gelernt über die Bedeutung der Atmung und der Stütze – und vor allem der Emotionen.«[32]

Die öffentlichen Meisterkurse lösten großes Publikumsinteresse aus und fanden oftmals vor über 1000 Zuschauern statt. Unter den Besuchern waren viele bedeutende Künstler wie Elisabeth Schwarzkopf, Montserrat Caballé, Plácido Domingo und nicht zuletzt Giuseppe Di Stefano, der die Gelegenheit nutzte, eine rund dreijährige Liebesbeziehung mit der frischgebackenen ›Professorin‹ anzubändeln. Auch Rudolf Bing und sein Scouting Team von der Met ließen sich regelmäßig blicken. Die Juilliard School erhob Eintrittspreise, doch Callas selbst verzichtete auf ein Honorar und nutzte den Aufenthalt in New York, um während dieser Zeit mit Alberto Masiello, einem Korrepetitor der Metropolitan Opera, wieder intensiv an ihrer Stimme zu arbeiten. Im Sommer 1972 schrieb sie an den Musikkritiker Irving Kolodin, dass man ihr angeboten hatte, die künstlerische Leitung der Metropolitan Opera zu übernehmen, doch würde eine solche Aufgabe ihr zu viel Zeit rauben. In der Londoner St. Giles Cripplegate Church nahm sie gemeinsam mit Di Stefano und dem Dirigenten Antonio de Almeida für das Plattenlabel Philips vom 30. November bis 10. Dezember fünf Opernduette von Verdi (aus *I vespri siciliani*, *La forza del destino*, *Don Carlo*, *Aida* und *Otello*) und Donizetti (*L'elisir d'amore*) auf, die jedoch erst nach ihrem Tod unter dem Titel The Last Album veröffentlicht werden sollten. Während der Aufnahmen erreichte sie erstmals seit vielen Jahren ein Anruf ihrer Schwester, die ihr die Nachricht vom Tod ihres Vaters am 4. Dezember überbrachte. Da die Plattenaufnahmen nicht für mehrere Tage unterbrochen werden konnten, verzichtete Callas darauf, an der Beerdigung teilzunehmen.

Anfang Januar 1973 war sie wieder in Paris und bereitete sich auf ihre erste Opernregie vor: Anlässlich der Wiedereröffnung des Teatro Regio in Turin sollte sie Verdis *I vespri siciliani* inszenieren. Zwischendurch spielte sie auch diesmal mit dem Gedanken einer Absage, wie sie ihrem Freund Leo Lerman am 14. Januar schrieb.[33] Schließlich einigte man sich darauf, dass sie die Inszenierung gemeinsam mit Di Stefano realisieren sollte, was beiden Gelegenheit gab, ihre Beziehung zu vertiefen. Ende Februar reisten Callas und Di Stefano privat gemeinsam nach Mexiko und Acapulco. Ihr anschließender Besuch in Capo Pino bei Di Stefano und seiner Familie im März 1973 war in der Öffentlichkeit nicht unbemerkt geblieben, und Paparazzi waren regelmäßig zur Stelle, sobald sie das private Anwesen verließen. Antonio Volpi, Besitzer des Nobelrestaurants Corsaro di Ventimiglia wurde mit der Äußerung zitiert, dass sie gut essen, aber noch besser trinken würden.[34]

Die Proben für die Turiner Produktion begannen unter schwierigen Vorzeichen, denn die Vertragsverhandlungen zwischen ihrem Agenten Sander Gorlinsky und dem Opernintendanten Giuseppe Erba waren keineswegs reibungslos verlaufen. Dessen Ansinnen, Raina Kabaivanska in der Hauptrolle der Elena durch Katia Ricciarelli zu ersetzen, stieß auf ihren erbitterten Widerstand: Callas wusste, wie sehr Kabaivanska sie bewunderte, während die 27-jährige Ricciarelli ihr damals noch unbekannt war. Auch die musikalische Leitung musste zweimal ausgewechselt werden: Zunächst trat Gianandrea Gavazzeni zurück und wurde durch Vittorio Gui ersetzt, dieser erkrankte wenig später und ließ sich durch Fulvio Vernizzi vertreten. Callas und Di Stefano teilten sich ihre Aufgaben untereinander auf: Sie kümmerte sich um die Solisten, er um die Chöre. Dabei arbeitete sie fast ausschließlich mit der Sängerin der Hauptrolle, Raina Kabaivanska, der sie erklärte, wie sie selbst damals die Partie verkörpert hatte. Kabaivanska war überzeugt, dass Callas »eine sehr gute Inszenierung beispielsweise von *Tosca* hätte leisten können, wo sie vor allem an der Protagonistin hätte arbeiten können. Aber *I vespri siciliani* ist eine sehr komplexe Oper, die vor allem für die Massenszenen überzeugende Lösungen und daher viel Regieerfahrung benötigt.«[35]

In der Kritik stieß die Produktion, deren Premiere am 10. April 1973 unter gewaltiger medialer Aufmerksamkeit stattfand, auf ziemlich deutliche Ablehnung. Es war auch Callas selbst klar, dass sie als Opernregisseurin keine Zukunft haben würde.

Bald nach dem Turiner Regie-Fiasko begannen die Vorbereitungen für eine von Sander Gorlinsky organisierte Konzerttournee, auf der Maria Callas und Giuseppe Di Stefano insgesamt 37 Konzerte gaben. Nach einer achtjährigen Pause ohne einen einzigen Auftritt mutete sich Callas nun ein Projekt zu, das umfangreicher war als alle ihre Tourneen in der Vergangenheit. Zumindest die finanziellen Konditionen stimmten: Für das von der BBC mitgeschnittene Konzert in der Londoner Festival Hall erhielt sie 50 000 Dollar, für alle weiteren Konzerte der Tournee 20 000 Dollar – wovon sie allerdings jeweils ein Viertel an Di Stefano abtreten musste, mit dem Gorlinsky geschäftlich nichts zu tun haben wollte.[36] Als Pianisten hatte man sich auf Ivor Newton verständigt, der neben Gerald Moore damals als führender britischer Liedbegleiter galt. Doch Newton war schon achtzig Jahre alt, und es stellte sich rasch heraus, dass er der Aufgabe auch konditionell nicht mehr völlig gewachsen war. So wurde am 20. Juli 1973 Robert Sutherland als weiterer Klavierbegleiter hinzugezogen. Sutherlands Vorschlag, zur Vermeidung stimmlicher Extreme über Transpositionen einzelner Nummern nachzudenken, lehnte sie ab. Es sei ein Betrug dem Komponisten gegenüber, bloß aus eigener Bequemlichkeit die Tonart zu ändern.[37] Ende Juli schrieb sie aus Monte Carlo an ihre Lehrerin de Hidalgo: »Ich habe unglaublich viele Konzerte für diesen Winter geplant. Ich hoffe, dass es mir gelingt, meine Panik zu überwinden und in guter Form zu sein.«[38] Und ihrem Patenonkel Lantzounis gestand sie Anfang September, sie sterbe vor Angst, hoffe aber, bis zum ersten Konzert ihre Ruhe wiederzufinden, da man viel von ihr erwarte und sie natürlich nicht mehr so wie mit 35 Jahren singen könne.[39]

Die erst später sogenannte Abschiedstournee begann am 25. Oktober 1973 in Hamburg und wurde von Medienberichten über die ›Affäre‹ der Diva mit ihrem verheirateten Duopartner begleitet. Die Ehefrau Maria Di Stefano, die dem Hamburger Konzert beigewohnt hatte, reiste anschließend ab. Wie nicht anders zu erwarten, fielen die Hamburger Kritiken sehr zurückhal-

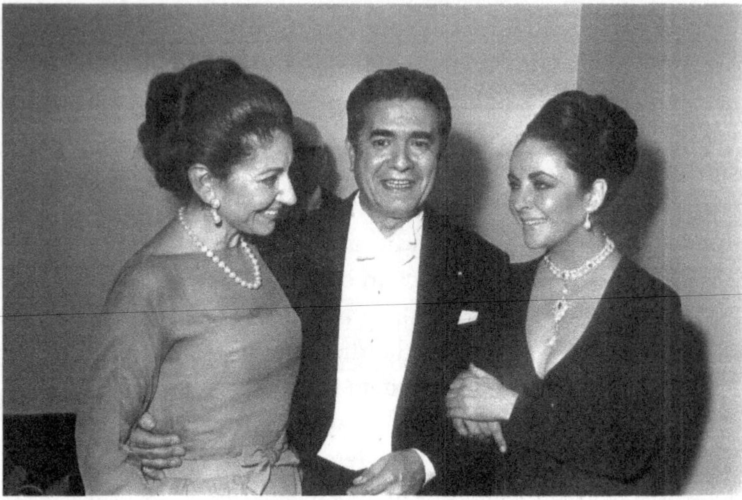

Maria Callas, Giuseppe Di Stefano und Elizabeth Taylor am 25.10.1973 in Hamburg zu Beginn der Abschiedstournee.

tend aus: Ein Journalist zählte die Anzahl der Konzerte der Tournee auf und bezweifelte, dass sie es jemals bis zum Ende schaffen würde, während ein anderer meinte, dass ihre Stimme mit der Dauer der Tournee stärker werde. Diese optimistische Bemerkung war genau das, was Callas hören wollte: »Ich muss vor meinem Publikum singen, um mich zu verbessern. Meine Zuhörer lieben mich und werden mir helfen«, sagte sie.[40]

Die beiden nächsten Konzerte in Berlin und Düsseldorf am 29. Oktober und 2. November wurden enthusiastisch gefeiert, und ihr altes Selbstbewusstsein schien wiederhergestellt. An ihre Freundin, die Filmschauspielerin Grace Kelly, die seit ihrer Heirat mit dem Fürsten Rainier von Monaco im Jahre 1956 auch als Fürstin Gracia Patricia bekannt war, schrieb sie am 4. November, die Deutschen verehrten sie und würden ihre kleinen Schwächen verstehen: »Sie wissen natürlich, dass ich nicht mehr so singen kann wie vor zehn oder fünfzehn Jahren, aber es ist mir in den letzten zehn Jahren gelungen, meine Stimme zu stabilisieren.«[41] Doch zum Konzert in München am 6. November fand sich auch die Di Stefanos Ehefrau Maria ein, die später ein Buch über ihre ›Feindin‹ Callas veröffentlichen sollte.[42] Sie begleitete ihren Mann auch zu den beiden nächsten Konzerten am 9. und 12. November in Frankfurt und Mannheim und dürfte ihn unterwegs kaum aus den Augen gelassen haben. Entnervt reiste Callas daraufhin von Mannheim nach Paris zurück.

Der zweite Teil der Tournee vom 20. November bis 11. Dezember 1973 konzentrierte sich auf Westeuropa und umfasste sechs Konzerte in Frankfurt, Madrid, London (zwei Konzerte), Paris und Amsterdam. Nach der Weihnachtspause und einem Kurzurlaub in Puerto Rico setzten sie die Tournee von Januar bis Mai mit zwanzig weiteren Konzerten fort – weit mehr als jemals zuvor in ihrer Karriere in einem entsprechenden Zeitraum. Den Auftakt machten zwei ungewöhnliche Auftritte in Mailand und Stuttgart. In der lombardischen Metropole sangen Callas und Di Stefano ein Wohltätigkeitskonzert in einer Klinik – Di Stefanos Tochter litt an einer unheilbaren Krebserkrankung. Dem anschließenden Auftritt in der Stuttgarter Liederhalle drohte ein Ausfall, weil Di Stefano unpässlich war. Callas wollte das Publikum jedoch nicht enttäuschen und trat allein auf. Sie sang die beim Publikum so beliebte – und für ihre angegriffene Stimme vergleichsweise unproblematische – Arie »O mio babbino caro« aus Puccinis *Gianni Schicchi*. Sodann kündigte sie den »Suicidio« aus Ponchiellis *La Gioconda* an, doch ein Zuschauer buhte und beschwerte sich lautstark über die Absage ihres Partners: »Es gab einen Aufschrei aus dem Publikum. Sie ging entrüstet davon.«[43] Sodann ging es nach Amerika, wo die Tournee am 11. Februar in der Academy of Music in Philadelphia fortgesetzt wurde. Es folgten Auftritte in Toronto, Washington, Boston, Chicago und New York. Dort hielt Leo Lerman mit seiner Frustration nicht hinter dem Berg: »Das Maria-Konzert heute Abend war entsetzlich, ganz und gar schrecklich. Sie und Di Stefano wirkten wie zwei bemitleidenswerte Kreaturen, die erfolglos an irgendeinem italienischen Provinz-Opernhaus vorsingen.« Immerhin sah sie

»wundervoll aus: adlerhaft, heldenhaft, jung« und »benutzte ihre Hände exquisit«.[44] An diesem Abend hatte sie besonders zu leiden, denn ihr langjähriger Tourneemanager Sol Hurok war kurz vor dem Konzert am 5. März 1974 überraschend gestorben.

Von dort ging es weiter nach Detroit, Dallas und Miami Beach. Im April folgten Konzerte in Brookville, New York, Cincinnati, Seattle und Portland, im Mai weitere Auftritte in Vancouver, Los Angeles, San Francisco und Montreal. Obwohl die Kritiken zumeist sehr negativ ausfielen, war Callas der Ansicht, dass sich ihre Stimme stabilisiert habe. In einer Pressekonferenz gab sie am 2. Juli 1974 zu Protokoll, dass sich ihr Comeback so anfühle, als ob sie nie wirklich weg gewesen wäre, denn sie habe während der ganzen Jahre weiter studiert und unterrichtet.[45] Im Herbst folgte der Tourneeabschluss mit sieben Konzerten in Korea und Japan. Ihr letzter Auftritt fand am 11. November 1974 in Sapporo statt.

Der große Erfolg in Japan ermutigte sie, dort für November und Dezember 1975 auf das Angebot eines Operncomebacks mit *Tosca* einzugehen. Allerdings hatte die Tournee ihre Spuren hinterlassen und ihr enorme Schmerzen bereitet, wie sie ihrem Arzt Louis Parrish Anfang 1975 schrieb: Ihr alter Zwerchfellbruch meldete sich zurück, sie habe stark abgenommen, zudem auch noch einen schmerzhaften Zahnabszess erlitten. In Paris habe ihr der Neurologe Dr. Labet das Beruhigungsmittel Lorazepam (Temesta) verschrieben:

> Die Tabletten helfen mir tagsüber, ruhig zu bleiben, so dass ich am Abend nicht ganz so aufgewühlt bin, wie ich es war (überreizt, wie der Arzt sagte, und er hatte Recht.) Ich bin sehr ruhig, habe einen klaren Kopf, und sogar mein Gedächtnis hat sich verbessert. Meine Entscheidung, wieder zu singen, lieber Louis, ist sehr ungewiss, infolge der Dinge, die ich nach meiner Rückkehr durchgemacht habe.[46]

Auch ihrem Patenonkel schilderte sie kurz darauf, dass sie völlig zerschlagen heimgekehrt sei: »Ich hatte einen Zusammenbruch, und mein Arzt rief einen Neurologen, der ganz wunderbar war!«[47]

Zwei Wochen später schrieb sie aus Paris, es gehe ihr wieder besser: »Keine große Liebe meinerseits – ich glaube, ich ziehe das Leben so vor. Männer – echte Männer – sind schwer zu finden – stell Dir nur die Art von Mann vor, der mein Begleiter sein könnte.«[48] Außerdem sei sie immer noch mit ›Pippo‹ (Di Stefano) zusammen, weil sie keinen besseren Mann finden könne. Kurz darauf starb Onassis am 15. März 1975 im Pariser Nobelvorort Neuilly-sur-Seine im Krankenhaus an einer schweren Lungenentzündung infolge seiner langjährigen Myasthenia gravis, einer Autoimmunerkrankung. Bereits fünf Tage vor seinem Tod hatte Callas Paris in Richtung Amerika verlassen. Sie verbrachte die nächsten sechs Wochen in Palm Beach, wo sie Besuch von ihrem Patenonkel erhielt und das schließlich nicht realisierte Projekt verfolgte, dort ein Haus zu kaufen. Anschließend kehrte sie nach Paris zurück und schrieb Ende Juni an Lantzounis, dass sie hart arbeiten würde. Auch ihre Mitte Juli verkündete Entscheidung, mit dem Singen aufzuhören, nahm sie kurze Zeit später wieder zurück.[49]

Im Dezember 1975 ließ sie sich von Mario Giacovazzo untersuchen, dem Chefarzt der dermatologischen Abteilung der römischen Universitätsklinik Policlinico Umberto I und Leibarzt des damaligen italienischen Ministerpräsidenten Aldo Moro. Dabei wurde eine bläuliche Färbung der Haut, zahlreiche violette Flecken am Hals sowie auf der linken Seite des Oberkörpers und zudem Knötchen an den Händen festgestellt. Giacovazzo diagnostizierte eine Dermatomyositis, eine sich langsam entwickelnde Erkrankung des gesamten Bindegewebes, die zu einer fortschreitenden Atrophie der Haut und der betroffenen Muskelgruppen führt. Diese Diagnose liefert die bislang plausibelste Erklärung für den fortschreitenden Rückgang des stimmlichen Vermögens seit Mitte der fünfziger Jahre. Die daraufhin eingeleitete Kortisontherapie schlug zunächst gut an und weckte bei der Sängerin die Hoffnung, auf die Bühne zurückkehren zu können.[50]

Im Frühjahr 1976 plante sie bereits wieder ein Konzert mit dem Philharmonia Orchestra London.[51] Der erhaltene Mitschnitt der Klavierprobe vom 3. März 1976 aus dem Pariser Théâtre des Champs-Élysées mit Beethovens Konzertarie »Ah! perfido« lässt dieses Vorhaben durchaus realistisch erscheinen.[52] Der Journalist Philippe Caloni führte mit Maria Callas im April 1976 ein zweistündiges Interview in ihrer Pariser Wohnung und »entdeckte eine Frau von unfassbarer Schönheit, eine Frau, die nichts mit dem Mythos oder der Legende zu tun hatte«.[53] Callas kritisierte in diesem Gespräch den damaligen Zustand der Oper und äußerte ihre künstlerischen Grundüberzeugungen in ihrer gewohnten kompromisslosen Manier. Zu dieser Zeit plante sie auch, ihre Unterrichtstätigkeit wieder aufzunehmen. Daher war sie verständlicherweise empört, als sie im Juni erfuhr, dass John Ardoin ihre Tonbänder der Juilliard School erhalten hatte und ihre Veröffentlichung plante, »denn dadurch wurde mein Wunsch, neue Meisterkurse abzuhalten, im Keim erstickt«.[54] Am 16. Juni erinnerte sie den Juilliard-Direktor Peter Mennin daran, dass er die Aufnahmen nicht ohne ihre Zustimmung weitergeben dürfe. Noch wütender war sie auf ihren früheren Freund John Ardoin, dem sie nun vorwarf, sie niemals verstanden zu haben. Gleichwohl sollte Ardoin die Meisterklasse auch ohne die Zustimmung der mittlerweile verstorbenen Urheberin 1998 als Übungsbuch auf den Markt bringen, die deutsche Übersetzung erschien vier Jahre später.[55]

Im Sommer 1976 verbrachte Callas »einen wunderbaren Urlaub« auf Ibiza und in Chalkidiki, wie sie an Lantzounis schrieb: »Ich habe keine Pläne. Ich habe noch nichts für meine Zukunft entschieden, aber ich werde nur das tun, wozu ich Lust habe«. Zugleich habe sie aufgehört, sich mit Di Stefano zu treffen.[56] Anfang Oktober hatte sie die Fernbeziehung endgültig abgeschlossen.[57] Von Vereinsamung konnte jedoch keine Rede sein. Auch weiterhin hatte sie viele Freundinnen und Freunde. Mary Mead Carter berichtete über Callas' possessives Gebaren in Sachen Freundschaft:

> Nie wäre es ihr eingefallen, dass eine ihrer Freundinnen in Paris oder in Mailand sich für eine andere Freundin in New York interessieren könnte. An ein Zusammentreffen, ein Kennenlernen war schon gar nicht zu denken. Und in ihrer egozentrischen Art dachte Maria stets, dass die anderen auch so denken würden. Eine Freundschaft mit Maria war stets nur eine Sache zwischen zwei Leuten, nicht mehr.[58]

Schon aus diesem Grund ist es schwierig, das Beziehungsnetz zu rekonstruieren, das Maria Callas noch in ihren letzten Lebensjahren und Monaten unterhielt. Callas selbst hat in einem Interview mit David Frost gesagt, berühmte Leute wüssten nie, wen sie zu ihren wirklichen Freunden zählen können.[59] Sie hatte die Erfahrung machen müssen, dass viele ihrer angeblichen Freunde das Interesse an ihr verloren hatten, seit sie nicht mehr öffentlich auftrat.

Die allermeiste Zeit ihres Lebens hatte sie auch in früherer Zeit nicht mit Freunden, sondern allein verbracht. Allem Anschein nach fühlte sie sich weder einsam noch lebensmüde. Dass der Fernseher bei ihr häufig lief, muss uns nicht überraschen, denn das war selbst auf dem Höhepunkt ihrer Karriere nicht anders, wie sie 1958 in einem Interview erzählte. Und schon damals verließ sie aus Angst vor einer Erkältung das Haus nur, wenn es nötig war.[60] Nur um ihre Gesundheit war es nicht gut bestellt.

Am 21. Februar 1977 berichtete sie Lantzounis über ihren sehr niedrigen Blutdruck von 80:50: »Jetzt geben sie mir Spritzen. Ich fühle mich schwach und habe keine Lust auf irgendetwas. Aber ich werde bald wieder normal sein.«[61] Die regelmäßige Einnahme von Schlafmitteln, der sehr niedrige Blutdruck und notorischer Bewegungsmangel ergaben in Verbindung mit ihrer Autoimmunkrankheit Dermatomyositis, die Herzversagen und Herzrhythmusstörungen auslösen kann, eine in höchstem Maße besorgniserregende Konstellation. Überdies hatte sie nun auch wieder häufiger mit ihrer Schwester Telefonkontakt, die sie um die Sendung des Beruhigungsmittels Methaqualon (Mandrax) bat, das in Frankreich seinerzeit längst verboten, in Griechenland aber noch legal erhältlich war.[62]

Im Frühjahr 1977 besuchte sie auch Franco Zeffirelli in Paris, um im Auftrag des Covent-Garden-Direktors John Tooley wieder einmal mit ihr über ein Operncomeback zu sprechen. Erst auf dem Rückweg vom Restaurant fiel Zeffirelli auf, dass sich ihr Verhalten gegenüber früher verändert hatte:

> Sie sprach ständig davon, wie gefährlich die Welt geworden sei, überall seien Terroristen, und sie würde nie wieder nach Italien zurückkehren, wegen all der Entführungen. Von Zeit zu Zeit schauderte sie unwillkürlich zusammen. Das ging weit über jegliche normale Besorgtheit angesichts des gegenwärtigen Zustands unserer Welt hinaus, es war paranoid.[63]

Dem Regisseur Werner Schroeter war sie noch 1976 als »eine der schönsten und gesündesten Frauen unter denen ihres Alters« erschienen. Er selbst sei dagegen »fünfzehnmal kränker und kläglicher, viel heruntergekommener und unglücklicher.«[64] Unterdessen arbeitete sie gemeinsam mit Vasso Devetzi weiter an ihrer Stimme und den Vorbereitungen für ihr nächstes Comeback. Erhalten ist ein kurzes Mitschnitt-Fragment von »Deh, non m'abbabdonar« aus Verdis *La forza del destino*, das im August 1977, wenige Wochen vor ihrem Tod, aufgenommen wurde.[65] Und besonders häufig traf sie in diesem Jahr mit Stelios Galatopoulos zusammen, dem sie einige Erinnerungen aus ihrem Leben diktierte.[66]

Auch ihr alter Freund Leo Lerman besuchte sie auf seiner Sommerreise quer durch halb Europa im Juli 1977 in Paris und war überrascht über die Leere in ihrer großen Wohnung:

> Maria lächelte uns an, und für einen Moment war sie wieder die alte Maria. Es war das breite, ungehemmte, vertrauensvolle Lächeln eines sehr jungen Mädchens. Es war das Lächeln der Maria, die es immer geschafft hatte, jede Angst, jede Ungewissheit, jede Ahnung, dass nicht alles strahlend war, zu verdrängen, in dem sie sich zumindest für einige Momente über die Zeit erheben konnte.

Aber irgendetwas schien zu fehlen: »Ich glaube, es war ihr Geist.«[67] Dann sprachen sie einige Stunden, hauptsächlich über Opernaufführungen der letzten Jahre. Da Callas hierbei nicht mehr im Mittelpunkt stand und auch kaum noch Opernaufführungen besucht hatte, dürfte das Gespräch ziemlich unergiebig verlaufen sein. Schließlich habe sie ihm einen Traum von Onassis erzählt, der sie die ganze Zeit verfolge: »Ich möchte ihm helfen, aber ich kann es nicht.« Zwei Monate später, am 16. September 1977, hielt derselbe Lerman in seinem Tagebuch fest: »Maria tat etwas Unerwartetes: Sie starb.«[68]

KUNST

1 Stimme

Eine alte Theaterweisheit, die gern, aber wohl zu Unrecht, dem Komponisten Gioachino Rossini zugeschrieben wird, besagt, dass auf der Bühne vor allem drei Dinge wesentlich sind: »Stimme, Stimme, und nochmals Stimme!« Natürlich ist dieses Bonmot hintersinniger, als es auf den ersten Blick erscheint. In der dreifachen Betonung artikuliert sich nicht nur das bloße Insistieren auf dem Primat des Vokalen, sondern vor allem die Überzeugung, dass die Stimme alle wesentlichen Dimensionen eines Theaterereignisses in sich einschließen und ausdrücken kann. Sie ist nicht nur Trägerin des musikalischen und wortsprachlichen Gehalts, sondern zugleich der Gesten, Emotionen, Aktionen und sogar des Ambientes. Kurzum: Die Stimme ist die unverwechselbare Repräsentantin einer individuellen Persönlichkeit.

Einer der ersten und besten Kenner sowohl von Maria Callas' Stimme als auch ihrer Persönlichkeit war Tullio Serafin, der ihre Karriere jahrelang engmaschig begleitet hat. Er nannte ihre Stimme gleich nach seinem ersten Eindruck »una grande vocaccia«. Serafin gelang damit eine brillante Charakterisierung, die sich allerdings nur schwer übersetzen lässt. *Vocaccia* ist eine etwas despektierliche Vergrößerungsform von *voce*, der ›Stimme‹. Gemeint ist somit eine große und zugleich grobe, gewaltige Stimme. Durch die doppelte Betonung dieser *grande vocaccia* werden beide Eigenschaften nochmals in außerordentlicher Weise überhöht – und diese sehr grobe Stimmgewalt machte Maria Callas schon 1947 unverwechselbar. Denn sie sang damals als Primadonna an einem Ort, den nur eine sehr große Stimme auszufüllen vermag, in der Arena von Verona, mit weit über 20 000 Plätzen dem größten Operntheater der Welt. Und dies selbstverständlich ohne jegliche Verstärkung, mit nur 23 Jahren und nach zwei Jahren kompletter Bühnenabstinenz!

In der Klangaufzeichnung überdauert die Gesangsstimme losgelöst von dem singenden Körper, der sie einst hervorgebracht hat. Zwar ist Maria Callas seit langem tot, doch in ihrer Stimme

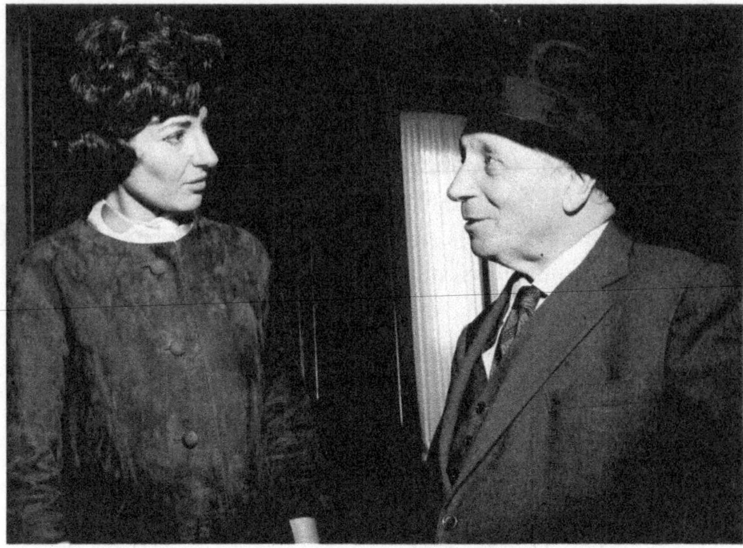

Maria Callas und Tullio Serafin 1960 während der Schallplattenaufnahmen zu *Norma* in Mailand.

lebt sie weiter – so lautet jedenfalls die Illusion, der sich die weltweite Fangemeinde verschrieben hat. Mehr noch: Indem die Gesangsstimme nicht nur das innerste Wesen und den Charakter ihrer Trägerin repräsentiert, sondern auch virtuell alle anderen Dimensionen des Theaterereignisses vergegenwärtigen kann, überwindet sie die Sterblichkeit der großen Primadonna wie auch der ehrwürdigen, oftmals totgesagten Kunstform Oper.

Maria Callas schuf eine in ihrer Zeit unbekannte Art des vokalen Ausdrucks, die sich mit dem Musikkritiker und Callas-Experten Jürgen Kesting als »pathetisches Singen«[1] umschreiben lässt. Das Singuläre ihrer *grande vocaccia* bestand darin, dass sie zugleich die Virtuosität des Belcanto-Gesangs in höchster Meisterschaft beherrschte. Mit dieser ihr eigenen Stimmprägung vermochte sie selbst den als mechanisch verschrienen Koloraturgesang mit vibrierendem Leben und höchster Leidenschaft zu versehen.

Individuelle Stimmen werden zumeist aufgrund ihrer besonderen Klangfärbungen und Ausdrucksfacetten identifiziert. Gesangsfachleute sind oft in der Lage, in Sekundenschnelle die Stimmen einzelner Sängerinnen und Sänger zu erkennen – sofern diese über hinreichend charakteristische Eigenschaften verfügen. Je mehr solcher Eigenschaften einer Stimme zugeschrieben werden können, desto unverwechselbarer erscheint sie. Diese Komplexität verleiht der Stimme zugleich Glaubwürdigkeit und Authentizität. Zweifellos besaß die Stimme der Callas diese unverwechselbaren Qualitäten in außerordentlich hohem Maße.

Die Genese der Stimme erfolgt im sogenannten ›Stimmapparat‹, womit ein ganzes Arsenal vielfältigster Organe und Körperfunktionen adressiert ist. Sie sind in unterschiedlichem Maße an den wesentlichen Stimmfunktionen beteiligt: Atmung, Stimmgebung, Klangbildung und Klangsteuerung. Für die Einatmung und die Stützfunktion ist die Zwerchfellmuskulatur entscheidend, während gleichzeitig eine Voreinstellung des Kehlkopfes und der Ansatzräume erfolgt: »Die Besonderheit der Sängeratmung besteht darin, dass sie sich stets auf die Funktionen Stimmgebung (Kehlkopffunktion) und Klangbildung (Einstellung der oberhalb der Stimmlippen gelegenen Ansatzräume) ausrichten muss.«[2] Während die Stimmgebung (Phonation) durch die schwingenden Stimmlippen im Kehlkopf erfolgt, sind für die Klangbildung sehr unterschiedliche anatomische Voraussetzungen und Körpereinstellungen wesentlich, die die individuelle Besonderheit einer Stimme wesentlich prägen.

Wie jedes Instrument ist auch die Stimme auf Resonanzräume angewiesen. Hierzu zählen alle Hohlräume des Körpers oberhalb der Stimmlippen: Nur sie sind von der Klangbildung unmittelbar betroffen, da der Atemstrom nur in eine Richtung fließen kann und den Körper über die Mundhöhle verlässt. Diese elementaren physikalischen Zusammenhänge beantworten bereits die im Hinblick auf Maria Callas oft diskutierte Frage eines möglichen Zusammenhangs zwischen Stimme und Körpergewicht. Seit Jahrzehnten stehen sich dabei zwei Lager gegenüber, von denen das eine die Korrelation zwischen Körperbau und Stimmkraft als Tatsache begreift, das andere diesen Zusammenhang nicht nur zu entmystifizieren versucht, sondern behauptet, ihre Stimme sei mit der körperlichen Veränderung sogar besser geworden. Zweifellos hat die Konstitution eines Menschen vielfältige Auswirkungen auf die individuelle Leistungsfähigkeit, auch auf seine Atmung und natürlich sein darstellerisches Vermögen, aber der Klang der Stimme wird unmittelbar nur durch die oberhalb der Stimmlippenebene liegenden Ansatzräume beeinflusst. Mit anderen Worten: Dass Maria Callas vor allem in den Jahren 1953 bis 1955 einiges an Gewicht verloren hat, sollte rein physikalisch betrachtet keinen unmittelbaren Einfluss auf ihre Stimme gehabt haben. Erst in jüngster Zeit sind hierzu vermehrt Erkenntnisse auch von biologischer und medizinischer Seite herangezogen worden. So lässt sich im Hinblick auf die Stimme bei allen Säugetieren zeigen, dass der Kehlkopf und Vokaltrakt in der Regel parallel zum Rest des Körpers wachsen: »Stimmlippen mit größerer Masse schwingen in einer langsameren und relativ tieferen Stimmlage als kleinere Stimmlippen. Allerdings verändern sich die Stimmlippen über ihre Ausgangsmasse hinaus durch Verlängerungs- und Spannungsmechanismen, die die Tonhöhe beeinflussen.«[3]

Änderungen der Konstitution und des Körpergewichts können indes erhebliche Auswirkungen auf die allgemeine Physis und Kondition haben – wobei aus der Sportmedizin bestens bekannt ist, dass ein geringeres Gewicht gerade für Ausdauerleistungen, wie sie im Operngesang in erheblichem Maße gefordert werden, grundsätzlich von enormem Vorteil ist. Zumindest indirekt könnten die rapiden konstitutionellen Veränderungen beim graduellen Nachlassen ihrer Gesangsleistungen eine Rolle gespielt haben. Eine gewisse Körperfülle kann für die Flexibilität und Entspannungsfähigkeit der Bauchmuskulatur sehr vorteilhaft sein, während die Abnahme des Körpergewichts zu einer Schwächung des Zwerchfells und der Stützmuskulatur geführt haben könnte. Die beiden Mediziner und Phoniater Franco Fussi und Nico Paolillo haben durch den Vergleich von Fotos und Videos gezeigt, dass die sehr aufrechte Haltung der jungen Sängerin sich nach der Diät veränderte: »Alle Videos aus der Zeit nach dem Gewichtsverlust zeigen bei der Phonation eine kontinuierliche kollabierende Bewegung des Brustkorbs während der Ausatmung.«[4] Zudem haben Fussi und Paolillo erstmals auf einen wahrscheinlichen Zusammenhang mit der Dermatomyositis-Erkrankung und dem Nachlassen des Stimmvermögens hingewiesen. Ihre Hypothese, dass die erst 1975 diagnostizierte Dermatomyositis als Hauptursache des allmählichen Niedergangs ihrer Gesangsstimme anzusehen ist, besitzt unter allen Theorien zu diesem Thema die bei weitem größte Plausibilität:

> Es handelte sich eindeutig um Dermatomyositis, eine Krankheit, die die meisten Ärzte damals nur aus Büchern kannten, fast eine Kuriosität, die sie nur selten sahen. Es ist eine sich langsam entwickelnde, im Körper allgegenwärtige Erkrankung des Bindegewebes, die zu einer fortschreitenden Atrophie der Haut und der betroffenen Muskelgruppen führt, und bei denen die Muskeln des Halses, des Kehlkopfs und des Rachens (mit Schluck- und Phonationsstörungen) sowie die Atemmuskeln betroffen sein können.[5]

Aus den erhaltenen Klangaufzeichnungen lassen sich zahlreiche Charakteristika ihrer Stimme und ihrer musikalischen Interpretation der jeweiligen Rollen herauslesen. Zu den wichtigsten und genau analysierbaren Eigenschaften der Stimme zählen Stimmumfang, Register, Dynamik und Vibrato. Ebenfalls essentiell ist die Klangfarbe, allerdings lässt sie sich weniger eindeutig beschreiben. In der Musikkritik werden die Charakteristika der Stimme und der Interpretation traditionellerweise aufgrund des unmittelbaren Höreindrucks und mithilfe von Metaphern beschrieben. Der klangfarbliche Reichtum der Stimme von Maria Callas hat dabei immer wieder zu neuen Wortschöpfungen angeregt. So spricht der Callas-Experte Robert Seletsky von einem »Regenbogen an koloristischer Komplexität« und betont damit die Vielfalt klanglicher Schattierungen, die ihre Stimme so unverwechselbar machte.[6] Dank digitaler Aufzeichnungstechnologien lassen sich die meisten dieser Eigenschaften heutzutage sehr gut visualisieren und damit relativ objektiv zwischen einzelnen Sängerinnen vergleichen.

Zu den immer wieder hervorgehobenen besonderen Charakteristika der Stimme von Maria Callas zählt zunächst ihr außerordentlich großer Umfang. Er umfasst fast drei Oktaven – von fis bis f^3 – und damit neben der Sopranlage zugleich auch den Tonraum der Mezzosopran- und der Altstimme. Ihre Stimme unterteilt sich wie die aller Sängerinnen in drei im Operngesang verwendete Register: das tiefe Modal- oder Brustregister, das mittlere Register und das hohe Kopfregister. Diese drei Register wurden bisweilen auch als die »drei Stimmen der Callas« bezeichnet. Besonders differenziert hat Walter Legge die Merkmale dieser drei vokalen Register beschrieben:

> Callas besaß eigentlich drei unterschiedliche Stimmen, deren jede sie, wie sie nur wollte, für emotionale Effekte färben konnte – eine hohe Koloraturstimme, umfangreich, brillant (und, wenn sie wollte, dunkel getönt), bewunderungswürdig agil. Selbst bei den schwierigsten Fiorituren gab es für sie in diesem Teil der Stimme weder technische noch musikalische Schwierigkeiten, die sie nicht mit erstaunlicher und unprätentiöser Leichtigkeit hätte lösen können. Ihre chromatischen Läufe, insbesondere die abfallenden, erklangen mit schönster Geschmeidigkeit, Staccati kamen mit fast makelloser Sicherheit selbst bei heikelsten Intervallen. Es gibt schwerlich einen einzigen Takt in der gesamten Musik des 19. Jahrhunderts für einen hohen Sopran, der ihre Fähigkeiten ernsthaft gefordert hätte, obwohl sie gelegentlich bei gehaltenen hohen Noten zur Höhe hin wegglitt oder, bei der Attacke con forza, zu hoch intonierte. Die Mitte der Stimme war insgesamt dunkel ge-

> tönt. Es war ihre ausdrucksvollste Lage, in der sie ihr flüssigstes Legato verströmen konnte. Hier entfaltete sie einen eigenartigen und höchst persönlichen Klang, der oftmals wirkte, als sänge sie in eine Flasche. Das rührte, wie ich vermute, von der außergewöhnlichen Bildung des oberen Gaumens her, der wie ein gotischer Bogen geformt war und nicht romanisch gerundet, wie der normale. Ihr Brustkorb war, für eine Frau ihrer Größe, ungewöhnlich langgestreckt. Dies und ihre gut trainierten interkostalen Muskeln sicherten ihr die ungewöhnliche Fähigkeit, lange Phrasen auf einem Atem ohne sichtbare Schwierigkeiten zu singen und zu formen. Ihre Bruststimme gebrauchte sie im Wesentlichen für dramatische Effekte, und sie trieb sie höher hinauf, als es andere Sängerinnen mit einem ähnlichen Umfang können, wenn sie den Eindruck hatte, dass der Text oder die Situation dadurch gewinnen kann. Unglücklicherweise war sie nur bei rascher Musik, vor allem bei fallenden Skalen, in der Lage, die beinahe nicht kompatiblen Stimmen miteinander zu verbinden, doch bis etwa 1960 verbarg sie diese hörbaren Gangwechsel mit bemerkenswertem Geschick.[7]

Grenzüberschreitend war ihre Stimme auch, was die Stimmfächer betrifft, die vor allem hierzulande die Sängerinnen und Sänger in mannigfache Schubladen einsortieren. Nicht weniger als 25 solcher Stimmfächer unterscheidet Rudolf Kloibers *Handbuch der Oper*, ein Standardwerk, das seit vielen Jahrzehnten in den künstlerischen Betriebsbüros der deutschen Stadttheater für Besetzungsfragen unentbehrlich ist. Hier schlägt man nach, wenn man wissen will, welche Rolle mit welchem Stimmfach zu besetzen ist. Allein neun verschiedene Stimmfächer bietet Kloiber für Sopran und Mezzosopran an: den lyrischen Sopran (»weiche Stimme mit schönem Schmelz, edle Linie«), den lyrischen Koloratursopran (»sehr bewegliche, weiche Stimme mit großer Höhe«), den Spielsopran (»zarte, biegsame Stimme, zierliche Erscheinung«), den jugendlich-dramatischen Sopran (»lyrische Sopranstimme mit größerem Volumen, die auch dramatische Höhepunkte gestalten kann«), den Charaktersopran (»Zwischenfachstimme, die über ein feines Charakterisierungsvermögen verfügt«), den dramatischen Koloratursopran (»bewegliche Stimme mit großer Höhe, dramatische Durchschlagskraft«), den dramatischen Sopran (»voluminöse, metallische Stimme, große Durchschlagskraft«), den lyrischen Mezzosopran (»geschmeidiges, charakterisierungsfähiges Organ«) und schließlich den dramatischen Mezzosopran (»bewegliche, metallische Zwischenfachstimme von dunkler Färbung, die sich oft mit zunehmender Reife zum hochdramatischen Fach weiter entwickelt, gute Höhe«).[8]

Nach dem bislang Gesagten versteht es sich von selbst, dass Maria Callas nahezu alle dieser Fächer beherrschte und somit das Schubladensystem ad absurdum führte. Die Einteilung in bestimmte Stimmfächer hat sie denn auch selbst kategorisch abgelehnt:

> Wie es scheint, klassifizieren wir Sänger heutzutage sowohl nach dem, was sie können, als auch nach dem, was sie nicht können. Und so haben wir eben den basso cantabile, den basso profondo, den soprano leggero, lirico-spinto, lirico-weiß-Gott-was. Früher sang dagegen ein einziger Sopran *Norma, Puritani, Sonnambula, Lucia*. Es war ein Sopran – und damit basta! Ich besitze ein Plakat von einem Abend mit Maria Malibran, an dem sie sowohl *Sonnambula* als auch *Fidelio* sang! Es ist eine Frage der Technik. Wenn ein Sopran keine Höhe hat, ist es ein Mezzo. Aber wir alle müssen unsere hohen und tiefen Töne haben. Wir müssen alles haben.[9]

Die berühmte Primadonna Maria Malibran (1808–1836) war ihr großes Vorbild, und sie besaß eine bedeutende Sammlung von Malibran-Dokumenten.[10] Tatsächlich gibt es zahlreiche Parallelen zwischen den beiden Sängerinnen. Besonders der frühe Karrierebeginn, das ähnliche Repertoire und die Charakteristika der Stimme sind hier zu nennen. Malibran war die Tochter des spanischen Tenors Manuel Garcia und trat in Neapel gemeinsam mit ihrem Vater bereits im Alter von fünf Jahren in Kinderrollen in der Oper auf. Mit 15 Jahren debütierte sie als Rosina in Rossinis *Il barbiere di Siviglia* in London. Fortan bildeten die großen Belcanto-Partien von Rossini, Bellini und Donizetti die Säulen ihres Repertoires. Sie starb im Alter von nur 28 Jahren an den Folgen eines Reitunfalls, den sie fünf Monate zuvor erlitten hatte. Malibran besaß eine Stimme von dunklem Timbre und bezeichnete sich selbst als Contralto, verfügte jedoch ebenso wie Callas auch über einen hochvirtuosen dramatischen Koloratursopran. Auch andere große Diven des 19. Jahrhunderts wie Isabella Colbran (1785–1845) oder Giuditta Pasta (1787–1865) besaßen ein ähnlich eindrucksvolles Vokalprofil im dramatischen Belcanto-Fach. Damit stellt sich die Frage, ob die Zuschreibung einer Sopranstimme für Maria Callas (oder auch für ihre historischen Vorbilder Colbran, Malibran oder Pasta) überhaupt zutreffend ist. Zu Beginn des 19. Jahrhunderts wurde unter einem ›Soprano‹ in der Oper gewöhnlich noch immer ein Kastrat verstanden. Die Solistinnen unterteilte man primär nach Qualität und nicht nach Höhe der Stimme. Eine Primadonna sang die größten Rollen – und diese wurden eigens für ihre individuelle Stimme, aber nicht für ein abstraktes Stimmfach komponiert. Eine Seconda donna hatte nicht unbedingt eine tiefere, sondern eine kleinere Stimme. Anstelle eines Soprans ist Maria Callas wegen ihres dunklen Stimmtimbres mit ausgeprägter Tiefe mitunter als »natürlicher Mezzosopran« bezeichnet worden, oder sogar, wie der italienische Opern- und Gesangsforscher Marco Beghelli vorgeschlagen hat, als Contralto mit zugleich enormer, überaus beweglicher Höhe.[11] Diese Einschätzungen werden durch spektrographische Analysen unterstützt, die bei Callas wie regelmäßig bei Mezzosopranistinnen einen Passaggiobereich des unteren Registerübergangs zwischen f und e zeigen.[12] Zugleich erreichte sie mühelos die für den Sopran charakteristischen Höhen. Bereits der Komponist und Dirigent René Leibowitz, der 1959 einen legendären Callas-Aufsatz in der von Jean-Paul Sartre und

Simone de Beauvoir begründeten Philosophiezeitschrift *Les temps modernes* veröffentlicht hatte, erkannte in ihrer Fähigkeit zur Transgression der Stimmfächer »einen der revolutionärsten Aspekte ihrer Kunst«.[13] Oder in den Worten Tullio Serafins: »Maria Callas konnte alles singen, was jemals für Frauenstimmen komponiert wurde.«

2 Interpretation

Allein aufgrund der Ausdruckskraft oder ›Schönheit‹ ihrer Stimme würde Maria Callas heute nicht mehr als singuläre Jahrhundertsängerin gefeiert werden. Ihre herausragende künstlerische Bedeutung manifestiert sich erst in der Summe unterschiedlicher musikalischer und darstellerischer Ausdrucksebenen, die sich in der Kategorie der Interpretation zusammenfassen lassen. Dieser Begriff ist ursprünglich vor allem aus der Theologie, den Literaturwissenschaften und der Rechtswissenschaft geläufig. Das lateinische Wort *interpretatio* bedeutet ›Auslegung‹, ›Übersetzung‹ und ›Erklärung‹, im Englischen bezeichnet der *interpreter* einen Dolmetscher, der von einer Sprache in die andere übersetzt. Übertragen auf die Musik versteht man unter Interpretation die ›ausdeutende‹ Aufführung eines musikalischen Kunstwerkes.

Immer wieder hat Maria Callas in Interviews ihren Standpunkt hierzu deutlich gemacht und betont, es reiche nicht aus, eine schöne Stimme zu haben:

> Wenn man eine Rolle interpretiert, muss man tausend Farben haben, um Glück, Freude, Kummer und Angst auszudrücken. Wie kann man das nur mit einer schönen Stimme erreichen? Auch wenn man manchmal rau klingt, wie das bei mir oft der Fall war, ist das eine Notwendigkeit des Ausdrucks. Man muss das machen, auch wenn die Leute es nicht verstehen![1]

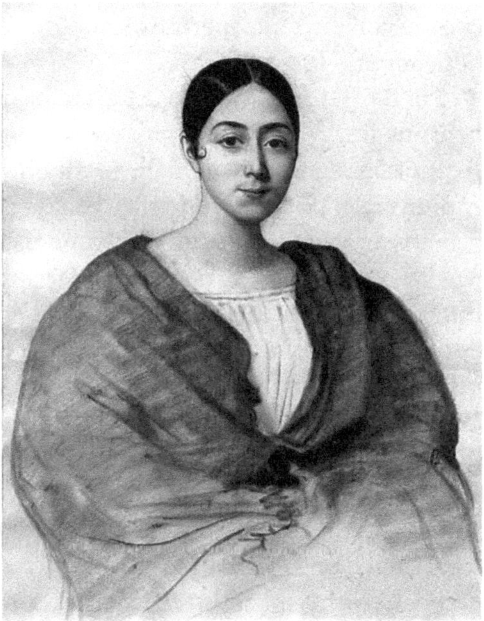

Die Sängerin Maria Malibran (1808–1836) war das Vorbild von Maria Callas, die eine große Sammlung an Malibran-Objekten besaß.

Damit kehrte sie zur pathetischen Darstellungskunst der großen Primadonnen des frühen 19. Jahrhunderts wie Isabella Colbran, Maria Malibran oder Giuditta Pasta zurück, deren Koloraturvirtuosität nicht der späteren Vorstellung von ›Ziergesang‹ entsprach, sondern ähnlich wie bei Callas ganz im Dienst der dramatischen Expressivität stand. Dafür benötigte sie nicht nur ›eine‹ Stimme, sondern die Fähigkeit, je nach Rolle, Situation und Emotion völlig unterschiedliche Stimmfärbungen einzusetzen. Callas konnte, wie Jürgen Kesting es formuliert, ihre einzelnen »Partien wie Tosca, Amelia, Aida, Gilda, Rosina, Norma und Medea mit einer jeweils anderen – ›anders‹ bezogen auf Farben, Dynamik, Tonfall und Duktus – Stimme« gestalten.[2] Und in dem Maße, wie sie diese einzelnen Rollen unterschiedlich anlegte, schuf sie im Zusammenspiel von Gesang und szenischer Darstellung ihre eigenen Interpretationen, welche die von ihr verkörperten Figuren als reale Personen erscheinen ließen.

Für die Beurteilung ihrer Interpretationsentscheidungen stehen uns im Wesentlichen zwei Arten von Quellen zur Verfügung: ihre Tonträger und ihre mündlichen oder schriftlichen Äußerungen. Erstere sind selbstverständlich bei weitem aussagekräftiger. Nur sie allein offenbaren das gesamte Ausmaß der Schattierungen und Variationen. Maria Callas ist auf Fragen der Interpretation in zahlreichen Interviews eingegangen. Besonders detaillierte Informationen bieten die Meisterklassen an der Juilliard School in New York 1971/72, die sowohl als vollständige Tondokumente als auch in der schriftlichen, allerdings erheblich überarbeiteten Fassung von John Ardoin zur Verfügung stehen.[3] Über den Wert der Meisterklassen gehen die Meinungen weit auseinander. Viele Gesangspädagogen halten große Stücke auf dieses Buch und empfehlen es ihren Schülerinnen und Schülern nachdrücklich zur Lektüre. Kritische Stimmen verweisen auf das geringe Maß an Originalität und darauf, dass Callas lediglich die Anschauungen ihrer Lehrmeister übernahm. Beide Positionen sind völlig berechtigt und schließen einander auch keineswegs aus: Maria Callas hat sich konsequent zu ihrer Ausbildungstradition bekannt und niemals Originalität oder auch nur besondere fachliche Expertise auf diesem Gebiet beansprucht. Jedenfalls zeigt die regelmäßige und konsequente Durchführung dieses Unterrichtszyklus von insgesamt 23 Veranstaltungen im Oktober und November 1971 sowie im Februar und März 1972 das hohe Maß an Professionalität, Arbeitsdisziplin und Organisationstalent, das sie während ihrer ganzen Karriere und noch bis in die siebziger Jahre ausgezeichnet hat. Wer viele Meisterkurse und Gesangsklassen an Musikhochschulen besucht hat, weiß um die Besonderheiten dieses Formats, das nicht mit einer wissenschaftlichen Vortragsreihe zu verwechseln ist. Dass Maria Callas, die bis dahin niemals unterrichtet hatte und keinerlei Erfahrungen im internationalen akademischen Betrieb besaß, diese besondere Herausforderung recht souverän bewältigte, verdient allemal

Respekt. Nicht nur Gesangsstudierende, sondern auch Lehrende orientieren sich aus gutem Grund noch heute daran.

Tatsächlich bildet die besondere Art und Weise ihrer Herangehensweise an die (Noten-)Texte, die Maria Callas zum Klingen brachte, eine entscheidende Dimension ihrer künstlerischen Identität. Wir kennen ihre Intentionen hier recht genau, denn sie hat sich darüber in zahlreichen Interviews und in ihren Meisterklassen ausführlich geäußert und dabei immer wieder betont, dass ihr die Wahrhaftigkeit der Interpretation wichtiger sei als der reine Schönklang der Stimme. Zudem dokumentieren ihre Schallplattenaufnahmen unzählige ganz bewusst getroffene künstlerische Entscheidungen, die in der Summe aussagekräftig genug sind, um vor dem Hintergrund ihrer interpretatorischen Überzeugungen die charakteristischen Grundlagen der Callas-Interpretation zu skizzieren.

In der Vorbereitung jeder Opernrolle muss sich die Interpretin sowohl mit einem literarischen Text als auch mit einem Notentext auseinandersetzen. Die alte und kontrovers diskutierte Frage, ob Text oder Musik in der Oper der Vorrang gebühre, durchzieht die Geschichte der Gattung wie ein roter Faden. Antonio Salieris komische Oper *Prima la musica e poi le parole* (1786) thematisiert diesen Prioritätenstreit zwischen Musik und Literatur ebenso wie *Ariadne auf Naxos* (1913) von Hugo von Hofmannsthal und Richard Strauss. Auch Maria Callas ist immer wieder gefragt worden, auf welchem Weg sie sich ihre Rollen aneigne. Stets hat sie geantwortet, dass für sie die Musik an erster Stelle steht: »Auch wenn ich das Libretto sehr genau studiere – die Wahrheit suche ich immer in der Musik.«[4]

Versteht man ›Interpretation‹ zunächst wörtlich als ›Textauslegung‹, so stellt sich die Frage, welche konkreten Notentexte Maria Callas verwendet und in welchem Maße sie selbst in diese eingegriffen hat: Ihr persönlicher Umgang mit dem Notentext kennzeichnet ihre individuelle Interpretation vor dem Hintergrund der seinerzeit üblichen Aufführungspraxis. In der aktuellen Diskussion über ›historisch informierte‹ Opernaufführungen wird zumeist das Postulat nach ›Werktreue‹ vorausgesetzt. Auch Maria Callas hat stets betont, dass der (tatsächliche oder bloß vermutete) ›Wille des Komponisten‹ die wichtigste Instanz für interpretatorische Entscheidungen darstellen müsse: »Guter Geschmack ist immer derjenige, der den Geist des Komponisten und seiner Musik respektiert.«[5] Diesem Grundsatz ordnete sie viele ihrer interpretatorischen Entscheidungen unter. So war sie der Auffassung, »dass jede Verzierung in den Dienst der Musik gestellt werden muss, und dass man, sofern wirklich der Komponist an erster Stelle steht und nicht nur der eigene persönliche Erfolg, immer die Bedeutung erkennen wird, die ein Triller oder eine Tonleiter besitzen, indem sie ein Gefühl des Glücks, der Furcht, der Traurigkeit ausdrücken«.[6]

Zugleich distanzierte sie sich aber auch deutlich von einem dogmatischen Historismus und betonte die Berechtigung und Notwendigkeit moderner Rezeptionshaltungen. So war sie stets zu Kompromissen bereit, wenn der Wille des Dirigenten oder die Rücksicht auf das Publikum diese erforderten. Das betrifft vor allem die zahlreichen Kürzungen, die sie in ihren Partien entweder selbst vornahm oder zumindest stillschweigend zu akzeptieren bereit war – denn in letzter Instanz entschieden die Dirigenten über die Aufführungsgestalt eines Werkes: »Wir müssen langatmige Musik ein wenig straffen, wir müssen versuchen, unsere Bewegungen auf vollkommen glaubhafte Gesten zu reduzieren, wir müssen eine Atmosphäre schaffen, in der Raum für Verstehen ist. Alles muss so einleuchtend wie möglich sein – natürlich innerhalb der Grenzen, die uns der Komponist gesetzt hat.«[7]

Wo genau diese Grenzen liegen, lässt sich schwer angeben, doch scheint sie sich weniger auf die historische Überlieferung als auf seinerzeit übliche Aufführungstraditionen zu beziehen. Übliche Kürzungen betrafen etwa die Wiederholungen bzw. zweiten Verse von Cabaletten (den schnellen Schlusssätzen großer Belcanto-Arien), die auch Callas nur ausnahmsweise zu Gehör brachte:

> In *La sonnambula* sang ich zwei Verse von »Ah! non giunge«, denn es ist, offen gesagt, ein Brillierstück, ein Ausdruck des Glücks und der Freude, pure Koloraturen sind hier gerechtfertigt. Doch bei der Wiederholung müssen Sie darauf achten, die Musik ein wenig zu variieren, damit sie für das Publikum interessant bleibt. Dies hat natürlich geschmackvoll und stets im Stil des Komponisten zu geschehen.[8]

Zurückhaltender hätte man diesen Imperativ der Variation kaum formulieren können, denn erst die Wiederholung bietet in jeder Cabaletta – genau wie das Dacapo in den Arien des 18. Jahrhunderts – das ultimative Vehikel vokaler Virtuosität. Doch Callas folgte auch in dieser Beziehung den Usancen ihrer Zeit und war »von der Notwendigkeit überzeugt, Striche zu machen. Die Wiederholung einer Melodie ist in der Regel nicht gut. Je früher man auf den Punkt kommt, umso besser.«[9]

Aus ihrer Interpretationspraxis und diesen Äußerungen geht mehr als deutlich hervor, dass ihre Darstellung der Norma, Lucia oder Medea »weder gegenüber dem Diktat der Partitur noch der Tradition des italienischen Belcanto treu« gewesen ist.[10] Callas ging bei ihren Live-Auftritten mit ihrer sehr individuellen Art des Gesangsvortrags oftmals große Risiken ein und bewies in ihrer extremen Gestaltungsweise schwierigster Gesangsstücke immer wieder immensen Mut und Entschlossenheit.

Die Interpretation und der musikalische Ausdruck werden vor allem durch Phrasierung, Artikulation, Dynamik, Agogik und Tempo bestimmt. Offensichtlich reichen diese Gestaltungsweisen weit über die reinen Stimmqualitäten im engeren Sinne hinaus. Dies gilt erst recht für die weiteren interpretatorischen Entscheidungen wie etwa den Verzierungen, von denen Maria Callas in ihren Koloraturen und Kadenzen sehr vielfältigen und individuellen Gebrauch machte. Der Interpretationsforschung stehen heute ganz andere Möglichkeiten der vergleichenden Analyse zur Verfügung als den Autoren, denen es vor mehr als einem halben Jahrhundert vergönnt war, über die Live-Auftritte von Maria Callas zu berichten. Computergestützte Verfahren liefern exakte Performancevermessungen.

Maria Callas bildet für die Interpretationsforschung einen idealen Untersuchungsgegenstand, weil von ihr wesentlich mehr Tondokumente erhalten sind als von allen anderen Sängerinnen ihrer Generation. Durch vergleichende akustische Analysen unterschiedlicher Einspielungen derselben Arien lässt sich ab 1956 eine abnehmende Genauigkeit der Intonation und zugleich ein allmählicher Kontrollverlust hinsichtlich der Gestaltung des Vibratos nachweisen.[11] Wer seinen eigenen Ohren nicht traut, kann sich heute diese individuellen stimmlichen Eigenschaften kinderleicht am Bildschirm visualisieren lassen. Das kostenlose, 2007 veröffentlichte und kontinuierlich weiterentwickelte Programm Sonic Visualiser hat sich in der musikalischen Interpretationsforschung mittlerweile als internationaler Goldstandard etabliert.[12] Mit wenigen Klicks lassen sich mit dem Sonic Visualiser beispielsweise Portamenti und Glissandi (d. h. das stufenlose Hinübergleiten von einem Ton zum anderen) graphisch darstellen oder exakte Vibratomessungen vornehmen. Man nehme zu Übungszwecken beispielsweise eine Arie, die ohne instrumentales Vorspiel unmittelbar mit langen Noten in der Singstimme beginnt, wie etwa Puccinis »Vissi d'arte« aus *Tosca* – ein Stück, das in diversen Aufnahmen von Maria Callas und darüber hinaus unzähliger anderer Sängerinnen vorliegt.

Die Kritik, dass Callas nicht in der Lage gewesen sei, die Registerübergänge zu beherrschen, wurde vor allem im Vergleich mit anderen Sängerinnen immer wieder hervorgehoben. Tatsächlich zeichnet sich beispielsweise die Kunst ihrer vermeintlichen ›Rivalin‹ Renata Tebaldi auch dadurch aus, dass sie die Register völlig bruchlos und unmerklich ineinander übergehen lassen konnte. Umgekehrt beruht die außerordentliche expressive Wirkung von Callas' Gesangsleistungen mitunter gerade auf solchen stimmlichen ›Defiziten‹ wie den unüberhörbaren Registerbrüchen: Sie machte gleichsam aus der Not eine Tugend –

denn diese scharfen Ausdruckskontraste auf engstem Raum wurden zu einem ihrer stimmlichen Alleinstellungsmerkmale.

Diese Ambivalenz in der Wahrnehmung spezifischer vokaler Qualitäten einerseits und dem häufig diskutierten Vorwurf stimmlicher Probleme oder gesangstechnischer Fehler erklärt das Übermaß unterschiedlichster Behauptungen, Meinungen und Werturteile hinsichtlich der künstlerischen Leistungen von Maria Callas. Eine weitere entscheidende Dimension bildet der ungewöhnliche Entwicklungsverlauf ihrer Stimme vom hochdramatischen zum Koloratursopran und schließlich der relativ früh einsetzende stimmliche Verschleiß. Wird dieser allgemein als Hauptgrund für ihren Rückzug von der Opernbühne Mitte der sechziger Jahre verantwortlich gemacht, so wurden häufig auch private Gründe für das frühe Karriereende vermutet. Zudem ist vielfach darüber spekuliert worden, in welchem Ausmaß die Heterogenität des von ihr gesungenen Repertoires sowie der in den fünfziger Jahren einsetzende erhebliche Gewichtsverlust ihre Gesangsleistungen beeinträchtigt haben könnten.

Zu all diesen Aspekten ist Maria Callas in zahllosen Interviews immer wieder befragt worden, ohne dass ihre Antworten jedoch ein einheitliches Bild ergeben würden. Besonders nachdrücklich hat die neuseeländische Sopranistin Jenny Wollerman die These vertreten, dass die allermeisten der angeblichen stimmlichen Schwächen in Wahrheit »bewusste Entscheidungen waren, die sie zu dramatischen Zwecken traf«, und dass Maria Callas auf diese Weise »das Paradigma der stimmlichen Schönheit, das zu dieser Zeit in der Oper galt, aktiv durchbrochen« habe.[13] Auffallend ist es, dass sie um jede ihrer individuellen stimmlichen Schwächen genau Bescheid wusste und sie daher oftmals in Stärken umwandeln konnte. Dabei ging sie mit enormer Willenskraft auch große Risiken ein, um die Wirkung ihrer Gesangsdarbietung zu steigern. Sie konnte auf eine breite Palette an Klangfarben zurückgreifen, die sie ebenso kontrastreich einsetzte wie sie ihre Dynamik gestaltete. Gewisse stimmliche Härten in den tieferen Lagen nutzte sie ganz bewusst, um die Dramatik der Rolle zu verstärken und der Figur eine besondere Dimension zu verleihen.

Im Vergleich zu den heutigen Ansprüchen historisch informierter Aufführungspraxis muss betont werden, dass in den fünfziger Jahren noch überhaupt keine kritischen Editionen italienischer Opern des 19. Jahrhunderts existierten. Den Dirigenten blieb es überlassen, aus dem ihnen von den Verlagen zur Verfügung gestellten Notenmaterial in Eigenverantwortung eine individuelle Aufführungsgestalt zu kompilieren. Während besonders der von Callas hoch geschätzte Tullio Serafin seine Wagner-Einspielungen rigoros einkürzte, gebührt Herbert von Karajan das Verdienst, in seinen Aufführungen von *Lucia di Lammermoor* (1954 in Mailand und 1955 in Berlin) sowie der Studioaufnahme von *Il trovatore* (1956) traditionelle Striche zu revidieren und eine möglichst vollständige Werkgestalt zu realisieren.

Auch in ihrer sehr zurückhaltenden Anwendung von Verzierungen war Maria Callas selbstverständlich ein Kind ihrer Zeit und folgte den nüchternen Stilidealen der fünfziger Jahre. Gerade hierfür wurde sie von vielen Zeitgenossen besonders gerühmt, etwa von dem sonst so strengen Walter Legge:

> Am meisten zu bewundern unter all ihren Qualitäten waren ihr Geschmack, ihre Eleganz und ihr zutiefst musikalischer Gebrauch von Verzierungen in jeglicher Form und Komplikation, die Gewichtung und Länge der Appoggiaturen, die geschmeidige Gestaltung melodischer Wendungen, die Genauigkeit und das Tempo ihrer Triller, das unglaublich präzise Timing ihrer Portamenti, die ihre Bögen mit bezaubernder Anmut und Bedeutsamkeit variierten. Es gab unzählige exquisite Feinheiten – feinste Glissandi von einer Note zur nächsten oder über weite Intervalle hinweg – und Farbwechsel, die pure Magie waren. In diesen Bereichen des Belcanto war sie die absolute Gebieterin über diese Kunst.[14]

Improvisation kam für eine Perfektionistin wie sie von vornherein nicht in Frage, und energisch wandte sie sich gegen die historisch begründete Praxis, die Belcanto-Partien reich auszuzieren: »Ich kann das nicht gutheißen, denn je weniger man diese Musik verziert, umso näher kommt man der dramatischen Substanz.«[15] Ihre Zurückhaltung gegenüber den auch damals keineswegs unbekannten Konventionen historisch informierter Aufführungspraxis ging einher mit der Unerbittlichkeit, ihre musikalischen Grundüberzeugungen unterschiedslos auf jegliches Repertoire anzuwenden. Diese stilistische Uniformität war gewissermaßen die Kehrseite ihrer Ablehnung spezifischer Gesangsfächer und ihrer Überzeugung, dass ein Sopran alles singen können müsse.

3 Spiel

Stimme und Schauspiel der Callas gehören untrennbar zusammen. Doch während ihre Stimme in nahezu allen von ihr verkörperten Rollen in unzähligen Klangaufzeichnungen dokumentiert ist, lassen sich Bühnenpräsenz und Schauspiel höchstens mittelbar rekonstruieren. Nur wenige Filmausschnitte von Opernaufführungen mit Maria Callas dokumentieren ihre viel gerühmte Schauspielkunst. Vollständig und in hoher Bild- und Tonqualität erhalten ist lediglich der zweite Akt von Puccinis *Tosca*, der am 9. Februar 1964 für das Fernsehen der BBC aufgezeichnet wurde. Als ein authentischer Bühnenmitschnitt kann indes auch dieser 38-minütige Filmstreifen nicht bezeichnet werden. Vielmehr handelt es sich um eine aus zahlreichen separat aufgenommenen Einzelszenen nachträglich zusammengesetzte Produktion.

Wesentlich besser ist es um die Dokumentation ihrer Konzertauftritte bestellt. Hier erleben wir Maria Callas allerdings kaum als leidenschaftlich agierende Schauspielerin, sondern eher als imposant singende Statue. Ihre Gestik erscheint minutenlang wie eingefroren, wobei sich die reglosen Arme unterhalb der Brust kreuzen und die Hände auf den Oberarmen ruhen. In einer anderen typischen Callas-Pose prangt die langgestreckte rechte Hand wie eine majestätische Trophäe auf dem linken Schlüsselbein. Lediglich ihre Mimik verrät das hohe Maß an emotionaler Einfühlung in die jeweilige Rolle und deren dramatische Situation. Wie können wir uns unter diesen Voraussetzungen heute ihrer Schauspielkunst nähern?

Die Frage eines Moderators, ob es zu wenig Filmdokumente geben würde, um ihre szenische Darstellungsweise richtig beurteilen zu können, beantwortete der Regisseur Mauro Guindani 1998 in bezeichnender Weise: »Nein. Mir reichen ihre Tonaufnahmen, um sie auf der Bühne zu sehen.«[1] Auch Guindani hat Maria Callas niemals im Theater erleben können, war aber überzeugt davon, allein aus der Wahrnehmung ihrer Stimme eine umfassende Vorstellung ihrer Bühnenpräsenz gewinnen zu können. Um seine Hypothese zu bestätigen, berichtet der Regisseur über eine weitere, gewissermaßen komplementäre Erfahrung. Als er eine bestimmte Arie auf einer alten Videokassette mit dem Mitschnitt des legendären Hamburger Konzerts vom 16. März 1962 abspielen wollte, musste er feststellen, dass sein Videorecorder defekt war: »Das Bild war zu sehen, doch es kam kein Ton. Verärgert wollte ich schon ausschalten, um mir die gleiche Arie auf CD anzuhören; ich tat es aber nicht, weil plötzlich in meinem Kopf Musik erklang. Zwei Stunden lang saß ich wie angenagelt vor diesen stummen Bildern. In meinem Kopf hörte ich ständig Musik. Wie war das möglich?«[2]

Die Vorstellung einer vollkommenen Einheit von Stimme und Schauspielkunst zählt zu den Grundüberzeugungen unzähliger Callas-Interpreten. Die Zeitzeugenberichte sind sich zumindest darin einig, dass der Zauber, der von ihren Bühnenauftritten ausging, nicht allein auf ihrer Stimme, sondern auf der Einheit von Stimme und szenischem Spiel beruhte: »Callas ist aufregender als jede Sängerin es sein darf. Ihr Schauspiel ist ein aufblitzender Blick, der eine Emotion versteinert, eine plötzliche Starre, die von einem gebrochenen Herzen, einem Mordwunsch oder einer schwelenden Leidenschaft kündet.«[3]

Umgekehrt bezog ihr Gesang aus dem Spiel seine emotionale Kraft und Tiefe. Jürgen Kesting sah das Geheimnis ihres Singens darin, »dass es erlitten wird und erleidbar ist. In ihm klingt das Leben der menschlichen Emotionen. In der Fähigkeit, diese Emotionen auszudrücken, erfüllt sich sängerische Kunst. Zu erleben ist hier ein im reinsten Sinne pathetisches Singen, in dem sich eine beschwörende, betende, verfluchende, rasende, liebende Kraft entäußert. Es ist die der Urlaute.«[4]

Ihre Bewunderer vermochten die Intensität und Vielfalt ihrer Darstellungskunst auch in den Videoaufzeichnungen ihrer Konzertauftritte wiederzuerkennen: »Die kleinste Bewegung ihres Kopfes verrät die Bedeutung eines Wortes, ein Zucken ihres Gewandes, ein Aufblitzen ihrer Augen.«[5]

Gerade in Italien, dem Heimatland der ›Gesangsoper‹, gab Maria Callas die körperliche Präsenz in der szenischen Darstellung der dramatischen Handlung zurück: »Wenn es bis dahin auf der Opernbühne genügte zu *singen*, so musste fortan *interpretiert* werden«, resümiert etwa Marco Beghelli in Anspielung auf die vielzitierte operngeschichtliche Zeitenwende ›v. C.‹ und ›n. C.‹ (vor Callas und nach Callas).[6] Neben der Betonung des Körpers als Träger des szenischen Ausdrucks wurde immer wieder betont, dass ihre Darstellungskunst die Figuren mit einer Seele erfüllt hätten, wie der Kritiker Teodoro Celli nach der Mailänder Wiederaufnahme von *La sonnambula* 1956 unterstrich: »Callas hat Bellinis Amina nicht so sehr Posen, Bewegungen und Stimme zurückgegeben, sondern vielmehr eine Seele. Sie hat nicht nur in den beschwingten Melodien, sondern auch in den kleinsten Rezitativen einen Ausdruck gefunden, der eine Offenbarung ist.«[7]

Allerdings sollten wir uns davor hüten, diese zweifellos beeindruckenden Stärken ihrer szenischen Darstellungskunst zu verabsolutieren. In jeder Generation gab es herausragende Sängerinnen, von denen eine ähnliche Bühnenausstrahlung und Schauspielkunst berichtet wurde. Man denke nur etwa an Mary Garden (1874–1967) oder Claudia Muzio (1889–1936), die in der zeitgenössischen Kritik mit den größten Schauspielerinnen ihrer Epoche verglichen und daher als ›Sarah Bernhardt der Oper‹ respektive ›Eleonora Duse der Oper‹ bezeichnet wurden. Und im deutschsprachigen Raum wäre an Wilhelmine Schröder-Devrient (1804–1860) zu erinnern, die im frühen 19. Jahrhundert ihre gesangstechnischen Defizite (die vor allem italienische Kritiker bemängelten) durch überwältigende schauspielerische Leistungen vergessen machte.

Callas beherzigte in ihrem Spiel einige einfache Grundregeln konsequent, die sie bereits am Konservatorium von Athen von dem Regisseur Renato Mordo gelernt und verinnerlicht hatte. Eine dieser Regeln betrifft die Hände, die nur dann eingesetzt werden dürfen, wenn ihre Bewegungen durch Geist und Seele geführt werden. Eine andere Regel besagt, dass man im szenischen Dialog vergessen müsse, den Text bereits zu kennen, der in einer bestimmten Situation gefordert ist.[8]

Es ist weit mehr als nur bedauerlich, dass praktisch keine filmischen Liveaufzeichnungen ihrer Bühnenauftritte existieren. Denn viele ihre bemerkenswertesten darstellerischen Eigenschaften offenbaren sich nur im Detail und waren nur für Zuschauer in den ersten Reihen erkenntlich. Zu jenen gehörte auch William Weaver, der 1955 im relativ kleinen Opernhaus von Rom in der ersten Reihe saß und über ihre Traviata berichtet hat: »Die großen Arien wurden mit Schwung vorgetragen, jedes Wort im Duett mit Germont war nuanciert, bedeutungsvoll. Aber es waren die kleinen Momente, die Nebenbemerkungen, die kurzen Einwürfe, in denen die Künstlerin zeigte, dass sie völlig in der Rolle aufgeht.«[9]

Ein selten näher betrachteter Aspekt ihres Schauspiels bildet Callas' Gestaltung des gesprochenen Wortes, wie es etwa in *La traviata* oder *Macbeth* an prominenter Stelle gefordert wird. So sind die überhaupt ersten Worte der Lady Macbeth in dieser

Oper gesprochen, denn sie verliest einen Brief. Ganz ähnlich verhält es sich mit der Briefszene in *La traviata*, die jedoch erst im dritten Akt kurz vor dem Tod der Protagonistin erscheint. Vergleicht man die unterschiedlichen Aufnahmen dieser beiden gesprochenen Szenen, so zeigen sich extreme Unterschiede in ihrer Gestaltungsweise. In den frühen Mitschnitten vermittelt Callas als Lady Macbeth und als Violetta tatsächlich den Eindruck, als würde sie den Brief nur vorlesen. Später studierte sie mit Visconti für *La traviata* an der Scala einen weit ausdrucksvolleren Vortrag ein.[10] In der Visconti-*Traviata* setzt sie im Schlussakt zudem auch in den Rezitativen Elemente des Sprechgesangs ein und verleiht diesen hierdurch einen tragischen Realismus.[11]

Manchmal offenbart ihr Umgang mit dem Librettotext die Kürze der Vorbereitungszeit. Abgesehen von den wenigen Rollen, die sie dutzende Male gesungen hatte, war sie oft auf den Souffleur angewiesen. In vielen Live-Mitschnitten ist eine ungenaue Wiedergabe des Textes zu hören. Im Interview mit dem langjährigen Londoner Opernintendanten Georges Lascelles Earl of Harewood hat sie betont, dass für sie die Worte in der Oper nicht so wichtig seien: »Ich versuche, die Wahrheit in der Musik zu finden.«[12]

Sie brauchte das Publikum, um sich provozieren und zugleich zu ihren exzentrischen Höchstleistungen herausfordern zu lassen. Zeffirelli erinnert sich, wie er 1955 bei Viscontis *Traviata* mit ihr in der Kulisse stand, ehe sie auf die Bühne musste. Es war das übliche belanglose Geplauder, aber plötzlich wurde sie ernst:

> Wenn der Vorhang aufgeht, spüre ich die stickige Luft, den Schweiß und den Atem von all den Leuten. Ich spüre das immer. Ich kann sie nicht sehen, aber ich weiß, sie sind da – zweitausendfünfhundert Monster mit ihrem heißen Atem, die nach mir gieren. Es ist, als würden ihre Köpfe und ihre Herzen dampfen. Ich spüre es wie eine Woge des Hasses, so als wünschten sie, ich wäre tot.[13]

Oper war für sie eine existentielle Erfahrung im doppelten Sinne – nicht nur, weil sie Tragödien extremer Leidenschaft zu verkörpern hatte, sondern weil sie sich in einem permanenten Existenzkampf mit dem Publikum wähnte.

Infolge der Medienskandale hatte sich diese Anspannung spätestens seit 1957/58 dramatisch verschärft, doch gegeben hatte es sie von Anfang an. Schon in Athen zur Zeit des Zweiten Weltkrieges stand sie unter enormem Druck sowohl seitens des Publikums, der Machthaber wie auch der sie genauestens beobachtenden Kolleginnen und Kollegen. Später waren es die unterschiedlichen Parteien und Fangemeinden, in den USA dann die negative Publicity, die ihrem Debüt an der Metropolitan Opera vorausgegangen war. Nach dem vermeintlichen ›Rome Walk Out‹ war sie in ganz Italien Persona non grata, so dass es bei ihrem ersten Auftritt ›danach‹ in *Anna Bolena* an der Scala zum Showdown kam, wie Zeffirelli sich erinnert: »Maria kam in die Kulisse, drehte sich zu ihrer Garderobiere um und zitierte Bette Davis: ›Bitte anschnallen, es wird ein stürmischer Flug‹«, und dann habe sie sich präsentiert, »als stünde ihr ein Ringkampf bevor«.[14]

Die Möglichkeit, das Publikum nicht nur durch die stimmliche, sondern auch die schauspielerische Performance zu überwältigen, hing allerdings nicht zuletzt auch von der jeweiligen Inszenierung ab, in der Maria Callas zu agieren hatte. Die Mehrzahl der Produktionen, in denen sie mitgewirkt hat, waren nicht eigens für sie geschaffen worden, sondern entstammten dem Repertoire der jeweiligen Opernhäuser und hatten nach langjährigem Einsatz ihre Halbwertszeit mitunter erheblich überschritten. Unter solchen Voraussetzungen ist es für eine Sängerin nicht immer möglich, das Publikum allein mit schauspielerischen Mitteln zu faszinieren. Dagegen schufen insbesondere Margarete Wallmann, Visconti und Zeffirelli Inszenierungen, die von vornherein ganz auf ihre Darstellungskunst hin zugeschnitten waren. Dem Bayreuther Opernforscher Sieghart Döhring zufolge habe Callas erst durch die Zusammenarbeit mit Visconti ihr schauspielerisches Potential voll ausschöpfen können. Visconti half ihr, »jene darstellerische Finesse einer genuin musikdramatischen Gestaltung der Rollencharaktere zu erwerben, die ihr bis dahin abging«.[15]

Einen anderen, jedoch nicht weniger wirkungsvollen Weg beschritt Herbert von Karajan, der seit den fünfziger Jahren die von ihm in Mailand und Wien geleiteten Opernproduktionen nicht nur dirigierte, sondern in zunehmendem Maße auch selbst inszenierte. In der Kritik ist das nicht immer gut angekommen, doch Karajans Inszenierungen haben durchaus ihre eigenen Qualitäten (wie vor allem seine Filmversionen von Verdis *Otello* und Wagners *Rheingold* dokumentieren). Besonderen Wert legte er darauf, Musik und Bühnenbewegung in höchstem Maße zu synchronisieren (was freilich infolge seines Perfektionismus und des notorischen Zeitmangels in der Praxis zur Folge hatte, dass in den meisten Karajan-Inszenierungen insgesamt nur sehr wenig Bühnenbewegung stattfand).

Karajans statuarische Regie bot Callas in der Mailänder Inszenierung der *Lucia di Lammermoor* (1954) enorme Freiheiten in der Darstellung, zumal auch bei ihm alles auf die Primadonna ausgerichtet war. So arrangierte er die gesamte ›Wahnsinnsszene‹ um Callas herum, die mit einem Verfolgerscheinwerfer gleißend aus ihrer dunklen Umgebung herausgestellt wurde. Obwohl der Dirigent zuvor gemeinsam mit Walter Legge eigens nach Schottland gereist war, um das für *Lucia di Lammermoor* spezifische Lokalkolorit der Highlands aus eigener Anschauung kennenzulernen, kam es ihm ganz darauf an, die Protagonistin im leeren Bühnenraum mit einem Höchstmaß an atmosphärischer Beleuchtung in den Mittelpunkt zu rücken.[16] Solche Regiekonzepte erlaubten es ihr, den interpretatorischen Hochseilakt dieser atemberaubenden Vokalisenorgie ganz und gar mit ihrer expressiven Mimik und Gestik zu erfüllen. Callas wusste das sehr zu schätzen, wie sie im Anschluss an ihre *Lucia* in Neapel unter der Leitung von Francesco Molinari-Pradelli im März 1956 an Walter Legge schrieb: »Leider hat Karajan nicht Regie geführt,

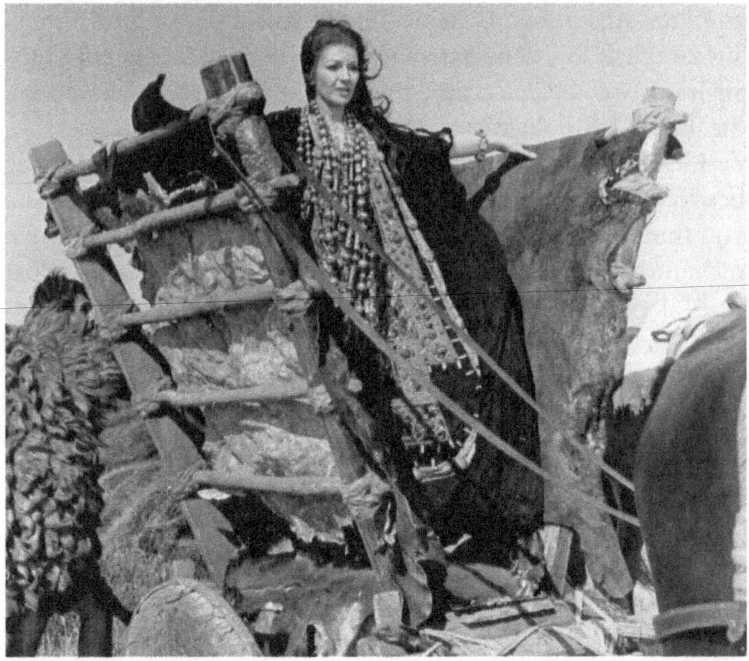

Maria Callas als Filmschauspielerin in Pier Paolo Pasolinis *Medea* (1969).

und ich kann die Oper einfach nicht ohne ihn hören. Sag ihm bitte, dass ich ihn vermisse und es schade ist, dass wir nicht mehr zusammenarbeiten – nicht wahr?«[17]

In Pier Paolo Pasolinis *Medea* zeigt sich Callas' Schauspielkunst von ihrer ausdrucksvollsten Seite. Das liegt allerdings vor allem am Medium des Spielfilms. Aufgrund der zahlreichen langen Großaufnahmen und der Tageslichtverhältnisse lässt sich in *Medea* ihre charakteristische Mimik wesentlich besser studieren als in der mitgeschnittenen Bühnenaufführung der *Tosca*. Infolge der klaren Anweisungen Pasolinis kommt auch ihre äußerst vielseitige Körpersprache in *Medea* wesentlich plastischer zur Geltung. Trotz dieses Achtungserfolges ist es nicht unbedingt zu bedauern, dass Maria Callas keine weiteren Filme gedreht hat.

Man muss sich nur das Schicksal anderer schauspielerisch durchaus begabter Operngrößen vergegenwärtigen, die es im Film versucht haben, um sich die geringen Perspektiven solcher Abenteuer klarzumachen. Mario Del Monaco ist wahrscheinlich das beste (und abschreckendste) Beispiel, denn Callas' langjähriger Tenorpartner trat schon parallel zu seiner Gesangskarriere in diversen Spielfilmen in Erscheinung, die heute kaum noch jemand kennt. In dem Krimi *L'uomo dal guanto grigio* von Camillo Mastrocinque (1949) gab er – was sonst – die Rolle eines extrovertierten Tenors, was ihm die Gelegenheit bot, auch in einigen Opernrollen filmisch in Erscheinung zu treten. Ein gefundenes Fressen für Musikliebhaber ist der Spielfilm *Schlussakkord* von Wolfgang Liebeneiner (1960). Auch hier erleben wir ihn als einen fiktiven Tenor, der in Salzburg vom Mozarteum bis zu den Festspielen eine große Karriere machen möchte und reichlich Gelegenheit hat, seine Stimmkünste zu demonstrieren. Zu guter Letzt ließ Del Monaco seine filmische Karriere mit *Primo amore* (1978) in der Rolle des Leiters eines Altenheims für abgedankte Künstler ausklingen. Außerdem verkörperte er in diversen Biopics die großen Tenöre der Vergangenheit: Roberto Stagno in *Melodie immortali* (1952), Francesco Tamagno in *Giuseppe Verdi* (1953) und *Casa Ricordi* (1954), Enrico Caruso in *Puccini* (1972).[18]

Auch Callas' enger Freund Tito Gobbi war in etlichen Kinofilmen mit von der Partie, ohne hierdurch nachhaltig in Erinnerung geblieben zu sein. Sein Debüt feierte er bereits 1937 als ›Troubadour Nino‹ in dem deutsch-italienischen Historienfilm *Condottieri* von Luis Trenker, der darin auch die Hauptrolle spielt. Der Film war eine Auftragsarbeit des Mussolini-Regimes und wurde nach 1945 in Deutschland verboten. 1949 wirkte er in dem britischen Film *The Glass Mountain* mit, der vor allem durch die Musik von Nino Rota in Erinnerung geblieben ist. Und 1952 durfte er in dem schwedischen Spielfilm *Eldfäglen* (*Feuervogel*) ein neapolitanisches Lied singen.

Verglichen mit all diesen Schmonzetten ist Pasolinis *Medea* gewiss ein großer Wurf, und wir sollten froh und dankbar sein, dass es dabei geblieben ist. Schon vor *Medea* gab es zahlreiche Angebote. 1965 sollte Callas in einem Remake des berühmten Greta-Garbo-Films *Grand Hotel* (1932) mitspielen, 1966 in John Hustons Monumentalepos *The Bible*, einer Verfilmung ausgewählter Episoden des Alten Testaments. Die Rolle der Sara, die für Maria Callas vorgesehen war, übernahm schließlich Ava Gardner. Es spricht für Callas' sicheren schauspielerischen Instinkt, dass sie auf keine dieser Offerten einging und es bei der ganz auf sie zugeschnittenen *Medea* beließ.

Callas besaß auch im Schauspielerischen die besondere Fähigkeit, ihre eigenen Schwächen in Stärken zu verwandeln. Das galt etwa auch für ihre starke Kurzsichtigkeit, die sie mithilfe ihres phänomenalen Gedächtnisses und ihrer Musikalität mehr als kompensieren konnte. Bei den Proben trug sie starke Brillengläser und verinnerlichte jede Bühnenbewegung und jede Position so gründlich wie ihre Noten. Während der Aufführung konnte sie dieses Bewegungsprogramm gleichsam instinktiv abrufen. So begünstigte ihr schlechtes Sehvermögen die schlafwandlerische Souveränität ihres Schauspiels. Ihre Kurzsichtigkeit zwang sie überdies zu größerer Konzentration, wie der Musikkritiker Sergio Segalini betont hat:

> Darum auch ihre fabelhaften Auftritte, genau zur rechten Zeit, genau mit der Musik. Nichts blieb dem Zufall überlassen. Sie wusste auch über alle Bewegungen ihrer Kollegen Bescheid und war mit der Bühne genauso vertraut wie mit ihrer eigenen Wohnung. Wie die alten Griechen sah auch Maria das einzelne Element immer als Teil eines Ganzen. Und nach einer gewissen Zeit wurde jede Rolle gleichsam zu einer zweiten Haut.[19]

4 Team

Die Oper ist ein Gesamtkunstwerk, das eine bedeutende Anzahl unterschiedlicher Kunstsparten und Technologien in sich vereinigt: Musik, Schauspiel, Ballett, Literatur, Inszenierung, Dekorationen, Kostüme, Lichtdesign, Bühnentechnik und einiges mehr. Dies alles erfordert einen gewaltigen Personalapparat und ein Höchstmaß an Kooperation und Kommunikation. Große Musiktheaterunternehmen wie die Wiener Staatsoper oder die Pariser Oper beschäftigen daher mehr als tausend Mitarbeiter, denn die Oper ist eine überaus arbeitsteilige Kunstform. Als »Kraftwerk der Gefühle«[1], wie der Schriftsteller und Filmemacher Alexander Kluge die Oper trefflich genannt hat, bedarf sie zwar der Mitwirkung von hoch spezialisierten Individualisten und Primadonnen, aber funktionieren kann sie nur im Team. Und selbst die größten Egozentriker – an denen es in diesem Business nicht mangelt – müssen dieses unumgängliche Gebot der Zusammenarbeit in der Oper respektieren.

Auch Maria Callas war eine Teamplayerin, wenn es darum ging, dieses Kraftwerk mit Leben zu erfüllen. Das bestätigen nahezu einhellig die Dirigenten, Regisseure, Produzenten und Sängerkollegen, mit denen sie zusammengearbeitet hat. Und gearbeitet hat sie dabei tatsächlich mehr als alle anderen. Ihre Vorbereitung war akribisch, und oftmals kannte sie nicht nur ihre eigene Rolle, sondern auch die der übrigen besser als diejenigen, die sie darzustellen und zu singen hatten.[2] Carlo Maria Giulini bezeichnete sie nicht nur als eine »sehr große Künstlerin« und »perfekte Musikerin«, sondern bestätigt, was auch viele andere berichtet haben: dass sie immer die Erste war, die zu den Proben kam, und die Letzte, die nach Hause ging: »Für die berühmte *Traviata* an der Scala im Jahr 1955 arbeiteten wir an bestimmten Szenen tagelang, von morgens bis abends. Ihre natürliche Begabung und ihr immenses Engagement machten sie zu einer Künstlerin der Superlative.«[3]

Franco Zeffirelli gestand unumwunden, dass er ihr als Regisseur gar nichts beibringen konnte: »Unsere Aufgabe bestand lediglich darin, die wunderbaren Eingebungen, die sie für jede Bühnensituation hatte, zu verdeutlichen. Oder Ideen vorzuschlagen, die sie sofort und eifrig mit einer außergewöhnlichen Auffassungsgabe umsetzte.«[4]

Auch Montserrat Caballé zufolge war Callas eine »regelrechte Arbeitsbiene, die fleißigste, die es in unserer Branche jemals gegeben hat. Für sie war Arbeit eine Art Religion.«[5] Diese extrem hohen Ansprüche forderte sie von sich selbst wie auch von ihren Kolleginnen und Kollegen bereits in den Athener Jahren, wie sich ihre Schwester erinnert: »Maria war immer eine fanatische und professionelle Künstlerin und beherrschte ihre Partien immer auswendig, bevor die Proben überhaupt losgingen.«[6] Dabei war ihr Perfektionismus in der Probenarbeit auch von ganz praktischen Notwendigkeiten geprägt. Da sie seit frühester Kindheit stark kurzsichtig war, konnte sie auf der Bühne nichts dem Zufall überlassen und studierte auch alle Bewegungen ihrer Kollegen minutiös. Freilich machte es einen großen Unterschied, in welcher Position die einzelnen Mitglieder im Team spielten. Charismatischen Alphamännchen konnte sie sich bisweilen bereitwillig unterordnen, insbesondere dann, wenn sie deren künstlerisches Ausnahmetalent bewunderte und selbst am meisten von der Zusammenarbeit profitierte. Sie wusste sich aber durchaus auch gegen sie zu behaupten, wenn es darauf ankam. Legendär wurde ihr Drohung gegenüber Walter Legge: »Du weißt ja: Sollten wir jemals aneinandergeraten, wird es die Hölle sein, denn du verstehst es, mich zu verletzen, und ich weiß, wie ich dich verletzen kann.«[7] Natürlich erwiderte er, dass sie niemals in Streit miteinander geraten würden. Solche Win-Win-Situationen ermöglichten künstlerische Partnerschaften von einzigartiger Produktivität. Sie schufen die Voraussetzungen für zahlreiche außergewöhnliche Sternstunden der Musik-, Theater- und Filmgeschichte. Das gilt für die Zusammenarbeit mit den Dirigenten Serafin, Giulini, Karajan und Bernstein ebenso wie für jene mit den Regisseuren Visconti, Zeffirelli und Pasolini. Tullio Serafin war gleich bei ihrer ersten Begegnung 1947 in Verona

> tief beeindruckt von ihrer Professionalität und ihrer Auffassung von Kunst im Allgemeinen. Man hatte das Gefühl, ganz gleich, welche Schwierigkeiten auftauchten (und bei der Vorbereitung von Opernaufführungen gibt es immer Probleme, wenn man hohe Maßstäbe anlegt), Maria würde versuchen, sie zu überwinden. Das an sich ist selbst bei sehr guten Sängern nicht üblich.[8]

Zugleich war sie abhängig von der Anerkennung, die ihr die von ihr verehrten musikalischen Autoritäten entgegenbrachten. So heißt es in einem Brief an Giovanni Battista Meneghini vom 3. November 1947: »Heute war ein glücklicher Tag für mich. Serafin war mehr als sonst mit mir zufrieden.«[9]

Auch Herbert von Karajan, dessen Aufnahmen von *Lucia di Lammermoor* und *Madama Butterfly* mit Callas in den Titelrollen unübertroffen sind, hat im Gespräch mit dem Musikkritiker Richard Osborne bestätigt, wie angenehm und unkompliziert die Zusammenarbeit mit ihr war: »Sie war immer perfekt vorbereitet, und wenn sie das Gefühl hatte, dass man ihr einen guten Rat gab, nahm sie ihn auch sofort an.«[10] Wenn Karajan im selben Zusammenhang erwähnt, dass sie manchmal auch eine Diva sein konnte, scheint das Beispiel, das er anführt, diese Ansicht eher zu widerlegen. Karajan experimentierte 1954 als Dirigent und Regisseur der Mailänder *Lucia di Lammermoor* mit einer Gazewand, mit der Folge, dass die kurzsichtige Sängerin, die hinter dem Vorhang stehen musste, nun gar nichts mehr sehen konnte:

> Sie kam von der Bühne herunter, wo ich Regie führte, und sagte zum Manager: »Wenn dieser Schleier bleibt, singe ich nicht.« Also habe ich gesagt: »Oh, Darling, ich suche ein neues Element.« Und nach einer halben Stunde kam der Manager

zu mir zurück und sagte, sie würde oben sitzen und weinen. Also sagte ich: »Maria, ich experimentiere noch, ich will ausprobieren, wie es wirkt.« Natürlich haben wir es genommen, aber dann sah sie auch den Grund. Aber ich würde nie jemanden verärgern wollen, es sei denn, es gäbe eine sehr positive Idee, die wir ausprobieren müssen.

In höchstem Maße bedauerlich ist es, dass die Zusammenarbeit zwischen Callas und Karajan infolge des Wiener Vertragspokers 1957 endete. Daneben liegt unter Karajans Leitung noch der Livemitschnitt der *Lucia di Lammermoor* aus dem Jahre 1955 vor. Er ist hinsichtlich der Hauptrolle und des Dirigats unübertroffen, leidet jedoch unter einer durchschnittlichen Besetzung der kleineren Partien. Karajans Versuche, Callas zu einem *Tosca*-Film zu überreden, scheiterten ebenso wie diejenigen Zeffirellis.[11]

Mit anderen Dirigenten gab es schon in jungen Jahren heftige Auseinandersetzungen. Erich Kleiber, gewiss ein Patriarch der alten Schule, echauffierte sich einmal darüber, dass Callas beim Maggio Musicale in Florenz 1951 nicht schon am Montagmorgen zu einer Probe von *I vespri siciliani* erschienen war, obwohl sie erst am Nachmittag eingeteilt war. Er meinte, sie mit deutlichen Worten vor dem gesamten Ensemble zurechtweisen zu müssen. Daraufhin erwiderte Callas, er möge *I vespri siciliani* bitte selbst singen, packte ihre Noten ein und verließ die Probe. Es vergingen einige Stunden, ehe Kleiber einsah, dass er sich bei ihr entschuldigen musste. Es mag Kritiker gegeben haben, die ihr Verhalten als divenhaft tadelten. In Wahrheit demonstrierte Callas eine bewundernswerte Selbstbehauptung und Stärke gegenüber der anmaßenden Männerwelt der frühen fünfziger Jahre. Der Erfolg gab ihr recht. Nach der dritten Aufführung kam der Intendant der Mailänder Scala mit dem Vertrag für die Eröffnung der nächsten Spielzeit in ihre Garderobe. Und auch die Eheleute Kleiber und Meneghini freundeten sich kurz darauf an.[12]

Die weit verbreitete Vorstellung, dass sie sich ihren Weg nach ganz oben mit einer unerbittlichen Grausamkeit erkämpft habe,

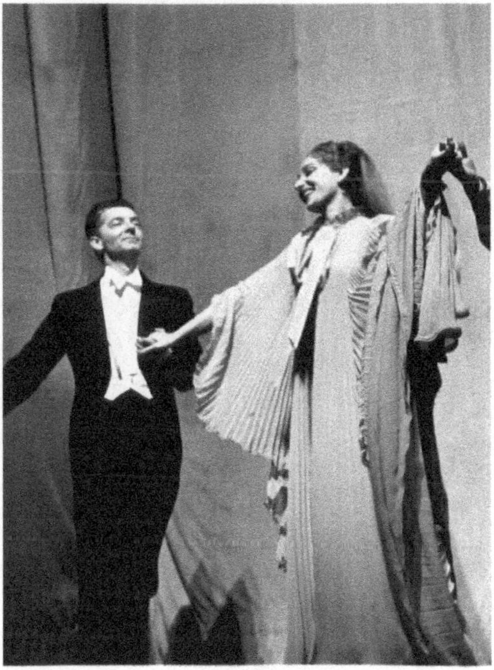

Herbert von Karajan und Maria Callas in der Wiener Staatsoper nach der Aufführung von *Lucia di Lammermoor*, 12. Juni 1956.

die ihre Feinde in Ehrfurcht erstarren ließ, geht einmal mehr auf George de Carvalhos Titelstory im *Time Magazine* von 1956 zurück: »Von Anfang an sah sich das einsame, dicke Mädchen aus Manhattan im Alleingang gegen eine Welt von Feinden antreten. Im Moment ihres Triumphs ist sie stolz auf ihre trotzige Eigenständigkeit.«[13] Doch die Zeiten der einsamen Diven wären ein für alle Mal vorbei, so Carvalho. In den Opernhäusern sei Teamwork angesagt, Sängerinnen und Sänger würden sich als perfekt aufeinander eingespielte Ensembles verstehen, und konsequenterweise habe daher die Metropolitan Opera den Solo-Vorhangruf verboten. In diesen modernen und demokratischen Zeiten sei Maria Callas »die einzige Diva, die den stolzen Titel der Primadonna mit all seinen Untertönen von Gut und Böse wirklich verdient«.[14]

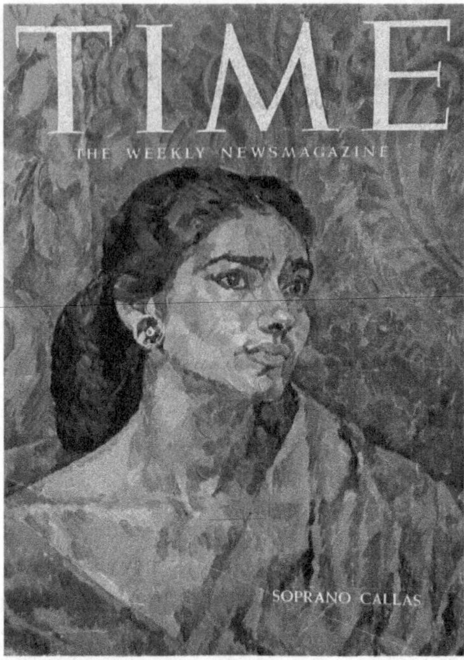

Maria Callas auf dem Cover des *Time Magazine*, 29. Oktober 1956. Nach einem Gemälde von Henry Koerner.

Doch die Annahme einiger Kritiker, ihre »Rücksichtslosigkeit gegenüber Kollegen« sei nichts weiter als die »triumphale Rache an der Umwelt, die sie immer als feindlich empfand«, greift vermutlich zu kurz.[15] Viele Künstler, die mit ihr zusammenarbeiteten, berichteten über Konflikte, weil sie die hohen Ansprüche, die sie an sich selbst stellte, nicht immer bei den anderen vorfand. »Wenn Maria Callas unter Kollegen als schwierig galt, dann lag das daran, dass sie eben ein absoluter Profi war, und manch anderer war es nicht«, erinnert sich Montserrat Caballé: »Nur unter mittelmäßigen Leuten galt sie als schwierig, unter solchen, die sich nicht der Kunst verschrieben hatten, solchen Dirigenten, Regisseuren und Sängern, die sich ganz und gar nicht für die Oper aufopferten, sondern nur für das, was ihnen selbst etwas einbrachte.«[16]

In späteren Jahren konnte sie die anderen allein durch ihre Präsenz zu Höchstleistungen motivieren: »Sobald Maria zu den Proben erschien, genügte ihre bloße Anwesenheit, um sicherzustellen, dass jeder bis zum Umfallen arbeitete«, berichtete Zeffirelli von der Londoner *Tosca*-Produktion aus dem Jahre 1964.[17]

Deutlich zeigen sich geschlechtsspezifische Unterschiede im Umgang mit Kolleginnen und Kollegen. Ihre Zusammenarbeit mit Frauen war im künstlerischen Alltag schon deshalb unproblematisch, weil sie sich gewöhnlich in einer höheren Position befand als ihre Kolleginnen und diese bereitwillig unterstützte. Zu Nadia Stancioff hat sie allerdings einmal gesagt, dass sie im professionellen Bereich den Umgang mit Männern gegenüber Frauen vorziehen würde.[18] Hierzu passt ihr Gehorsam gegenüber einzelnen Männern in ihrem Arbeitsumfeld. Vor allem ihre Zusammenarbeit mit Luchino Visconti ist in dieser Hinsicht immer wieder kontrovers diskutiert worden. Zeffirelli zufolge war diese künstlerische Partnerschaft für Callas eine goldene Zeit:

> Ihre Begabung verlangte nach der Art von üppigen Inszenierungen, die seinem Stil entsprachen. Besser als alle anderen Spielleiter hatte er begriffen, dass man sie dazu bringen konnte, eine Rolle sehr differenziert zu gestalten, und gemeinsam weiteten sie die Kunst der Oper immer mehr zu großem Schauspiel aus, auf eine Art und Weise, von der man früher nur geträumt hatte. Dazu kam die Spannung, die sich bei jedem Auftritt Marias aufbaute.[19]

Letztlich habe für sie nur gezählt, in Visconti einen künstlerisch ebenbürtigen Partner gefunden zu haben.

Weniger folgsam war sie gegenüber Männern, deren Autorität sie nicht vollständig anerkannte. Dies zeigte sich etwa in der Zusammenarbeit mit Giuseppe Di Stefano anlässlich der so genannten Abschiedstournee 1973/74. Damals benötigte sie durchaus gesangstechnische Unterstützung, und ihr Partner versuchte es auf seine Art, ihr Ratschläge zu erteilen. Allerdings war Di

Stefano immer ein intuitiver Sänger gewesen und nicht für eine besonders gründliche technische Ausbildung bekannt. In einer Probe soll er ihr immer wieder zugerufen haben, die Kehle weiter zu öffnen, bis ihr der Kragen platzte, wie ihr damaliger Klavierbegleiter Robert Sutherland berichtete:

> Wutentbrannt schimpfte sie auf ihn ein – mit der Stimme eines Marineoffiziers, mit verzerrtem Gesicht, gefletschten Zähnen, riesigen schwarzen Augen wie denen eines eingesperrten Tieres und langen Fingern mit blutrot lackierten Nägeln, die wie die Krallen eines Adlers gebogen waren. Der helle, sonnenbeschienene Raum erschien grau und kalt. Eine Urgewalt war am Werk. Angesichts dieser dämonischen Macht stand Di Stefano wie erstarrt, unfähig, sich zu bewegen, mit heruntergeklapptem Kiefer und offenem Mund vor Schreck. Er schien nicht mehr zu atmen. Ich auch nicht. Die Haare in meinem Nacken stellten sich auf. Meine Hände, die im Begriff waren, einen Akkord zu spielen, zitterten auf der Tastatur. Kaum verständlich, schrie Maria in einem groben italienischen Dialekt. Aber die Bedeutung war klar. Da er ihre sich allmählich aufbauende Anspannung nicht gespürt hatte, überschritt Di Stefano eine ihm bis dahin unbekannte Grenze.[20]

5 Rollen

Opernsängerinnen und -sänger werden häufig über die Rollen definiert, die sie besonders oft und erfolgreich dargestellt haben. Anfang des 20. Jahrhunderts personifizierten Titta Ruffo den Rigoletto und Fjodor Schaljapin den Boris Godunow buchstäblich, in den dreißiger Jahren galten Lauritz Melchior und Kirsten Flagstad als ideale Verkörperung der beiden Titelpartien in Wagners *Tristan und Isolde*, später waren Mirella Freni und Luciano Pavarotti als Mimì und Rodolfo in Puccinis *La bohème* unvergleichlich. Otto Edelmann, bei dem ich Ende der achtziger Jahre zu studieren das Glück hatte, ließ an seinem Wiener Domizil sogar in monumentalen Lettern den Schriftzug ›Villa Lerchenau‹ anbringen, da der Ochs auf Lerchenau aus dem *Rosenkavalier* von Wien bis New York seine Paraderolle war. Hofmannsthals Altwienerische Buffofigur passte zu ihm wie angegossen – und mit nobler Selbstironie identifizierte er sich mit ihr.

Maria Callas' ikonische Rolle war die Norma aus der gleichnamigen Oper von Vincenzo Bellini. 92-mal stand sie in dieser Partie auf der Bühne – häufiger als in jeder anderen Rolle. Studiert hatte sie die Oper schon in ihrer Jugend mit ihrer Lehrerin Elvira de Hidalgo: Schon als Sechzehnjährige trat sie am 23. Februar 1940 in dem Duett »Mira, o Norma« gemeinsam mit Arda Mandikian in Athen auf.[1] Und die Norma begleitete sie während ihrer gesamten Karriere: Von 1948 bis 1965 wurde sie regelmäßig für Bellinis Meisterwerk gebucht – nicht zuletzt deshalb, weil es lange Zeit keine andere Sängerin gab, die hierfür an den ersten Häusern der Welt in Frage kam. Kein Zweifel: *Norma* ist das Schlüsselwerk für den ›Belcanto Turn‹.

Die Identifizierung der Callas mit Norma gelang auf mehreren Ebenen zugleich. Als »Casta Diva« (›unberührte Göttin‹), von der in der berühmten Arie die Rede ist, wurde sie von ihren Verehrern selbst wahrgenommen. Die Priesterin, die auf ihr privates Glück verzichten muss und infolge der Übertretung ihres Keuschheitsgelübdes am Ende freiwillig den Tod auf dem Scheiterhaufen wählt, glaubten viele Kritiker im Werdegang der Callas wiederzufinden. Und die Verbindung von hochvirtuosem Belcanto-Gesang und glühender Expressivität, welche diese Partitur in besonderem Maße fordert, wurde fortan ihr Markenzeichen.

In der Figur der Norma verdichten sich zahlreiche Eigenschaften, die auch für andere ihrer emblematischen Rollen charakteristisch sind. Besonders häufig verkörperte sie, wie Jürgen Kesting schreibt, »Figuren, die Opfer männlicher Macht-, Eroberungs- und Unterdrückungsfantasien waren. Das ist ein Aspekt,

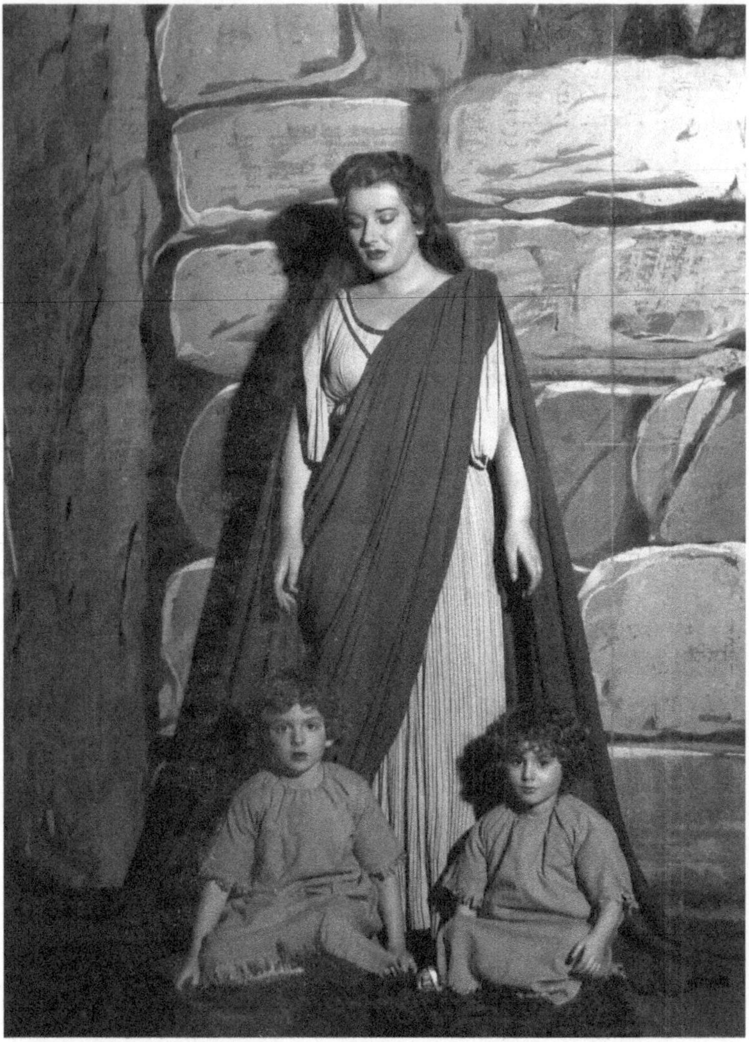

Paraderolle Norma: Maria Callas 1952 an der Mailänder Scala.

der in aller Schärfe erstmals wohl von Cathérine Clément herausgearbeitet worden ist.«[2] Die feministische Philosophin hielt die Kunstform Oper insgesamt für eine Männerdomäne: »Wenige Frauen nehmen teil an den männlichen Machenschaften rund um dieses Spektakel, das ersonnen wurde, um die weibliche Figur anzubeten und auch, um sie zu töten.«[3]

Das Rollenrepertoire der Callas ist in der Summe nicht übermäßig umfangreich. Insgesamt 41 Opern- und zwei Operettenpartien hat sie im Laufe ihrer Karriere auf der Bühne gesungen, vier weitere kamen für Gesamtaufnahmen im Plattenstudio noch hinzu. Mitgerechnet sind dabei auch jene Rollen, die sie nur zu Beginn ihrer Karriere im besetzten Griechenland verkörperte, die aber für ihr Stimmprofil ansonsten eher untypisch sind. Hierzu zählen nicht nur die Beatrice in Franz von Suppés heiterer Operette *Boccaccio* oder die Marta in Eugen d'Alberts blutrünstiger Bauerntragödie *Tiefland*, sondern auch Leonore in Beethovens *Fidelio* oder Santuzza in Mascagnis *Cavalleria rusticana*, ferner *Suor Angelica* sowie Smaragda in der griechischen Oper *O Protomasteras* von Manolis Kalomiris. Auch die drei Wagner-Partien der Isolde, Brünnhilde und Kundry sowie Puccinis hochdramatische Turandot sang sie auf der Bühne nur in jungen Jahren (1947 bis 1950).

Subtrahiert man (mit Ausnahme der *Tosca*) die Athener Rollen, die sie später nie wieder live gesungen hat, so verbleibt ein relativ schmales Repertoire von lediglich 36 Bühnenpartien. Gewiss, ihre zeitweilige Rivalin Renata Tebaldi brachte es alles in allem auch nur auf 41 Rollen, obwohl ihre Bühnenlaufbahn mehr als dreißig Jahre währte. Luciano Pavarotti sang in einem Zeitraum von mehr als vierzig Jahren ebenfalls nur 36 Partien, und der fabelhafte Alfredo Kraus beschränkte sich sogar auf nur 28 Opern – die er dafür noch bis unmittelbar vor seinem Tod mit 71 Jahren souverän beherrschte. Verglichen mit Montserrat Caballé (75 Rollen), Martha Mödl (70 Rollen), Leyla Gencer (67 Rollen), Joan Sutherland (64 Rollen) oder dem Jahrhundert-Tenor Enrico Caruso (63 Rollen) ist das genuine Callas-Repertoire jedoch eher schmal – ganz zu schweigen von dem versatilen Plácido Domingo, der in mehr als 150 Rollen auf der Bühne stand, kumuliert im Tenor- und Baritonfach.

Die bloße Addition der Rollen sagt jedoch nichts aus über die immense Breite des Gesangsspektrums. Auch hier ist ein Vergleich mit Domingo aufschlussreich. Callas konnte sowohl hochvirtuose Rossini- als auch hochdramatische Wagnerrollen auf Weltniveau singen. Beide Repertoireextreme lagen selbstverständlich außerhalb der Reichweite von Domingo, dessen schöner und perfekt sitzender, aber nicht umfassend genug ausgebildeter ›Naturstimme‹ es an der für Rossini nötigen Höhe und Agilität ebenso mangelte wie an der bei Wagner unverzichtbaren Strahl- und Durchschlagskraft.

Am häufigsten hat Callas selbstverständlich die charismatischen, ausnahmslos tragischen Titelrollen gesungen: Norma, Traviata, Tosca, Lucia, Aida, Sonnambula, Gioconda, Medea. In ihnen ist der Anspruch einer Primadonna assoluta vollkommen verwirklicht. Das musikalische Gewicht der männlichen Partien in diesen Opern ist dem der Diva deutlich unterlegen, ganz zu schweigen von den weiteren Frauenrollen. Ähnliches gilt für Anna Bolena, Fedora, Alceste, Madama Butterfly, Turandot, Armida, Vestale oder Suor Angelica, auch wenn sie diese Figuren weitaus seltener gespielt hat als die zuvor genannten.

Fast alle dieser Heroinen entstammen dem ›langen‹ 19. Jahrhundert, das von der Französischen Revolution bis zum Ersten Weltkrieg reicht. Gewiss war Maria Callas eine der ersten berühmten Operndiven der Musikgeschichte, die niemals in einer ›aktuellen‹, in der Gegenwart komponierten Oper aufgetreten ist.[4] 1951 war ihr auf ausdrücklichen Wunsch des Komponisten die Mailänder Erstaufführung von Gian Carlo Menottis *The Consul* angeboten worden, doch es kam zu keiner Einigung.[5] Als ›modern‹ lässt sich auch die 1916 uraufgeführte griechische Oper *O Protomastoras* (dt. *Der Baumeister*) kaum bezeichnen, obwohl ihr Komponist Manolis Kalomiris (1883–1962) noch lebte und wohl auch anwesend war, als Callas während des Zweiten Weltkriegs im Sommer 1944 in der Hauptrolle der Smaragda in diesem Werk wahrscheinlich nur zweimal auftrat.[6] So ist die Titelrolle in Puccinis 1926 posthum uraufgeführter *Turandot* im Bühnenrepertoire der Callas die modernste Partie. Immerhin sang sie die chinesische Märchenprinzessin bereits 1948, also nur 22 Jahre nach der Premiere.

Überblickt man ihre Rollen in der Reihenfolge, in der sie diese erarbeitete, so fällt auf, wie stark die hochdramatischen Partien in den ersten Jahren der Karriere in Italien im Vordergrund standen. Nach *La Gioconda* sang sie die drei Wagner-Partien der Isolde, Brünnhilde und Kundry, besonders häufig aber Puccinis ebenfalls hochdramatische *Turandot*. Von dieser sagte sie später, sie habe ihrer Stimme nicht gutgetan, Wagner hingegen sei sehr einfach gewesen. Die erste Wagner-Partie der Callas war bereits mit 24 Jahren die Isolde. Am 25. Oktober 1947 schrieb sie an Bagarozy, sie bereite sich unter der Leitung von Serafin »wie verrückt auf *Tristan* vor«.[7] Im September 1948 erwähnt sie in einem Brief an de Hidalgo, dass sie für den Winter *Die Walküre* in Venedig und Palermo übernehmen werde und aus Rom für *La fanciulla del West* angefragt worden sei.[8] Während letzteres Engagement nicht zustande kam und Callas diese sehr fordernde Puccini-Partie auch später nicht in ihr Repertoire aufnahm, sang sie Wagners Titelrolle der Brünnhilde im Januar 1949 zunächst viermal in Venedig unter der Leitung von Tullio Serafin und sodann zweimal am Teatro Massimo in Palermo, am 28. Januar und 10. Februar unter Francesco Molinari-Pradelli. Später hat sie in einem Interview geäußert, dass ihr diese Wagner-Auftritte überhaupt nicht schwergefallen seien:

> Wagner ist viel leichter zu singen als Verdi. Wagner ist von Anfang an geradlinig. Es gibt keinerlei Zweifel, wo es anfängt und wo es enden wird. Brünnhilde ist von Beginn an die Heldin, und bei ihr gibt es keine Unbeständigkeit. Sie kennt keine technischen Schwierigkeiten. Es gibt bei ihr nicht diese ganzen Verzierungen, von denen ich vorhin gesprochen

habe. Sie ist wie ein solider Block, und das Risiko ist viel geringer, denn die Stimme ist nicht entblößt. Die Instrumentierung trägt die Stimme mit solcher Macht, dass sich die Sängerin vollkommen sicher fühlen kann. Das Gleiche gilt für *Tristan und Isolde.* Ich fand die Rolle der Isolde sehr einfach. Und warum? Weil sie von einem großartigen Orchester unterstützt wird. Die Noten sind nicht besonders schwierig, selbst die hohen Noten sind nicht so zahlreich, nicht annähernd wie bei Norma oder selbst bei Verdi. Und es gibt überhaupt keine technischen Schwierigkeiten, die Abellimenti und Fioriture sind nicht vorhanden.[9]

Mit der Kundry aus *Parsifal* debütierte sie am 26. Februar 1949 in Rom unter der musikalischen Leitung von Tullio Serafin und sang die Partie in dieser Spielzeit anschließend noch in drei weiteren Vorstellungen. Nicht ohne Stolz schrieb ihre Lehrerin de Hidalgo diesen Erfolg ihrer eigenen Unterrichtsmethode zu, als sie Callas aus ihrem damaligen Wohnort Ankara am 15. März 1949 zu ihren Wagner-Erfolgen gratulierte.[10] Den Vergleich zwischen Wagner und Belcanto erlebte sie 1948 besonders intensiv, als sie ihre erste *Norma* sang und wenig später innerhalb einer Woche auch Bellinis *I puritani* einstudierte, während sie gleichzeitig in Venedig die ihrer Ansicht nach so »leichte« *Walküre* zu singen hatte.

Zu Beginn der fünfziger Jahre zeigt sich sodann eine deutliche Hinwendung zum Belcanto-Repertoire sowie die Wiederbelebung von Rollen, die damals nicht zum Repertoire italienischer Opernhäuser gehörten. Ihre Auftritte in *Il turco in Italia* und *Armida* waren wesentliche Beiträge zur Rossini-Renaissance der fünfziger Jahre, und *Orfeo ed Euridice* von Joseph Haydn war 1951 sogar eine Welturaufführung. Und auch *Die Entführung aus dem Serail* – die einzige Mozart-Oper, in der Callas jemals aufgetreten ist – war 1952 an der Mailänder Scala eine Erstaufführung. Vor allem aber studierte sie in den frühen fünfziger Jahren Donizettis *Lucia di Lammermoor* sowie fünf zentrale Verdipartien ein. Auch 1953/54 gestattete sie sich Ausflüge ins 18. Jahrhundert mit Cherubinis *Medea* und Glucks *Alceste*, sowie in die Epoche Napoleons mit Spontinis *La vestale*. Unter den Wiederentdeckungen, die sich mit Callas' Namen verbinden, hat *Medea* wohl den größten Stellenwert, nicht nur, weil sie diese Rolle insgesamt 31-mal verkörperte, sondern auch im Hinblick auf ihre bedeutende Zusammenarbeit mit Margarete Wallmann, Alexis Minotis und später mit Pasolini. Als weitere neue Belcanto-Partie kam 1955 Bellinis *La sonnambula* hinzu, die Callas zunächst mit Leonard Bernstein an der Scala zur Aufführung brachte und später an vielen anderen Orten gesungen hat. Die Bilanz ab 1956 fällt zwiespältig aus. Zwar kommen mit Rossinis *Il barbiere di Siviglia*, Donizettis *Anna Bolena* und *Poliuto* sowie Bellinis *Pirata* weitere Belcanto-Opern dazu. Zugleich kündigt sich aber bereits das Karriereende an. Symptomatisch hierfür ist, dass Callas nach 1957 nur noch zwei neue Rollen einstudierte. Nach 1960 war sie auf der Opernbühne ausschließlich in ihren drei Paraderollen Medea, Norma und Tosca zu erleben.

Beinahe ihre gesamten Rollen hat Maria Callas in einem Zeitraum von lediglich zehn Jahren einstudiert, zwischen 1948 und 1957. Später jedoch sang sie in Konzerten und im Studio ein viel breiteres Repertoire, darunter zahlreiche französische Arien, auch für Mezzosopran und Altstimme. Dabei hat sie in zahlreichen Interviews immer wieder betont, dass der Belcanto das Zentrum ihres Schaffens bildet. Belcanto ist der Schlüssel zum Vermächtnis der Maria Callas. Mit ihrem Namen verbinden sich zahlreiche ›Wiederentdeckungen‹ von Opern, die in den fünfziger und sechziger Jahren seit einiger Zeit von den Spielplänen verschwunden waren. Allerdings sind diese Revivals nicht zu vergleichen mit heutigen Festival-Exhumierungen beispielsweise von Barockopern, deren Partituren seit drei Jahrhunderten völlig unberührt in den Archiven schlummerten. Keine der von Callas reanimierten Opern war damals wirklich unbekannt. Vielmehr handelte es sich um Werke sehr renommierter Komponisten, die schwerlich zu übersehen waren. Die Bedeutung von Maria Callas lag also eher in der Fokussierung und Neubewertung einiger damals weniger beachteter Werke. Ihr Repertoire konzentriert sich im Wesentlichen auf das 19. Jahrhundert und somit auf eine Epoche, in der sich bereits der noch heute lebendige Opernkanon herauskristallisierte. Die von Callas besonders hochgehaltenen Meister des italienischen Belcanto, also Rossini, Donizetti und Bellini, gehörten definitiv zu diesem Kanon, auch wenn in den fünfziger Jahren nur einzelne ihrer Opern regelmäßig gespielt wurden: *Il barbiere di Siviglia* (1816) und *La Cenerentola* (1817) von Rossini, *Norma* (1831) und *La sonnambula* (1831) von Bellini sowie *L'elisir d'amore* (1832), *Lucia di Lammermoor* (1835) und *Don Pasquale* (1843) von Donizetti. Unter diesen sieben Belcanto-Hauptwerken finden sich vier komische Opern – ein Spielplansegment, das Callas nahezu vollständig gemieden hat. Abgesehen von Rossinis unverwüstlichem *Il barbiere di Siviglia* ist Callas nur in einer einzigen weiteren Opera buffa jemals szenisch aufgetreten, in *Il turco in Italia* (1814). Zweifellos prägten ihre Auftritte im Teatro Eliseo in Rom 1950 und an der Mailänder Scala 1955 sowie ihre EMI-Studioaufnahme unter der Leitung von Gianandrea Gavazzeni 1954 (der überhaupt ersten Gesamteinspielung dieser Oper) die Renaissance des *Turco in Italia* – auch wenn dieser bereits 1948 beim Tanglewood Festival aufgeführt worden war.

Lediglich Luigi Cherubini und Gaspare Spontini, die Komponisten der beiden emblematischen Callas-Opern *Medea* (1797) und *La vestale* (1807), waren seit Jahrzehnten nicht mehr auf den Spielplänen präsent, genossen jedoch das ganze 19. Jahrhundert hindurch ein hohes Ansehen. Beide Komponisten schrieben ihre Opern in Paris und in französischer Sprache, was zur Folge hatte, dass sie sich in Italien niemals durchsetzen konnten. Die italienische Erstaufführung von *Medea* fand erst 1909 an der Mailänder Scala statt, mit Ester Mazzoleni (1883–1982) in der Titelrolle. Ein Jahr zuvor hatte Mazzoleni unter der Leitung von Toscanini an der Scala auch *La vestale* gesungen, ein Werk, das auch noch zum Repertoire der amerikanischen Sopranistin Rosa Ponselle (1897–

1981) zählte, die Callas seit ihrer New Yorker Kindheit bewunderte. Ponselle war in dem Werk sowohl an der Metropolitan Opera als auch in Italien noch bis in die dreißiger Jahre aufgetreten und hatte zudem die beiden Arien der Protagonistin auf Schallplatte aufgenommen.

Überhaupt nur einmal hat Maria Callas tatsächlich eine Titelrolle in der Uraufführung einer älteren, bis dahin noch nie szenisch dargebotenen Oper übernommen: Am 9. Juni 1951 verkörperte sie unter der musikalischen Leitung von Erich Kleiber die Rolle der Euridice in *L'anima del filosofo, ossia Orfeo ed Euridice* von Joseph Haydn am Teatro della Pergola in Florenz. Das Werk war 1791 während Haydns erster England-Tournee im Auftrag des Impresarios John Gallini für das Londoner King's Theatre komponiert, aber nicht aufgeführt worden.

Mit insgesamt zehn verschiedenen Rollen ist Giuseppe Verdi der von ihr am häufigsten interpretierte Komponist. Von echten Wiederentdeckungen kann bei dem schon damals meistgespielten Opernkomponisten der Welt natürlich keine Rede sein, zumal sich Callas überwiegend auf die bekanntesten Werke Verdis beschränkte. Immerhin gehörten *I vespri siciliani* und *Macbeth* nicht zu letzteren. Abgesehen von Puccini gab es bei Verdi auch die größten Überschneidungen mit dem Repertoire von Renata Tebaldi, was vielleicht einen kleinen Teil zur Erklärung beiträgt, warum sie Gilda (*Rigoletto*) überhaupt nur zweimal und Desdemona (*Otello*) niemals gesungen hat. Dass Callas und Tebaldi komplementäre Stimmfächer repräsentiert hätten, wie mitunter behauptet wird, entspricht indessen nicht ganz der Realität. Elena Rakowska, die Ehefrau Tullio Serafins, hatte zu diesem Thema eine klare Position: »Maria Callas hätte ohne weiteres jede beliebige Rolle aus Tebaldis Repertoire übernehmen können, während Tebaldi niemals in der Lage war, bestimmte Callas-Partien zu singen.«[11]

Eine weitere ikonische Callas-Rolle ist die Lady Macbeth. Unter Verdis frühen Opern markiert *Macbeth* einen entscheidenden Wendepunkt, der das ›pathetische Singen‹ von Maria Callas antizipiert. Als der Komponist damals erfuhr, dass Eugenia Tadolini die Partie der Lady Macbeth verkörpern sollte, sprach er mit klaren Worten aus, warum er diese glänzende Sängerin gerade in dieser Rolle für nicht geeignet hielt: Sie habe eine herrliche, klare Stimme und eine perfekte Technik, er wünsche jedoch eine raue, erstickte, hohle Stimme, sie singe wie ein Engel, er benötige aber einen Teufel. Verdis Wunschbild dieser Rolle schien perfekt auf Callas zu passen. Im Umkehrschluss hieß das freilich auch, dass sie für die meisten typischen Spinto-Rollen Verdis nicht die Idealbesetzung war: Hier forcierte Callas – wie es der Londoner Kritiker Rupert Christiansen vielleicht etwas zu polemisch formuliert hat – einen »Stressfaktor und ein Beharren auf dramatischer Zuspitzung, die im Widerspruch zu der im Wesentlichen lyrischen und weit ausladenden Qualität ihrer Musik stehen«.[12]

Heute ist es kaum noch vorstellbar, dass unter Verdis Opern selbst *La traviata* zu den Werken zählte, die durch Maria Callas neue Impulse erhielten. Tatsächlich stand das die heutigen Aufführungsstatistiken dominierende Werk lange Zeit etwas weniger im Zentrum als die damals unangefochtenen Verdi-Blockbuster *Aida* und *Il trovatore*. Mit Callas' Rolleninterpretation der Violetta in der legendären Inszenierung von Visconti konnte sich das zutiefst berührende Schicksal der Kameliendame auch gegenüber der anderen schwindsüchtigen Primadonna des Kernrepertoires, Puccinis Mimì aus *La bohème*, durchsetzen. Der Glaubwürdigkeit ihrer Darstellung der Violetta war die rasante Verschlankung ab 1953 sehr zuträglich, und es ist gewiss mehr als eine bloße Koinzidenz, dass sie in jenen Jahren gerade diese Partie, die oftmals als ihre persönliche vokale Signatur bezeichnet wird, so oft gesungen hat.

Ungeachtet der hohen Anzahl ihrer *Traviata*-Aufführungen ließe sich darüber streiten, ob Violetta tatsächlich als ›die‹ paradigmatische Verdi-Rolle der Callas angesehen werden kann. Einer solchen Einschätzung steht entgegen, dass es zu viele andere außergewöhnliche Interpretinnen der mittlerweile ubiquitären

Kameliendame gegeben hat. Auch sind die stimmlichen Herausforderungen nicht mit jenen der Abigaille aus *Nabucco*, der Elena aus *I vespri siciliani* oder der Lady Macbeth zu vergleichen. Bemerkenswert ist indes, wie sich ihre Interpretation im Laufe der Jahre verändert hat. Während sie die Partie in den frühen Jahren mit Callas-typischer Leidenschaft vom ersten bis zum letzten Akt ausgesungen hat, nahm sie die Stimme später immer deutlicher zurück, wie im Vergleich der Mitschnitte aus der Scala unter Carlo Maria Giulini von 1955 und aus Lissabon 1958 zu hören ist. Nicht bei allen Kritikern kam das gut an:

> Ich habe mich jahrelang bemüht, der Stimme von Violetta eine kränkliche Qualität zu verleihen, schließlich ist sie eine kranke Frau. Es ist alles eine Frage des Atems, und man braucht eine sehr saubere Stimmkontrolle, um diese müde Art des Sprechens oder Singens aufrechtzuerhalten. Und was haben sie gesagt? ›Callas ist müde. Die Stimme ist müde.‹ Aber das war genau der Eindruck, den ich vermitteln wollte.[13]

Warum sang Maria Callas keine Mozart-Rollen? Jürgen Kesting zufolge war das eine Frage ihres Temperaments, das »nicht das Maß, sondern den Ausbruch, die Erregung, die Exaltationen« gekannt habe: »Selbst wenn sie eine pastorale Figur verkörperte wie Bellinis Amina und deren Kantilenen und mit unendlicher Zartheit und selbst Süße sang, war sozusagen das Zwielicht romantischer Todessehnsucht spürbar.«[14] Ein weiterer, vermutlich wichtigerer Grund dürfte gewesen sein, dass es in den großen Mozart-Opern – mit Ausnahme der *Entführung aus dem Serail*, deren Konstanze sie tatsächlich einige Male gesungen hat – jeweils zwei in etwa gleichwertige Frauenrollen gibt. Das entsprach ganz und gar nicht dem Status einer Primadonna assoluta.

6 Studio

Callas und Caruso gelten weltweit als die beiden größten Gesangsstars des 20. Jahrhunderts. Fraglos hat das vor allem künstlerische Gründe. Aber in beiden Fällen sind auch bedeutende mediengeschichtliche Faktoren nicht zu übersehen. Sowohl der legendäre Tenor Enrico Caruso (1873–1921) als auch die kurz nach dessen Tod geborene Maria Callas profitierten in außerordentlichem Maße von den technologischen Entwicklungen der Tonträgerindustrie, die sich zu Beginn ihrer Karrieren ereigneten. Und beide bescherten den Firmen, die diese Entwicklungen vorantrieben, enorme Absatzmöglichkeiten. So trugen Enrico Carusos Aufnahmen von Opernarien und populären Canzonen zu Beginn des 20. Jahrhunderts wesentlich zum globalen Siegeszug der Schallplatten und Grammophone des US-amerikanischen Herstellers Victor bei, für den er in den Jahren 1904 bis 1920 exklusiv arbeitete. Bereits 1904 landete Caruso, der »Napoleon des Grammophons«[1], mit seiner Einspielung von Ruggero Leoncavallos Arie »Vesti la giubba« aus der Oper *Pagliacci* einen Welterfolg: Es war die erste Schallplatte in der Tonträgergeschichte, von der weltweit mehr als eine Million Exemplare verkauft wurden.

War die maximale Spieldauer der Schellackplatten damals noch auf wenige Minuten begrenzt und mithin nur für die Aufnahme von Arien, Liedern und anderen kurzen Musikstücken geeignet, so ermöglichte die 1948 von Columbia Records vorgestellte Langspielplatte die Einspielung vollständiger Opern. Und dies, ohne das Hörerlebnis auf 38 Schallplattenseiten zu verteilen, wie etwa noch in der legendären Bayreuther Columbia-Aufnahme von *Tristan und Isolde* aus dem Jahre 1928 unter der Leitung von Karl Elmendorff, die gleichwohl nur rund zwei Drittel von Wagners Musik enthält.[2] Die Erfindung der Langspielplatte veränderte die Rezeption der technologisch reproduzierten Kunstform Oper nachhaltig. Das Anhören einer Platte beschränkte sich nicht mehr nur auf die »Fülle des Wohllauts«, die

Thomas Mann im *Zauberberg* am Beispiel vieler »schöner Stellen« aus einzelnen Opernwerken evoziert. Erst jetzt war es möglich, den kompletten dramatischen Spannungsbogen eines Gesamtwerks kontinuierlich zu erleben und hörend nachzuvollziehen.

Diese neuen Möglichkeiten kamen in ganz besonderem Maße dem Gesangsstil der Callas entgegen, der nicht nur auf Schönheit des Stimmklangs, sondern in singulärem Maße auf Expressivität und Wahrhaftigkeit des psychologischen Ausdrucks ausgerichtet ist. Die Authentizität und dramatische Spannkraft ihrer Stimme trägt und prägt die vollständige Dauer eines dreistündigen imaginären Theaterabends. So wurde Maria Callas zum ersten Superstar der Operngesamtaufnahme und fand in diesem neuen Medienformat ihren genuinen Ausdruck. Umso eindrucksvoller, dass dieses historisch herausragende Studiovermächtnis praktisch innerhalb nur eines Jahrzehnts entstand: 24 vollständige Opern hat sie auf der Grundlage ihres EMI-Vertrages allein von 1952 bis 1960 aufgenommen, später kamen nur noch zwei weitere in den Jahren 1964/65 hinzu.

Diese im Studio produzierten Opernaufnahmen machen natürlich nur einen kleinen Teil der gesamten von Maria Callas erhaltenen Tondokumente aus. Ihre offiziellen Schallplattenaufnahmen setzen mit dem Beginn der LP-Ära ein und umfassen einen Zeitraum von zwei Jahrzehnten (1949–1969), darüber hinaus liegen Rundfunkaufnahmen und diverse (Piraten-)Mitschnitte von Live-Auftritten aus früherer Zeit vor. Inzwischen kann die am 7. April 1935 bei *The Major Bowes Talent Show* aufgenommene Puccini-Arie »Un bel dì vedremo« aus *Madama Butterfly* mit großer Sicherheit als früheste erhaltene Callas-Aufnahme verzeichnet werden.[3] Die unter dem Pseudonym Nina Foresti überlieferte Aufnahme wurde von vielen Autoren noch bis vor kurzem einer Sängerin namens Anita Duval zugeschrieben.[4] Hingegen stammt eine ebenfalls viel zitierte anonyme Aufnahme von »O mio babbino caro« aus Puccinis *Gianni Schicchi* aus derselben Zeit mit Sicherheit nicht von Callas.[5]

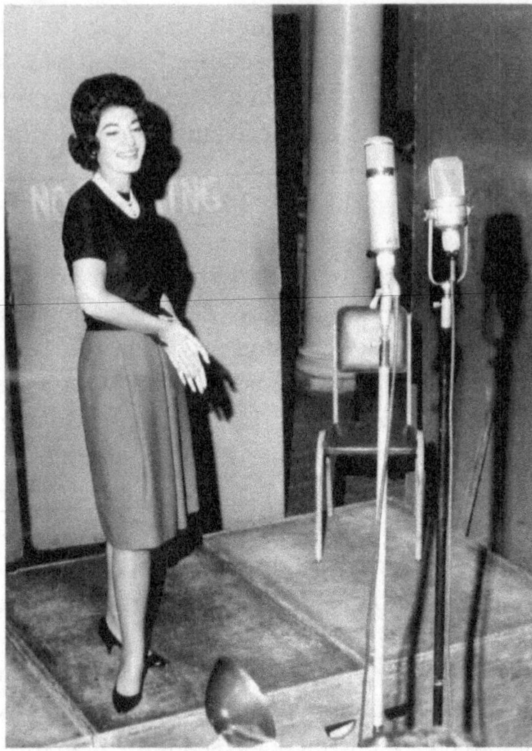

Maria Callas im Tonstudio der Londoner Kingsway Hall, 16. November 1961. Die Aufnahmen mit Belcanto-Arien blieben zunächst unter Verschluss und wurden erst 1992 als *Callas Rarities* veröffentlicht.

Die Chronologie der Schallplattenaufnahmen zeigt somit deutliche Verschiebungen und Abweichungen gegenüber ihrer Bühnenkarriere. Während die frühen griechischen Opernauftritte sowie die beiden ersten italienischen Jahre nicht durch Tonaufzeichnungen dokumentiert sind, lässt sich ihre Karriere ab 1949 nahezu lückenlos anhand der Aufnahmen verfolgen. 1952 wurde sie von der EMI vor allem mit dem Ziel unter Vertrag genommen, komplette Opernaufnahmen in Referenzqualität zu produzieren. In den folgenden Jahren sang sie die Hauptrollen in jährlich zwei bis fünf Gesamtaufnahmen pro Jahr. Dabei kam es gegen Ende der ›großen‹ Karriere im Jahre 1957 mit einer Serie der Einspielungen von *Il barbiere di Siviglia*, *La sonnambula*, *Turandot*, *Manon Lescaut* und *Medea* zu einem Höhepunkt ihrer Studiotätigkeit: Alle Beteiligten wussten, dass ihnen die Zeit davonzulaufen begann.

Inzwischen sind aus mannigfachen offiziellen, inoffiziellen und nicht immer vollständig nachvollziehbaren Quellen diverse Mitschnitte von Callas-Liveauftritten wieder aufgetaucht und auf Tonträgern vervielfältigt worden. In Buenos Aires wurde eigens das Callas-Label Divina Records begründet, um »die vollständigste Sammlung von seltenem und unveröffentlichtem Audio- und Videomaterial von Maria Callas zugänglich zu machen« – auch wenn dort bislang nur ein Teil des erhaltenen Materials erschienen ist.[6] Gehören vor allem die frühen Aufnahmen aus Mexico und Argentinien zum Kernbestand von Divina Records, so hat das Label auch viele legendäre spätere Callas-Livemitschnitte von Opernproduktionen veröffentlicht, darunter *Lucia di Lammermoor* aus ihrer ersten New Yorker Saison (8. Dezember 1956), die Mailänder *Anna Bolena* (14. April 1957), beide Scala-Gastspiele mit *La sonnambula* anlässlich der Eröffnung der Oper Köln (4. und 6. Juli 1957), zwei der vier Aufführungen derselben Oper in Edinburgh (21. und 26. August 1957), *Il pirata* aus der New Yorker Carnegie Hall (27. Januar 1959), *Poliuto* aus der Scala (7. Dezember 1960), zwei vollständige Aufnahmen der allerletzten Pariser *Norma* (14. und 21. Mai sowie 17. und 29. Mai 1965) und schließlich die Gesamtaufnahme ihres überhaupt letzten Opernauftritts in *Tosca* (London, 5. Juli 1965).[7]

Vergleicht man mehrere Callas-Aufnahmen ein und derselben Arie, so lassen sich oft erhebliche Unterschiede nicht nur des Stimmklangs, sondern auch bei einzelnen interpretatorischen Entscheidungen feststellen. Dabei geht es nicht nur um bessere oder weniger gelungene Wiederholungen derselben Interpretationsabsicht, sondern womöglich auch um grundsätzlich andere

Zugänge zu bestimmten Stücken. Doch wie lässt sich überhaupt feststellen, ob und in welcher Hinsicht Maria Callas dasselbe Werk zehn Jahre später anders interpretiert hat? Und kann man durch den bloßen Vergleich mehrerer Tonträgeraufnahmen eindeutig zwischen bewussten Interpretationsentscheidungen der Künstlerin von eher zufälligen Abweichungen oder – im Extremfall – sogar missglückten Passagen differenzieren? Das ist eine äußerst komplexe Herausforderung, für welche die musikwissenschaftliche Interpretationsforschung erst in jüngster Zeit methodische Zugänge erschlossen hat. Die von Kai Köpp, einem der Pioniere in den historischen Performance Studies, entwickelten Kategorien der Tonträgeranalyse umfassen

1. Intentionales, zum Beispiel Gestaltungskonzept, rhetorische Effekte, musikalische Entscheidungen (wiederholt in der nächsten Aufführung).
2. Unreflektiertes, zum Beispiel zeitgenössische Selbstverständlichkeiten wie Arpeggio oder Portamento (wiederholt in der nächsten Aufführung).
3. Zufälliges, zum Beispiel Tempo-Flexibilität, spontane Schlusswirkungen (nicht wiederholt in der nächsten Aufführung).
4. Missglücktes, zum Beispiel technische Fehler, wirkungslose rhetorische Mittel (nicht wiederholt beziehungsweise korrigiert in der nächsten Aufführung).[8]

Anhand dieser Kategorien lassen sich Unterschiede zwischen dem vollständig intentional durchgearbeiteten Gestaltungskonzept der meisten Studio-Gesamtaufnahmen und den überraschenden Varianten bei der Performance-Analyse von Live-Mitschnitten besonders klar benennen.[9]

Nicht nur aus diesem Grund geben viele Callas-Fans und Schallplattenexperten den Live-Aufnahmen gegenüber den Studioproduktionen den Vorzug. Die Spontaneität des Vortrags und die Identifikation mit der Rolle kommen auf der Bühne zweifellos wesentlich stärker zur Geltung. Auch lässt sich an ihnen das nicht mehr rekonstruierbare Ausmaß schauspielerischer Gestaltung zumindest erahnen. Und Callas selbst hat immer wieder betont, wie unterschiedlich ihre Performance je nach Tagesform und sonstigen Umständen ausfallen konnte.

Besonders viele unterschiedliche Gesamtaufnahmen mit Maria Callas in der Titelrolle liegen von *Norma* und *La traviata* vor. Vollständige Live-Mitschnitte der *Norma* sind aus Mexico City (1950), London (1952), Triest (1953) und Mailand (1955) erhalten. Hinzukommen die beiden Studio-Gesamteinspielungen der EMI aus den Jahren 1954 und 1960 sowie ein vollständiger Radiomitschnitt der RAI Roma von 1955. Daneben liegen unvollständige Aufführungsmitschnitte aus Rom (1958 ›Rome Walkout‹) und Paris (1965) vor, sowie zahlreiche Einspielungen der Arie »Casta Diva« aus Buenos Aires (1949), Rom (1957), London (1958 und 1963), Paris (1958), Stuttgart (1963) und Kopenhagen (1963).[10] Vollständige *Traviata*-Mitschnitte gibt es aus Mexiko (1951 und 1952), Mailand (1955 und 1956), Lissabon (1958) und London (1958), hinzukommt die Mailänder Studioaufnahme (1953).[11]

Doch nicht nur der Vergleich unterschiedlicher Aufnahmen, sondern auch derjenige unterschiedlicher Versionen ein und derselben Aufnahme fördern bemerkenswerte Ergebnisse zu Tage. Tatsächlich wird der subjektive Klangeindruck der Stimme von Maria Callas ganz wesentlich durch die Audio-Restaurierungs- und Remastering-Techniken beeinflusst, die bei den späteren Veröffentlichungen des originalen Audiomaterials zum Einsatz kamen. Die Bemühungen der EMI-Techniker zielten darauf ab, den Originalklang der mittlerweile jahrzehntealten Aufnahmen zu modernisieren. Unter Schallplattenexperten ist der Mehrwert dieser einzelnen Remasterings umstritten. Robert Seletsky, dem wir die wichtigsten Studien zu den einzelnen Callas-Aufnahmen und ihren späteren Bearbeitungen verdanken, ist zu dem Fazit gelangt, dass keine der späteren CD-Versionen die Präzision und Wärme der originalen Langspielplatten erreicht habe: »Aufnahmen aus den großen Jahren der Callas können nicht zwangsweise den heutigen klanglichen Erwartungen angepasst werden, ohne dass dabei echte, originale Stimmcharakteristika verloren gehen.«[12]

1949 brachte Callas ihre erste im Studio produzierte Schallplatte auf den Markt. Sie lässt nicht zuletzt dadurch aufhorchen, dass sie extrem unterschiedliche Partien zusammenbringt: Auf den in italienischer Sprache gesungenen »Liebestod« aus Richard Wagners *Tristan und Isolde* folgen Arien aus Vincenzo Bellinis *Norma* und *I puritani.* Zweifellos lassen sich bei der Wagner-Aufnahme die größten Überraschungen bewundern. Dabei sollte man Callas gar nicht unbedingt an den großen Wagner-Sängerinnen der vierziger und fünfziger Jahre messen (etwa der phänomenalen Kirsten Flagstad), sondern ganz aus der italienischen Gesangstradition heraus verstehen. Seit den allerersten italienischen Wagner-Aufführungen in Bologna 1871 assoziierte man seine Musik mit dem sinfonischen Stil. Die sonst so genau und ausdrucksstark artikulierende Callas scheint hier reine Vokalisen zu intonieren, die sich gleichsam als Hauptstimme des Orchesters erweisen. Zugleich kann man gar nicht genug das fantastische Legato und die Kunst der *Messa di voce* bewundern.

Walter Legge war der Produzent der großen Callas-Aufnahmen für EMI in den fünfziger Jahren. Für ihn war Maria Callas, wie Jürgen Kesting formuliert hat, »die ideale Protagonistin des imaginären Theaters«, welches die Opernschallplatten ermöglichten.[13] Ihre Zusammenarbeit ist auf den ersten Blick zweifellos eine Erfolgsgeschichte, denn keine andere Opernsängerin hat jemals so viele Schallplatten verkauft wie sie, und Legge war damals der führende Schallplattenproduzent im Bereich der klassischen Musik weltweit. Jedoch fällt die Bilanz bei nüchterner Betrachtung nicht vollkommen positiv aus. Man kann Legge schwerlich seinen persönlichen Musikgeschmack zum Vorwurf machen, und auch die Tatsache, dass er kein besonderer Kenner der italienischen Belcanto-Oper war, ist ihm kaum zur Last zu legen. Er war ein Selfmademan ohne professionelle musikalische

Ausbildung, und auch in seinem künstlerischen Werturteil blieb er ein Kind seiner Zeit. Dass er sich schon bei ihren ersten gemeinsamen Aufnahmen 1953 entschloss, eine Testreihe von Mozarts »Non mi dir« aus *Don Giovanni* zu machen, um die akustischen Bedingungen im Saal zu testen und um herauszufinden, wie offen Callas für Kritik sein würde, spricht Bände.[14] Dass Callas noch nie *Don Giovanni* gesungen hatte, mag ihm unbekannt oder unvorstellbar, wahrscheinlich aber völlig egal gewesen sein.

Wer den ›Belcanto Turn‹ als zentrales historisches Vermächtnis von Maria Callas begreift, könnte in Legge nicht nur ihren idealen Partner, sondern womöglich auch einen Gegenspieler sehen. Denn angesichts der Erfolgsstory ihrer professionellen Liaison ist es fast schon unverzeihlich, dass es von den wegweisenden Signaturopern aus dem Belcanto-Repertoire praktisch keine von Legge aufgenommenen Studio-LPs gibt. Callas' epochemachende Interpretationen von *Anna Bolena, Armida, Macbeth, Medea, Nabucco* und *I vespri siciliani* sind ›nur‹ in Live-Mitschnitten dokumentiert. Ein Belcanto-affinerer Produzent hätte Callas womöglich mit diesen sowie weiteren Opern, für die sich damals szenisch keine Gelegenheit bot, ins Studio geschickt: Rossinis *Semiramide* und *La Cenerentola*, Bellinis *La straniera* und *Beatrice di Tenda* oder Donizettis *Lucrezia Borgia* und *Roberto Devereux* hätten sich angeboten, vielleicht auch die beiden Hauptwerke der französischen Grand Opéra, Rossinis *Guillaume Tell* und Giacomo Meyerbeers *Les huguenots.*

Derartigen Projekten standen gewiss in erster Linie finanzielle Interessen im Wege, nicht nur auf Seiten Legges und der EMI, sondern auch auf Seiten Callas' und Meneghinis. Man darf Legge zugutehalten, dass man für die vielen von ihm verschmähten Belcanto-Opern nicht nur eine fantastische Primadonna, sondern auch einen möglichst ebenbürtigen Tenor mit strahlender Höhe, beweglichem Koloraturvermögen und dramatischem Tiefgang benötigt hätte – und den gab es damals einfach nicht. Am ehesten wäre der von Legge entdeckte und geförderte Nicolai Gedda hierfür prädestiniert gewesen, wie die beiden heraus-

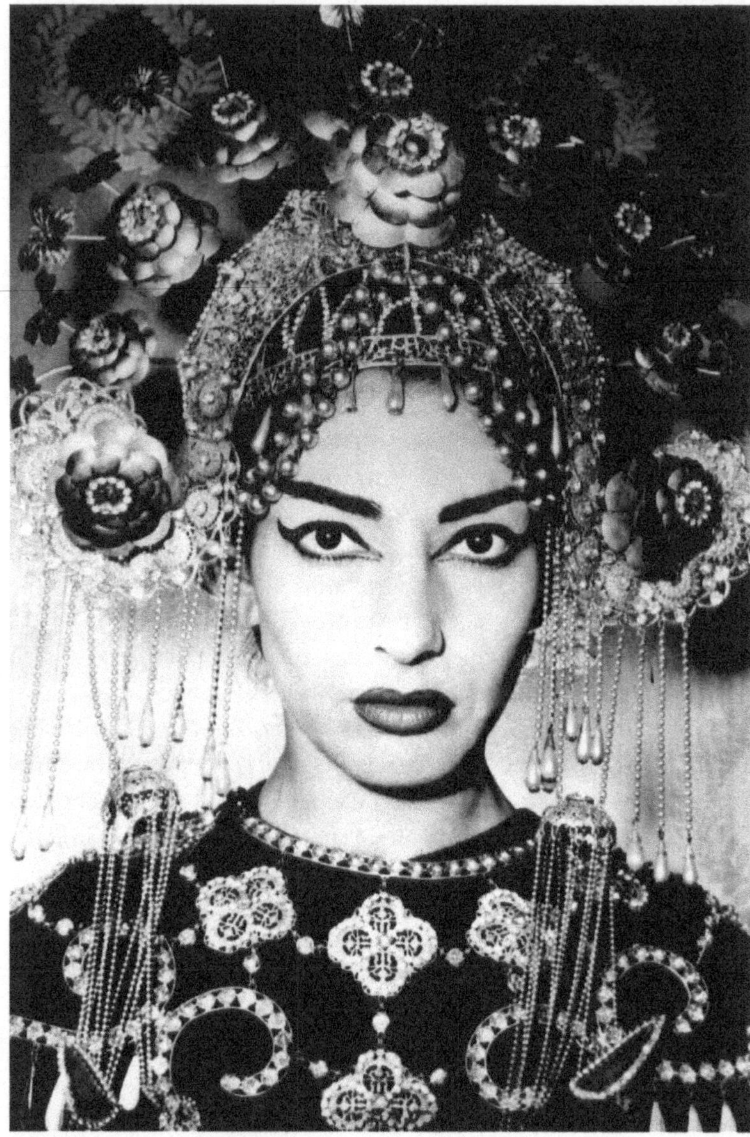

Puccinis *Turandot* hat Maria Callas auf der Bühne nur 1948/49 gesungen, im Studio aber erst 1957 aufgenommen, wofür auch das berühmte Coverfoto entstand.

ragenden EMI-Gesamtaufnahmen von *Il turco in Italia* (1954) und *Madama Butterfly* (1955) belegen – auch wenn seine Stimme in letzterer Oper neben der *grande vocaccia* allemal zu graziös war.

Legges kommerziell weitsichtiger Plan, die wichtigsten italienischen Opern mit dem Duo Callas und Di Stefano aufzunehmen, ging nur so weit auf, wie es die Möglichkeiten des Letzteren zuließen. Gewiss war Di Stefano damals ein großartiger Tenor, eine der schönsten Stimmen seiner Zeit. Und doch kann man an den zehn allesamt zwischen 1953 und 1957 produzierten Studioopern dieses ungleichen Paares besonders gut nachhören, was die Jahrhundertsängerin in den wenigen Jahren ihrer Bestform auszeichnete, selbst wenn einige dieser Di-Stefano-Opern sie unterforderten.

Statt Belcanto forcierte Legge die Gesamteinspielung der wichtigsten Puccini-Opern, von denen Callas *La bohème* und *Manon Lescaut* nie auf der Bühne gesungen hatte, und für die sie auch nicht die Idealbesetzung war. Man kann bestreiten, ob ihre erste *Tosca* (1953) unter Victor de Sabata wirklich, wie Legge behauptete, die »bedeutendste Callas-Aufnahme überhaupt« war, selbst wenn sie zu Recht als Jahrhundertproduktion gilt und auch »nach fast fünfundzwanzig Jahren immer noch einzigartig in der Geschichte der italienischen Opernaufnahmen« gewesen sein dürfte.[15] Fast schon ein Kuriosum der Schallplattengeschichte ist Legges *Turandot* (1957) mit seiner Ehefrau Elisabeth Schwarzkopf in ihrem Rollendebüt als Liù und Callas in der mörderischen Titelpartie, die sie damals schon seit acht Jahren nicht mehr auf der Bühne gesungen hatte. In ihrem Bestseller-Konzeptalbum *Puccini Heroines* (1955) hatte Callas das *Turandot*-Problem wesentlich überzeugender gelöst: Getreu ihrem Motto, dass ein Sopran alles singen können müsse, präsentiert sie die Solonummern beider Sopranpartien dieser Oper. So bilden die Belcanto-Livemitschnitte und die artifiziellen Puccini-Studioproduktionen in ihrem Vermächtnis zwei Gegenpole. Keine Frage, dass letztere die größere Diffusion erreichten und das mediale Image ›der‹ Callas deutlich stärker prägten: »Callas' Puccini scheint geschaffen worden zu sein, um die kommerzielle Präsenz der Sopranistin im Mainstream zu sichern.«[16] Dabei entstand ein rein mediales Opernerlebnis, das in dieser Konstellation niemals auf der Bühne stattgefunden hatte. Für die Nachwelt mag das nebensächlich sein. Denn das imaginäre Theater der Maria Callas lebt heute allein von der technologisch reproduzierbaren Präsenz ihrer Stimme.

MYTHOS

1 Biographik

Die Biographik von Opernsängerinnen und -sängern ist in den meisten Fällen ein kurzlebiges Geschäft. Das breite Publikum interessiert sich für diese Art der Lektüre nur so lange, wie die Biographierten umjubelt werden. Die Bücher verschwinden daher noch schneller von der Bildfläche als die Personen, deren Leben sie erzählen. Und nach dem Tod der ehemals gefeierten Bühnenkünstler zerstreuen sich auch die Quellen in alle Winde. Je nach Prominenz der Verblichenen landen Sammlerstücke und Teile der Korrespondenz auf Auktionen, oft jedoch im Altpapier. Nur in seltenen Fällen – wie in jenem von Mario Del Monaco – ist das komplette Privatarchiv erhalten und durch eine wissenschaftliche Bibliothek mustergültig erschlossen worden: Das Archivio del Canto der Universitätsbibliothek Bologna verwahrt die Briefe, Verträge, Besetzungszettel, Theaterplakate, Fotografien sowie die von der Ehefrau des Künstlers jahrzehntelang gesammelten Pressekritiken und stellt sie der interessierten Öffentlichkeit zur Verfügung.[1]

Bei Maria Callas ist die Quellenlage komplizierter. Nach dem plötzlichen Tod am 16. September 1977 wusste zunächst niemand, wer den Nachlass erben würde. Offenbar nahm die griechische Pianistin Vasso Devetzi, die als die engste Freundin von Maria Callas galt und in dieser anfangs von niemandem in Frage gestellten Rolle gemeinsam mit ihrem Partner Jean Roire die Trauerfeierlichkeiten, die Einäscherung und die Beisetzung recht straff organisierte, auch diverse Dokumente in Verwahrung, deren Verbleib nicht vollständig geklärt ist.[2] Die Callas-Stiftung, deren Begründung Devetzi anregte, ist allerdings kaum in Erscheinung getreten, auch wenn sie mit Sitz in Fribourg (Schweiz) lange Jahre Bestand hatte.

Nach einem erbitterten Rechtsstreit hatte sich Meneghini mit Evangelia und Jackie Callas schließlich im Mai 1978 auf eine Erbteilung geeinigt, da Ersterer das Testament aus dem Jahre 1954 vorweisen konnte und keine weitere Verfügung der Verstorbenen aufgetaucht war. Evangelia und Jackie Callas veräußerten den ihnen zugesprochenen mobilen Besitz sogleich wieder, und Meneghini erwarb vieles zurück, was einst zu seinem Haushalt gehört hatte.[3] Zugleich schlug die Stunde der Jäger und Sammler, die sich ebenfalls auf die Reliquien stürzten. Zahlreiche Callas-Gesellschaften und Fanclubs wurden gegründet, die sich untereinander vernetzten und Informationen austauschten. Namentlich der in den Niederlanden ansässige Maria Callas International Club hat durch seine vielfältigen Initiativen, Aktivitäten und Publikationen wichtige Impulse auch für die Callas-Forschung gegeben. Das von ihm herausgegebene *Maria Callas Magazine* hat seit 1990 in jährlich drei Ausgaben zahlreiche Quellen und Dokumente zur Callas-Biographik zugänglich gemacht, darunter Transkriptionen und Übersetzungen sämtlicher Rundfunk- und Fernsehinterviews sowie zahlreiche bis dahin unbekannte Fotografien.[4] Der Musikkritiker Robert Baxter trug eine einzigartige Callas-Bibliothek zusammen, die später an die Stanford University Library ging und dort seit 2018 studiert werden kann. Die derzeit weltgrößte öffentlich zugängliche Sammlung von Callas-Dokumenten umfasst Korrespondenz, Diskographien, Forschungsmaterialien, Programme, Zeitschriften, Zeitungsausschnitte, Auktions- und Ausstellungskataloge, Fotografien, sämtliche Callas-Bücher und natürlich die kompletten Ton- und Videoaufnahmen.[5] Mit der Eröffnung eines neuen Museums in Athen zum 100. Geburtstag von Maria Callas im Jahre 2023 sowie einem weiteren seit langem geplanten Museumsprojekt in Paris dürfte sich die Zugänglichkeit von Callas-Dokumenten künftig weiter verbessern.

Meneghini besaß ein großes Archiv, das einerseits ihre Briefe an ihn, andererseits Geschäftsdokumente aus seiner zwölfjährigen Managerzeit enthielt. Aus beidem hat er in seinem Buch (*My Wife Maria Callas*, 1983) reichlich zitiert, wobei er auf einen erfahrenen Ghostwriter zurückgreifen konnte: Renzo Allegri, einem Journalisten mit Hang zu religiösen Themen, verdanken wir auch erfolgreiche Bücher über Papst Johannes XXIII., Mutter

Teresa, die Mystikerin Natuzza Evolo und den Ordenspriester Pius von Pietrelcina (Padre Pio). Allegri hatte Maria Callas 1973 auch selbst in Turin kennengelernt, als er sie auf Vermittlung Giuseppe Di Stefanos anlässlich ihrer dortigen Inszenierung von Verdis *I vespri siciliani* für die Wochenzeitschrift *Gente* interviewen durfte und beinahe als einziger Journalist wohlwollend über ihre Regiearbeit berichtete.[6] Die spätere Allianz Meneghini-Allegri zeitigte erhebliche Synergieeffekte. Der damals weit über 80-jährige Bauunternehmer war nicht nur der für ihn ungewohnten Mühe des Schreibens enthoben, sondern verließ sich beim Faktencheck auf Allegris Expertise. Dieser wiederum verschaffte sich Einblick in große Teile der Callas-Korrespondenz, die er in seine Publikationen einfließen ließ und dadurch in den Rang einer führenden italienischen Callas-Autorität aufstieg. Später ließ Allegri eine weitere Edition mit den kurz zuvor bei Sotheby's versteigerten Briefen sowie dem Kreuzfahrt-Tagebuch Meneghinis folgen.[7]

Stelios Galatopoulos, ein persönlicher Bekannter der Sängerin und Verfasser mehrfach übersetzter Callas-Bücher, hat besonders viele Gespräche mit ihr protokolliert, darunter auch Erinnerungsfragmente über ihre Familie, Onassis und künstlerische Fragen. Auch Galatopoulos hatte Einblick in die Briefe und Tagebücher Meneghinis und wollte weiter mit ihm zusammenarbeiten, aber Allegri war ihm zuvorgekommen.[8] Tom Volf, der Kurator der Pariser Callas-Ausstellung zum vierzigsten Todestag 2017 und Regisseur des erfolgreichen Dokumentarfilms *Maria by Callas* (ebenfalls 2017), gab die bislang umfassendste Edition ihrer Briefe und der von Galatopoulos aufgezeichneten Erinnerungen heraus. Zunächst in französischer Sprache erschienen, gebührt der italienischen Ausgabe der Vorzug, weil die meisten Briefe im Original in dieser Sprache verfasst sind.[9] All diese Ausgaben leiden darunter, dass ihre Quellen nicht dokumentiert werden und dass sie unterschiedliche Versionen und Übersetzungen derselben Dokumente präsentieren. Dessen ungeachtet sind sie für die Biographik natürlich unverzichtbar.

Jackie Callas hatte lange Zeit wenig Interesse an der Konservierung von Callas-Memorabilia: Selbst den angeblichen Brief ihrer Schwester mit der berühmten Suizid-Empfehlung will sie eigenhändig zerrissen haben.[10] Erst nachdem sie 1985 den zwanzig Jahre jüngeren Arzt und Callas-Fan Andreas Stathopoulos geheiratet hatte, änderte sich ihre Einstellung. Ihr Enthüllungsbuch *Sisters* (1989) erschien, als die anderen Zeitzeugen aus dem persönlichen Umfeld schon verstorben waren. Es stammt im Wesentlichen aus der Feder von David Sweetman, einem erfahrenen britischen Weltreisenden, Journalisten und Poeten. Sweetman schrieb zahlreiche kulturhistorische Biographien, darunter solche über Vincent van Gogh, Mary Renault, Paul Gauguin, Henri de Toulouse-Lautrec und Oscar Wilde. Seine Callas-Expertise verdankt sich vor allem seiner Biographie über Franco Zeffirelli (1986), und *Sisters* war für ihn gewiss ein willkommenes Anschlussprojekt. Zeffirellis eigenwillige Sicht auf Callas dürfte auf dem Umweg über Sweetman auch Jackie Callas beeinflusst haben. Auf ihn sowie Walter Legge geht die Auffassung zurück, dass Maria Callas unter einem gewaltigen Minderwertigkeitskomplex gelitten habe. Eine Kernthese von *Sisters*, dass dieser Minderwertigkeitskomplex ausgerechnet der älteren Schwester galt, darf man in Anbetracht von deren blasser und unkreativer Persönlichkeit getrost vergessen. Eher könnte es sich umgekehrt verhalten haben: Die kränkliche Jackie war lebenslänglich eifersüchtig auf die viel temperamentvollere Maria, und dieses Leid verstärkte sich mit jedem Erfolg der jüngeren Schwester. Auch beruflich ist Jackie gescheitert und war jahrzehntelang auf das Geld ihrer Schwester angewiesen. Dass sie noch im weit fortgeschrittenen Alter allen Ernstes versuchte, durch eine Gesangsausbildung in die Fußstapfen ihrer Schwester zu treten, zeigt ihre Unselbstständigkeit und zugleich eine beschränkte Realitätswahrnehmung. Authentisch wirkt das Buch insofern, weil Jackie Callas hier dieselben Gehässigkeiten über ihre Schwester zum Besten gibt, die sie wörtlich auch in einer im Jahre 1991 aufgezeichneten Veranstaltung des Maria Callas International Club in London geäußert hat.[11] Nach Auffassung des Callas-Experten Jürgen Kesting lasse sich über die »Enthüllungs- und Rechtfertigungsbücher« aus dem persönlichen Umfeld der Sängerin »kaum mehr sagen, als dass die Lektüre mit Schmerzensgeld belohnt werden müsste«.[12] Für die ausführlichen Abschnitte, die sich mit dem ereignisarmen Leben von Jackie Callas beschäftigen, gilt diese Einschätzung allemal. Dennoch gewährt sie manche Einblicke in eine dysfunktionale Familiendynamik.

My Daughter Maria Callas, das Werk der Mutter Evangelia Callas, gehört überwiegend in den Bereich der fiktionalen Literatur – eine Eigenschaft, die es mit vielen Callas-Büchern teilt. Positiv schlägt zu Buche, dass es ziemlich flott geschrieben ist. Freilich wäre die notorische ›Rabenmutter‹ kaum in der Lage gewesen, ein so kurzweiliges Buch zu verfassen, noch dazu in einer Fremdsprache. Als Ghostwriter engagierte man für sie einen versierten Krimiautor, Lawrence G. Blochman, der ansonsten als Übersetzer der Romane von Georges Simenon aus dem Französischen in Erinnerung geblieben ist. Ein Krimi ist *My Daughter Maria Callas* zwar nicht geworden, doch Blochman hat die zwölf Kapitel leidlich konstruiert. Nachdem die ersten acht die Biographie einer fleißigen höheren Tochter vor dem Hintergrund des dramatischen Weltgeschehens entwerfen, spitzt sich das Zerwürfnis mit Mutter und Schwester im neunten Kapitel zu: Beide erhalten auf ihre Bettelbriefe von der Operndiva die Empfehlung, sich gegebenenfalls lieber umzubringen als auf Unterstützung zu hoffen. Nach diesem Schock platziert Blochman einige retardierende Momente: Mutter Callas darf im zehnten Kapitel ziemlich nichtssagend die künstlerischen Leistungen ihrer Tochter kommentieren und im elften einige ›Mythen‹ entlarven, wobei es ihr vor allem darauf ankommt, nochmals den eigenen gesellschaftlichen Status zu betonen. Der Showdown bringt ganz zum Schluss doch noch Unerwartetes: Auftritt Onassis. Maria Callas wird mit ihrer antiken Paraderolle Medea identifiziert, und die allwissende Mutter tröstet sich damit, dass die Diva sich im Laufe der Zeit von allen abgewandt habe, denen sie angeblich ihre Karriere verdankte: der Mutter, der Schwester, der ersten Lehrerin Trivella, dem Onkel Efthymios Dimitriadis (der diesen Kontakt vermittelt hatte), dem angeblichen ›Ersatzvater‹ Mario Bonalti, dem Agenten Edgar Bagarozy, ihrem Gesangscoach Louise Caselotti, dem Dirigenten Tullio Serafin und schließlich auch ihrem Ehemann Giovanni Battista Meneghini.

Als zuverlässige historische Quelle kommt *My Daughter Maria Callas* kaum in Betracht. Bereits der allererste Absatz des Buches wartet mit ›alternativen Wahrheiten‹ auf:

> Meine Tochter Maria begann ihr Leben in einem Sturm – symbolisch gesprochen, denn sie war ein Sturmzentrum während der längsten Zeit ihres Erwachsenenlebens. Am 4. Dezember 1923, ihrem Geburtstag, gab es einen Schneesturm, wie ich ihn niemals zuvor erlebt hatte. In diesem Jahr war ich gerade erst aus Griechenland nach New York gekommen, und in meinem Teil von Griechenland hatten wir niemals solche Stürme. Von meinem Zimmer im Flower Hospital an der Fifth Avenue in New York konnte ich den Schnee wie eine nasse Handinnenfläche gegen das Fenster peitschen hören, und über die Avenue sah ich die Schneeverwehungen im Central Park, die Gewächse und Gärten und den Verkehrslärm unter sich begrabend.[13]

Der Reihe nach: Maria Callas wurde am 2. und nicht am 4. Dezember 1923 geboren. Das Flower Hospital befand sich damals in der East 63rd Street auf Höhe der York Avenue, geboren wurde sie im Fifth Avenue Hospital zwischen East 105th und East 106th Street. Die ersten vier Dezembertage des Jahres 1923 waren komplett niederschlagsfrei, danach regnete es hin und wieder, der erste Schnee fiel in New York in diesem Jahr am 14. Dezember. Zu dem Zeitpunkt hatten Mutter und Tochter die Klinik längst verlassen. Am 2. Dezember 1923 lag die Tageshöchsttemperatur in Manhattan bei 48 °F (8,9 °C) und am 4. Dezember bei 47 °F (8,3 °C).[14]

So weit, so gut. Der zweite Absatz beginnt noch fantastischer: »Als sie mir Maria brachten, schaute ich sie nicht an, denn ich hatte einen Sohn haben wollen. Ich wandte mich ab von ihr und starrte wieder in den verschneiten Park und auf die vom Sturm gepeitschten Bäume.« Am Ende der zweiten Seite kommt sie nochmals etwas ausführlicher auf die Geburtsumstände zu sprechen:

> Sie brachten mir das Baby, und ich hielt sie in meiner Armbeuge und stillte sie, während ich aus dem Fenster auf den Schnee schaute. Ihr Haar war schwarz und sie fühlte sich in meinen Armen sehr schwer an. »Nehmt sie weg«, sagte ich schließlich, und eine Weile lang betrachtete ich wieder den Schnee und dachte an meinen geliebten Sohn Vasily. Dann schlief ich ein. Vier Tage später betrachtete ich meine Tochter Maria zum ersten Mal. Der Doktor hatte Recht, sie war ein hübsches Baby, unfassbar hübsch, mit ihren schwarz gelockten Haaren und ihren großen schwarzen Augen.[15]

Dass sich ihre Mutter tagelang kategorisch geweigert haben soll, das Neugeborene auch nur anzuschauen, fehlt in keiner Callas-Biographie – mit oftmals weitreichenden Schlussfolgerungen zu frühkindlichen Traumata. Hierauf sowie auf die Beziehungen von Mutter und Tochter wird noch zurückzukommen sein. Evangelia Callas' Schilderung der Geburtsumstände darf man also getrost unter der Rubrik des Mythos verbuchen, genau wie andere Anekdoten, für die bis heute keine Belege vorliegen.

Einige der meistgelesenen Callas-Biographien beruhen zu erheblichen Teilen auf solchen unbewiesenen Spekulationen. Der griechisch-amerikanischen Journalistin und Bestsellerautorin Arianna Stassinopoulos – heute als Arianna Huffington unter dem Namen ihres Exmannes als Begründerin der Online-Zeitung *Huffington Post* bekannt – verdanken wir auch die bislang einflussreichste und meistgelesene Callas-Biographie. Ihr Buch erschien 1980 in englischer Sprache und kam ein Jahr darauf in deutscher Übersetzung heraus. Stassinopoulos legt dar, sie habe sich zwei Jahre lang mit diversen Zeitzeugen zu Interviews getroffen.[16] Da jedoch keines dieser angeblichen Gespräche dokumentiert ist, sondern nur die Gedanken und Assoziationen der Verfasserin, kommt Stassinopoulos nicht als Quelle für die Biographik, sondern nur für den Callas-Mythos in Betracht. Der Text dürfte auch wegen latenter autobiographischer Bezüge mit einer gewissen Vorsicht zu genießen sein. Auch die entschieden antifeministische Haltung der Verfasserin ist bei einer Bewertung ihres traditionalistischen Callas-Bildes zu berücksichtigen. Bereits im Alter von 23 Jahren legte sie 1973 ein Buch *The Female Woman* vor, das sich offen gegen die damalige Frauenbewegung richtete. Viele Callas-Mythen, die ihre Rolle als Frau, Liebende und Geliebte betreffen, gehen unmittelbar auf Stassinopoulos zurück.

Formal anfechtbar erscheint gewiss auch die viel zitierte Biographie von Nadia Stancioff, die in ihrem Nachwort lediglich mitteilt, der »Raum würde nicht ausreichen, um all jene Leute einzeln anzuführen, die mir für meine Interviews ihre Zeit großzügig zur Verfügung gestellt haben«.[17] Ihr Buch erweist sich jedoch insgesamt als zuverlässig und unverzichtbar. Viele Quellen – darunter die damals wegen des völlig anderen Namens schwer auffindbare Geburtsurkunde – hat sie als erste Autorin identifiziert. Fast alle ihrer Beobachtungen stimmen mit denen anderer Zeitgenossen überein, die Callas in den beiden letzten Jahrzehnten ihres Lebens gut gekannt haben. Robert Sutherland, Callas' Klavierbegleiter und enger Freund auf der so genannten Abschiedstournee, fand unter sämtlichen bis Ende der neunziger Jahre erschienenen Biographien nur bei Stancioff ein Porträt, in dem er Maria Callas wiedererkennen konnte.[18] Der Grund dürfte sein, dass sich die meisten anderen Bücher an Stassinopoulos orientierten.

Manche anderen Erinnerungsbücher lassen sich schwer einschätzen. So hat sich Steven Linakis als ein New Yorker Cousin von Maria Callas bezeichnet und durch diese Behauptung eine

1980 erschienene Biographie legitimiert, deren ›Augenzeugenberichte‹ aus ihrer Kindheit und ihren schlecht dokumentierten New Yorker Jahren 1945–47 schwer überprüft werden können.[19] Ungeklärt ist auch die Rolle der ebenfalls sonst nirgends erwähnten Callas-Schülerin Maya Das Gupta, die in den letzten Lebensjahren offenbar viel Zeit mit ihr verbracht und hierüber ihre Gedanken und Erinnerungen in einem Umfang von annähernd 600 Seiten verfasst hat.[20]

Sehr anschaulich hat die Musik- und Genderforscherin Beatrix Borchard auf die Grundprobleme der Künstlerinnen-Biographik hingewiesen, die sich im Fall von Maria Callas im Vergleich mit den Lebensbeschreibungen männlicher Gesangsstars sofort offenbaren: »Niemand zeiht Caruso des übergroßen Ehrgeizes, niemand führt seine Kunst auf seine zu große Nase zurück, niemand interpretiert seinen frühen Tod als Ausdruck des Scheiterns und niemand würde auf die Idee kommen, Caruso mit dem Herzog von Mantua, mit Radames oder Cavaradossi zu identifizieren.«[21]

Offenkundig spielt das Geschlecht der Biographierten eine zwar meist unausgesprochene, aber entscheidende Rolle für die Art und Weise der Darstellung. Auch die Kriterien der künstlerischen Bewertung sind oftmals geschlechtsspezifisch. Besonders deutlich zeigt sich die unterschiedliche biographische Behandlung weiblicher und männlicher Künstler an der ebenso omnipräsenten wie übergriffigen Gepflogenheit, ausschließlich Frauen konsequent mit ihrem Vornamen anzusprechen.

An Maria Callas lassen sich die unterschiedlichsten Strategien der literarischen Lebensbeschreibung studieren. Die meisten ihrer biographischen Inszenierungen sind im Spektrum der Belletristik zu verorten, und es gibt mehr Romanbiographien über sie als fundierte Fachbücher. Ebenso breit ist das Spektrum der ›unselbstständigen‹ Veröffentlichungen, vom wissenschaftlichen Zeitschriftenaufsatz bis zum YouTube-Kommentar. Manche Callas-Erkenntnisse sind der unermüdlichen kollektiven Schwarmintelligenz der globalen Fangemeinde zu verdanken. In diversen Internetforen und Fanclubs wird sich lebhaft und kontrovers über Omero Lengrini, Nina Foresti, Anita Duval und andere rätselhaften Individuen ausgetauscht, welche aus unterschiedlichen Gründen dem engsten Umfeld der Diva zugeschrieben worden sind.

Ein kurioses Beispiel sei wegen des besonders kreativen Umgangs mit den ›Quellen‹ hier abschließend erwähnt. David Bret, ein Erfolgsautor, der auch diversen anderen Celebrities unterschiedlicher Fakultäten wie Clark Gable, Greta Garbo, Joan Crawford, Edith Piaf oder Maurice Chevalier fantasievolle Lebensschilderungen gewidmet hat, ging in der Materialbeschaffung besonders trickreich vor: Er bemühte einen gewissen Roger Normand, einen angeblichen engen Pariser Callas-Freund, der immer dann als Zeuge aufgerufen wird, wenn es besonders abenteuerliche Geschichten zu ›zitieren‹ gilt. Ausgerechnet dieser mutmaßlichen Steinlaus, deren Name in keiner anderen Callas-Biographie erwähnt wird, soll sie ihre geheimsten Gedanken anvertraut haben, so der Autor.

Brets abgeklärte Erfahrung im trivialbiographischen Metier zeigt sich auch darin, dass es einen Roger Normand tatsächlich gegeben hat. Er war ein ehemaliger Textdichter Edith Piafs, der auch in anderen Büchern desselben Autors vorkommt, und dessen ›Identität‹ und seine ›Beziehung‹ zu Callas erst am Ende der Biographie thematisiert werden:

> Etwa zu dieser Zeit begann sie, Roger Normand ihre Memoiren zu diktieren, das heißt solche Ereignisse ihres Lebens, die sie mit der Welt teilen zu können glaubte: die ›verdrehten‹ Jahre mit ihrer Mutter und ihrer Schwester, ihre Untreue wegen der Unfähigkeit Meneghinis, ihr verzehrender Wunsch nach einem Kind und ihr schulmädchenhaftes Schwärmen für Schauspieleridole wie Cary Grant und Gérard Philippe. Normand, den die französische Gesellschaftsdame Marie-Louise Courtois auf einer von Marlene Dietrichs Partys mit Maria Callas bekannt gemacht hatte, war mit vielen Berühmt-

heiten eng befreundet, wie zum Beispiel mit Maurice Chevalier, Greta Garbo, Edith Piaf, der Mistinguett und den umstrittenen Schauspielerinnen Alice Sapritch und Arletty, zwischen die Maria einmal bei einem Diner platziert worden war.[22]

Roger Normand wurde somit posthum zum unfreiwilligen Rivalen von Stelios Galatopoulos, dem Callas-Biographen, der tatsächlich einige Bruchstücke der Lebenserinnerungen aus den letzten Jahren notierte – Texte, die sowohl in Galatopoulos' Bücher als auch in die von Tom Volf herausgegebene Briefausgabe eingeflossen sind. 1976 soll Callas laut Bret ihre eigenen Fans gegenüber Roger Normand folgendermaßen verunglimpft haben: »Langweilige alte Scheißer, flatterhafte Homos und Lesben, die mit einem Fuß im Grab stehen. Es gibt nichts, was mir nicht nachgelaufen ist. Ich frage mich, ob Audrey Hepburn den Abschaum der Gesellschaft genauso anzog wie ich?«[23]

Bizarrere Fantasien als diese sind Maria Callas selten in den Mund gelegt worden. Dass die Sängerin abgesehen von ihren bereits 1957 in der italienischen Zeitschrift *Oggi* veröffentlichten Memoiren keine weiteren Lebenserinnerungen publizierte, haben viele Biographen beklagt – und nicht wenige von ihnen als Freibrief für uferlose Spekulationen über ihr Privatleben verstanden.

2 Liebe

Die Liebe – und nicht die Musik, der Gesang oder die Oper – ist das zentrale Thema in den meisten Callas-Büchern. Viele von ihnen bringen das bereits im Titel unmissverständlich zum Ausdruck: *Maria Callas, d'art & d'amour* (1983) von Jacques Lorcey, *Vissi d'amore* (1989) von Paola Capriolo, *Un amore di Maria Callas* von Franco Ferrarrio alias F. Tripeleff, *Passion Callas* von

Claire Alby und Alfred Caron (1997), *Maria Callas: An Intimate Biography* (2001) von Anne Edwards, *Maria Callas: J'ai vécu d'art, j'ai vécu d'amour* (2002) von David Lelait, *La Rivale* (2007) von Eric-Emmanuel Schmitt oder *Die Diva: Maria Callas – die größte Sängerin ihrer Zeit und das Drama ihrer Liebe* (2020) von Michelle Marly seien hier nur stellvertretend genannt. Wer zu diesen Büchern greift, hat bereits eine Ahnung, was ihn erwartet.

Problematischer sind hingegen jene Beiträge, in denen es zwar auch um Musik geht, aber zugleich die These verfolgt wird, das »Drama ihrer Liebe« und ihre »tragische Kunst« seien nicht voneinander zu trennen. Diese Sichtweise ist natürlich abwegig. Grundsätzlich ist es immer möglich und auch dringend geboten, ein Kunstwerk als solches zu betrachten, unabhängig von der Frage, welche konkreten oder enttäuschten Liebesbeziehungen möglicherweise auf seine Entstehung einen Einfluss genommen haben könnten. Die vorherrschende Callas-Meistererzählung von gescheiterter Liebe und frühem Karriereende ist schon aus methodischen Gründen zurückzuweisen – ganz abgesehen davon, dass sie auch inhaltlich ihr Thema verfehlt.

Arianna Stassinopoulos stellt im originalen Untertitel ihres Buches klar, worauf es ihr ankommt: *The Woman Behind the Legend.* Nicht die Kunst steht im Zentrum, sondern die Künstlerin als Frau. Gemeint ist vor allem die liebende und leidende Frau. Im Vorwort schildert die Autorin ihre einzige ›Begegnung‹ mit Maria Callas. Als Zehnjährige wohnte sie im August 1960 dem Konzert im antiken Theater von Epidaurus bei: »Natürlich wusste ich, dass sie eine große Sängerin war, und ich wusste auch, was jeder Grieche im Alter von fünf bis hundertfünf wusste: Sie war die Frau im Leben des reichen Herrn Onassis, und viele hundert Augenpaare richteten sich auf den Theatereingang, wo man seine untersetzte Gestalt erwartete.«[1]

Dass eine singuläre Jahrhundertkünstlerin auf ihre Rolle als Geliebte eines begüterten Mannes reduziert wird, ist erschütternd – und zugleich bezeichnend für die gesellschaftlichen Verhältnisse der fünfziger und sechziger Jahre. Doch die Autorin weiß um die Prioritäten ihrer Protagonistin. Im Leben einer Frau sei die Liebe wichtiger als künstlerische Triumphe, lässt sie ihre ›Maria‹ immer wieder sagen. Die angeblich ›tragische‹ Beziehung zu Onassis steht im Zentrum nicht nur dieser, sondern fast aller Abhandlungen über das Privatleben von Maria Callas. Die Autorin ist sich sicher: »Mit 36 Jahren entdeckte Maria ihre Sexualität, und sie entdeckte sie durch Onassis.«[2] Zuvor habe sie – auch in den zwölf Jahren ihrer Ehe mit Meneghini – die Rolle der keuschen Priesterin ihrer Kunst gespielt. Der Regisseurin Margarete Wallmann, die mit Callas 1953 an der Mailänder Scala Cherubinis *Medea* inszenierte, schreibt Stassinopoulos die folgende Einsicht zu: »Sie war eine noch sehr junge Frau, verheiratet mit einem wesentlich älteren Mann. Ich bin sicher, dass sie für gewisse sexuelle Frustrationen in ihrer Arbeit ein Ventil fand – unbefriedigte Leidenschaft schlug sich nieder in der sängerischen wie schauspielerischen Interpretation.«[3]

Doch beim Thema der Liebe nährte der Callas-Mythos seit jeher die vielfältigsten Hypothesen. Und beileibe nicht alle Autoren sahen in der jungen ›Diva‹ jene erotisch abstinente ›Göttin‹ der Kunst. Dank der Untersuchungen des griechischen Historikers Nicholas Petsalis-Diomidis über ihren Lebensabschnitt in Griechenland kennen wir viele Namen und Einzelheiten zu den Beziehungen ihrer Jugend und ihres Karrierebeginns in Athen, die bisweilen aber auch von Ausbeutungsverdacht und möglichem Machtmissbrauch flankiert wurden.[4] Die Muster ähneln sich: Armes junges Mädchen mit schöner Stimme trifft auf etwas älteren Mann mit Macht, Geld und/oder Maschinengewehr. Spekulationen mancher Biographen zufolge habe die Mutter ihre beiden Töchter während der Hungersnot 1941/42 zur Prostitution angehalten, um in Kriegszeiten das Überleben der Familie zu sichern. Während die ältere Schwester Jackie sich fügte, habe Maria sich geweigert und stattdessen durch ihren Gesang zum Broterwerb beigetragen.[5] Bedenkt man, dass die nationalsozialistische Besatzungsherrschaft durch willkürliche und systematische Ausbeutung der Zivilbevölkerung in den Jahren 1941/42 alleine in Athen Zehntausende in den Hungertod trieb, gewinnen solche Überlegungen zweifellos an Plausibilität. Und gewiss würden sie einleuchtende Motive für die lebenslängliche Verbitterung beider Schwestern gegenüber ihrer Mutter sowie für bestimmte Verhaltensweisen liefern, die sowohl Jackie als auch Maria Callas später in ihren Beziehungen zu Männern zeigen sollten. Für den schlimmen Verdacht der Zwangsprostitution fehlen indes konkretere Anhaltspunkte. Und die Mitwirkung Minderjähriger zum Lebensunterhalt der Familie gehörte damals wie heute zur harten Realität ärmerer Gesellschaften.

Im Sommer 1941 lernte die 17-jährige Maria Callas offenbar einen nur wenige Jahre älteren italienischen Besatzungssoldaten kennen, den sie mit ihrem Gesang erfreut haben soll, und der sie im Gegenzug mit Proviant versorgte. Als wichtigster Informant für diese in diversen Biographien unterschiedlich ausgeschmückte Geschichte gilt der Maler Yannis Tsarouchis, der damals in der unmittelbaren Nachbarschaft wohnte:

> Einer jener einsamen italienischen Soldaten, der kaum älter war als sie, fand heraus, dass sie Sängerin war, und begann, ihr einen Teil seiner knapp bemessenen Rationen mitzubringen – oft nur zwei Rippchen Schokolade –, um dafür zu bezahlen, dass sie für ihn sang. Sie sang sich dann durch die ganze *Traviata* oder *Tosca*. Der Junge saß verzückt da und dachte an Italien, an seine Familie und an sein Zuhause; anschließend verschlang das dicke Mädchen, was auch immer er ihr zu essen mitgebracht hatte.[6]

Auch Marias Verhältnis zu zwei jungen britischen Offizieren, die im selben Jahr aus einem Kriegsgefangenenlager geflohen waren und in dem zur Wohnung der Familie Kalogeropoulou gehörenden Keller in der Patission-Straße 61 Zuflucht fanden, ist Gegenstand von zahlreichen biographischen Mutmaßungen geworden. Dass John Atkinson, der ältere von beiden, sich in Jackie verliebt haben soll, muss keineswegs auch auf eine Liaison des jüngeren,

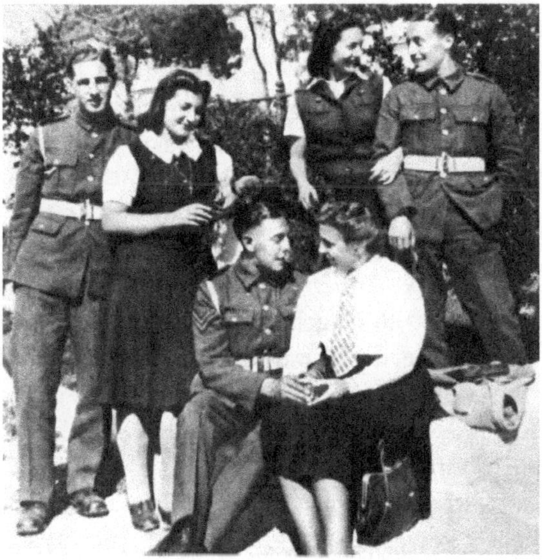

Maria, Evangelia und Jackie Kalogeropoulou gemeinsam mit Soldaten in Athen, Pedion Areos Park, 1941.

von einigen Biographen »Robert« genannten Soldaten mit Maria hinweisen.[7] Zweifellos bemerkenswerter als solche Hypothesen ist die Tatsache, dass Evangelia Kalogeropoulou und ihre Töchter großen Mut bewiesen, indem sie den beiden untergetauchten Armeeangehörigen des Feindes der Besatzungsmächte Zuflucht boten.

1942 hatte Maria ein Verhältnis mit einem italienischen Major namens Attilio De Stasio[8] begonnen, kurz bevor dieser von den deutschen Besatzern ermordet wurde: »Dass sie weiterhin fähig war aufzutreten, ließ erkennen, wie sehr ihr das Theaterleben bereits die Welt echter Gefühle ersetzt hatte«, kommentierte ihre Schwester Jackie später.[9] Im Theater traf sie 1943 auch ihren nächsten Liebhaber, den renommierten Bariton Vangelis Mangliveras, der fünfzehn Jahre älter als sie und seit langem verheiratet war. Allerdings scheint sich die Beziehung gelockert zu haben, als sie den jungen deutschen Leutnant Oskar Botmann kennenlernte, der auch auf Evangelia Kalogeropoulou großen

Eindruck machte.[10] Botmann verließ Griechenland mit dem deutschen Abzug einen Monat später und starb kurz darauf an einer Blutvergiftung.[11] Es muss Schicksal sein, dass mindestens zwei ihrer Verehrer auf mehr oder weniger tragische Weise ums Leben kamen, noch ehe sie nach damaliger Rechtslage die Volljährigkeit erreichte. Stassinopoulos' These, dass Maria Callas ihre Sexualität erst zwei Jahrzehnte später durch den alten Onassis entdeckt haben soll, erscheint jedenfalls nicht besonders plausibel.[12] Und auch Zeffirelli dürfte unrecht haben mit seiner Vermutung, dass – immerhin wesentlich früher – Giovanni Battista Meneghini »der erste Mann war, der ihr als Frau Beachtung schenkte, und ihr andererseits den Vater ersetzte, den sie so sehr vermisste«.[13]

Bald nach dem Krieg soll Eddie Bagarozy in New York ihr Geliebter gewesen sein, ehe sie 1947 ihren späteren Ehemann Meneghini kennenlernte. Über das Verhältnis zu Bagarozy ist viel geschrieben worden. Die einerseits freundschaftliche, andererseits geschäftliche Beziehung, die beide in den Jahren 1946/47 verband und in dem späteren Prozess durchleuchtet werden sollte, bietet viel Stoff für Spekulationen und fiktionale Entwürfe, bis hin zu Helmut Kraussers Roman *Der große Bagarozy* (1997), den Bernd Eichinger 1999 mit Til Schweiger in der Titelrolle, Nezâ Selbuz als Callas und neun ikonischen Callas-Arien als Soundtrack verfilmen sollte. Die überlieferte Korrespondenz mit Bagarozy setzt im Sommer 1947 ein – bis dahin hatten sie sich in New York fast täglich gesehen – und beschränkt sich auf drei Briefe, die immerhin ein sehr enges Vertrauensverhältnis offenbaren.[14] Einmal schrieb sie ihm: »Ich weiß, dass du dich darüber beschwerst, dass ich dir nicht schreibe, mein Lieber, und du hast wahrscheinlich Recht, aber du hast nie verstanden, dass es dafür einen Grund geben muss.«[15] Der Grund dürfte gewesen sein, dass Bagarozy verheiratet war: Callas' Moralvorstellungen waren streng, besonders damals.

Nach der Hochzeit mit Meneghini verschloss sich Maria Callas jeglichen Avancen anderer Männer gegenüber scheinbar konsequent. Den Fantasien des allwissenden Biographen David Bret zufolge gab sie dem Scala-Intendanten Ghiringhelli bereits bei ihrem Erstkontakt im März 1950 »deutlich zu verstehen, dass sie nicht irgendeine Choristin sei, die mit ihm ins Bett gehen würde«.[16] So bietet die »enttäuschte Liebe« auch hier ein fingiertes Motiv für die kontinuierlichen Spannungen mit ihrem wichtigsten Vertragspartner im internationalen Opernbetrieb. In den fünfziger Jahren sorgten Gerüchte für Schlagzeilen, dass Callas und Giuseppe Di Stefano ein Liebespaar seien, »Gerüchte, die vielleicht ihrem Ego während ihrer platonischen Ehe schmeichelten«, wie Lyndsy Spence 2021 vermutete.[17] Später gab Di Stefano zu Protokoll, es sei »Liebe auf den ersten Blick« gewesen: »Seit unserer ersten Begegnung wussten wir, dass wir füreinander geschaffen waren.«[18] Wahrscheinlich handelt es sich um Projektionen aus der Rückschau, nachdem Callas und Di Stefano in den siebziger Jahren tatsächlich ein Liebespaar geworden waren. Frei erfunden und ziemlich abwegig ist hingegen wiederum David Brets Behauptung, Callas habe die ihr menschlich wie künstlerisch eng verbundenen Homosexuellen Visconti, Bernstein und Pasolini »vergebens zu ›heilen‹ versucht«.[19]

Maria Callas' tief empfundene, langjährige und gegenseitige Liebesbeziehung mit Giovanni Battista Meneghini ist hinlänglich dokumentiert. Schon in ihrem allerersten bekannten Brief an ihn vom 22. September 1947 war es ihr »ein Bedürfnis, dir zu sagen, dass meine Liebe zu dir so stark und innig ist, dass es mir manchmal selbst leid tut«, und sie »musste in deinen Armen liegen, dich so nah spüren, wie ich dich gestern gespürt habe«, heißt es dort.[20] Es sind Formulierungen, die der häufig geäußerten Annahme widersprechen, dass es sich um eine ›platonische Liebe‹ oder nur ein reines Zweckbündnis gehandelt habe. Vielmehr verlangen ihre privaten Mitteilungen dieser ersten Monate nach bedingungsloser Intimität.

Im selben Brief folgen Formulierungen, die zugleich eine vollständige Vertrautheit mit den Eigenheiten des Partners voraussetzen:

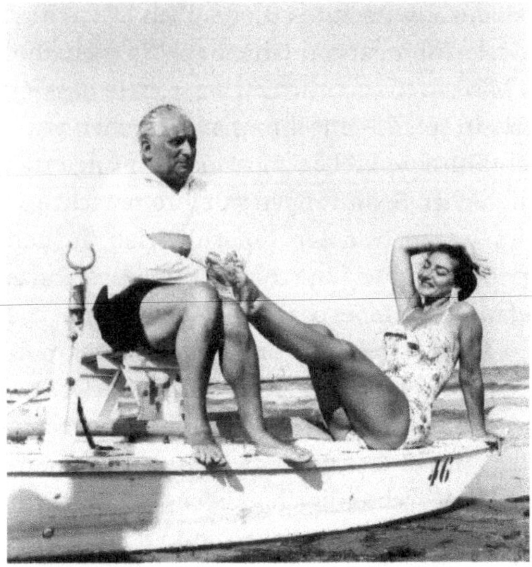

Giovanni Battista Meneghini und Maria Callas am Lido von Venedig, 1956.

> Du kennst inzwischen alle meine Fehler, du weißt, wie du alle schlechten Gedanken und Missstimmungen zwischen uns vermeiden kannst. Du bist in der Lage, mich mit einem Wort so glücklich zu machen – und doch mit einem anderen Wort oder einer Geste auch wieder so unglücklich. Du bist intelligent und gut – du verstehst mich. Und ich verspreche, dass ich mein Bestes tun werde, um meine großen Fehler zu korrigieren. Ich bitte dich nur um ein wenig Geduld.[21]

Auch die Intensität ihres Austausches ist beeindruckend: Mitunter schrieb sie ihm drei Briefe am selben Tag. Umgekehrt hagelte es Vorwürfe und Tiraden des Selbstmitleids, wenn er eine Antwort schuldig blieb, wie am 4. November 1947: »Das hat mir den ganzen Tag verdorben. Ich bin nicht mehr gut gelaunt, ich bin sogar sehr traurig. Wenn ich wenigstens eine Nachricht täglich von dir erhalte, fühle ich mich wohl, bin voller Tatendrang und kann einen langen Arbeitstag beginnen. Doch ohne deinen Brief muss ich heute den ganzen Tag lang traurig sein.«[22]

Und auch Dritten gegenüber wie Bagarozy hat sie ihre erste Begegnung mit ihrem künftigen Ehemann recht freimütig geschildert: »Ich danke dem Himmel, dass er mir diesen Engel geschenkt hat, denn zum ersten Mal in meinem Leben brauche ich keinen anderen mehr. Was die Heirat mit ihm angeht, so werde ich lange darüber nachdenken, das verspreche ich – aber die Wahrheit ist, dass man selten den richtigen Menschen findet.«[23]

Ohne Umschweife ging sie auch auf den Altersunterschied ein, der die Öffentlichkeit so nachhaltig beschäftigen sollte:

> Er ist ein bisschen älter als ich – eigentlich sehr viel älter – er ist 52, aber er hält sich auf allen Ebenen fit, und mit anderen Worten – auch für mich selbst, wenn du weißt, was ich meine: Er ist ich und ich bin er. Er versteht mich perfekt und ich verstehe ihn auch. Denn das Wichtigste im Leben sind Glück und Liebe, wahre, gedanklich durchdrungene und tief empfundene Liebe – und nicht eine schmutzige Karriere, die nur einen Namen hinterlässt – und da gibt es natürlich immer auch Licht- und Schattenseiten.[24]

Ihre frühen Briefe an Meneghini offenbaren ihre Sehnsucht nach bedingungsloser Liebe. In jenen drei Briefen, die Callas alle am 1. November 1947 schrieb, wimmelt es von Sätzen wie diesen:

> Ich muss dir diese zwei Worte schreiben, damit ich wenigstens den Eindruck habe, dass ich mit dir spreche und dich näher spüre. Ich bin gerade reingekommen und hatte wirklich das Bedürfnis, dich zu sehen, aber sehr stark. Siehst du, ich habe dich in meiner Nähe, und wenn ich das Bedürfnis habe, mit dir zu sprechen, deine Stimme zu hören, rufe ich dich an, komme ich zu dir. Aber ich bin hier allein, du bist nicht hier. Wie gerne wäre ich jetzt in deiner Nähe! Denn plötzlich verspüre ich den Wunsch, in deiner Nähe zu sein, dich sprechen zu hören.[25]

Gern verglich sie die Entwicklung ihre Liebe mit derjenigen ihrer Stimme – wobei Letztere immer an erster Stelle stand, wie der folgende Brief an Meneghini vom 18. November 1948 zeigt:

> Siehst du – ich würde gerne so viel mehr geben in all den Dingen, die ich tue. Das heißt, sowohl in der Kunst als auch in meiner Liebe zu dir. Beim Singen möchte ich, dass die Stimme immer so gehorcht, wie ich es will – aber es scheint, dass ich zu viel will. Und die Stimme ist undankbar und gibt einem nicht alles. Im Gegenteil, ich würde sagen, sie ist rebellisch und will nicht befohlen oder beherrscht werden. Sie will immer wieder ausbrechen, und darunter leide ich. So sehr, dass du, wenn ich in diesem Tempo weitermache, einen Neurastheniker in deinen Armen hältst. Selbst in meiner Liebe zu dir leide ich, weil ich nicht weiß, wie ich dir mehr geben kann![26]

Offenbar fühlte sich Callas gezwungen, ihre perfektionistische Arbeitsdisziplin auch auf die Liebesbeziehung zu übertragen.

Ein zentrales Thema war der Kinderwunsch, den sie 1950 auch in einem Brief an ihren Ehemann aussprach.[27] Meneghini hat hierzu mitgeteilt, dass sie beide ein Kind haben wollten, eine gynäkologische Untersuchung 1953 jedoch ergeben habe, dass seine Frau aufgrund einer Uterus-Deformation keine Kinder mehr bekommen könne – eine Diagnose, die von einigen Biographen in Zweifel gezogen worden ist.[28]

Zahlreiche Beobachtungen Außenstehender bestätigen das innige Liebesverhältnis zwischen Callas und Meneghini. Die Mezzosopranistin Fedora Barbieri, die 1947/48 als Brangäne in Venedig in *Tristan und Isolde* an der Seite von Callas sang, war besonders vom Engagement des älteren Herrn sehr beeindruckt: »Es war, als wenn er eine Wette mit sich selbst abgeschlossen hätte. Er wollte sie zu der größten Diva aller Zeiten machen. Er tat alles für diese Frau, wirklich alles! Und er tat es aus Liebe, denn Maria konnte ihm ja nichts anderes geben: Sie war arm und sah furchtbar aus.«[29]

Auch der mit Callas befreundete Übersetzer, Kritiker und Musikwissenschaftler William Weaver, zweifellos ein zuverlässiger Informant, war von der beiderseitig tief empfundenen Liebesbeziehung absolut überzeugt. Bei einer der ersten Begegnungen im Jahre 1955 sah er sich das Paar genauer an:

> Sowohl Meneghini als auch Callas hatten einen sichtlich zufriedenen Gesichtsausdruck, als ob jeder von ihnen einen teuer errungenen Preis in der Hand hielt. Einige Biographen haben angedeutet, dass die Ehe, zumindest auf Callas' Seite, von Eigeninteresse diktiert war; aber diesen Eindruck vermittelten sie ganz und gar nicht. In Gesprächen sprach Callas damals stolz von »meinem Mann, dem Industriellen«, und sowohl sie als auch Meneghini waren voller kleiner Aufmerksamkeiten füreinander, als hielten sie etwas Kostbares in Ehren.[30]

Auch habe er wiederholt gesehen, dass sie »ihn damals konstant geküsst und umarmt« habe und »die Hände kaum von ihm loskriegen« konnte.[31]

Und diese innige Liebe war auch noch nach mehr als zehn Jahren sehr lebendig und selbst für Außenstehende unübersehbar. Zeffirelli berichtet über eine Autofahrt von Sirmione nach Mailand, die das Ehepaar gemeinsam mit dem Regisseur und dem Dirigenten Nicola Rescigno im Anschluss an eine Vorbesprechung der *Traviata*-Produktion in Dallas im Herbst 1958 unternahm: »Die Fahrt hätte sehr angenehm werden können, hätte sich nicht Maria so absonderlich verhalten. Irgendetwas war in sie gefahren, die ganze Zeit turtelte sie mit Meneghini, flüsterte ihm Koseworte zu und knabberte an seinem Ohrläppchen. Nicola und ich fühlten uns reichlich unbehaglich.«

Zwischendurch wandte sie sich an die beiden Mitfahrer und bedauerte sie, dass sie noch Junggesellen seien: »Ihr tut mir leid. Ihr habt niemanden, der euch liebt.« Plötzlich hielt Meneghini an einem idyllischen Olivenhain an:

> Die beiden stiegen aus und gingen Hand in Hand durch die Bäume. Nicola und ich blieben im Wagen. Wir konnten uns einfach nicht vorstellen, was das Ganze eigentlich sollte. Nach einer Weile kamen sie wieder zurück, und wir fuhren weiter. »Du hast mich gar nicht gefragt, warum wir angehalten haben«, sagte sie. »Das ist eure Sache«, erwiderte ich. »Wir halten immer, wenn wir hier vorbeikommen«, fuhr sie unbekümmert fort. »Hier hat Batista mich zum ersten Mal geküsst, und jedes Mal, wenn wir hier vorbeikommen, steigen wir aus, schauen auf den See hinaus und küssen uns.«[32]

Die Beziehung ging erst 1959 in die Brüche, allem Anschein nach aber nicht nur wegen Onassis, sondern bereits kurz zuvor und primär wegen des Geldes. Meneghini hatte längst seine Anteile am Familienunternehmen verkauft und seine berufliche Existenz ausschließlich auf das Management seiner Frau konzentriert. Damit kehrten sich die finanziellen Verhältnisse zwischen den beiden komplett um. Hatte der erfolgreiche Unternehmer und Millionär die mittellose Sängerin anfangs vollständig finanziert und ihr eine großbürgerliche Existenz ermöglicht, so trugen ihre Gagen und die Einkünfte aus Schallplattenverkäufen in den fünfziger Jahren immer stärker zum gemeinsamen Wohlstand bei. Schließlich war sie die Hauptverdienerin, aber die Vermögensverwaltung lag noch immer ausschließlich in seinen Händen. Nach ihrer Einschätzung lebte er nun also von ›ihrem‹ Geld. Diese Auffassung hat sie seit 1959 unablässig geäußert, auch gegenüber Außenstehenden und ohne konkreten Anlass, wie etwa in einer ansonsten rein professionellen Korrespondenz mit dem Dirigenten Tullio Serafin: »Meneghini hat sich mit meinem Geld als Millionär ausgegeben, wie Sie wissen. Ich Ärmste! Werde ich jemals die Gelegenheit bekommen, die Wahrheit zu sagen?«[33] Beide waren bekanntermaßen geizig, und beim Geld hörte für sie der Spaß auf – und damit auch die große Liebe. Hinzu kam, dass Meneghini mittlerweile 64 Jahre alt war. Er passte einfach nicht mehr in das Leben, das sie als erst 36-jährige nun führen wollte.[34]

Bei Aristoteles Onassis war das anders. Er war so unermesslich reich, dass auch eine Maria Callas zu seinem materiellen Wohlergehen kaum etwas beitragen konnte. Sie verursachte allerdings auch keine größeren Kosten – anders als später Jackie Kennedy, die er aus diesem Grund seinen ›Tanker‹ nannte. Callas hat später immer wieder betont, es sei das Schicksal gewesen, das ihre Freundschaft mit Onassis begründet habe: »Damals war ich sehr erschöpft und unglücklich. Vor allem, um meinem Mann eine Freude zu machen, nahmen wir an einer Kreuzfahrt auf der Christina teil.«[35] Sie habe in ihm von Beginn der Kreuzfahrt an jenen Freund erkannt, den sie schon lange gesucht, aber nicht gefunden habe, weil sie immer mit größtem Einsatz ihrer Arbeit nachgegangen sei und von ihrem Mann abgeschirmt wurde:

> In Monte Carlo, wo die Kreuzfahrt begann, war ich sehr beeindruckt von seinem Charme, aber vor allem von seiner starken Persönlichkeit und der Art, wie er die Aufmerksamkeit aller auf sich zog. Er war nicht nur voller Leben, sondern auch eine Quelle des Lebens. Noch bevor ich die Gelegenheit hatte, ein paar Augenblicke mit ihm allein zu sprechen (wir waren ein Dutzend Personen an Bord der Yacht und Aristo war sehr aufmerksam gegenüber Sir Winston Churchill, einem Mann, den er verehrte), begann ich mich seltsam entspannt zu fühlen. Ich hatte einen Freund gefunden, eine Art von Freund, die ich noch nie zuvor gehabt hatte und die ich in diesem Moment so dringend brauchte.

Dabei habe sie sich zugleich von Meneghini distanziert, denn sie entdeckte »durch Zufall, dass mein Mann heimlich sehr hohe Investitionen zu seinen Gunsten tätigte, wobei das Geld von unserem gemeinsamen Konto vollständig durch meine Einkünfte finanziert wurde.« Ihre Beziehung zu Onassis sei jedoch monatelang rein freundschaftlich geblieben: »Später wurde unsere Beziehung leidenschaftlicher, aber der körperliche

Kontakt kam erst nach der Trennung von meinem Mann – oder genauer gesagt, nachdem mein Mann mit mir Schluss gemacht hatte – und nachdem Tina Onassis beschlossen hatte, ihre Ehe zu beenden.«

Unterdessen nahm der Rosenkrieg an Heftigkeit zu, und auch die Anschuldigungen, die Maria Callas hinsichtlich des Geldes erhob: »Meneghini hat mich mehr gekostet, als du dir vorstellen kannst. Wenn er mich wenigstens in Ruhe ließe? Aber nein. Er will mich vernichten«, schrieb sie 1963 an Elvira de Hidalgo.[36] Und ihren Anwalt Walter Cummings ließ sie wissen: »Meneghini erfreut sich an meinem Geld. Drei Viertel von dem, was ich verdient habe.«[37]

Vieles spricht dafür, dass die Bedeutung der Begegnung mit Onassis in der Literatur eklatant überbewertet, diejenige der Partnerschaft mit Meneghini hingegen stark unterschätzt wurde. Ihre Beziehung zu dem griechischen Milliardär unterschied sich in beinahe jeder Hinsicht von derjenigen mit ihrem Ehemann. Mit Letzterem lebte sie mehr als ein Jahrzehnt lang ununterbrochen zusammen, und ab 1951 war er auch praktisch bei allen Gastspielreisen und Tourneen mit von der Partie. Sie teilte alles mit ihm – und vor allem das, was ihr am wichtigsten war: ihre Kunst. Meneghini war zwar kein professioneller Theaterexperte, aber ein leidenschaftlicher Musikliebhaber, und aus Liebe zu seiner Frau hatte er sein Bauunternehmen aufgegeben und die Oper zu seinem Beruf gemacht. Mit Onassis hingegen führte sie eine glamouröse Fernbeziehung – mehr nicht. Jahrelang blieb sie weiterhin in Mailand in dem Haus und mit dem treuen Personal aus der Ehe mit Meneghini wohnen. Ab 1963 lebte sie dann ständig gemeinsam mit ihrer bewährten Haushälterin Bruna Lupoli und ihrem Chauffeur Ferruccio Mezzadri in Paris, zunächst in der Avenue Foch, von 1966 bis zu ihrem Tod in der Avenue Georges Mandel. An keinem dieser Orte hat sich Onassis jemals längere Zeit aufgehalten. Auch auf ihre Tourneen begleitete er sie nicht, und er vermied es, ihre Aufführungen zu besuchen, die ihn langweilten. Von Musik hatte er keine Ahnung. Ein gemein-

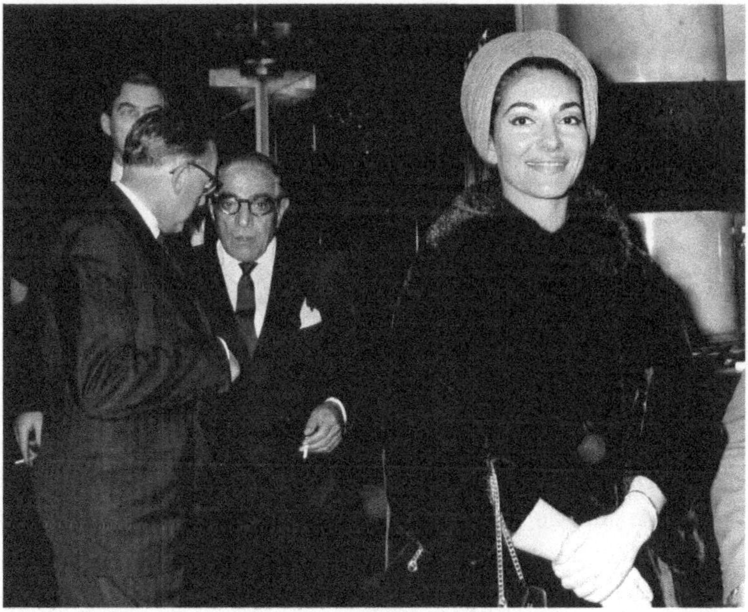

Aristoteles Onassis und Maria Callas vor dem Londoner Hotel Savoy, April 1967.

sames Domizil teilten sie nur im Hotel oder auf dem offenen Meer, an Bord der Christina. Aber auch hier blieb Callas gewissermaßen eine Fremde, und die Schiffscrew verglich sie mit den vielen anderen Frauen, die sie in Begleitung ihres Chefs zu Gesicht bekam.

Auch die Quellenlage zu ihrer Beziehung mit Onassis ist diffus, was wiederum das Ausmaß der Spekulation und biographischen Inszenierung erklären mag. Anders als von ihrem Ehemann sind von Onassis keine Liebesbriefe an Maria Callas bekannt, und auch umgekehrt beschränkt sich unsere Kenntnis der Korrespondenz bislang auf ein einziges Dokument.[38] Interessant ist die Tatsache, dass dieser einzige Brief auf Englisch verfasst ist: Die griechische ›Identität‹ spielte offenbar keine entscheidende

Rolle für die gegenseitige Attraktion (auch mit ihrem griechischen Patenonkel Lantzounis kommunizierte sie nur auf Englisch). Ohne Zweifel gab es zwischen beiden viele verbindende Seiten – außer der immer wieder zitierten Tatsache, dass sie die berühmteste Griechin und er der berühmteste Grieche auf der Welt waren. Vor allem übernahm er in ihrem Leben die Rolle eines Katalysators: Er erleichterte ihr das Karriereende und den Einstieg in ein völlig anderes Leben. Callas bezeichnete zwar ihre Beziehung zu Onassis als Misserfolg, »aber unsere Freundschaft war ein Erfolg«. Und womöglich konnte die tiefe Freundschaft, nach der sich Callas 1959 so sehr gesehnt hatte, erst nach der Eheschließung zwischen Onassis und Jackie Kennedy 1968 wirklich entstehen: »Nach seiner Heirat haben wir nie wieder gestritten. Wir begannen, einander konstruktiv zu begegnen. Er hat aufgehört, über alles zu streiten. Wir brauchten uns und den anderen nichts mehr zu beweisen.«[39]

Onassis war weder die erste noch die letzte Liebe von Maria Callas. Dass Peter Mennin, der Direktor der Juilliard School, sich 1971/72 in sie verliebte, war ihr allerdings unangenehm: »Und weil ich seine Gefühle nicht erwiderte, ist er jetzt natürlich gegen mich. Es ist eine Schande, dass so etwas passiert ist.«[40] Von 1972 bis 1975 war Giuseppe Di Stefano (wieder) ihr Liebhaber. Am 26. Juni 1975 schrieb sie an Lantzounis, dass sie »immer noch mit Pippo zusammen« sei, und sie könne keinen besseren finden: »Ich wünschte nur, wir hätten uns verliebt, als er berühmt war, und als er noch eine wunderbare Stimme hatte, denn menschlich hat er so viele Qualitäten.«[41]

3 Märchen

»Sie war das letzte Märchen.« So resümiert Ingeborg Bachmann ihre *Hommage à Maria Callas.* Die große Klagenfurter Lyrikerin bezieht sich dabei auf Hans Christian Andersens Märchen von des Kaisers Nachtigall und bezeichnet Callas als »die natürliche Nachtigall dieser Jahre, dieses Jahrhunderts«. Im Unterschied zum mechanischen Ziergesang der künstlichen Nachtigall verkörpert die natürliche Stimme von Maria Callas eine tiefere Wahrheit und Authentizität, von der auch Bachmann hinweggerissen wurde: »Die Tränen, die ich geweint habe – ich brauche mich ihrer nicht zu schämen. Es werden soviel unsinnige geweint, aber die Tränen, die der Callas gegolten – sie waren so sinnlos nicht.«[1]

Bachmann, die 1956 in Mailand eine Aufführung von *La traviata* in der Visconti-Inszenierung besucht hatte, war keineswegs die einzige Autorin, die Maria Callas in den Kontext des Märchens rückte. Vielmehr griff sie eine schon damals verbreitete Erzählstrategie auf und erhob sie gleichsam von der Trivial- in die Weltliteratur. Allerdings hatte Bachmann ein anderes Märchen im Sinn als die ubiquitäre Callas-Presse, die sich primär an Andersens *Hässlichem Entlein* abarbeitete. Angeblich soll es Maria Callas selbst gewesen sein, die das Drama ihrer Kindheit in die Welt setzte: »Ich war das hässliche Entlein, dick, ungeschickt und unbeliebt.«[2] So jedenfalls schrieb es George de Carvalho 1956 in jener berüchtigten Titelstory im *Time Magazine*, die ihr Debüt an der Metropolitan Opera flankierte. Callas hat diesem Beitrag eine Gegendarstellung in 24 Punkten folgen lassen, deren erster klipp und klar feststellt: »Es ist nicht wahr, dass ich Amerika dick verlassen habe. Ich bin erst in Griechenland dick geworden, nach einer Kur mit geschlagenen Eiern und einer Drüsenfehlfunktion, die meine Mutter nicht vorausschauend behandelt hat.«[3] Im *Time Magazine* war indes zu lesen:

> Aufgewachsen in Manhattans Upper West Side, hatte Maria Callas diese Stadt als dickes, unglückliches Kind von 14 Jahren verlassen. Sie kehrte zurück, schlank, erfolgreich, die Frau eines italienischen Millionärs, eine Diva, die von ihren Kollegen mehr gehasst und von ihrem Publikum mehr gefeiert

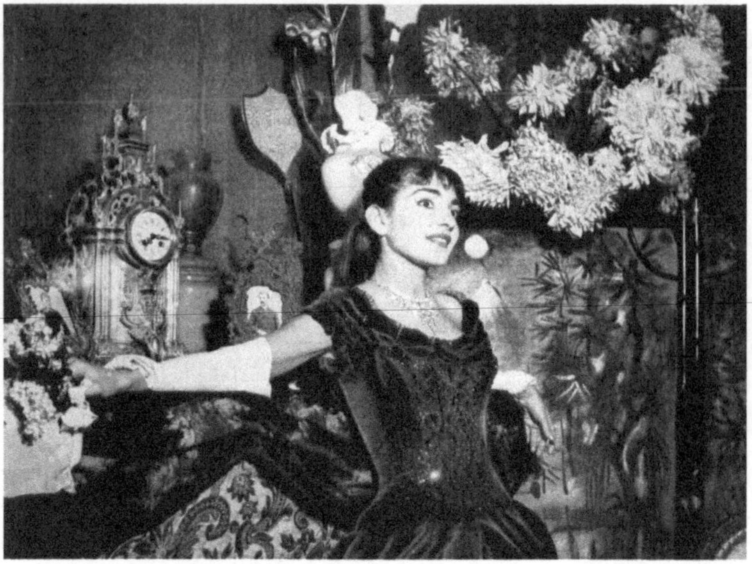

Maria Callas als Violetta in *La traviata* (1956) in der Inszenierung von Luchino Visconti an der Mailänder Scala.

> wurde als jede andere lebende Sängerin. Sie kehrte zurück, um nächste Woche die Saison in Bellinis *Norma* an der Metropolitan zu eröffnen – wo man noch vor elf Jahren keine passende Rolle für sie zu finden schien.[4]

De Carvalhos wichtigste Informantin war nicht Maria, sondern Evangelia Callas gewesen. Die Mutter gilt als die eigentliche Urheberin eines Mythos, der seither als biographisches Leitmotiv die Callas-Literatur durchzieht. Und auch ihre Schwester Jackie Callas hat später kaum eine Gelegenheit ausgelassen, das Aussehen und Körpergewicht ihrer jüngeren Schwester zu thematisieren. Zum Märcheninventar gehört die böse, despotische Mutter ebenso wie die eitle, eifersüchtige Schwester Marias. »It's a cruel thing to make a child feel ugly and unwanted«, sagte George Callas 1958 im Gespräch mit Hy Gardner: Seine Exfrau habe Maria als Kind immer das Gefühl gegeben, nicht geliebt zu werden. Er habe dem stets widersprochen und betont, es sei nicht gut, die eigene Tochter so zu behandeln.[5]

Besonders prominent hat Arianna Stassinopoulos den Märchen-Topos aufgegriffen und weiterentwickelt: »Das Leben der Maria Callas war ebenso tragisch wie märchenhaft. Die Metamorphose, die sie durchmachte, glich tatsächlich jener des hässlichen Entleins, aus dem ein wunderschöner Schwan wird: Hier war es ein plumpes, übergewichtiges Mädchen, das sich in eine Frau von magnetischer Schönheit und Ausstrahlung verwandelte.«[6]

Ganz ähnlich heißt es schon zu Beginn des Buches bei David Bret: »Sie war das Urbild des hässlichen Entleins, das sich durch reine Willenskraft und innere Überzeugung in den herrlichsten Schwan verwandelte.«[7] Und nur wenige spätere Biographen konnten der Versuchung widerstehen, diese Meistererzählung in unterschiedlichen Variationen und Interpretationen zu übernehmen.

Die Schilderungen der beiden Biographen lassen sich jedoch nicht mit den Kindheitsfotos in Einklang bringen. Aus der New Yorker Zeit bis 1937 sind erstaunlich viele Fotografien von Maria Callas erhalten, die recht eindeutige Rückschlüsse über ihre Familienverhältnisse zulassen.[8] Zweifellos gehörte sie einer standesbewussten bürgerlichen Mittelschichtsfamilie an, die es nicht nur verstand, sich statusgemäß zu inszenieren, sondern offensichtlich auch über die materiellen und finanziellen Möglichkeiten hierzu verfügte. Von den beiden hübschen Töchtern der Familie war die jüngere offenbar die vitalere, kräftigere und ausdrucksvollere. Bis 1937 ist kein einziges Foto überliefert, dem auch nur im Ansatz zu entnehmen wäre, dass Maria ein hässliches oder übergewichtiges Mädchen gewesen wäre.

Deutlich zugenommen hat sie nur vorübergehend in Griechenland ab 1937, wobei erschwerend hinzukam, dass gut genährte Personen in Zeiten von Krieg und Hungersnot wesentlich stärker auffielen. Die Familie Kalogeropoulou war während des Krieges besser mit Lebensmitteln versorgt als die Mehrheit der griechischen Bevölkerung. Ihre ersten professionellen Opernauftritte am Athener Nationaltheater fielen mit dem Kriegsbeginn zusammen, dem die schwerste Hungersnot in der Geschichte Griechenlands folgte. Erst als sie 1945 nach Amerika zurückkehrte, nahm sie deutlich zu – so sehr, dass ihr Patenonkel Lantzounis ihre Mutter vorwarnte, als diese sich Ende 1946 ebenfalls auf den Weg nach New York machte:

> Sie hatte die ganze Zeit enorme Frühstücksportionen zu sich genommen, bestehend aus Eiern, Schinken, Speck und Butter. Ich begann, ihr ein Frühstück lediglich aus zwei pochierten Eiern zuzubereiten, ohne Schinken, ohne Speck, ohne Sahne. Nach 40 Tagen war Maria nicht länger die dicke Tochter, die mich an der *Queen Elizabeth* mit einem Kuss begrüßt hatte. Sie war nun fast so schlank wie ich, und ich musste alle ihre Kleider für sie ändern, worüber wir uns beide freuten.[9]

Sodann nahm sie in den ersten Jahren in Italien wieder zu – vermutlich eine Folge ihrer Beziehung mit Meneghini: »Ich selbst war immer ein Gourmand, wenngleich kein Fresser. Ich liebe es, schmackhafte Mahlzeiten zu Hause zubereitet zu bekommen«, so ihr Ehemann.[10] Zumindest anfangs dürfte sich Maria Callas den Gewohnheiten ihres Partners angepasst haben, auch wenn Meneghini berichtet, dass sie schon immer Diät gehalten habe und der Gewichtsverlust mit einem Bandwurm zu tun gehabt hätte.[11] Anderen Zeitzeugen blieb sie dagegen als kulinarisch genussfreudig in Erinnerung. Der mit Callas befreundete Bassist Nicola Rossi-Lemeni schilderte, dass sie 1952 unmittelbar vor einer *Puritani*-Aufführung ein großes Steak samt Gemüsegarnitur verzehrt habe:

> Wir Kollegen konnten uns nicht vorstellen, wie Maria nachher überhaupt noch gehen, geschweige denn singen könne. Doch ihr schien das viele Essen überhaupt nichts auszumachen. Im Gegenteil: Auf der Bühne war sie ein regelrechter

> Vulkan, was ihre Intensität anbelangt. Und im zweiten Akt überstrahlte sie mit ihrer großen Stimme alle anderen; sie schien über unerschöpfliche Energien zu verfügen.[12]

Tatsächlich erstreckte sich ihre Diät über einen relativ langen Zeitraum, und die Aussagen der unmittelbar Beteiligten variieren erheblich. Maria Callas selbst hat zu dieser längerfristigen Entwicklung zahlreiche Stationen verzeichnet. Zum Zeitpunkt ihrer Audition an der Metropolitan Opera Ende 1946 habe sie 80 Kilo gewogen, das sei zwar »viel, aber nicht übermäßig viel für eine Frau von 1,72 m.«[13] Bei den Aufführungen von *Tristan und Isolde* in Genua im Mai 1948 waren es noch 75 Kilo.[14] Am 29. Mai 1950 schrieb sie aus Mexiko an ihren Ehemann, wenn sie so weitermache, werde sie »bald nur noch eine Silhouette sein. Mal sehen, ob ich die drei Kilo, die ich bereits abgenommen habe, wieder zunehme«.[15] Und nach ihrer Londoner *Norma* notierte sie im Februar 1957, im Vergleich zu ihrem Debüt sei sie »nun 35 Kilo leichter, und sie sollten sich darüber freuen, anstatt mir zu erklären, wie mutig und tapfer ich war«.[16] Da in ihren im Frühjahr 1957 erschienenen Memoiren von einem aktuellen Gewicht von 60 Kilo die Rede ist, müsste sie ihren eigenen Aussagen zufolge fünf Jahre zuvor maximal 95 Kilo gewogen haben.

Meneghini macht in seinem Buch zwar etwas inkonsistente Angaben, gibt den Gewichtsverlust innerhalb eines Dreijahreszeitraums von Ende 1951 bis Ende 1954 jedoch ebenfalls mit insgesamt 66 (amerikanischen) Pfund oder rund 30 Kilo an:

> Als Maria im Dezember 1951 ihr offizielles Debüt an der Scala gab, wog sie 210 Pfund (95,2 Kilo); drei Jahre später, bei der Eröffnung der Saison 1954–55, hatte sie auf 144 Pfund (65,3 Kilo) abgenommen. Ihr Körperbau hatte sich deutlich verändert, was wiederum ihre gesamte Lebensweise beeinflusste. Sie schien eine andere Frau mit einer anderen Persönlichkeit zu sein. Man könnte sagen, dass diese Veränderung grundlegend für ihr Leben und ihre künstlerische

> Tätigkeit war. Indem sie all diese Pfunde abwarf, schrieb sie Operngeschichte. Aus einer Art unbeholfenem, schwerfälligem Wal wurde Maria zu einer eleganten Frau mit der Figur eines Models.[17]

Dass sie so stark abgenommen hatte, veranlasste Meneghini zu einem Scherz, über den auch seine Frau gelacht haben soll: Sie sei nicht mehr seine »andere Hälfte«, sondern nur noch sein »anderes Viertel«.[18] Den Untersuchungen Lyndsy Spences zufolge verlor sie 1953 insgesamt ›nur‹ 26 Pfund (11,8 Kilo), und die weiteren Schritte folgten in mehreren Etappen.[19] Anfang 1954 habe sie sich in zwei Schweizer Privatkliniken verschiedenen Hormontherapien unterzogen und ihr Gewicht dabei erst auf 165 Pfund (74,8 Kilo) und sodann auf 140 Pfund (63,5 Kilo) reduziert.[20] Nachdem sich das Gewicht 1955 bei etwa 60 Kilo stabilisierte, sei sie im Frühjahr 1959 mit 117 Pfund (53 Kilo) bereits deutlich untergewichtig gewesen, so dass ihre Periode ausblieb und daher auch ihr Kinderwunsch unerfüllt bleiben musste.[21] Während der Dreharbeiten zu Pasolinis *Medea* im Jahr 1969 habe sie 130 Pfund (59 Kilo) gewogen.[22]

Eine entscheidende Rolle bei ihrer Diät spielte die Mailänder Modedesignerin Biki, die Enkelin des Komponisten Giacomo Puccini. Als Callas 1953 eines Tages schlecht gekleidet in ihr Geschäft kam und sie um Hilfe bat, erklärte sich Biki bereit, ihre persönliche Modeberaterin zu werden, unter der Bedingung, dass sie abnehmen würde. Später erneuerte Biki tatsächlich ihre Garderobe und verkaufte zahllose Kleider an Callas.[23]

Über ihre gewandelte Erscheinung hielt Leo Lerman am 2. November 1954 in seinem Tagebuch fest: »Callas erinnert mich sehr an die jungen Künstlerinnen, die ich seit jeher kenne. Sie hat etwas von Audrey Hepburn an sich, und man weiß, dass sie ein Biest sein kann, wenn sie will, aber ach, diese Primadonna mit ihrem Lächeln, ihrem Charme und ihrer Anmut!«[24]

Angeblich hatte sie damals »immer eine Fotografie von Audrey Hepburn aus *Roman Holiday* (dt. *Ein Herz und eine Kro-*

ne, 1953) an ihrem Spiegel stecken; das war ihr erstrebtes Ideal. Sie übte sogar die berühmte Pose der Hepburn, mit zurückgeworfenem Kopf und weit aufgerissenen Augen.«[25] Auch noch zur Zeit der Premiere von *La sonnambula* 1955, als Callas ihre Diät bereits abgeschlossen und ihr Idealgewicht erreicht hatte, zeigte sie ein auffälliges Essverhalten. Zeffirelli berichtet, dass sie beim gemeinsamen Abendessen nach der Vorstellung in größerer Runde darauf bestand, »für jeden einzelnen ein Gericht auszusuchen. Das schien ihr beim Fasten zu helfen. Ich sehe sie noch vor mir wie sie sich mit ihrer Gabel von allen Gerichten ein bisschen herauspickte, um von allem zu kosten, ehe sie sich auf ihr Steak mit Salat beschränkte.«[26]

Manche ihrer damaligen Verhaltensweisen zeigen deutliche Anzeichen einer pathologischen Essstörung, wie wir auch aus den Berichten Meneghinis wissen:

> Zu ihren Obsessionen zählte es, Kochrezepte aus Zeitschriften zu sammeln. Fast jeden Morgen kaufte sie einen Stapel Frauenmagazine und schnitt systematisch die Rezepte heraus, die sie anschließend in Notizbüchern einklebte. Sie besaß ganze Berge davon. Tagelang widmete sie sich ausschließlich ihren kulinarischen Experimenten, und ganz besonders der Herstellung von Desserts. Mitunter bereitete sie auch völlig absurde Mahlzeiten zu, weil sie sich mit den Verhältnissen der Zutaten verschätzte oder falsche Angaben aus den Zeitschriften übernahm. Einige ihrer Kreationen waren ungenießbar. Ich versuchte dann zu lächeln und mir nichts anmerken zu lassen, doch manchmal gelang mir das nicht. Sie nahm mir das niemals übel, sondern lachte aus vollem Herzen, und am nächsten Tag begann sie wieder von neuem.[27]

Und es gehörte zu diesen kulinarischen Experimenten dazu, dass sie niemals selbst von ihren eigenen Gerichten probierte.

Auch in der Schwulenszene, die einen besonders hohen Anteil an Callas-Verehrern verzeichnete, wurde die Metamorphose mit Staunen registriert. Als einer der Ersten hat Wayne Koestenbaum das queere Potential der Sängerin thematisiert – und dabei freilich wieder andere Zahlen benannt:

> Wir lieben die Callas, weil sie ihren Körper völlig umgestaltet hat. In drei Jahren ist sie von 79 Kilo auf 54 abgesunken und hat sich vom hässlichen Entlein in eine Glamourqueen verwandelt. Körper lassen sich nicht immer abändern, aber die Selbstrevision der Callas lässt uns – wie eine Geschlechtsumwandlung – an die Kraft des bloßen Wunsches glauben.[28]

Für die queere Lesart der Callas-Legende war zudem auch die tragische Erfahrung des Stimmverlusts bedeutsam. Weitere Metamorphosen folgten: erst der komplette Rückzug von den Bühnen der Welt, dann das überraschende Comeback mit einer Konzerttournee mit Giuseppe Di Stefano.

Body Shaming ist heute im Musikbetrieb ein Tabu. Dennoch wird in der Szene immer häufiger primär nach Optik besetzt. Das war nicht immer so. In den fünfziger und sechziger Jahren waren übergewichtige Opernsängerinnen völlig normal. Es gab weder gesellschaftlichen Druck für einen zwanghaften Schlankheitskult noch eine Body-Positivity-Bewegung. Das vorherrschende Schönheitsideal orientierte sich eher an Marilyn Monroe als an Audrey Hepburn. Erst recht galt das für die altmodische Opernwelt. Niemand störte sich daran, wenn Butterfly oder Salome von Primadonnen fortgeschrittenen Alters gespielt wurden, deren Körpermaße nicht eben der geläufigen Vorstellung jugendlicher Anmut entsprach. Und dabei gehörte Maria Callas in keiner Phase ihrer Karriere zu den besonders dicken Primadonnen. Ihr Aussehen war auch um 1950 kein Thema in der Kritik.

Erst infolge ihrer körperlichen Metamorphosen fiel es den meisten Leuten auf, dass sie früher einmal üppiger gewesen war. Ihre Diät war der nächste und konsequente Schritt ihrer fortwährenden Selbstoptimierung. Sie hatte die Erfahrung gemacht, dass nicht allein ihre Stimme, sondern auch ihre szenische Darstellungskunst für ihren Erfolg ausschlaggebend war. Für die Glaubwürdigkeit der meisten ihrer Rollen würde sich eine deutlich schlankere Erscheinung als vorteilhaft erweisen. Auch der kompromisslose Ästhetizismus Luchino Viscontis verlangte die makellose Schönheit seiner Hauptdarstellerin. Fünf gemeinsame Inszenierungen variierten denselben Frauentyp: Die (un)keusche Vestalin Giulia (*La vestale*), die schwindsüchtige Violetta (*La traviata*), die schlafwandelnde Amina (*La sonnambula*), die wahnsinnige Königin (*Anna Bolena*) und die verwandelte Oberpriesterin (*Ifigenia in Tauride*) konnten Visconti gar nicht schön und zugleich zerbrechlich genug sein. Bei den Proben mit Visconti zu *La vestale* (1954) wollte Zeffirelli zufolge jeder, der auch nur ein paar Minuten Zeit hatte, ihr zuschauen:

> Sie selbst war ein Schauspiel für sich, denn erst kurz zuvor war ihr die Heldentat gelungen, sich mittels einer strengen Diät aus der plumpen griechischen Matrone in eine gertenschlanke dunkle Schönheit zu verwandeln. Maria hat sich in jeder Hinsicht selbst geschaffen. Wir alle hatten Angst, dass ihre Stimme darunter leiden würde; schließlich galt nach wie vor die Regel, dass eine große Stimme einen großen Körper voraussetzt. Aber wie so oft strafte sie auch diesmal den Mythos Lügen.[29]

Es schmeichelte Maria Callas, diesen Idealbildern zu entsprechen. Und auch dieses Opfer sollte sich auszahlen. Es ist müßig, darüber zu spekulieren, ob Maria Callas mit Übergewicht jemals ihren einzigartigen Celebrity-Status hätte erlangen können. Zwar hat es in der Geschichte der Oper zahllose erfolgreiche dicke Primadonnen gegeben, doch niemals ist eine schwere und unattraktive Frau im Showbusiness zur Jahrhundertlegende aufgestiegen – das ist leider die traurige Realität. Der radikale Gewichtsverlust in jenen Jahren offenbart nicht nur einmal mehr ihre außerordentliche Willenskraft, sondern auch ihren Anspruch, sich buchstäblich mit Haut und Haar dem Wahrheitsanspruch ihrer Darstellungskunst zu verpflichten.

4 Diva

Maria Callas wird häufig nicht nur als die größte Sängerin, sondern vor allem als die größte Diva des 20. Jahrhunderts bezeichnet. Diese Zuschreibung relativiert zugleich ihre künstlerischen Leistungen, indem sie die Aufmerksamkeit auf bestimmte Verhaltensweisen und etwaige psychologische Ursachen lenkt. *Diva* bedeutet Göttin, und gleichsam als Steigerung gab man Callas regelmäßig auch den Spitznamen ›La Divina‹, die Göttliche. Um zur Primadonna assoluta, der unumschränkten Diva des Planeten aufzusteigen, musste sie zunächst ihre Konkurrenz hinter sich lassen. ›Divenkriege‹ zählten in der Operngeschichte zu den größten Attraktionen des Geschäftes, insbesondere dann, wenn zwei Primadonnen in derselben Vorstellung aufeinandertrafen. Legendär wurden schon im 18. Jahrhundert die Auseinandersetzungen der beiden ›Rival Queens‹ Faustina Bordoni und Francesca Cuzzoni in Georg Friedrich Händels Londoner Opernaufführungen. Der Komponist selbst hatte diese Rivalität dadurch befeuert, dass er seine beiden Primadonnen mit der identischen Anzahl von Arien in gleichem Umfang und ähnlicher Virtuosität ausstattete. Es herrschten also faire Wettkampfbedingungen – bis zu jenem denkwürdigen Faust- und Ringkampf der gefeierten Sängerinnen auf offener Bühne, der 1727 die gesamte Spielzeit vorzeitig zu Fall brachte.

Derartige Auseinandersetzungen waren bei Callas nicht zu befürchten, denn sie trat schon seit 1949 in keiner Oper mehr auf, in der es zwei Sopranrollen ähnlichen Stellenwerts gab. Das ist jedenfalls, wie schon erwähnt, einer unter mehreren Gründen, warum sie (abgesehen von der *Entführung aus dem Serail*, die nur eine große Frauenrolle hat) niemals in einer Mozart-Oper zu sehen war: Susanna und die Gräfin in *Figaros Hochzeit*, Donna Anna und Donna Elvira in *Don Giovanni* oder Pamina und die Königin der Nacht in der *Zauberflöte* haben ähnliches musikalisches Gewicht – und fügen sich genau wie die männlichen Hauptrollen in ein ausgewogenes und gleichberechtigtes

Solistenensemble ein. Hiervon abgesehen fand sie all diese Mozart-Rollen erklärtermaßen »langweilig«, sowohl als Frauenfiguren als auch weil fast alle ihre Stimme unterforderten: »Mozart war zweifellos ein außergewöhnliches Genie, und ich kann mir die Welt ohne ihn nicht vorstellen. Aber in der Regel erheben mich seine Werke nicht in den Himmel. Es ist eher der Mozart der Klavierkonzerte, den ich leidenschaftlich verehre.«[1]

Auch auf Puccinis *Turandot* verzichtete sie bereits seit 1949 – angeblich, weil die hochdramatische Partie ihrer Stimme nicht guttat, aber vielleicht auch, weil die Sympathien der Zuschauer nicht bei der Titelfigur, sondern der Dienerin Liù liegen. Mit Renata Tebaldi kam sie sich erst recht nicht in die Quere: Niemals standen sie in derselben Vorstellung auf der Bühne.

Ihrer eigenen Aussage zufolge brauchte Callas ohnehin keine Konkurrenz zu fürchten. Andere Sängerinnen würden immer nur dieselben vier oder fünf Rollen verkörpern: »Meine ›Rivalinnen‹ können nicht als solche bezeichnet werden, wenn sie einige Opern von Puccini und anderen Komponisten singen, die keinerlei Virtuosität erfordern.« Sie aber hatte ein wesentlich anspruchsvolleres und ausgefalleneres Repertoire:

> Ich singe nicht nur vier oder fünf Opern. Ich mache es mir nicht leicht, ich arbeite sehr viel und übernehme dabei eine enorme Verantwortung. Wer *Medea*, *Anna Bolena*, *I puritani* und andere Opern wieder zum Leben erweckt, riskiert einen Flop, riskiert monatelange nutzlose Arbeit ohne Geld (denn während der Einstudierung verdient man nichts). Ich könnte genauso gut ohne Vorbereitung *La bohème*, *Aida* oder *Andrea Chénier* singen, das wäre viel einfacher.[2]

Tatsächlich bildeten Callas und Tebaldi zumindest in der öffentlichen Wahrnehmung in beinahe jeder Hinsicht Gegenpole, die in den beiden Zuschreibungen des ›Engels‹ und der ›Tigerin‹ trefflich zum Ausdruck kommen. Die Charakterisierung passt zunächst auf die unterschiedlichen Stimmen: hier die lyrisch-

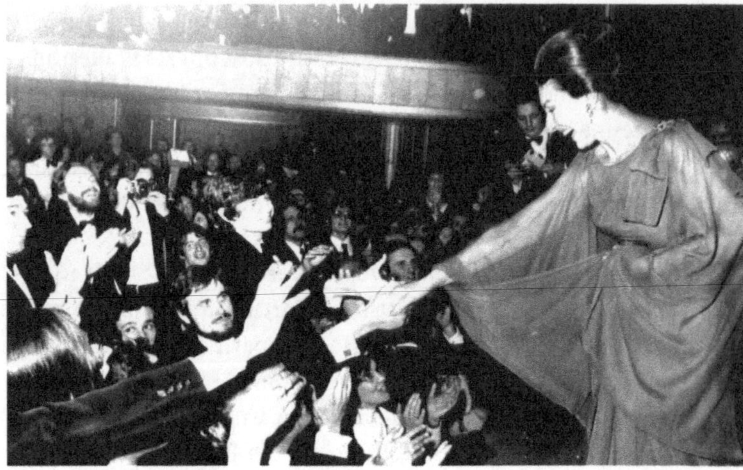

Maria Callas begrüßt ihre Fans bei ihrem letzten Pariser Konzert im Théâtre des Champs-Élysées am 7. Dezember 1973.

zarte Tebaldi, dort die wildakrobatisch-heroische Koloratursopranistin Callas. Bereits dieses unterschiedliche persönliche und stimmliche Profil garantierte, dass sich die beiden als Rivalinnen kaum je ernsthaft in die Quere kommen konnten, da sie unterschiedliche Rollen, Stimmprofile und Erwartungshorizonte bedienten.

Tebaldi besaß viele Vokalqualitäten in höchster Vollendung, die man bei Callas häufig vermisste. Sie verfügte über ein kristallklares, durchdringendes Timbre, das zugleich weich und samtig anmutete und sich auch in den Registerübergängen völlig homogen präsentierte. Sogar der Callas-Apologet René Leibowitz erkannte umstandslos an, dass Tebaldi zwar eine »in jeder Hinsicht weniger spektakuläre Künstlerin« gewesen sei, aber »die bessere Sängerin«.[3] Tebaldi war ein echter lyrischer Spinto-Sopran von allerdings moderater Beweglichkeit, Callas hingegen personifizierte die einzigartige, höchst individuelle Symbiose einer hochdramatischen Sopranstimme mit der Lizenz zum trapezakrobatischen Koloraturfeuerwerk. Auch äußerlich kontrastierten die beiden

Primadonnen erheblich: Hier die statuarische, dunkelblonde und blauäugige Tebaldi von ebenmäßiger Schönheit der Gesichtszüge, dort die dunkle, ›wilde‹ Callas, die sowohl in Mailand als auch in ihrer Heimatstadt New York die Aura des Fremden umgab.

Callas zufolge begann bereits 1948 in Rovigo, wo zur selben Zeit Tebaldi in *Andrea Chénier* und Callas in *Aida* engagiert waren, eine enge Freundschaft zwischen beiden Sängerinnen. Schon in ihrer Jugend am Athener Konservatorium war es ihr immer wichtig gewesen, andere Stimmen zu hören und hieran ihre eigene Darstellungskunst zu schulen. So besuchte sie oftmals Aufführungen Tebaldis, mit der sie sich auch privat gern die Zeit vertrieb: »Wir waren viel zusammen, berieten uns gegenseitig über Kleider, Frisuren, sogar über das Repertoire. Später haben wir uns seltener gesehen; wir waren nicht mehr am selben Ort, aber wir haben uns immer gefreut, wenn wir uns trafen. Sie bewunderte meine dramatische Kraft und mein physisches Stehvermögen, ich ihren lieblichen Gesang.[4]«

Auch Franco Zeffirelli hat betont,

> dass die Rivalität zwischen der Callas und der Tebaldi eine Erfindung der Presse war. Die beiden Sängerinnen verhielten sich zueinander vollkommen korrekt. Tatsächlich ist das bei Sängerinnen meistens der Fall, obwohl es immer wieder heißt, sie seien gehässige Primadonnen. Es sind eher die Sänger, vor allem die Tenöre, die oft unversöhnliche Feinde sind und nie ein gutes Wort für einen Kollegen übrig haben.[5]

Eine unvermeidliche Konkurrenzsituation ergab sich allerdings während der Brasilien-Tournee 1951, als Tebaldi und Callas im Wechsel die Hauptrollen in *Tosca* und *La traviata* sangen und Teile des Publikums sich lautstark auf einer der beiden Seiten positionierten. Der großspurige Operndirektor Barreto Pinto, der sogar den *Traviata*-Dirigenten Antonino Votto nach einer Meinungsverschiedenheit noch am Premierenabend feuerte und ad hoc durch Nino Gaioni ersetzte, hatte es offensichtlich auf einen Wettstreit zwischen den Primadonnen abgesehen. Nachdem er registrierte, dass sich bei *Tosca* die Publikumskunst Tebaldi zuneigte, engagierte er diese kurzfristig auch für die Vorstellung am 3. Oktober, für die eigentlich Maria Callas unter Vertrag stand. Nun kam es zum Eklat: Als Callas den Theaterdirektor nach einer Erklärung für die Besetzungsänderung fragte, erhielt sie zur Antwort, dass ihre letzte Vorstellung miserabel gewesen sei.[6]

Daraufhin wäre sie beinahe handgreiflich geworden und griff nach dem erstbesten Gegenstand auf seinem Schreibtisch: »Wenn mich nicht jemand schnell am Arm gepackt hätte – ich weiß nicht, was dann passiert wäre.«[7] Bei dem besagten Gegenstand handelte es sich um einen Tintenfasshalter aus Bronze, und der Jemand, der dazwischentrat, war niemand anderes als ihr Ehemann:

> Sie hatte Feuer in ihren Augen. Ungebändigte Kraft schien ihrem ganzen Körper zu entströmen. Ich hatte sie niemals so wütend gesehen. Ich stürzte vorwärts, um sie zurückzuhalten. Auch die anderen Anwesenden gingen dazwischen und schafften es nur mit Mühe, ihr Einhalt zu gebieten. Barreto Pinto sank voller Entsetzen in seinen Sessel zurück. Maria hörte nicht auf, ihn mit den übelsten Beschimpfungen zu traktieren. Als Pinto sicher war, dass wir es geschafft hatten, den Tintenfasshalter aus ihrer Reichweite zu entfernen, sagte er, dass er nun die Polizei rufen und sie verhaften lassen werde.[8]

Stattdessen erhielt sie zwei Stunden später einen Umschlag mit den entgangenen Gagen und den Flugtickets ausgehändigt, mit denen das Ehepaar Meneghini noch am selben Abend Brasilien auf Nimmerwiedersehen verließ.

Abgesehen von diesem Vorfall in Übersee sind keine weiteren Handgreiflichkeiten im professionellen Umgang überliefert. Der Dirigent und Komponist Franco Mannino, der als Assistent von Tullio Serafin mit Callas zusammenarbeitete, erinnert sich, dass die Berichte über Wutausbrüche und hysterische Anfälle »jeder realistischen Grundlage« entbehren: »Maria war eine professionelle Künstlerin, sie hat hart gearbeitet, mit einer schier unerschöpflichen Willenskraft. Nur so war sie den enormen Anforderungen der *Walküre* und anschließend der *Puritani* gewachsen.«[9]

Zum Status der Diva gehört die bedingungslose Gefolgschaft ihrer treuen Fangemeinde. Die lebenslängliche Callas-Verehrerin Valeria Pedemonte hat berichtet, dass auf jeden Bühnenauftritt noch eine Audienz in ihrer Künstlergarderobe folgte:

> Bequem auf ein Sofa zurückgelehnt, empfing sie dort ihre Fans. Schnell gewöhnte sie sich daran, dass sie abgöttisch verehrt wurde – auch wenn sie die allzu devoten Fans verabscheute. Es gab eine Gruppe von Fans, die sie überallhin begleiten. Um sich ihre Anbeter zumindest etwas auf Distanz zu halten, betraute sie Maria mit gewissen Aufgaben, so dass sich diese privilegiert vorkamen.[10]

Auf den Empfang in der Garderobe, der nur für die treuesten Verehrer bestimmt war, folgte noch der Diven-Spaziergang, so Valeria Pedemonte: »Nach jeder Aufführung versammelten sich die Callas-Fans, die *loggionisti*, in ihrem Sonntagsstaat unter dem Portikus und warteten auf die Diva. Wenn sie endlich kam, strahlte sie stets und war auch zum Plaudern aufgelegt. Also promenierte man miteinander, Meneghini immer ein paar Schritte hinter ihr her.«[11]

In der damaligen Schwulenkultur hatten schwergewichtige Sängerinnen viele Fans, wie Wayne Koestenbaum berichtet – der aber selbst Maria Callas nur noch als schlanke Ikone erlebte:

> Es wird vorausgesetzt, dass Sängerinnen dick sind. Der Körper muss groß sein, riesig. Der Körper muss überquellen, sich selbst peinlich werden, Maßlosigkeit anzeigen. Es gibt kulturelle und emotionale Affinitäten zwischen dicken Frauen und

> schwulen Männern – beiden ist es anvertraut, den Körper als Beschämung und Unterschiedlichkeit zu begreifen.[12]

Und erst infolge ihrer körperlichen Metamorphose wurde Callas für Koestenbaum zur Diva im eigentlichen Sinn, denn diese könne »ihr Selbst nicht von ihrer Berufung trennen: Ihr Körper ist ihre Kunst. Wenn sie entdeckt, dass sie dabei ist, eine Diva zu werden, erkennt sie die Natur ihres Körpers, und sie prägt sich diesen Körper, dieser Untrennbarkeit von erwählt sein und Verdammnis, in einer traumatischen oder peinlichen Szene.«[13]

Maria Callas als exzentrische Diva: Diese Vorstellung verlangt nach psychologisierenden Erklärungen. Wie hat sie wirklich gedacht, was hat sie in bestimmten Situationen ihres Lebens gefühlt, und welche Rückschlüsse auf ihr Seelenleben lassen sich aus der emotionalen Intensität ihrer Bühnenauftritte ziehen? Es überrascht daher nicht, dass zahlreiche Autorinnen und Autoren die psychologische Deutung ihres Verhaltens ins Zentrum ihrer Überlegungen rücken. Im Gespräch mit David Frost hat Callas 1970 gesagt, es gebe zwei Personen in ihr: »I would like to be Maria, but there is the Callas that I have to live up to.«[14] In dieser doppelten Identität haben viele Autoren den Schlüssel zu ihrer Persönlichkeit sehen wollen.

Arianna Stassinopoulos war die erste Biographin, die einen »unaufhörlich in ihr tobenden Kampf zwischen der Callas und Maria, zwischen der Legende und der Frau, zwischen dem Image und der Wirklichkeit« ausmachte und in diesem Kampf den »Mittelpunkt ihres Lebens« vermutete.[15] Den simplen Trick, Maria Callas in zwei rivalisierende Teilpersönlichkeiten zu zerlegen und fortwährend die gefeierte Diva gegen die verletzliche Privatperson auszuspielen, haben inzwischen mehrere Autorinnen- und Autorengenerationen aller Sprachen und Länder übernommen. Es ist ein Topos der Callas-Biographik geworden, der sich offenbar noch hartnäckiger in den Köpfen festgesetzt hat als andere Mythen, die immerhin durch einen gründlichen Faktencheck widerlegt werden können.

Bei David Bret gerät die ›Persönlichkeitsspaltung‹ in der Darstellung des letzten Lebensabschnitts zur unfreiwilligen Karikatur:

> Maria war zu einem lebenden Leichnam geworden. Immer noch eine schöne, begehrenswerte Frau. Aber das war nur eine äußere Hülle. Ihr ganzes Leben war zu einer Parodie geworden, einer Maske, einem Kampf zwischen Maria, der Frau, und der Callas, dem monströsen Star. Sie sprach sogar mit zwei verschiedenen Stimmen, wobei ständig die eine die andere attackierte. Maria, das traurige Geschöpf, das Onassis geliebt und verloren hatte. Callas, das Biest, dass ihr das Leben zur Qual gemacht hatte. Und dazwischen gefertigt waren all die Figuren, die sie gespielt hatte und zu denen sie geworden war. Sie war stets vom Tod besessen gewesen, doch jetzt sagte sie, er könne nie früh genug kommen. Sie hoffte nur, dass ihre Verwandten – ihre Mutter und ihre Schwester in Griechenland – vor ihr stürben.[16]

Die Vorstellung einer gespaltenen, narzisstischen Persönlichkeit mit den beiden Polen der ›grandiosen Callas‹ und der ›vulnerablen Maria‹ bietet ein einfaches Erklärungsmuster, das zahlreiche Legenden und oftmals kommentierte Persönlichkeitsmerkmale bündig zu erfassen verspricht. Es hat inzwischen nicht nur in der Trivialbiographik, sondern erstaunlicherweise auch in der Fachpsychologie zumindest ansatzweise Akzeptanz gefunden.[17] Die hinter der Entstehung eines solchen Doppelportraits wirksamen Mechanismen sind nicht schwer zu durchschauen. Während ›die‹ Callas als ein Phänomen der Presse-, Radio- und Fernsehberichterstattung und somit als mediale Konstruktion leicht zu erkennen ist, steht die private ›Maria‹ für die Wunschvorstellung einer Intimität, die sich Fans mit ihren Idolen gern ausmalen. Das gilt nicht nur für Callas, sondern für sämtliche Superstars mit einer riesigen Anhängerschaft. Solche Prozesse wurden in den unlängst aufblühenden gesellschaftswissenschaftlichen Forschungsrichtungen der Celebrity Studies und Fandom Studies vielfach untersucht. Fans meinen, ihre Idole besser zu kennen als ihre engsten Angehörigen, doch ihre Beziehung zu den Berühmtheiten beruht lediglich auf der »Illusion von Intimität«[18].

Im Haifischbecken dieser voyeuristischen Callas-Biographik tummeln sich neuerdings auch Stimmen mit weitaus größerer fachlicher Expertise. Besondere Aufmerksamkeit verdient dabei eine 2021 bei Oxford University Press verlegte Psychobiographie von Paul Wink mit dem Titel *Prima Donna – the Psychology of Maria Callas.* Das Buch erschien in der Reihe *Inner Lives*, zusammen mit Studien über andere Megaprominente wie John Lennon, Truman Capote, George W. Bush und Bob Dylan. Der Autor ist Professor am Wellesley College in Massachusetts, einer privaten Hochschule für Frauen. Seine Veröffentlichungen beschäftigen sich vor allem mit Religionspsychologie und Narzissmus, und seine fachlichen Erkenntnisse auf letzterem Gebiet hat er generös auch auf Callas appliziert. Unter den von Wink herangezogenen Biographien hebt der Autor diejenigen von Stassinopoulos, Petsalis-Diomidis und Gage als die wichtigsten und besonders aufschlussreichen hervor.[19] Dass sowohl die erste als auch die letztgenannte für eine wissenschaftliche Psychobiographie unbrauchbar sind, reflektiert er allerdings nicht. Als Untersuchungsmaterial dienen ihm ansonsten keine neuen Quellen oder wissenschaftlich erhobenen Daten, sondern die unkritisch übernommenen Callas-Legenden.

Wink vergleicht Callas mit zahlreichen anderen berühmten Primadonnen und gelangt dabei zu erstaunlichen Generalisierungen. So würde sie ihre Unsicherheit und extreme Abhängigkeit gegenüber anderen Personen von ›resilienten‹ Sängerinnen der Vergangenheit wie Maria Malibran, Adelina Patti, Luisa Tetrazzini, Mary Garden, Nelly Melba oder Renata Tebaldi unterscheiden: »Ich denke, dass die seit langem bestehende Unsicherheit der Callas eine der Ursachen ist, um die Zerstörungen zu entschlüsseln, die in den letzten Jahren ihres Lebens sichtbar wurden. In der Tat sind ihre letzten Jahre ein Beispiel für die besonderen Schwierigkeiten, die vulnerable Narzissten bei der Verlustbewältigung des Älterwerdens offenbaren.«[20]

Diese Darstellung mag mit der Lehrbuchdiagnose des Narzissmus übereinstimmen, aber sie trifft auf Callas höchstens ansatzweise zu. Denn ihre Resilienz war in jungen Jahren äußerst groß, und die »Zerstörungen« ihrer letzten Jahre hatten vielfältige medizinische Ursachen, die mit der Narzissmus-Theorie kaum in Verbindung stehen.

Auch die These ihrer permanenten Unsicherheit vermag nicht recht zu überzeugen, denn wir kennen Callas vor allem als starke und mutige Persönlichkeit, die sich in einer konservativen, patriarchalischen Gesellschaft und einer von Männern dominierten professionellen Umgebung souverän behauptete. Schon ihre Lehrerin Elvira de Hidalgo wusste, dass sie als junge Frau gelernt hatte, »eine Kämpferin und Überlebenskünstlerin zu sein und keine Opferrolle einzunehmen«.[21] Man muss sich nur die Selbstsicherheit vergegenwärtigen, mit der sie in zahllosen Interviews aufgetreten ist. Und Probenberichte bereits aus jungen Jahren bestätigen ihr kaum zu erschütterndes Selbstbewusstsein. Nur ein Beispiel: Walter Legge war dabei, als es bei der Generalprobe ihrer allerersten Premiere an der Mailänder Scala 1951 wegen einer Diskrepanz im Rubato zwischen Callas und dem Orchester zu einem Disput mit dem Dirigenten kam: »De Sabata hielt sofort inne und schrie: ›Callas – schauen Sie gefälligst zu mir!‹ Sie setzte ihr seraphisches Lächeln auf, wedelte mit dem Zeigefinger und antwortete: ›Nein, Maestro, schauen Sie zu mir – Ihre Augen sind besser als meine.‹«[22] So schlagfertig meldet sich keine verunsicherte Frau zu Wort. Ihre Unsicherheit scheint vor allem mit dem Bewusstsein der Fragilität ihrer Stimme zu tun zu haben – einer unter Sängern verständlicherweise sehr weit verbreiteten Angst.

Die Narzissmus-Theorie setzt die entscheidenden Verwerfungen in der Kindheit an. Der Psychoanalytiker Christophe Perrot vertrat die Auffassung, die Callas-Familienkonstellation zeigte die »Phallisierung des Kindes durch die Mutter«, die ihre eigenen »künstlerischen Ambitionen, die sie selbst nicht ausleben konnte«, auf die Tochter projizierte. Perrot zufolge war Maria Callas dazu berufen, die narzisstischen Defizite der Mutter auszugleichen. Da der Vater in New York kaum und während der griechischen Phase gar nicht anwesend war, habe der Tochter jegliche Liebe gefehlt, und niemand stand den Ambitionen der Mutter im Weg:

> Dieses Versagen des Vaters als Autorität hatte zahlreiche Auswirkungen auf Marias Leben. Die Partnerwahl Meneghini war das entscheidende Sprungbrett, um sich vom Joch der Mutter zu befreien. Es war jedoch nur eine kurzfristige Veränderung, denn Maria verblieb mehr als zehn Jahre lang unter dem Joch dieses Mannes. Sodann war Onassis die nächste phallische Figur.[23]

Traumatische Kindheitserfahrungen haben viele Biographen angenommen und hieraus weitreichende Schlussfolgerungen gezogen. Dass sich die Mutter eigentlich einen Sohn gewünscht hatte, war damals sicherlich nicht ungewöhnlich. Falls sie sich wirklich von ihrem Neugeborenen abwandte, könnte sie auch an einer Wochenbettdepression gelitten haben.[24] Das Migrationsschicksal teilte sie mit Millionen Zeitgenossen, doch ging es der Familie Callas in ihren kleinbürgerlichen New Yorker Verhältnissen besser als den meisten anderen. Der Autounfall, den Maria im Alter von fünf Jahren erlitt, blieb offenbar folgenlos – wenngleich die Mutter in ihrem Buch behauptet, er habe ihren Charakter nachhaltig verändert. Auch das »Drama des begabten Kindes«, das John Wink im Anschluss an Alice Miller ausmachte, passt nicht wirklich auf ihren Fall.[25] Unter den Wunderkind-Ambitionen der Mutter dürfte sie nicht übermäßig gelitten haben. Vielmehr verfolgte sie gern und zielstrebig die ihr vorgezeichnete Laufbahn, wie sie selbst bestätigte: »Schon als Kind war mir ein Mittelweg zuwider: Meine Mutter wollte, dass ich Sängerin werde, und ich war bereit, ihr darin zu folgen, aber nur unter der Bedingung, dass ich eines Tages eine große Sängerin würde. Alles oder nichts – das ist bis heute so geblieben.«[26]

Wenig spricht gegen die Annahme, dass Maria eine ziemlich normale Kindheit verlebte – wenngleich sie eine psychisch auffällige Mutter hatte. Lantzounis bestätigte, dass ihr Mann sie nach dem Suizidversuch 1930 in die Psychiatrische Abteilung des Bellevue Hospital einlieferte, wo sie einen Monat zubringen musste: »Er dachte, sie sei verrückt geworden, und vielleicht war sie auch verrückt. Sie war eine sehr ehrgeizige, neurotische Frau, die nicht eine einzige Freundin hatte.«[27] Auch Maria Callas hat in ihren letzten Jahren gegenüber Robert Sutherland bestätigt, ihre Mutter sei psychisch krank gewesen. Aus Rücksicht auf die Familie habe sie das niemals öffentlich zur Sprache gebracht.[28]

Gravierender als die New Yorker waren die Athener Erfahrungen nach 1937, als die Mutter mit ihren Töchtern allein lebte. Beide Schwestern litten darunter, dass sie ihrem Vater entzogen wurden und die Mutter fortwährend schlecht über ihn redete. Verstärkt wurde der Konflikt dadurch, dass sich Evangelia anderen Männern zuwandte und ihre ältere Tochter ebenfalls zu solchen Begegnungen ermutigte. Allerdings war letztere damals bereits weit über zwanzig Jahre alt. Möglicherweise entwickelte Maria, wie Nicholas Petsalis-Diomidis vermutet hat, »während der gemeinsamen Zeit in Griechenland und insbesondere während der Besatzung einen verborgenen Groll«, doch fraglich ist, ob dieser »sich allmählich zu einem lebenslangen Hass steigerte«.[29]

Sowohl die biographischen Quellen als auch die Aussagen von Maria und Evangelia Callas bestätigen eher, dass von einer Zerrüttung der Beziehungen zwischen Mutter und Tochter erst ab etwa 1950 die Rede sein kann. Bis dahin haben sie sich trotz mancher Differenzen, wie sie in den meisten Familien vorkommen, offenbar leidlich miteinander arrangiert. Doch die Forderungen der Mutter waren schon 1949 maßlos, als es noch nicht so sehr um Geld ging: »Wie du sehr wohl weißt, ist alles, was du mir schreibst, sofern es nicht deine Karriere betrifft, vollkommen gleichgültig, und dafür solltest du mich umso mehr lieben, denn ich bin sehr ruhmsüchtig und möchte über alles Bescheid wissen, was in deiner Karriere passiert.«[30]

Während ihre Briefe immer anmaßender und vorwurfsvoller wurden, wollte sie im September 1949 allen Ernstes dauerhaft bei den Eheleuten Meneghini in deren erste gemeinsame Wohnung in Verona miteinziehen: »Es gibt immer Platz für die eigene Mutter.«[31] Immerhin war die Zuneigung weiterhin so groß, dass Maria Callas ihre Mutter 1950 nach Mexiko einlud und sie dort reich beschenkte. Doch deren Vorwürfe ließen nicht nach, im Gegenteil. Schließlich schrieb Meneghini einen Brief an seine Schwiegermutter, der den Kontaktabbruch ausgelöst haben könnte.[32] Noch im November 1950 hatte Maria Callas den Wunsch, ihre Mutter gemeinsam mit Lantzounis zu treffen.[33] Dazu kam es nicht mehr. Anfang 1951 schrieb Callas an de Hidalgo über einen Streit mit ihrer Mutter: »Man stelle sich vor, sie läuft (in Griechenland) herum und sagt, dass sie verhungert!«[34] Und wenig später ging sie in New York damit an die Öffentlichkeit.

Unter allen Callas-Mythen lässt sich derjenige der Diva am wenigsten enträtseln, schon gar nicht mit einfachen psychologischen Deutungen. Lassen wir also die Metaphern weiterleben, wie sie der große Modeschöpfer Yves Saint-Laurent in seiner persönlichen Callas-Hommage aneinanderreihte:

> Diva unter den Diven, Kaiserin, Königin, Göttin, Hexe, Magierin, Schwerarbeiterin und schließlich die Göttliche. Erhaben, rasend, explosiv, Nachtigall, Turteltaube. Sie durchquerte dieses Jahrhundert wie ein großer, einsamer Adler, dessen ausgebreitete Flügel für immer all diejenigen verdecken, die sie überleben werden.[35]

5 Medien

> Callas-Krach in New York – Callas-Fieber in Berlin – Die Callas schickt ihre Mutter in den Tod – Primadonnenkrieg an der Scala – Rekord-Gage für die Callas – Callas-Skandal an der Met – Die Callas versetzt den italienischen Staatspräsidenten – Callas-Interpellation im Parlament – Callas-Abenteuer mit einem Milliardär – Die Callas spurlos verschwunden – Die Callas verlässt ihren Ehemann – Die neueste Callas-Sensation[1]

So lauteten einige der Headlines, unter denen gegen Ende der fünfziger Jahre über die berühmte Sängerin berichtet wurde. Und eines war allen Lesenden völlig klar: Nur eine exzentrische Diva produziert solche Überschriften.

Doch bekanntlich werden die Schlagzeilen nicht von Sängerinnen verfasst, sondern von Journalisten. Der Diva-Mythos entwickelte sich erst spät in ihrer Karriere. Und er wurde auch nicht auf der Bühne, sondern in den Büros ehrgeiziger Schreiber geboren. Er entstand aus einem Dominoeffekt, der in den Jahren 1956 bis 1958 in diversen Serpentinen um die Welt ging, ehe er 1959 von der ›Onassis-Affäre‹ abgelöst wurde. Den entscheidenden Anstoß für diese mediale Kettenreaktion gab George de Carvalho 1956 mit der *Time*-Titelstory, welche die amerikanische Öffentlichkeit mit massiv rufschädigenden ›Fake News‹ versorgte. Wie sehr Maria Callas hierdurch verletzt war, offenbart ihre minutiöse Gegendarstellung, in der sie in 24 Abschnitten die einzelnen Unwahrheiten in de Carvalhos Ausführungen richtigstellte.[2] Indem die Presse skandalöse Berichte über die exzentrische Persönlichkeit ›der‹ Callas aufbaute, schuf sie allmählich das Image eines ›authentischen‹ Superstars. Die Künstlichkeit dieser medialen Konstruktion offenbart sich in der regelmäßigen Hinzufügung des bestimmten Artikels: ›die‹ Callas.

Der *Time*-Artikel wäre nicht so wirkmächtig gewesen, wenn er nicht auch einige unbequeme Wahrheiten enthielte. De Carvalho erkannte in Callas eine völlig unzeitgemäße Erscheinung, eine Diva des 19. Jahrhunderts:

> Einst war eine Primadonna die unersetzliche Königin der Oper, ein unheimliches Geschöpf, das sich von Ruhm ernährte, sich in Ruhm kleidete und einen mit Geld, Juwelen und Liebhabern übersäten Weg beschritt. Für sie war die reale Welt nur eine Erweiterung der außergewöhnlichen Welt der Oper, eine Welt des leidenschaftlichen Hasses, der stürmischen Liebe und der übertriebenen Gesten. Die Primadonna war überlebensgroß und nur ihrem eigenen überragenden Talent verpflichtet.[3]

Seit ihrem Met-Debüt 1956 erwies sich diese Primadonnen-Legende als selbsterfüllende Prophezeiung. Nicht nur die breite Öffentlichkeit, sondern auch die kulturelle Elite New Yorks stand Schlange, um Maria Callas kennenzulernen. Drei Wochen nach der Premiere folgten am 18. November 1956 rund achtzig Gäste der Einladung Leo Lermans zu einem ›Chinese Supper for Maria Callas‹ in die Lexington Avenue 1453. Zu den handverlesenen Celebrities dieser privaten Soirée zählten beispielsweise der Schriftsteller und Literaturnobelpreisträger William Faulkner, die Modefürstin Carmel Snow, der Dirigent Leonard Bernstein, der Komponist Gian Carlo Menotti, die Tänzerin Sono Osato, die Toscanini-Töchter Wally und Wanda Toscanini, die Schauspielerinnen Lillian Gish, Siobhán McKenna, Leueen MacGrath und Celeste Holm, die Mezzosopranistin Jennie Tourel, der Bassbariton George London, der Theaterproduzent Roger L. Stevens und nicht zuletzt Janet Rhinelander Stewart, die damals als schönste Frau New Yorks galt.[4] Lange bevor Onassis am Horizont erschien, war Callas zum Jetset-Magneten geworden. Das Spezialistentum der Opernwelt hatte sie längst hinter sich gelassen. Die Medien rissen sich um sie, und die Superstars des Showbusiness begrüßten sie in ihren Reihen.

Während ihrer ersten New Yorker Saison lernte sie auch die

legendäre Society-Journalistin Elsa Maxwell kennen.[5] Ein in der Callas-Literatur allgegenwärtiges Narrativ gibt dieser Klatschreporterin die Haupt- oder zumindest eine Mitschuld für Callas' allmählichen künstlerischen Abstieg. Leo Lerman etwa urteilt hierzu kategorisch:

> Ich denke an Maria und ihr Leben hier – ihre Freuden und ihr Elend – und daran, wie ihre Karriere wirklich endete, als Elsa Maxwell (dieses runde, kranke, gewölbte Clownsgesicht, das Gesicht einer Zuhälterin) in ihr Leben trat – mit ihrer Party, ihrem perversen Lächeln und ihren leidenschaftlich-schwarzen Strahlen aus ihren finsteren Augen. Dieser Moment war das Ende des Callas-Ruhms.[6]

Gewiss ist Lermans Ansicht überzogen. Aber es besteht kein Zweifel, dass es Callas seit ihrem New Yorker Debüt mit ganz anderen medialen Herausforderungen zu tun hatte. Meneghini mit seinen schwachen Englischkenntnissen war ihr hierbei keine Hilfe. Spätestens jetzt war der Zeitpunkt gekommen, wo sie eigentlich rund um die Uhr eine PR-Assistenz an ihrer Seite nötig gehabt hätte. Im Unterschied zu de Carvalho und vielen männlichen Interviewpartnern trat Elsa Maxwell ihr immerhin durchaus wohlwollend gegenüber.[7] Die eigentümliche Beziehung der beiden Frauen endete allerdings ein Jahr später schon wieder, als die lesbische Maxwell Callas ihre Liebe gestand, von dieser aber eine deutliche Abfuhr kassierte.[8]

Ohne Frage hat Maxwells Party in Venedig am 3. September 1957 Callas' Ansehen irreparabel geschadet. Zum ersten Mal in ihrer Karriere war der Eindruck entstanden, dass sie ein privates Vergnügen über ihre beruflichen Verpflichtungen stellte: »Maria Callas walked out of the Edinburgh Festival.« Dieser Nachricht folgte das verderbliche Gerücht auf dem Fuß, sie habe eine Vorstellung abgesagt, um in Venedig zu feiern. In den Augen der Öffentlichkeit hatte sie damit ihren eigenen Professionalitätsanspruch desavouiert. Eine Stellungnahme, die sie später in der

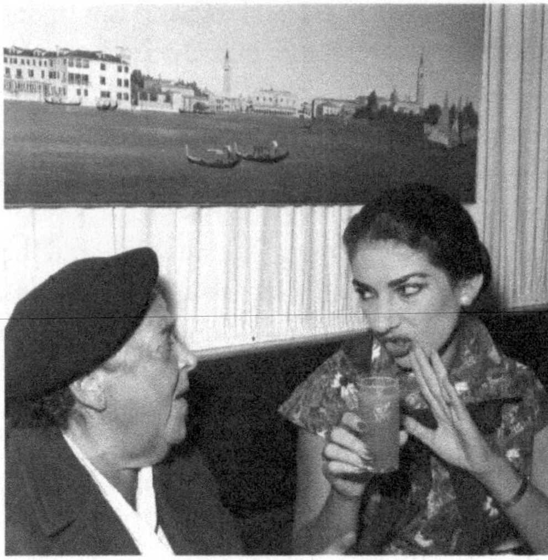

Die Journalistin Elsa Maxwell und Maria Callas 1957 in Venedig.

Zeitschrift *Life* veröffentlichte, machte die Sache nicht unbedingt besser:

> Elsa Maxwell hatte mich zu einer Party in Venedig eingeladen, und ich dachte, das wäre eine gute Unterhaltung und Entspannung nach der Arbeit. Wann immer ich auf eine Party oder zum Tanzen gehe oder mich amüsiere, sagen die Kritiker natürlich: ›Warum bleibt die Callas nicht zu Hause und kümmert sich um ihre Gesundheit?‹ Nun, ich bin erst 35 Jahre alt, und ich entspanne mich gerne mit meinen Freunden. Muss ich zu Hause bleiben wie eine Nonne?[9]

Mit dem so genannten ›Walk out‹ der launischen Diva hatten die Medien ein neues Narrativ gefunden, das künftig jederzeit reflexartig reaktiviert wurde. So geschah es auch am 2. Januar 1958, als sich der wohl größte Skandal ihrer Karriere ereignete. Der medizinisch indizierte, unvermeidliche Vorstellungsabbruch in Rom wurde als ›Rome Walk out‹ in der Presse und auch im Fernsehen inszeniert. In einer infamen ›Nachrichtensendung‹ machten sich amerikanische Klatschreporter unter der schnippischen Überschrift »Wot No Soprano?« vor einem Millionenpublikum über die schwer erkrankte Sängerin lustig.[10] Und die italienische Öffentlichkeit echauffierte sich über die angebliche ›Majestätsbeleidigung‹ ihres Staatspräsidenten, der sich im Theater befand. Doch Callas' Stimmbänder ließen sich von der Prominenz der Premierengäste wenig beeindrucken, sondern reagierten allein auf ihre gesundheitliche Verfassung.

Kurz zuvor waren ihr noch zwei weitere ›Absagen‹ zur Last gelegt worden. Im Frühjahr 1957 sollte sie in Erweiterung ihres bereits prallvollen Terminkalenders einige Aufführungen von *La traviata* an der Wiener Staatsoper unter Herbert von Karajan einschieben. Das Engagement kam nicht zu Stande, weil Karajan die von Meneghini geforderte Anhebung der Abendgage von 1600 Dollar auf 2100 Dollar zwar mündlich zugesagt hatte, dies aber gegenüber der Wiener Administration nicht durchsetzen konnte.[11] Das unrühmliche Ende der erfolgreichen Zusammenarbeit zwischen Callas und Karajan wurde in der Presse zum Skandal aufgebauscht. Im selben Herbst platzten auch ihre Aufführungen in San Francisco, was der dortige Operndirektor Kurt Herbert Adler zum Anlass nahm, sie zu verklagen. Fortan galt ein Vertrag mit Maria Callas als unkalkulierbares Risiko: Gewiss war allein die mediale Aufmerksamkeit.

Ihr persönlicher Umgang mit den Medien war oftmals ungeschickt. Zwar erhielt sie immer wieder Gelegenheit, ausführlich in der Presse zu den Vorwürfen Stellung zu nehmen, doch ihre Argumentationsstrategie hatte mit professionellem Krisenmanagement nichts zu tun. Ambivalent ist ihr Auftreten in Interviewsituationen zu beurteilen. Seit den fünfziger Jahren bis unmittelbar vor ihrem Tod hat sich Maria Callas regelmäßig und teilweise sehr ausführlich in Rundfunk- und Fernsehinterviews nicht nur über ihre Karriere und ihre künstlerischen Anschauungen, sondern auch über ihre Persönlichkeit und ihr Privatleben geäußert. Der Aussagewert dieser Gesprächsmitschnitte variiert erheblich. Auch wenn die Befragte oftmals standardisierte, im Vorfeld zurechtgelegte Antworten reproduzierte, verblüfft die sehr mannigfache Manier und Überzeugungskraft, mit der sie diese fast gleich lautenden Phrasen in unterschiedlichen Situationen vorbrachte. Denn es gab eine enorme Bandbreite an Gesprächssituationen.

Fast alle ihre Interviewpartner waren Männer. Viele von ihnen hatten von Musik keine Ahnung und versuchten, sie sofort auf ihre ›Skandale‹ festzunageln. Oft parierte Maria Callas schlagfertig und souverän die bodenlosen Anmaßungen, mitunter reagierte sie aber auch ungeschickt und ließ sich in die Ecke treiben. Andere Journalisten wiederum waren Callas-Verehrer und benahmen sich devot, was allerdings nicht gerade dazu führte, ihr überraschende Statements zu entlocken. Der Austausch nichtssagender Nettigkeiten in den unterschiedlichsten Sprachen liefert zumindest Material für die Analyse ihrer Sprechstimme.

Von Bedeutung sind einige sehr ausführliche Interviews zu künstlerischen Fragen. Die vollständig inszenierten, an zwei aufeinanderfolgenden Tagen für die BBC aufgenommenen *Callas Conversations* (23.–24. April 1968) mit Lord Harewood unterscheiden sich von dem Rundfunkinterview mit John Ardoin (13. September 1968) vor allem dadurch, dass Callas im Live-Gespräch mit Ardoin bisweilen unsicher wirkt, auch wenn viele Äußerungen inhaltlich fast identisch sind. Sie reproduzierte hier vor allem die Gedanken, die sie für die BBC gründlich vorbereitet hatte. Dabei ist zu berücksichtigen, dass das Ardoin-Interview auf dem Höhepunkt ihrer Krise kurz vor Onassis' zweiter Eheschließung erfolgte, und dass sie im unmittelbaren Anschluss noch ein weiteres Gespräch mit Ardoin führte, das sehr persönliche Äußerungen enthielt.[12] Ungewöhnlich spontan und zugleich ausführlich hatte sie sich zu künstlerischen Fragen bereits 1957 in einem Gespräch mit Rodrini geäußert.

Eines der erstaunlichsten Interviews führte sie mit Micheline Banzet 1965 in Paris. Der erhaltene Mitschnitt dauert rund eine Stunde, die beiden haben aber an insgesamt drei aufeinanderfol-

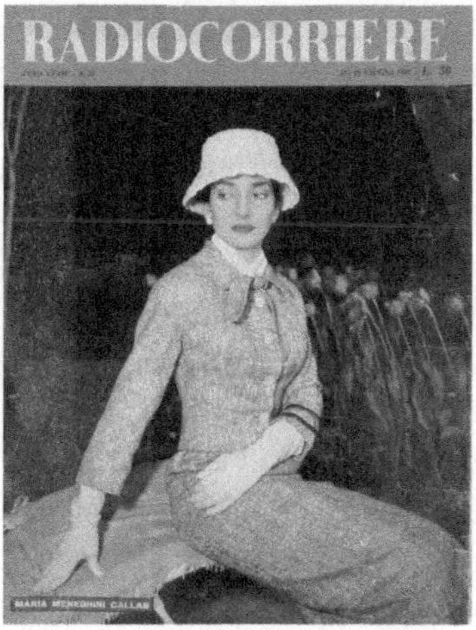
RADIOCORRIERE

MARIA MENEGHINI CALLAS

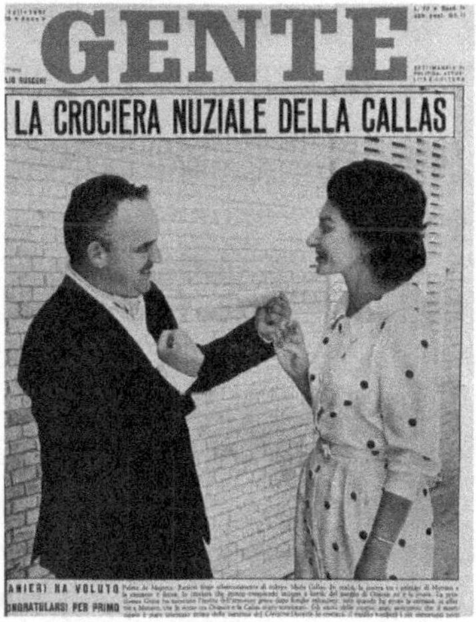
GENTE

LA CROCIERA NUZIALE DELLA CALLAS

ANIERI HA VOLUTO

NGRATULARSI PER PRIMO

Cover der Magazine *Radiocorriere* (1957) und *Gente* (1961, mit Fürst Rainier von Monaco).

genden Tagen sehr lange in der Wohnung von Maria Callas miteinander geredet. Banzet liefert ein Musterbeispiel empathischer, flexibler und zugleich strategischer Gesprächsführung. Die Journalistin kannte Callas bis dahin noch nicht und war auch mit ihrer Karriere nicht umfassend vertraut, besaß aber als professionell ausgebildete Musikerin ein besonderes Gespür. Anders als in vielen anderen Gesprächen wirkt Callas hier völlig entspannt. Sie spricht frei und verzichtet fast vollständig auf ihre üblichen Standardsätze – vielleicht auch, weil sie diese auf Französisch damals noch gar nicht parat hatte. In Frankreich und in Paris fühlte sie sich so wohl, weil sie hier von den Leuten in Ruhe gelassen wurde, betont sie gegenüber Banzet.[13] Sie sei schon immer am liebsten allein gewesen, und ihre wichtigsten Aufgaben – ihre täglichen Gesangsübungen und das Einstudieren ihrer Partien – habe sie immer allein erledigt. Auch auf dem Höhepunkt ihrer Jet-Set-Jahre sei es ihr spätestens nach zwei Stunden ein Bedürfnis gewesen, sich zurückzuziehen. Sie benötige sehr viel Zeit für sich selbst, auch um sich mit ganz alltäglichen Dingen zu beschäftigen. Sie ging einkaufen, dekorierte ihrer Wohnung, betätigte sich in der Küche und schaute schon immer sehr viel Fernsehen. Bei Spielfilmen und Krimis konnte sie sich entspannen, Leinwandstars wie Audrey Hepburn verehrte sie. Es war das genügsame Leben einer Frau, die niemandem mehr etwas beweisen musste. Genau dieses ruhige, zurückgezogene Leben führte sie in ihren letzten Jahren in Paris. Manche Biographen sahen darin Zeichen einer angeblich völligen psychischen Zerrüttung.[14] Vermutlich war es aber einfach nur der genuine Ausdruck ihrer gar nicht so außergewöhnlichen Persönlichkeit.

Am 20. April 1959 veröffentlichte das amerikanische Magazin *Life* einen langen Artikel von Maria Callas, in dem sie sich gegen die Skandalvorwürfe der letzten Jahre energisch zur Wehr setzte. Dass diese Selbstverteidigung glückte, darf man bezweifeln, denn ohne Not listet sie gleich zu Beginn die neun »schrecklichen Sünden« auf, für die sie die ganze Welt im Laufe der letzten beiden Jahre verurteilt habe:

> Vor den Augen des italienischen Staatspräsidenten habe ich den Eröffnungsabend der Opernsaison in Rom zerstört, indem ich eine Erkältung vortäuschte und absichtlich mitten in der Vorstellung abbrach. – Empört über eine Strafanzeige schwor ich, nie wieder in Chicago zu singen. – In letzter Minute verlangte ich eine höhere Gage, und als ich sie nicht bekam, brach ich meinen Vertrag mit der Wiener Oper. – Aus reiner Laune heraus habe ich mich geweigert, bei einem wichtigen Auftritt in Athen zu singen. – Nur weil ich auf eine Party gehen wollte, bin ich unverantwortlicherweise vor einer wichtigen Aufführung auf dem berühmten Edinburgh Festival davongelaufen und habe mich nicht nur geweigert zu singen, sondern bin sogar aus dem Land geflüchtet. – Unter dem Vorwand, krank zu sein, ruinierte ich eine ganze Opernsaison in San Francisco, indem ich meinen Vertrag kündigte. – Wegen meines unmöglichen Temperaments habe ich die Mailänder Scala, die Opernhauptstadt der Welt, gezwungen, auf meine

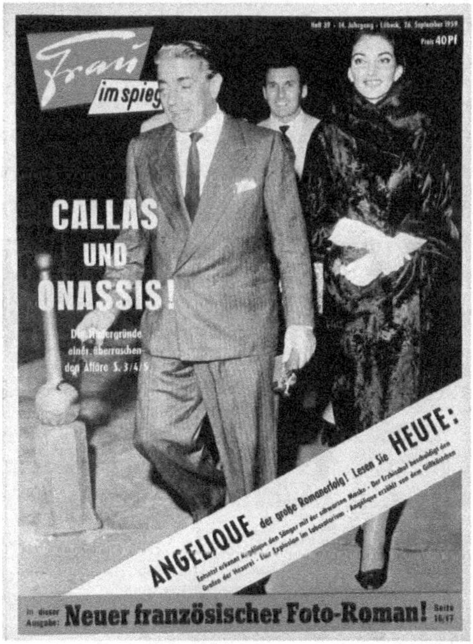

Callas und Onassis: Das Titelbild der *Frau im Spiegel* vom 26. September 1959.

> Dienste zu verzichten. – Weil ich unverzeihlich launenhaft in Bezug auf die Rollen war, die ich zu singen gewillt war, brachte ich den Direktor der Metropolitan Opera, Rudolf Bing, dazu, meinen Vertrag für die gesamte Saison zu kündigen. – Da es mir nur ums Geld geht, fordere ich unglaubliche Gagen, die hilflose Operndirektoren und Konzertsaalbetreiber zu hohen Verlusten bei meinen Auftritten zwingen.[15]

Bereits die vollständige Übersicht dieser zahlreichen ›Skandale‹ dürfte auch wohlgesonnene oder unwissende Leser eher in dem Vorurteil bestärkt haben, dass die geläufige Kritik an der launischen Diva ihre Berechtigung habe. Und dies umso mehr, als sich Maria Callas im Fortgang des Beitrags durchaus exzentrisch präsentierte: Sie habe nicht die Absicht, sich für irgendetwas zu rechtfertigen, und sei auch zu stolz, um Mitleid zu verlangen.

Eher kontraproduktiv war vermutlich auch der nachträgliche Abdruck eines medizinischen Gutachtens ihres Hausarztes Arnaldo Semeraro vom 7. August 1958, zwölf Tage vor ihrer Premiere in Edinburgh: »Ich bestätige, dass Maria Meneghini Callas Symptome nervöser Erschöpfung schweren Grades aufweist, die durch Überarbeitung und Müdigkeit verursacht werden. Ich verordne ihr eine völlige Ruhepause von nicht weniger als 30 Tagen.«[16] Denn inzwischen war die *Medea*-Aufnahme erschienen, die sie genau in dieser ärztlich verordneten ›Ruhepause‹ aufgenommen hatte. Callas war häufig krank, aber noch häufiger war sie inkonsequent.

Doch während sich die internationale Klatschpresse auf die Celebrity stürzte und ihre ›Skandale‹ inszenierte, ging die seriöse Musikkritik allmählich zu Callas auf Distanz. Die nachlassenden künstlerischen Leistungen und die immer selteneren Auftritte schienen ihr Recht zu geben. Ihren späten Eintritt in die Glamourwelt des schönen Scheins sahen viele Kritiker als den ultimativen Sündenfall der Callas. »Der strahlendste Erzengel, den die Menschheit je erlebt hat« sei sie gewesen, so der Musikkritiker und Callas-Biograph Attila Csampai, doch

> plötzlich fand sich die zuvor in den unerreichbaren Höhenregionen der heiligsten Kunst regierende Priesterin in der entweihten und durch und durch unmusikalischen Hemisphäre der brillantenbesetzten Demimonde, des neureichen Geldadels wieder, in der dekadent-glitzernden Kunstwelt des süßen Nichtstuns, in der die meisten von der Arbeit anderer lebten und sich vergnügten, einer rigiden Männerwelt, in der den Frauen wenn überhaupt nur die Rolle von Renommierobjekten zufiel.[17]

Offensichtlich befand sich der bekennende Callas-Verehrer in einem Dilemma, das für die bildungsbürgerliche Musikkritik bezeichnend ist. Schon seit dem 19. Jahrhundert neigte sie dazu, künstlerische Urteile mit moralischen Kategorien zu legitimieren.[18] Es galt, die Reinheit der Kunst nicht durch Luxus und Ausschweifung zu korrumpieren. Allerdings war die Oper seit jeher – etwa im Vergleich zum gesprochenen Drama oder zur Kammermusik – eine für moralische Kritik besonders anfällige Kunstsparte.

Unterm Strich haben die Presseskandale Maria Callas weitaus mehr genutzt als geschadet. Denn ihnen ist es zu verdanken, dass aus einer Opernsängerin ein globaler Superstar werden konnte. Erst die sensationellen medialen Inszenierungen machten sie zur berühmtesten Frau der Welt. Und sie bescherten ihren Tonträgern Absatzzahlen, wie sie weder vorher noch nachher jemals ein Gesangsstar der klassischen Musik erreichen sollte.

6 Opfer

War Maria Callas ein glücklicher Mensch? »I'm happy«, antwortete sie hierauf im Gespräch mit Ed Murrow am 24. Januar 1958, und als Begründung schob sie hinterher, der größte Erfolg ihrer Karriere sei ihre glückliche Ehe mit Giovanni Battista Meneghini.[1] Sie selbst hat das Glück, das ihr in ihrem Leben und ihrer Karriere zuteilwurde, kaum jemals bestritten – und sie wurde oft gefragt, ob sie glücklich sei. Besonders dann, wenn sie sich – wie etwa 1958 – aufgrund von Krankheit, der ihr zu Last gelegten Skandale und anhängiger Gerichtsverfahren in besonders großen Schwierigkeiten befand. Auch privat äußerte sie sich stets ähnlich. Jeder habe sein eigenes Schicksal zu tragen, schrieb sie Anfang 1958 an ihre Verehrerin Cohleen J. Bischoff, und das ihre sei ganz wunderbar, vor allem dank ihres Mannes: »Das ist es, was für mich wirklich zählt. Das persönliche Glück, das großen Reichtum für die Seele bringt.«[2]

Allein die Frage nach dem persönlichen Glück mag vielen Callas-Fans als Sakrileg erscheinen. Der Werdegang der Sängerin wird regelmäßig als eine Passionsgeschichte beschrieben, und ihr Schicksal identifiziert man gern mit den übermenschlichen Tragödienfiguren, die sie vornehmlich verkörperte. Besonders drastisch hat der französische Biograph Claude Dufresne die Opferthese vertreten. Ihm zufolge sei Maria Callas »am 16. September 1977 in ihrer Pariser Wohnung in der Avenue Georges Mandel nicht einem Herzanfall erlegen«, sondern »einem Verbrechen zum Opfer« gefallen, und zwar

> einem Verbrechen, das in aller Unschuld und ohne jeden Vorsatz von all jenen Menschen verfügt wurde, die Maria zu ihrer Göttin hatten, sich dann aber des Sakrilegs schuldig machten, ihr angebetetes Idol vom Sockel zu stürzen. Einem kollektiven Verbrechen mit vielen Tätern: dem Publikum, den Kritikern ebenso wie Onassis und Marias Mutter, den allzu enthusiastischen Verehrern ebenso wie den allzu erbitterten Gegnern. Nicht zu vergessen die Haupttäterin – Maria selbst, die unablässig den Weg der Selbstzerstörung beschritt, sei es nun, dass sie sich für ihre gnadenlose Herrscherin, die Kunst, bis auf die letzten Kraftreserven verausgabte, als sie auf dem Gipfel des Ruhmes stand, sei es, dass sie sich, als ihr Stern im Sinken begriffen war, freiwillig in die Einsamkeit begab, die ihr schließlich jeden Lebenswillen raubte.[3]

Attila Csampai identifizierte als Tätergruppe vor allem »die kläffende Meute der Sensations-Journaille, die sie ihr Leben lang verfolgt, durch den Dreck gezogen und gequält hatte«.[4] Selbst der bedeutende Gesangshistoriker Jürgen Kesting pflichtete diesem Opfer-Mythos bei:

> Maria Callas – leidend und groß wie die Operngestalten, deren vollkommenste Verkörperung sie war – der Norma, der Medea, der Anna Bolena, der Lucia, der Elvira, der Amelia, der Violetta, der Abigaille, der Lady Macbeth, der Tosca –, lässt sich nicht allein begreifen als Sängerin und nicht durch

die Analyse »dieser großen, hässlichen Stimme«, von der erstaunlicherweise ihr Mentor Tullio Serafin gesprochen hat. Vielmehr ist sie, wie die von ihr dargestellten Figuren, ein Opfer gewesen.[5]

Die Liste der mutmaßlichen Täter ist lang, doch die Diagnosen greifen wohl zu kurz. Sie sind von dem Wunsch diktiert, das scheinbar Unerklärliche verständlich zu machen: den überraschend schnellen Niedergang einer bis dahin völlig unumschränkten Jahrhundertkünstlerin. Chronologisch lässt sich dieser Abstieg anhand der Aufführungsstatistik ziemlich leicht nachvollziehen: Stand Maria Callas bis 1956 pro Jahr in durchschnittlich weit über 50 Opernvorstellungen auf der Bühne, so waren es 1957 nur noch 39, ein Jahr später 29, und bereits 1959 nur noch 13.[6] Niemand konnte übersehen, dass sie von Jahr zu Jahr immer seltener auftrat. Zwar konnte sie 1959 ihre schwache Bilanz durch 14 Konzertauftritte aufbessern. Doch 1960 stand sie nur noch siebenmal auf der Opernbühne, 1961 und 1962 nur noch jeweils zweimal, 1963 gar nicht mehr. Der Tiefpunkt war erreicht, auch wenn sie im Frühjahr 1963 noch eine kleine Tournee mit sechs Konzerten absolvierte. 1964 gelang ihr ein Bühnencomeback mit sechs *Tosca*-Vorstellungen in Covent Garden und acht Auftritten als *Norma* im Palais Garnier. 1965 stand sie sogar an 17 Abenden auf der Opernbühne, davon allein an 14 in ihrem damaligen Wohnort Paris. Doch nach der Londoner *Tosca* am 5. Juni 1965 war endgültig Schluss.

An Theorien und Hypothesen über ihren stimmlichen Niedergang und den damit verbundenen frühzeitigen Rückzug von der Bühne herrscht kein Mangel. Drei unterschiedliche Aspekte und Etappen sind dabei zu unterscheiden: die konkreten stimmlichen Veränderungen und ihre medizinischen Ursachen, mögliche psychische Faktoren einer reduzierten künstlerischen Leistungsfähigkeit und schließlich die Veränderungen der Lebensumstände, welche die Fortsetzung einer kontinuierlichen Bühnenkarriere unmöglich machten. Die Theorien zur

Gesangsstimme betreffen vor allem ihre Krankheiten (insbesondere Dermatomyositis) sowie den starken Gewichtsverlust, die langjährige übermäßige Beanspruchung der Stimme und das sehr weit gefächerte Repertoire. Nicht nur der gesangliche Kontrollverlust, sondern wie Koestenbaum schreibt auch »der radikale Gewichtsverlust der Callas und ihre melodramatischen Strategien in Mode- und Kosmetikfragen ließen ihre Lebensgeschichte tragisch wirken: Sie schien trotz ihres Ruhms und Reichtums ein Opfer des Geschlechtsrollensystems.«[7] Extremen psychischen Anspannungen war sie vor allem seitens der Medien ausgesetzt. Es ist schwer zu sagen, ob ihre Resilienz stark genug war, diesen Belastungen standzuhalten, oder ob ein Verlust an Selbstvertrauen und Zuversicht aufgrund des großen Erfolgsdrucks und des damit verbundenen psycho-physischen Stresses eingetreten sei.[8]

Die wesentlichen Veränderungen ihrer Lebensumstände traten erst ein, nachdem sie ihren Karrierehöhepunkt bereits überschritten hatte. Ein Opfer sei Callas demnach vor allem in ihren angeblich ›gescheiterten‹ Liebesbeziehungen gewesen. Dass Giovanni Battista Meneghini sie um einen Großteil ihres Vermögens betrogen habe, sagte sie seit Mitte 1959 jedem, der es hören wollte. Die Einschätzung der Gerichte fiel auf der Grundlage der damaligen Gesetze anders aus, und eine moralische Beurteilung erübrigt sich. Die heute zugängliche Korrespondenz, sämtliche damaligen Mitteilungen von Callas selbst und nahezu alle glaubwürdigen Zeitzeugenberichte lassen kaum Zweifel daran, dass sie zwölf Jahre lang, von 1947 bis 1959, eine glückliche und stabile Liebesbeziehung mit dem 28 Jahre älteren Meneghini geführt hat.

Von den zahlreichen gegen Aristoteles Onassis erhobenen Vorwürfen müssen zumindest drei hier erwähnt werden. Am schwersten wiegt das Doppelspiel im Vorfeld und Kontext der Eheschließung mit Jackie Kennedy. Auch hier sei anstelle einer moralischen Bewertung zunächst die Frage betrachtet, welche Auswirkungen diese Entwicklungen auf die künstlerische Karriere von Maria Callas hatten. Die Antwort ist schlicht: keine.

Ihre Bühnenlaufbahn war schon drei Jahre zuvor zu Ende gegangen, und deren Höhepunkt lag weit über ein Jahrzehnt zurück. Schwieriger ist die Frage zu beantworten, welche persönlichen Konsequenzen die Trennung von Onassis nach sich zog. Die meisten Biographen gehen davon aus, dass Callas hieran zerbrochen und ihr Lebenswillen nach Onassis' Tod gänzlich erloschen sei. Hierbei handelt es sich jedoch um Spekulationen, für die es kaum Anhaltspunkte gibt. Ein Tod an gebrochenem Herzen mag in manchen Opern vorkommen, aber aus medizinischer Sicht ist er unplausibel. Und seltsamerweise sind sowohl in der Oper als auch in der Celebrity-Biographik fast ausschließlich Frauen von dieser Todesursache betroffen.

Der zweite gegen Onassis erhobene Vorwurf läuft darauf hinaus, dass er aus purem Egoismus und völliger musikalischer Ignoranz Maria Callas davon abgehalten habe, ihre Karriere fortzusetzen. Hierzu ist anzumerken, dass die Fernbeziehung sie nur vorübergehend in ihrer künstlerischen Arbeit einschränkte. Sie selbst war klug genug, ihre Karriere zum richtigen Zeitpunkt zurückzufahren, und die Begegnung mit Onassis mag sie darin bestärkt haben.

Drittens ist seine unsympathische Rücksichtslosigkeit und Brutalität zu nennen. Onassis' langjährige Partnerin Ingeborg Dedichen veröffentlichte unmittelbar nach seinem Tod das Enthüllungsbuch *Onassis mon amour*, in welchem sie nicht nur den wirtschaftlichen Aufstieg, sondern auch den Sadismus eines gewalttätigen Säufers schonungslos porträtierte.[9] Die norwegische Aristokratin war sieben Jahre älter als Onassis, der sie 1946 nach einer zwölfjährigen Beziehung unmittelbar vor seiner Eheschließung mit der siebzehnjährigen Athina Livanos verließ. Gewalterfahrungen dürfte auch Callas gemacht haben, Gerüchte über handgreifliche Auseinandersetzungen kursierten jedenfalls schon frühzeitig. Lyndsy Spence hat sie in ihrer Biographie zusammengetragen und Callas als Onassis-Opfer gezeichnet.[10] Dabei rekurriert sie allerdings stärker auf die Schilderungen Dedichens als auf konkrete Callas-Fälle. Und nicht alle Hinweise auf Auseinandersetzungen mit dem Reeder lassen das Bild einer unterwürfigen Masochistin erkennen. Die damals sechzehnjährige Onassis-Nichte Marilena Patronikola soll dabei gewesen sein, als Maria Callas eines Tages im großen Salon des Schiffes ihre kurzfristige Abreise nach Italien verkündete. Angeblich befahl ihr Onassis sodann kategorisch, an Bord zu bleiben, denn er habe wichtige Gäste eingeladen. Als sie erwiderte, das sei ihr egal, habe er sie geschlagen. Daraufhin habe sie sich auf ihn gestürzt und sich energisch zur Wehr gesetzt – schließlich war sie wesentlich größer und siebzehn Jahre jünger als er.[11] Und in Gegenwart ihres Klavierbegleiters Robert Sutherland wies sie 1974 auch Giuseppe Di Stefano zurecht, niemand solle es wagen, Maria Callas etwas vorzuschreiben: »That's why I broke with Onassis. He always tried to command me.«[12]

In der Callas-Trivialbiographik wird das Thema unterschiedlich behandelt, je nachdem, ob die Romanze oder die Sensationslust im Vordergrund steht. Zur Beglaubigung häuslicher Gewalt ruft David Bret wiederum den fingierten Zeugen ›Roger Normand‹ auf:

> Onassis hat Maria regelmäßig geschlagen. Das gestand sie Roger Normand und zeigte ihm die blauen Flecken. Manchmal habe sie, wie sie sagte, den Mut gefunden zurückzuschlagen. Einmal habe sie ihm sogar eine Weinflasche auf den Kopf geschlagen, wodurch er das Bewusstsein verloren hätte, doch die Versöhnung hinterher sei jedes Mal göttlich gewesen.[13]

Und derselbe ›Freund‹ war angeblich auch zur Stelle, als sie im Frühjahr 1966 von Onassis schwanger gewesen sein soll:

> Tatsache ist, Onassis wollte kein Kind. Seine Reaktion gab Maria später gegenüber Roger Normand wieder: »Wenn du mich behalten willst, dann sieh zu, dass du den Bastard in die Gosse spülst!« Maria war von diesem mittlerweile so abscheulichen Menschen wie besessen. Sie ließ nicht nur die

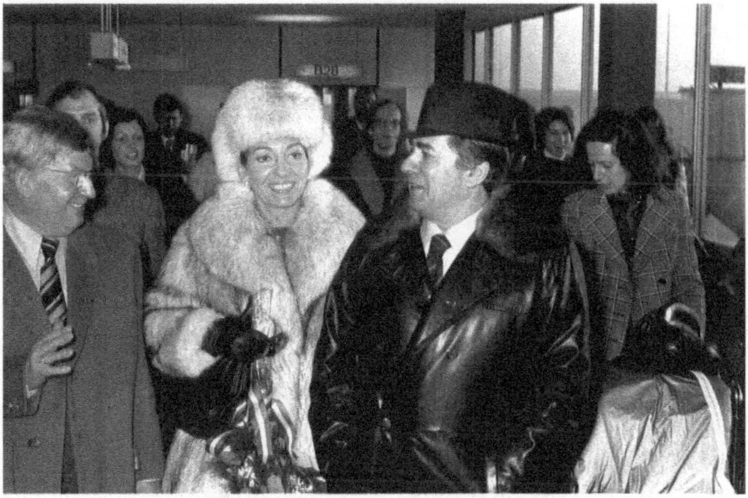

Auf Abschiedstournee. Maria Callas und Giuseppe Di Stefano bei ihrer Ankunft am Amsterdamer Flughafen am 9. Dezember 1973.

> Abtreibung vornehmen, sondern gleich die Gebärmutter entfernen, um nicht noch einmal schwanger zu werden. Mit der Beziehung zu Onassis ging es zu Ende, und ihr langer, schwerer Leidensweg hatte begonnen.[14]

Das biographische Motiv von später Schwangerschaft und Abtreibung geht ebenfalls auf Arianna Stassinopoulos zurück. Ihr zufolge sei Callas tatsächlich im Alter von 43 Jahren schwanger geworden. Doch Onassis habe von ihr verlangt, das Kind abzutreiben, andernfalls würde er sie verlassen.[15] Diese Behauptung löste den Zorn Meneghinis aus, der wiederum in seinem Buch über ihre frühe Menopause und angebliche Unfruchtbarkeit berichtete.[16] Besonders großes Aufsehen erregte der Journalist Nicholas Gage im Jahre 2000 mit seiner Behauptung, dass Callas unter größtmöglicher Geheimhaltung am 30. März 1960 in einem Mailänder Krankenhaus per Kaiserschnitt einen noch am selben Tag verstorbenen ›Sohn‹ namens Omero Lengrini zur Welt gebracht habe.

Gage baute um diese Geschichte herum eine Biographie auf, die unter dem Titel *Greek Fire – The Story Of Maria Callas and Aristotle Onassis* erschien und in diverse Sprachen übersetzt wurde.[17] Auch in Deutschland gehörte *Griechisches Feuer* lange Zeit zu den meistverkauften Callas-Titeln. Im September 2001 veröffentlichte der italienische Journalist Giangavino Sulas in der Illustrierten *Oggi* einen Artikel, demzufolge Callas' Haushälterin Bruna Lupoli ihm gegenüber bestätigt habe, dass Omero Lengrini der Sohn von Callas und Onassis gewesen sei.[18]

Eva Baronsky entwickelte aus der Story sogar einen ganzen Roman: *Die Stimme meiner Mutter* betrachtet Maria Callas aus der Perspektive ihres angeblichen Sohnes: »Es gehört zur Tragik meiner Mutter, dass sie sich selbst für liebenswert hielt. Tatsächlich wäre sie für jeden liebenswert gewesen, dem sie erlaubt hätte, sie so kennenzulernen, wie sie sich selbst kannte. Aber man muss sich meine Mutter vorstellen wie den Mond: Kaum jemand brachte es fertig, ihre verborgene Seite zu entdecken.«[19]

Zuvor hatte bereits Alfonso Signorini die Lengrini-Story in seinen Callas-Roman *Troppo fiera, troppo fragile* (2007) eingebaut. Und auch Michelle Marly, Autorin des Bestsellerromans *Die Diva* (2020), nahm die Fabel in ihren ansonsten versiert recherchierten Plot auf:

> Sie hatte sich in den Anmeldebogen in der privaten Clinica Dezza als Maria Lengrini eingetragen. Es war eine Vorsichtsmaßnahme, um Aufsehen zu vermeiden. Nicht nur die Presse sollte nicht erfahren, dass sie ein Kind zur Welt brachte. Sie wollte auch nicht, dass Meneghini über irgendwelche Kanäle von ihrer Schwangerschaft erfuhr und womöglich Ansprüche auf das Baby erhob, das keinesfalls das seine war. Darüber hinaus war Aristos Scheidung noch nicht rechtskräftig, so dass es besser war, Tina vorläufig im Unklaren zu lassen. Überhaupt hatte Maria es geschafft, das Geheimnis gut zu bewahren. Vor Bruna und Ferruccio hatte sie die Veränderungen in ihrem Wesen und ihrem Körper nicht verheimlichen

können oder wollen. Aber außer Aristo waren ihre beiden Hausangestellten die einzigen Menschen, die an dem größten Glück ihres Lebens Anteil nehmen durften.[20]

All diese Autoren ließen sich nicht davon beirren, dass Gages Sensationsbehauptung bereits kurz nach ihrem Erscheinen in Rezensionen seines Buches nachdrücklich in Zweifel gezogen worden war.[21] Als Mutter von Omero Lengrini, den es tatsächlich gab, der aber in keiner nachweisbaren Beziehung zu Callas stand, hat Lyndsy Spence inzwischen eine ›unverheiratete Teenagerin‹ ausmachen wollen.[22] Es gibt zahlreiche Callas-Fotos vom Februar 1960, von denen keines auf eine Schwangerschaft hindeutet.[23] Noch am 5. Februar 1960 nahm sie an der Mailänder Kinopremiere von Federico Fellinis *La dolce vita* teil und ließ sich in einem schwarzen Kleid in Begleitung Antonio Ghiringhellis mehrfach fotografieren. Kurz darauf flog Callas nach Paris, wo sie ebenfalls häufig fotografiert wurde. Am 11. Februar 1960 gab sie dort ein umfangreiches Interview, das zwei Tage später in *France Soir* veröffentlicht wurde. Bei diesem Anlass stellte die Journalistin Marlyse Schaeffer fest, dass Callas nicht etwa zu-, sondern abgenommen habe.[24] Am 14. Februar wurde sie gemeinsam mit ihrem Ehemann in Mailand fotografiert. Und am 22. Februar schrieb sie an ihren Anwalt Walter Cummings, dass sie sich bester Gesundheit erfreue und von ihren Freunden ständig bedrängt werde, sich mit ihr zu treffen.[25] Hiervon abgesehen plante sie, im Sommer wieder in Epidauros und überdies in Ostende aufzutreten. Außerdem nahm Callas am 13. und 15. Juli 1960, nur dreieinhalb Monate nach der angeblichen Kaiserschnittentbindung, in der Town Hall von Watford für EMI drei besonders anspruchsvolle Belcanto-Arien auf, »Bel raggio lusinghier« aus *Semiramide* (Rossini), »D'amore al dolce impero« aus *Armida* (Rossini) und »Arrigo! ah, parli a un core« aus *I vespri siciliani* (Verdi). Nach einer Geburt müssen die meisten Sängerinnen für einige Monate komplett mit dem Gesang pausieren. Und um ein so diffiziles Repertoire für eine Schallplattenaufnahme zu singen, bedarf es einer gewissen Vorbereitung – insbesondere bei einer ohnehin recht wackligen Stimme.

Eine bemerkenswerte künstlerische Neuauflage erfuhr der Opfer-Mythos überdies durch die Performance-Künstlerin Marina Abramović, die vor allem durch selbstzerstörerische Inszenierungen des eigenen Körpers berühmt wurde. Abramovićs Gesichtszüge, Frisur und körperliche Erscheinung ähneln derjenigen von Maria Callas in ihren späten Jahren, und ihre Herkunft und serbisch-orthodoxe Erziehung rückt sie auch kulturell und geographisch zumindest in die Nähe ihres Idols. *7 Deaths of Maria Callas* heißt ihr Opernprojekt mit Musik von Marko Nikodijević und Szenen aus Opern von Bellini, Bizet, Donizetti, Puccini und Verdi, das am 1. September 2020 an der Bayerischen Staatsoper München uraufgeführt wurde (coronabedingt musste die eigentlich für den 11. April 2020 vorgesehene Premiere verschoben werden).

Um das Stück besser zu verstehen, muss man einiges über die 1946 in Belgrad geborene Künstlerin wissen, die in ihrer jugoslawischen Kindheit gewiss traumatischere Erfahrungen erlitt als die junge Callas. Als sie sechs Jahre alt war und ihr Vater ihr das Schwimmen beibringen wollte, fuhr er mit ihr aufs offene Meer hinaus, warf sie über Bord und ließ sie fast ertrinken.[26] Ihre Eltern führten eine katastrophale Ehe, und eines Tages in ihrer Kindheit zerschlug der Vater viel Porzellan und verließ das Haus für immer. In Interviews schilderte sie die drakonische Erziehung durch ihre Mutter, die ihre Tochter regelmäßig peinigte, um ihre Macht zu demonstrieren. Schon in ihrer Jugend praktizierte Marina Abramović diverse schwere Selbstverletzungen, aus denen sie später einige ihrer mitunter lebensgefährlichen künstlerischen Arbeiten entwickelte.

Besonders bekannt wurde ihre Performance *Rhythm 0*, die sie 1974 in einer Galerie in Neapel durchführte. Es ging ihr dabei um die Auslotung des Verhältnisses zwischen Performance und Publikum, wobei es zu einer Umkehr der klassischen Rollenverteilung kam: Die Zuschauer sollten die Akteure sein, während ihre Rolle als Performerin darin bestand, während der festgelegten Dauer von genau sechs Stunden passiv zu bleiben und gar nichts zu tun. 72 Objekte standen dem Publikum zur Auswahl, mit denen sie mit der Künstlerin in Kontakt treten konnten, und zwar unter der ausdrücklichen Prämisse, dass sie keine Verantwortung für ihre Handlungen tragen müssten. Unter diesen Gegenständen befanden sich einige wohltuende Dinge wie eine Rose, eine Feder, Honig und Olivenöl, aber auch gefährliche Waffen, darunter eine Pistole, eine Peitsche, ein Skalpell, eine Schere, eine Metallstange und eine Kugel. Lange Zeit verhielt sich auch das Publikum äußerst passiv. Erst allmählich begannen einzelne Zuschauer damit, die Objekte einzusetzen, und es entwickelte sich eine gefährliche Dynamik. Am Ende der Aufführung war ihr Körper entblößt und auf vielfältige Weise malträtiert worden. Abramović selbst beschrieb sich nach der Performance als das lebende Bildnis einer »Madonna, Mutter und Hure«.

Die Parallelen und Unterschiede sowohl der Biographien als auch der künstlerischen Karrieren von Maria Callas und Marina Abramović sind unschwer auszumachen. Abramović war von Maria Callas fasziniert, seit sie ihre Stimme im Alter von vierzehn Jahren zum ersten Mal zufällig in der Küche ihrer Großmutter hörte:[27] »Ich fühlte eine so starke Identifikation mit ihr. Wie ich war sie Schütze, wie ich hatte sie eine schreckliche Mutter. Wir hatten eine körperliche Ähnlichkeit miteinander. Doch während ich den Herzschmerz überlebt hatte, starb sie an einem gebrochenen Herzen.«[28]

Die Künstlerin interessierte sich weniger für ihre Stimme als für das Ritual des Todes: Callas starb Abend für Abend auf der Opernbühne auf außergewöhnliche und psychologisch extreme Weise.

Die ursprüngliche Idee aus dem Jahre 1989 bestand darin, eine Videoarbeit mit dem Titel *How to Die* zu entwickeln. In diesem Stück ging es um die Gegenüberstellung von zwei

Darstellungen des Todes – einerseits reale Todesfälle, gefilmt in einer Gemeinschaft von Bergleuten in Serra Pelada (einem ehemaligen Tagebaubetrieb einer Goldmine in Brasilien, dessen entsetzliche Bedingungen von Sebastião Salgado in der Reportage *Gold* fotografiert wurden), und andererseits ästhetisierte Todesarten in Form von Szenen oder Aufnahmen aus Opern, interpretiert von Maria Callas, in denen die Heldinnen aus Liebe sterben.[29]

Während der rund einstündigen Performance lag Marina Abramović in der Rolle der Maria Callas sterbend in ihrem Bett in dem bekannten großbürgerlichen Interieur ihrer Wohnung in der Pariser Avenue George Mandel. Die Handlung ergibt sich aus der Aneinanderreihung von sieben weiblichen Sterbeszenen der Operngeschichte, die von sieben verschiedenen Sängerinnen live gesungen und vom Bayerischen Staatsorchester begleitet wurden, dirigiert von Yoel Gamzou. Dazu war die siebenmal sterbende Abramović in überlebensgroßen Filmprojektionen zu sehen. Die *7 Deaths of Maria Callas* präsentieren die folgenden Stationen und Arien:

1. Violetta stirbt an Tuberkulose (Arie der Violetta aus Verdis *La traviata*, 3. Akt: »Addio, del passato«).
2. Tosca stürzt sich in die Tiefe (Arie der Tosca aus Puccinis *Tosca*, 2. Akt: »Vissi d'arte«).
3. Desdemona wird von Otello erdrosselt (Arie der Desdemona aus Verdis *Otello*, 4. Akt: »Ave Maria«).
4. Cio-Cio-San nimmt sich das Leben (Arie der Cio-Cio-San aus Puccinis *Madama Butterfly*, 2. Akt: »Un bel dì, vedremo«).
5. Carmen wird von Don José erstochen (Habanera der Carmen aus Bizets *Carmen*, 1. Akt: »L'amour est un oiseau rebelle«).
6. Lucia stirbt im Wahnsinn (Arie der Lucia aus Donizettis *Lucia di Lammermoor*, 3. Akt: »Il dolce suono«).
7. Norma geht ins Feuer (Arie der Norma aus Bellinis *Norma*, 1. Akt: »Casta Diva«).

Über diese sieben Tode und ihre künstlerische Umsetzung – und auch über die für das Stück eigens komponierte Musik von Marko Nikodijević – gäbe es noch viel zu sagen, wofür hier nicht der Raum ist. Erwähnt sei zumindest eine gewisse Irritation darüber, dass eine Künstlerin, die sich so sehr mit Maria Callas identifiziert, ausgerechnet zwei von sieben Operntode in den Blick nimmt, die ihr Idol niemals auf der Bühne gestorben ist, nämlich Desdemona und Carmen. Diese beiden Abgänge fallen auch dadurch aus dem Rahmen, dass sie die einzigen Mordopfer zeigen: Beide Frauen werden aus platter Eifersucht umgebracht. Zugleich ist dies die einzige Doppelung der Todesarten (sieht man einmal davon ab, dass Desdemona erwürgt und Carmen erstochen wird – und davon, dass Don Josés Eifersucht gut begründet ist, während Otello bloß einer Wahnvorstellung unterliegt). Verglichen mit Tuberkulose, Wahnsinn, Suizid und Scheiterhaufen sterben Desdemona und Carmen kurz und (fast) schmerzlos. Allerdings wird Desdemonas Tod dadurch in die Länge gezogen, dass sich Abramović schon während des »Ave Maria« mehrere lebendige Pythonschlangen um den Hals legen lässt. Nur den Suizid inszeniert Abramović ebenfalls zweimal. Doch Tosca stirbt auf der Flucht – ihr verzweifelter Sprung von der Engelsburg ist nicht mit dem rituellen Seppuku der Cio-Cio-San gleichzusetzen.

Bleibt noch der achte Tod, derjenige von Maria Callas. Laut Abramović ist sie an einem gebrochenen Herzen gestorben. Kitschiger geht es kaum. Oder ist vielleicht Isoldes Liebestod gemeint? Den hat Maria Callas immerhin zwölfmal durchlitten – auf offener Bühne, aber nicht im echten Leben.

Die Rätsel, die ihren plötzlichen Tod am 16. September 1977 umgeben, werden sich niemals vollständig lösen lassen. Ihr Leichnam wurde unmittelbar nach der Trauerfeier verbrannt, die Asche wurde zwei Jahre nach ihrem Tod über der Ägäis zerstreut. Einige mögen entgegen jeder medizinischen Evidenz auch weiterhin glauben, dass Maria Callas an Einsamkeit oder an gebrochenem Herzen gestorben sei. Mitunter ist selbst im Kreis ihrer engeren Vertrauten auch über einen unnatürlichen Tod oder einen Suizid spekuliert worden. Den Verdacht, dass Callas ermordet wurde, hat Franco Zeffirelli im November 2004 in einem Interview mit dem italienischen Fernsehsender TG5 bekräftigt: »In ihren letzten Tagen geriet sie unter den Einfluss einer Gruppe von seltsamen Griechen, die mit ihrer Schwester in Verbindung standen und die Maria hasste. Es ist möglich, dass sie ihr Substanzen eingeflößt haben, die sie getötet haben. Immerhin wurde ihr Körper unmittelbar nach der Trauerfeier eingeäschert.«[30] Dass die Methaqualon-Sendungen ihrer Schwester gesundheitsschädlich waren, steht außer Frage, doch einen Mordverdacht rechtfertigen sie keineswegs.

Auch die Suizidtheorie, die vor allem auf ihren Ehemann zurückgeht, entbehrt jeder Plausibilität. Bekanntlich konnte Meneghini ihre Handschrift fälschen, und er tat es in seiner Position als ihr Manager in unzähligen Fällen.[31] Vermutlich kritzelte er selbst auf einen Notizzettel des Londoner Savoy-Hotels, auf dem Callas bei ihrem letzten dortigen Besuch anlässlich ihrer beiden Konzerte in der Royal Festival Hall im November 1973 den Beginn der ›Suicidio‹-Arie aus *La Gioconda* festgehalten hatte, nachträglich die Datierung »estate 77« (Sommer 77) und das Kürzel »a T.« (für Titta).[32] Angeblich sei diese Nachricht als geheime Anspielung auf ihren bevorstehenden Tod an ihn gerichtet gewesen, wie er später in seinem Buch behauptete.[33] Doch für den 16. September 1977, ihren Todestag, war sie mit ihrem Agenten Sander Gorlinsky verabredet gewesen, der eigens aus London angereist war.[34]

Die Dermatomyositis war damals erst wenig erforscht. Andere Symptome wie der sehr niedrige Blutdruck, ihre wiederholt beklagten Beschwerden in den Beinen und der Bewegungsmangel deuten in Verbindung mit den kurz vor ihrem Tod aufgetretenen Schmerzen in Brust und Rücken sowie respiratorischen Beschwerden manchen Autoren zufolge auf eine tödliche Lungenembolie hin.[35] Auch wenn die offizielle Todesursache eines Herzinfarkts von vielen Biographen in Frage gestellt wurde, ist mit größter Wahrscheinlichkeit anzunehmen, dass sie eines mit ihren schweren Vorerkrankungen assoziierten natürlichen Todes gestorben ist.

CALLAS MORGEN

Was wird bleiben vom Mythos der Maria Callas? Viele Legenden lassen sich weder verifizieren noch eindeutig widerlegen. Ob Maria Callas tatsächlich einen Sohn zur Welt gebracht hat oder ob sie jemals schwanger war, mag vielleicht noch eine Weile kontrovers diskutiert werden. Fraglich ist allerdings, wen das künftig noch interessieren wird. Für eine Beurteilung ihrer künstlerischen Leistungen sind diese Spekulationen unerheblich. Auch die Umstände ihres Todes werden weiter viele Rätsel aufwerfen und vermutlich zu sehr unterschiedlichen Hypothesen Anlass geben. An dieser Frage hängen wesentlich weitreichendere Interpretationsmöglichkeiten. Verschwörungstheorien könnten die große griechische Tragödin womöglich in immer wieder neuen Opferrollen inszenieren.

Kann man Maria Callas zu neuem Leben erwecken? Im Jahr 2018 wurde die Künstlerin als dreidimensionales Hologramm auf die virtuelle Bühne zurückgeholt. Die Hologramm-Tournee *Callas in Concert* stellte sich der Herausforderung, »von der ersten Sekunde lang das unverwechselbare Charisma, für das sie Opernfans in aller Welt verehren«, wiederzubeleben und damit »die Grenzen von Zeit und Raum« aufzuheben.[1] Die technischen und künstlerischen Vorbereitungen für dieses Projekt waren äußerst aufwändig. Zunächst musste eine Darstellerin in einem Casting als ›Körperdouble‹ für Maria Callas ausgewählt werden. Sodann folgte eine drei Monate lange Probenphase, ehe die Performance des Doubles gefilmt werden konnte. Anschließend wurden die Aufzeichnungen digital so verändert, dass die Erscheinung der Darstellerin der Vorstellung von Maria Callas bei der Aufführung der für die Konzerttournee ausgewählten Opernarien nahezu vollkommen glich.[2] Für die akustische Dimension des Projektes war es entscheidend, dass ein Sinfonieorchester live den Gesang von Maria Callas begleitete. Hierfür wurden die ausgewählten Audioaufnahmen aus den Jahren 1958 bis 1964 umfassend bearbeitet, wobei Stimme und Orchester exakt voneinander getrennt werden mussten. Diese ›reine‹ Callas-Stimme wurde dann im Hologram-Konzert audiotechnisch so disponiert, als käme sie direkt aus dem ›Mund‹ des Hologramms.

Fans wollen ihre Idole authentisch, in lebendiger Aktion und in intimer Nähe erleben, was ihnen ansonsten nur Film, Theater und Performancekunst bieten können. Marina Abramović ist keineswegs die einzige darstellende Künstlerin, die in den zwanziger Jahren des 21. Jahrhunderts persönlich in die Rolle der Maria Callas schlüpfte. Wie lebendig der Mythos der Operndiva ist, zeigt sich auch darin, dass eine minimal inszenierte Lesung von Callas-Briefen ausreichte, um die berühmte italienische Filmschauspielerin Monica Bellucci mit *Maria Callas – Letters & Memoirs* in den Jahren 2019 bis 2023 auf Welttournee zu schicken. Auch Hollywoodstar Angelina Jolie versucht sich 2023 in der Titelrolle im Kinofilm *Maria* des Regisseurs Pablo Larraín, der damit nach Filmen über die amerikanische Präsidentenwitwe (*Jackie*, 2016) sowie über die britische Prinzessin Diana (*Spencer*, 2021) seine Trilogie von Biopics über weibliche Ikonen vollendet. Jolie folgt in dieser Leinwandrolle der legendären Fanny Ardent, die bereits 2002 die Hauptrolle in dem erfolgreichen Filmdrama *Callas Forever* übernahm.

Was bleiben wird, ist Callas' Kunst. Zweifellos prägt ihr künstlerisches Vermächtnis auch die Spielplanentwicklung der Opernhäuser in der Vergangenheit, Gegenwart und Zukunft. Tatsächlich lässt sich heute von einem ›Belcanto Turn‹ sprechen, einer Renaissance der italienischen Gesangsoper des frühen 19. Jahrhunderts, die mit dem Phänomen Maria Callas begann und mit Sängerinnen wie Joan Sutherland, Edita Gruberová oder Anna Netrebko ihre Fortsetzung fand. Dass die Opern Rossinis und Donizettis auf breiter Front ihren Weg zurück in die Spielpläne gefunden und inzwischen sogar diejenigen Richard Wagners in den internationalen Repertoirestatistiken überflügelt haben, war seinerzeit nicht absehbar.[3]

Es bleibt abzuwarten, wie sich die Callas-Aufnahmen in Zukunft auf dem Streaming- und Tonträgermarkt behaupten werden. Den Generationenwechsel von den physischen zu den digitalen Tonträgern haben sie vorerst glimpflich überstanden, aber ihre Streamingwerte könnten besser sein. Noch rangiert Callas auch bei Spotify mit monatlich rund einer halben Million Hörerinnen und Hörern unter den Sängerinnen der klassischen Musik auf dem ersten Platz. Jüngere Diven wie Renée Fleming (*1959) und Cecilia Bartoli (*1966) folgen ihr indes schon dicht auf den Fersen. Vor allem drei Faktoren sprechen dafür, dass diese und andere Sängerinnen Maria Callas bei den Zugriffszahlen bald überflügeln könnten: Wegen ihrer anhaltenden öffentlichen Live-Auftritte sind sie heute omnipräsent, sie verfügen über ein viel breiteres Repertoire, und vor allem sind sie mit Crossover-Produktionen unterwegs, mit denen sie auch Hörerschichten jenseits der sogenannten ›Hochkultur‹ erreichen.

Von alledem kann bei Maria Callas keine Rede sein: Niemals hat sie etwas anderes gesungen und aufgenommen als Oper und Klassik, ihr Repertoire ist schmal und teilweise auch recht speziell, und überdies ist fast niemand mehr am Leben, der sie in ihren besten Tagen noch live gehört hätte. Auch das gibt zu denken: Der Anteil des Klassiksegments am Gesamtumsatz physischer und digitaler Tonträger und Musikprodukte ist in den vergangenen beiden Jahrzehnten dramatisch eingebrochen, in Deutschland beispielsweise von 7,4 % zu Beginn des 21. Jahrhunderts auf nur noch 2,2 % im Jahre 2019.[4] Betrachtet man, welche Callas-Titel bei Spotify besonders häufig aufgerufen werden, so sind es gerade nicht jene Aufnahmen, die sie berühmt gemacht haben oder besonders typisch für sie sind: Am beliebtesten ist »Un bel dì vedremo« aus Puccinis *Madama Butterfly*, gefolgt von zwei Arien aus Opern, die sie niemals auf der Bühne gesungen hat: »O mio babbino caro« aus *Gianni Schicchi* desselben Komponisten sowie der »Habanera« aus Bizets *Carmen*. Muss man am Ende gar Maria Callas gegen ihre eigenen Liebhaber verteidigen?

In absoluten Zahlen sind auch ihre *Butterfly*- und *Carmen*-Werte nicht wirklich überwältigend. So bringt es ihr 2007 verstorbener männlicher ›Rivale‹ Luciano Pavarotti, von dem auch Schlager wie »O sole mio« und Weihnachtslieder in verschiedenen Sprachen zu haben sind, bei Spotify mittlerweile auf mehr als drei Millionen monatliche Nutzer und führt damit gemeinsam mit dem Pianisten Lang Lang die Klassik-Streaming-Charts an. Ökonomisch ist aus Callas längst nicht mehr so viel Kapital zu schlagen wie ehedem: Die Leistungsschutzrechte ihrer bis 1963 entstandenen Aufnahmen sind abgelaufen, und die wenigen späteren, die noch unter die seit 2013 geltende Schutzfristverlängerung auf 70 Jahre fallen, werden es bald sein. Doch ihre treuen Fans werden auch weiterhin für physische Tonträger tief in die Tasche greifen. Zum 100. Geburtstag präsentiert Warner Music die umfangreichste Box mit Callas-Aufnahmen, die jemals veröffentlicht wurde: Auf 131 CDs sowie drei Blu-Rays und einer DVD ist die Diva in all ihren 74 Rollen zu erleben, für die überhaupt Tondokumente existieren.

Was aus diesem Callas-Kosmos wird dauerhaft Bestand haben? Nicht nur physisch haben ihre vielen Schallplatten das größte Gewicht, darunter einige Jahrhundertaufnahmen, die auch künftig schwerlich zu übertreffen sein werden. Freilich werden sich ihre Tonaufnahmen auch weiterhin an denen anderer bedeutender Sängerinnen messen lassen müssen. Auch hier ist Maria Callas nicht nur wegen der Vielzahl ihrer Aufnahmen im Vorteil, sondern vor allem, weil man sie sofort wiedererkennt. Ihre Stimme wird überleben, weil sie unverwechselbar ist. Böse Zungen warfen Maria Callas ihrerzeit vor, sie habe Essig in der Stimme – aber eine solche individuelle Schärfe scheint wie das Tannin im edlen Rotwein unverzichtbar, um auch nach vielen Jahrzehnten aus der Fülle des Wohllauts mehrerer Generationen berühmter Opernsängerinnen hervorzustechen.

Last but not least wird Maria Callas auch in Zukunft so manche Utopien des Musiklebens und des Kulturbetriebs personifizieren. Dass die vorzeitige Beendigung einer Opernvorstellung wegen akuter Erkrankung einer Sängerin jemals wieder zu einer veritablen Staatskrise führen könnte, erscheint heute ausgeschlossen. Maria Callas hat damals etwas so Unerhörtes möglich gemacht und hält damit auch heute noch die Illusion am Leben, dass große Kunst über das politische Weltgeschehen triumphieren könne. Das wusste schon Ingeborg Bachmann, als sie über Callas schrieb: »Sie war das letzte Märchen, die letzte Wirklichkeit, deren ein Zuhörer hofft, teilhaftig zu werden.«[5]

Anmerkungen

Soweit nicht aus bereits übersetzten Quellen zitiert, stammen alle Übersetzungen von Arnold Jacobshagen.

Callas heute

1 Grass 1984, S. 120–124.
2 Bachmann 1978, S. 343.

Leben

1 New York

1 Jackie Callas 1989, S. 34.
2 Scott 1992, S. 280.
3 Petsalis-Diomidis 2001, S. 37.
4 Stancioff 1988, S. 53.
5 Maria Callas 1957, S. 278.
6 Petsalis-Diomidis 2001, S. 24.
7 Evangelia Callas 1960, S. 13.
8 Petsalis-Diomidis 2001, S. 32.
9 Jackie Callas 1989, S. 32.
10 Petsalis-Diomidis 2001, S. 32.
11 Maria Callas 1957, S. 278.
12 Petsalis-Diomidis 2001, S. 602.
13 Spence 2021, S. 10.
14 Petsalis-Diomidis 2001, S. 607.
15 Evangelia Callas 1960, S. 16.
16 Ebd., S. 18.
17 Jackie Callas 1989, S. 45.
18 Evangelia Callas 1960, S. 21.
19 Jackie Callas 1989, S. 45.
20 Maria Callas 1957, S. 279.
21 Stancioff 1988, S. 54 f.
22 Gardner 1958.
23 Maria Callas 1957, S. 279.
24 Jackie Callas 1989, S. 46.
25 Gardner 1958.
26 Jackie Callas 1989, S. 47.
27 Petsalis-Diomidis 2001, S. 44.
28 Stancioff 1988, S. 55.
29 Jackie Callas 1989, S. 47.
30 Ebd., S. 49 f.
31 Scott 1992, S. 7.
32 Jackie Callas 1989, S. 50.
33 Gardner 1958.
34 Spence 2021, S. 11.
35 Scott 1992, S. 7.
36 Stancioff 1988, S. 60.
37 Harewood 1968.
38 Jackie Callas 1989, S. 51.
39 Sutherland 1999, S. 67.
40 Evangelia Callas 1960, S. 19.
41 Gardner 1958.
42 Jackie Callas 1989, S. 54.
43 Jellinek 1986, S. 8.
44 Gara 1958, S. 12.
45 Evangelia Callas 1960, S. 20.
46 Murrow 1958.
47 Stancioff 1988, S. 60.
48 Evangelia Callas, S. 21.
49 Jackie Callas 1989, S. 54.
50 Petsalis-Diomidis 2001, S. 72.
51 Murrow 1958.

2 Athen

1 Evangelia Callas, S. 24.
2 Jackie Callas 1989, S. 63.
3 Evangelia Callas, S. 27.
4 Maria Callas 1957, S. 279.
5 Koussouris 2002, S. 12.
6 Maria Callas 1957, S. 280.
7 Koussouris 2002, S. 12.
8 Jackie Callas 1989, S. 79.
9 Koussouris 2002, S. 17.

10 Jackie Callas 1989, S. 82 f.
11 Galatopoulos 1998, S. 38.
12 Koussouris 2002, S. 21.
13 Galatopoulos 1998, S. 40.
14 Jackie Callas 1989, S. 81.
15 Harewood 1968.
16 Petsalis-Diomidis 2001, S. 166.
17 Harewood 1968.
18 Ebd.

3 Aufstieg

1 Petsalis-Diomidis 2001, S. 581 f.
2 Ebd., S. 215.
3 Leotsakos 1992, S. 235.
4 Petsalis-Diomidis 2001, S. 252.
5 Ebd., S. 254.
6 Galatopoulos 1998, S. 44.
7 Ebd., S. 35.
8 Evangelia Callas 1960, S. 52.
9 Maria Callas 1957, S. 282.
10 Petsalis-Diomidis 2001, S. 288.
11 Harewood 1968.
12 Koussouris 2002, S. 41.
13 Petsalis-Diomidis 2001, S. 295.
14 Hamilton 2010, S. 30.
15 Petsalis-Diomidis 2001, S. 390.
16 Herzog 1959, S. 10.
17 Ebd., S. 10.
18 Jackie Callas 1989, S. 111.
19 Koussouris 2002, S. 65.
20 Herzog 1959, S. 11.
21 Petsalis-Diomidis 2001, S. 364.
22 Koussouris 2002, S. 66.
23 Petsalis-Diomidis 2001, S. 417.
24 Ebd., S. 418.
25 Koussouris 2002, S. 75.
26 Jackie Callas 1989, S. 112.
27 Herzog 1959, S. 8–12.
28 Stancioff 1988, S. 74.
29 Maria Callas 1958.
30 Galatopoulos 1998, S. 55.
31 Spence 2021, S. 41.
32 Galatopoulos 1998, S. 57.
33 Jackie Callas 1989, S. 126.
34 Maria Callas 1957, S. 284.
35 Harewood 1968.
36 Evangelia Callas 1960, S. 98.
37 Maria Callas 1957, S. 285 f.
38 Ebd., S. 286.
39 Stancioff 1988, S. 77.
40 Evangelia Callas 1960, S. 102.
41 Scott 1992, S. 27.
42 Maria Callas 1957, S. 287.
43 Hamilton 2010, S. 46.
44 Maria Callas 2019 (28. 1. 1946), S. 66.
45 Ebd.
46 Maria Callas 1957, S. 286.
47 Spence 2021, S. 56.
48 Evangelia Callas 1960, S. 101.
49 Scott 1992, S. 28.
50 Ebd., S. 29.

4 Italien

1 Maria Callas 2019, S. 35.
2 Kesting 2020, S. 105.
3 Maria Callas 2019 (20. 8. 1947), S. 70.
4 Meneghini 1982, S. 24.
5 Maria Callas 1957, S. 289.
6 Maria Callas 2019 (2. 9. 1947), S. 72 f.
7 Ebd. (20. 8. 1947), S. 70.
8 Ebd. (2. 9. 1947), S. 70.
9 Hamilton 2010, S. 49.
10 Meneghini 1982, S. 37.
11 Ebd., S. 274.
12 Maria Callas 2019 (30. 9. 1948), S. 92.
13 Meneghini 1982, S. 65.
14 Maria Callas 2019 (9. 11. 1948), S. 93 f.

15 Bünsch 1991, S. 74.
16 Maria Callas 2019 (30. 9. 1948), S. 92.
17 Ebd. (15. 3. 1949), S. 105.
18 Ebd. (26. 4. 1949), S. 110.
19 Ebd. (2. 5. 1949), S. 112.
20 Ebd.
21 Ebd., S. 115–138.
22 Meneghini 1982, S. 103.
23 Spence 2021, S. 78.
24 Hamilton 1996, S. 58.
25 Weaver 1992, S. 482.
26 Meneghini 1982, S. 274.
27 Weaver 1992, S. 483.
28 Ebd.
29 Meneghini 1982, S. 123.
30 Ebd., S. 124.
31 Scott 1992, S. 58.
32 Excelsior (25. 5. 1950), RBC.
33 El Universal (25. 5. 1950), RBC.
34 Maria Callas 2019 (20. 8. 1947), S. 70.
35 Ebd. (28. 9. 1950)
36 Meneghini 1982, S. 135.
37 Stancioff 1988, S. 124.
38 Meneghini 1982, S. 139.
39 Pollaci 2020, S. 363.
40 Scott 1992, S. 82.
41 Galatopoulos 1998, S. 116.
42 Meneghini 1982, S. 273 f.

5 Zenit

1 Zeffirelli 1987, S. 192.
2 Maria Callas 1957, S. 300.
3 Schwarzkopf 1982, S. 192.
4 Ebd., S. 192.
5 Meneghini 1982, S. 167.
6 Pollaci 2020, S. 367.
7 Ebd., S. 368.
8 Scott 1992, S. 88.
9 Spence 2021, S. 238.
10 Scott 1992, S. 89.
11 Schwarzkopf 1982, S. 195.
12 Maria Callas 1957, S. 300.
13 Ebd., S. 301.
14 Lerman 2007, S. 137.
15 Ebd., S. 138.
16 Meneghini 1982, S. 172.
17 Scott 1992, S. 116.
18 Zeffirelli 1987, S. 192.
19 Dufresne 1991, S. 152.
20 Maria Callas 1957, S. 301.
21 Ebd., S. 100.
22 Meneghini 1982, S. 222–227.
23 Maria Callas 2019 (24. 4. 1954), S. 180.
24 Richardson 1982, S. 51.
25 Ebd., S. 49.
26 Scott 1992, S. 139.
27 Spence 2021, S. 103.
28 Lerman 2007, S. 174.
29 Dellenbaugh 2002, S. 30.
30 Bernstein 2013, S. 324.
31 Kesting 2020, S. 79.
32 Döhring 2021, S. 506.
33 Stancioff 1988, S. 142.
34 Ebd.
35 Meneghini 1982, S. 183–196.
36 Ardoin 1979, S. 108.
37 Meneghini 1982, S. 238.
38 Spence 2021, S. 122.
39 Ardoin 1979, S. 111.
40 Meneghini 1982, S. 274.
41 Callas 2020, 3. 4. 1956, S. 196.

6 Gegenwind

1 De Carvalho 1956.
2 Ebd.
3 Ebd.
4 Jackie Callas 1989, S. 156.
5 Evangelia Callas 1960, S. 140.
6 Ebd., S. 141.

7 Wallace 1974.
8 Gardner 1958.
9 Rodrini 1957.
10 Bing an Roberto Bauer (28. 12. 1956), RBC.
11 Meneghini 1982, S. 277.
12 Stancioff 1988, S. 158.
13 Maria Callas 1957, S. 277.
14 Ebd., S. 303.
15 Scott 1992, S. 189.
16 Fleetwood 1958.
17 Maria Callas 2019 (4. 11. 1957), S. 230.
18 Fussi/Paolillo 2011, S. 33–51.
19 Ardoin 1979, S. 131.
20 Maria Callas 1958.
21 Maria Callas 1959, S. 129.
22 Semeraro, Relazione medica (14. 9. 1957), RBC.
23 Ardoin 1979, S. 131.
24 Kurt Adler an AGMA (1. 9. 1957), RBC.
25 Maria Callas 2019 (1. 11. 1957), S. 227.
26 Ebd., S. 226.
27 Ebd.
28 Ebd.
29 Galatopoulos 1998, S. 278.
30 Galatopoulos 1998, S. 160.
31 Maria Callas 2019, S. 241.
32 Ebd., S. 242.
33 Maria Callas 1958.
34 Ebd.
35 Maria Callas 2019 (14. 1. 1958), S. 239–246.
36 Maria Callas 1958.
37 Maria Callas 2019 (2. 2. 1958), S. 238.
38 Hansen 1995, S. 48.
39 Scott 1992, S. 204.
40 Galatopoulos 1998, S. 290.
41 Gardner 1958.
42 Galatopoulos 1998, S. 291.
43 Scott 1992, S. 207.
44 Meneghini 1982, S. 268.
45 Ardoin 1979, S. 138.
46 Bing 1973, S. 210 f.
47 Lerman 2007, S. 231.
48 Maria Callas 2019 (2. 11. 1958), S. 261.
49 Lerman 2007, S. 232.
50 Maria Callas 2019 (6. 11. 1958), S. 263 f.
51 Lerman 2007, S. 232.
52 Scott 1992, S. 215; Spence 2021, S. 142.
53 Crothers 2017; Spence 2021, S. 140.
54 Meneghini an Remigio Paone (6. 1. 1959), RBC.
55 Spence 2021, S. 115.
56 Meneghini 1982, S. 285.
57 Maria Callas 2019 (ohne Datum), S. 288.
58 Meneghini 1982, S. 287.
59 Spence 2021, S. 149.
60 Gage 2000, S. 50-146.
61 Meneghini 1982, S. 292.
62 Ebd., S. 289.
63 Galatopoulos 1998, S. 337.
64 Allegri 2010, S. 239f.
65 Meneghini 1982, S. 299.
66 Galatopoulos 1998, S. 340 f.
67 Ardoin 1979, S. 154.
68 Bing 1973, S. 214.
69 Spence 2021, S. 157.
70 Scott 1992, S. 225.
71 Ardoin 1979, S. 155.

7 Rückzug

1 Scott 1992, S. 227.
2 Galatopoulos 1998, S. 347.
3 Spence 2021, S. 159.
4 Scott 1992, S. 228.
5 Ardoin 1979, S. 158.
6 Stancioff 1988, S. 188.

7 Blase 1960.
8 Galatopoulos 1998, S. 357.
9 Ardoin/Fitzgerald 1974, S. 39.
10 Spence 2021, S. 166.
11 Jackie Callas 1989, S. 189.
12 Maria Callas 2019 (17. 8. 1961), S. 312.
13 Restrepo 1995, S. 33.
14 Spence 2021, S. 173.
15 Maria Callas 1958.
16 Ebd.
17 Kaiser 1982, S. 313.
18 James Durcey an Callas (3. 5. 1962), RBC.
19 Maria Callas 2019 (8. 5. 1962), S. 322.
20 Spence 2021, S. 174.
21 Zeffirelli 1987, S. 240.
22 Welfare Center Amsterdam NY (17. 12. 1962), RBC.
23 Maria Callas 2019 (9. 1. 1963), S. 329.
24 Ebd. (5. 2. 1963), S. 334.
25 Ebd. (12. 1. 1963), S. 331.
26 Ebd. (5. 2. 1963), S. 334.
27 Ardoin 1979, S. 171.
28 Maria Callas 2019, S. 340–342.
29 Ebd. (4. 11. 1963), S. 347.
30 Zeffirelli 1987, S. 277.
31 Ebd.
32 Ebd., S. 279.
33 Seletsky 2004, S. 249 f.
34 Osborne 2008, S. 650.
35 Bing 1973, S. 214.
36 Ardoin 1979, S. 188.
37 Scott 1992, S. 242.
38 Bing 1973, S. 214.
39 Dragadze 1964, S. 64.
40 Ebd., S. 65.
41 Ebd., S. 66.
42 Maria Callas 2019 (24. 2. 1965), S. 365.
43 Scott 1992, S. 238.
44 Galatopoulos 1998, S. 370.
45 Ardoin 1979, S. 187 f.
46 Stancioff 1988, S. 198.

8 Abschied

1 Petkovic 2000.
2 Scott 1992, S. 239.
3 Ardoin/Fitzgerald 1974, S. 39.
4 Stancioff 1988, S. 198.
5 Maria Callas 2019 (16. 2. 1967), S. 377 f.
6 Bing 1982, S. 198.
7 Galatopoulos 1998, S. 422.
8 Andry 2008, S. 48–52.
9 Maria Callas 2019 (7. 2. 1968), S. 385.
10 Ebd. (30. 1. 1968), S. 383 f.
11 Ebd. (4. 3. 1968), S. 386.
12 Gage 2000, S. 264.
13 Harewood 1968.
14 Maria Callas 2019, (16. 6. 1968), S. 387.
15 Ebd. (17. 8. 1968), S. 390.
16 Gage 2000, S. 279 f.
17 Scott 1992, S. 243.
18 Gage 2000, S. 288 f.
19 Lerman 2007, S. 324.
20 Maria Callas 2019 (3. 9. 1968), S. 391–394.
21 Ardoin/Fitzgerald 1974, S. 40.
22 Maria Callas 2019 (28. 4. 1969), S. 410–414.
23 Scott 1992, S. 240.
24 Desgraupes 1969.
25 Vogin 2009, S. 210.
26 Maria Callas 2019, 3. 7. 1969, S. 417 f.
27 Salov/van Zoggel 2008, S. 40–47; Polyzoides-Sourvali 2011, S. 501 f.
28 Allegri 2010, S. 27.
29 Stancioff 1988, S. 268.

30 Lerman 2007, S. 330.
31 New York Times, 31. 10. 1971.
32 Hendricks 1982, S. 107.
33 Maria Callas 2019 (14.1.1973), S. 443 f.
34 Spence 2021, S. 214.
35 Casanova 1982, S. 110.
36 Sutherland 1999, S. 19–21.
37 Ebd., S. 14.
38 Maria Callas 2019 (31. 7. 1973), S. 447.
39 Maria Callas 2019 (1. 9. 1973), S. 448f.
40 Sutherland 1999, S. 41.
41 Maria Callas 2019 (4. 11. 1973), S. 451.
42 Di Stefano 1992.
43 Sutherland 1999, S. 127.
44 Lerman 2007, S. 400.
45 Spence 2021, S. 242, Anm. 41.
46 Maria Callas 2019 (23. 1. 1975), S. 462–464.
47 Maria Callas 2019 (8. 2. 1975), S. 465.
48 Ebd. (24. 2. 1975), S. 465 f.
49 Ebd. (18. 7. 1975), S. 471.
50 Fussi/Paolillo 2011, S. 33–51.
51 Maria Callas 2019 (3. 5. 1976), S. 480.
52 Hamilton 2010, S. 183.
53 Caloni 1976.
54 Maria Callas 2019 (16. 6. 1976), S. 481 f.
55 Ardoin 2002.
56 Maria Callas 2019 (22. 8. 1976), S. 483.
57 Ebd. (2. 10. 1976), S. 484.
58 Stancioff 1988, S. 162.
59 Frost 1970, S. 464.
60 Murrow 1958.
61 Maria Callas 2019, 21. 2. 1977.
62 Jackie Callas 1989, S. 8.
63 Zeffirelli 1987, S. 452.
64 Schroeter 1982, S. 125.
65 Hamilton 2010, S. 183.
66 Galatopoulos 1998, S. 12.
67 Lerman 2007, S. 430 f.
68 Ebd., S. 435.

Kunst

1 Stimme

1 Kesting 2020, S. 13.
2 Seedorf/Seidner 1998, S. 1413.
3 Eidsheim 2017, S. 4.
4 Fussi/Paolillo 2011, S. 47.
5 Ebd., S. 51.
6 Seletsky 2004, S. 241.
7 Kesting 2020, S. 51.
8 Kloiber 2004, S. 898.
9 Ardoin 2002, S. 101.
10 Jackie Callas 1989, S. 17.
11 Beghelli 2021, S. 51.
12 Fussi/Paolillo 2011, S. 33–51.
13 Leibowitz 1959, S. 143.

2 Interpretation

1 Ardoin 1974, S. 11.
2 Kesting 1971, S. 16.
3 Ardoin 2002.
4 Harewood 1968.
5 Ardoin 2002, S. 71.
6 Ebd., S. 18.
7 Ebd., S. 24.
8 Ebd., S. 25.
9 Ebd.
10 Aversano 2016, S. 137.
11 Epron 2010, S. 35–38.
12 Caskel/Vollmer/Wozonig 2023, S. 11.
13 Wollerman 2019, S. 40.
14 Schwarzkopf 1982, S. 199.
15 Ardoin 2002, S. 71.

3 Spiel

1 Guindani 1993, S. 21.
2 Ebd.
3 Carvalho 1956.
4 Kesting 2020, S. 13.
5 Weaver 1992, S. 484.
6 Beghelli 2016, S. 51.
7 Galatopoulos 1998, S. 255.
8 Maria Callas 2019, S. 553.
9 Weaver 1992, S. 488.
10 Scott 1992, S. 91.
11 Ardoin 1979, S. 100.
12 Scott 1992, S. 90.
13 Zeffirelli 1987, S. 210.
14 Ebd.
15 Döhring 2021, S. 503.
16 Osborne 2008, S. 352.
17 Scott 1992, S. 159.
18 Beghelli 2017, S. 237 f.
19 Stancioff 1988, S. 125.

4 Team

1 Kluge 1984.
2 Sutherland 1999, S. 8.
3 Allegri/Allegri 1997, S. 8.
4 Ebd.
5 Caballé 2000, S. 10.
6 Callas, Jackie 1989, S. 109.
7 Schwarzkopf 1982, S. 202.
8 Galatopoulos 1999, S. 91.
9 Maria Callas 2019 (3. 11. 1947), S. 85.
10 Osborne 1989, S. 73.
11 Ebd., S. 75.
12 Meneghini 1982, S. 148.
13 Carvalho 1956.
14 Ebd.
15 Honolka 1960, S. 270.
16 Caballé 2000, S. 10.
17 Zeffirelli 1987, S. 284.
18 Stancioff 1988, S. 22.
19 Zeffirelli 1987, S. 210.
20 Sutherland 1999, S. 22.

5 Rollen

1 Hamilton 2010, S. 18.
2 Kesting 2020, S. 18.
3 Clément 1992, S. 18.
4 Scott 1992, S. 1.
5 Meneghini 1982, S. XII und S. 142.
6 Hamilton 2010, S. 40.
7 Maria Callas 2019 (25. 10. 1947), S. 76.
8 Ebd. (30. 9. 1948), S. 92.
9 Ardoin 1968.
10 Maria Callas 2019 (15. 3. 1949), S. 105.
11 Meneghini 1982, S. 151.
12 Christiansen 1987, S. 617.
13 Maria Callas 2019, S. 510 f.
14 Kesting 2020, S. 60.

6 Studio

1 Seedorf 2022, S. 43.
2 Henson 2020, S. 502.
3 Crothers 2020, S. 24.
4 Spence 2021, S. 15.
5 Petkovic 2003, S. 41.
6 https://divinarecords.com (letzter Zugriff: 22. 6. 2023).
7 Ebd.
8 Köpp 2019, S. 34.
9 Sprau 2021.
10 Aversano 2016, S. 138.
11 Seletsky 2019.
12 Seletsky 2004, S. 252.
13 Kesting 2020, S. 319.
14 Ebd., S. 84.
15 Schwarzkopf 1982, S. 197.
16 Henson 2020, S. 504.

Mythos

1 Biographik

1 Beghelli 2017, S. 227.
2 Polyzoides-Sourvali 2011, S. 505–521.
3 Spence 2021, S. 262f.
4 http://www.callasintclub.com (letzter Zugriff: 26. 6. 2023).
5 RBC, https://searchworks.stanford.edu/view/12738352 (letzter Zugriff: 22. 6. 2023).
6 Allegri 2010, S. 19–41.
7 Allegri/Allegri 1997; Allegri 2010.
8 Meneghini 1982, S. XIV; Galatopoulos 1998, S. 160.
9 Maria Callas 2019.
10 Jackie Callas 1989, S. 156.
11 Handzic 1991, S. 53–56.
12 Kesting 2020, S. 407.
13 Evangelia Callas 1960, S. 9.
14 https://www.extremeweatherwatch.com/cities/new-york/year-1923 (letzter Zugriff: 22. 6. 2023).
15 Evangelia Callas, S. 11.
16 Stassinopoulos 1981, S. 12.
17 Stancioff 1988, S. 336.
18 Sutherland 1999, S. 280.
19 Linakis 1980.
20 Das Gupta 2012.
21 Borchard 1994, S. 25.
22 Bret 2001, S. 357.
23 Ebd., S. 171.

2 Liebe

1 Stassinopoulos 1981, S. 13.
2 Ebd., S. 242.
3 Ebd., S. 140 f.
4 Petsalis-Diomidis 2001, S. 349–356.
5 Spence 2021, S. 37.
6 Zeffirelli 1987, S. 146.
7 Petsalis-Diomidis 2001, S. 240.
8 Ebd., S. 243.
9 Jackie Callas 1990, S. 108.
10 Evangelia Callas 1960, S. 79.
11 Petsalis-Diomidis 2001, S. 390 f.
12 Stassinopoulos 1981, S. 242.
13 Zeffirelli 1987, S. 147.
14 Maria Callas 2019, S. 69–78.
15 Ebd. (20. 8. 1947), S. 69.
16 Bret 2001, S. 73.
17 Spence 2021, S. 238.
18 Ebd.
19 Bret 2001, S. 14.
20 Maria Callas 2019 (22. 9. 1947), S. 74 f.
21 Ebd.
22 Ebd. (4. 11. 1947), S. 86.
23 Ebd. (20. 8. 1947), S. 70.
24 Ebd.
25 Ebd. (1. 11. 1947), S. 81–84.
26 Ebd. (18. 11. 1948), S. 98.
27 Ebd. (6. 6. 1950), S. 158.
28 Spence 2021, S. 139.
29 Stancioff 1988, S. 93.
30 Weaver 1992, S. 485 f.
31 Stancioff 1988, S. 93.
32 Zeffirelli 1987, S. 217 f.
33 Maria Callas 2019 (21. 9. 1961), S. 314.
34 Allegri 2010, S. 245.
35 Maria Callas 2019, S. 513.
36 Ebd. (12. 1. 1963), S. 331.
37 Ebd. (25. 7. 1963), S. 345.
38 Ebd. (30. 1. 1968), S. 383 f.
39 Ebd., S. 523.
40 Ebd. (1975), S. 474.
41 Ebd. (26. 6. 1975), S. 471.

3 Märchen

1 Bachmann 1978, S. 343.
2 Carvalho 1956.
3 Maria Callas 2019, S. 203.
4 Carvalho 1956.
5 Gardner 1958.
6 Stassinopoulos 1981, S. 8 f.
7 Bret 2000, S. 13.
8 Petsalis-Diomidis 2001, S. 37–79.
9 Evangelia Callas 1960, S. 101.
10 Meneghini, S. 105.
11 Ebd., S. 211.
12 Stancioff 1988, S. 92.
13 Maria Callas 2019, S. 32.
14 Ebd., S. 39.
15 Ebd., S. 153.
16 Ebd., S. 207 f.
17 Meneghini, S. 208.
18 Meneghini 1982, S. 213.
19 Spence 2021, S. 97.
20 Ebd., S. 100.
21 Ebd., S. 139.
22 Ebd.
23 Polzonetti 2021, S. 195.
24 Lerman 2007, S. 174.
25 Zeffirelli 1987, S. 205.
26 Ebd., S. 204.
27 Meneghini 1982, S. 106.
28 Koestenbaum 1996, S. 185.
29 Zeffirelli 1987, S. 199.

4 Diva

1 Maria Callas 2019, S. 512.
2 Rodrini 1957.
3 Leibowitz 1959, S. 125.
4 Callas 2002, S. 291.
5 Zeffirelli 1987, S. 191 f.
6 Meneghini 1982, S. 153.
7 Callas 2002, S. 299.
8 Meneghini 1982, S. 153.
9 Stancioff 1988, S. 91.
10 Ebd., S. 139.
11 Ebd.
12 Koestenbaum 1996, S. 135.
13 Ebd., S. 117.
14 Frost 1970, S. 458.
15 Stassinopoulos 1981, S. 11.
16 Bret 2001, S. 367.
17 Wink 2021.
18 Leslie 2011, S. 15.
19 Wink 2021, S. 14.
20 Ebd., S. 34.
21 Galatopoulos 1998, S. 35.
22 Schwarzkopf 1982, S. 197.
23 Perrot 2017, S. 2.
24 Spence 2021, S. 11.
25 Wink 2021, S. 80–88.
26 Maria Callas 1957, S. 280.
27 Stancioff 1988, S. 57.
28 Sutherland 1999, S. 225.
29 Petsalis-Diomidis 2001, S. 17.
30 Allegri, September 1959.
31 Spence 2021, S. 78.
32 Maria Callas 2019 (28. 9. 1950), S. 162–164.
33 Ebd. (3. 11. 1950), S. 164–166.
34 Ebd. (15. 1. 1951), S. 168 f.
35 Saint-Laurent 1982, S. 128.

5 Medien

1 Honolka 1960, S. 264.
2 Maria Callas 2019, S. 203–205.
3 Carvalho 1956.
4 Lerman 2007, S. 216.
5 Scott 1992, S. 181.
6 Lerman 2007, S. 415.
7 Scott 1992, S. 182.
8 Meneghini 1982, S. 233.
9 Maria Callas 1959, S. 128.
10 https://www.britishpathe.com/asset/186751, letzter Zugriff: 22. 6. 2023.

11 Meneghini 1982, S. 252.
12 Ardoin/Fitzgerald 1974, S. 42–45.
13 Banzet 1965.
14 Wink 2021, S. 233–274.
15 Maria Callas 1959, S. 118.
16 Ebd., S. 124.
17 Csampai 1993, S. 14.
18 Hentschel 2006, S. 84–157.

6 Opfer

1 Murrow 1958.
2 Maria Callas 2019 (2. 1. 1958), S. 238.
3 Dufresne 1991, S. 7.
4 Csampai 1993, S. 13.
5 Kesting 2020, S. 15.
6 Hamilton 2010, S. 59–157.
7 Koestenbaum 1996, S. 187.
8 Fussi/Paolillo 2011, S. 33–51.
9 Dedichen 1975.
10 Spence 2021, S. 201 f.
11 Gage 2000, S. 253.
12 Sutherland 1999, S. 202.
13 Bret 2001, S. 293 f.
14 Ebd., S. 299 f.
15 Stassinopoulos 1981, S. 307.
16 Meneghini 1982, S. 6.
17 Gage 2001, S. 197–214.
18 Van Zoggel 2021, S. 33.
19 Baronsky 2021, S. 134.
20 Marly 2020, S. 382.
21 Pantis 2006, S. 6–9.
22 Spence 2021, S. 261.
23 Van Zoggel 2006, S. 10 f.
24 Pantis 2006, S. 7.
25 Maria Callas 2019 (22. 2. 1960), S. 296.
26 Fischer 2018, S. 37.
27 Marzano 2020, S. 163.
28 Abramović 2017, S. 204.
29 Marzano 2020, S. 164.
30 Zeffirelli 2004.
31 Crothers 2017.
32 Faksimile bei Allegri/Allegri 1997, S. 162.
33 Meneghini 1982, S. 319 f.
34 Maria Callas 2019, S. 491.
35 Sutherland 1999, S. 274.

Callas morgen

1 https://www.warnerclassics.com/de/release/callas-concert-hologram-tour (letzter Zugriff: 26. 6. 2023).
2 https://www.deutschlandfunk.de/hologramm-von-maria-callas-wir-wollen-dass-sie-so-ist-wie-100.html (letzter Zugriff: 26. 6. 2023).
3 Jacobshagen 2020, S. 382.
4 https://miz.org/de/statistiken/anteile-der-repertoiresegmente-am-gesamtumsatz-physischer-tontraeger-und-digitaler-musikprodukte (letzter Zugriff: 26. 6. 2023).
5 Bachmann 1978, S. 343.

Literaturverzeichnis

Texte von Maria Callas

Maria Callas 1957: Musik ist die erhabenste Art, Dinge zu sagen (1957) [Memoiren]. In: Göttliche Stimmen. Lebensberichte berühmter Sängerinnen von Elisabeth Mara bis Maria Callas. Hrsg. von Eva Rieger und Monica Steegmann. Frankfurt a. M./Mai 2002.

Maria Callas 1958: Man hat mich seelisch gelyncht. In: Der Spiegel. 20. Januar 1958. (online verfügbar: https://www.spiegel.de/politik/man-hat-mich-seelisch-gelyncht-a-720a20af-0002-0001-0000-000041760519, letzter Zugriff: 22. 6. 2023.)

Maria Callas 1959: I Am Not Guilty of All Those Callas Scandals. In: Life. 20. April 1959. S. 118–134.

Maria Callas 2019: Io, Maria. Lettere e memorie inedite. Hrsg. von Tom Volf. Mailand 2019.

Werke über Maria Callas

Abramović, Marina: Walk Through Walls. A Memoir. London 2017.

– 7 Deaths of Maria Callas. London 2020.

Alby, Claire / Caron, Alfred: Maria Callas – ihre Stimme, ihr Leben. Bern 1998.

Allegri, Renzo: Callas. Mailand 1991.

– / Allegri, Roberto: Callas by Callas. The Secret Writings of »la Maria«. New York 1997.

Allen, Michael: Maria Callas's Last Opera Recordings. In: Classical Recordings Quarterly 80 (2015) S. 8–12.

Andry, Peter: Inside the Recording Studio. Working with Callas, Rostropovich, Domingo, and the Classical Elite. Lanham 2008.

Ardoin, John: Maria Callas und ihr Vermächtnis. München 1979.

– (Hrsg.): Maria Callas. Meine Meisterklasse. Ein Übungsbuch für Sänger mit zahlreichen Notenbeispielen. Berlin 2002.

– / Fitzgerald, Gerald: Callas – the Art and the Life. New York 1974.

– The Callas Legacy. The Complete Guide to her Recordings on Compact Discs. London [4]1995.

– Collector's Corner. Dallas Morning News, Radiointerview. Dallas, 13. 9. 1968. (online verfügbar: https://www.youtube.com/watch?v=aZtfuGJX94Y, letzter Zugriff: 22. 6. 2023.)

Aversano, Luca / Pellegrini, Jacopo (Hrsg.): Mille e una Callas. Voci e studi. Macerata 2016.

Bachmann, Ingeborg: Hommage à Maria Callas. In: Werke. Bd. 4. München 1978. S. 342–343.
Baker, Felicity: Singing and the Song. A Note on Barthes and Callas. In: Paragraph 3 (1984) S. 83–93.
Banzet, Micheline: Trois jours avec Maria Callas. RTF Radiointerview. Paris, 8. 2. 1965. (online verfügbar: https://www.youtube.com/watch?v=qKyztwZQREw, letzter Zugriff: 22. 6. 2023.)
Baronsky, Eva: Die Stimme meiner Mutter. Hamburg 2021.
Beghelli, Marco: Maria Callas and the Achievement of an Operatic Vocal Subjectivity. In: The Female Voice in the Twentieth Century. Material, Symbolic and Aesthetic Dimensions. Hrsg. von Serena Facci und Michela Garda. London 2021. S. 43–60.
– Forse che la Callas era un contralto? In: La voce del cantante. Bd. 6. Hrsg. von Franco Fussi. Turin 2010. S. 361–365.
– Die Sammlung Mario Del Monaco und das Archivio del Canto an der Universität Bologna. In: Der Tenor. Mythos – Geschichte – Gegenwart. Hrsg. von Corinna Herr, Arnold Jacobshagen und Thomas Seedorf. Würzburg 2017. S. 227–238.
Bernstein, Leonard: The Leonard Bernstein Letters. Hrsg. von Nigel Simeone. Yale 2013.
Bing, Rudolf: 5000 Abende in der Oper. München 1973.
Blase, Marco: Maria Callas in *Poliuto*. Fernsehinterview RAI, Mailand. 7. 12. 1960. (online verfügbar: https://www.youtube.com/watch?v=Jaq7EufDNdY, letzter Zugriff: 22. 6. 2023.)
Boella, Laura: Con voce umana. Arte e vita nei corpi di Maria Callas e Ingeborg Bachmann. Mailand 2022.
Borchard, Beatrix: Künstlerleben und Frauenschicksal. Gedanken zur aktuellen Biographieschreibung über Maria Callas. In: Neue Zeitschrift für Musik 155/4 (Juli 1994). S. 22–26.
Bragaglia, Leonardo: L'arte dello stupore. Omaggio a Maria Callas. Rom 1977.
Bret, David: Callas. Biographie. Hamburg 2000.
Brix, Michael: Maria Callas. Aufführungen/Performances. München 1994.
Bünsch, Iris: Three Female Myths of the 20th Century: Garbo, Callas, Navratilova. New York 1991.

Caballé, Montserrat: Vorwort. In: David Bret: Callas. Biographie. Hamburg 2000. S. 9–11.
Callas, Evangelia: My Daughter Maria Callas. New York 1960.
Callas, Jackie: Sisters. A Revealing Portrait of the World's Most Famous Diva. New York 1989.
Caloni, Philippe: Entretien avec Maria Callas. Radiointerview, Radio France. Paris, April 1976. (online verfügbar: https://www.radiofrance.fr/francemusique/podcasts/les-tresors-de-france-musique/entretien-avec-

maria-callas-une-archive-de-1976-1ere-partie-3552930 und https://www.radiofrance.fr/francemusique/podcasts/les-tresors-de-france-musique/entretien-avec-maria-callas-une-archive-de-1976-2eme-partie-8106975, letzter Zugriff: 22. 6. 2023.)

Cantatore, Liliana: Pier Paolo Pasolini e Maria Callas. Dialoghi a due voci. Alghero 2019.

De Carvalho, George: The Prima Donna. In: Time Magazine. 29. Oktober 1956. (online verfügbar: https://content.time.com/time/subscriber/article/0,33009,867205,00.html, letzter Zugriff: 22. 6. 2023.)

Casanova, Carlamaria: Callas metteur en scène. Au verso des Vêpres. In: Maria Callas. L'Avant-Scène Opéra 1982. S. 108–110.

Caskel, Julian / Vollmer, Frithjof / Wozonig, Thomas (Hrsg.): Softwaregestützte Interpretationsforschung: Grundsätze, Desiderate und Grenzen. Würzburg 2023.

Chauveau, Mélisande: Moi, la Callas. Autobiographie apocryphe. Paris 2007.

Christiansen, Rupert: Callas. A Polemic. In: Opera. August 1987. S. 617–622.

– Prima Donna. A History. New York 1984.

Crothers, David: The Autographs and Written Scripts of Maria Callas. 2017. (online verfügbar: https://callasautographs.com, letzter Zugriff: 22. 6. 2023.)

Crothers, David: Maria Callas alias Nina Foresti alias Anita Duval. The case of the 1935 Major Bowes Amateur Hour solved at last. In: Maria Callas Magazine (November 2019) Nr. 88. S. 6–24.

Csampai, Attila (Hrsg.): Callas. Gesichter eines Mediums. München 1993.

Dal Corrobbo, Fabio: Ebben? Ne andrò lontana. La voce, la scena, il repertorio: l'eredità di Maria Callas tra passato e future. Venezia 2019.

Das Gupta, Maya: ›Pain is a Good Teacher‹. Erlebtes mit Maria Callas. Frankfurt a. M. 2012.

Dedichen, Ingeborg: Onassis Mon Amour. Paris 1975.

Dellenbaugh, Ginger: Maria Callas. Lyric and Coloratura Arias. New York 2002.

Desgraupes, Pierre: L'invité du Dimanche. Fernsehinterview, ORTF. Paris, 20. 4. 1969. (online verfügbar: https://www.youtube.com/watch?v=moAoJ7ldIcs, letzter Zugriff: 22. 6. 2023.)

Dherbier, Yann B.: Maria Callas. Bilder eines Lebens. Berlin 2007.

Dierks, Sonja: Les extrêmes se touchent. Callas und Björk. In: Musik & Ästhetik 13 (2009). S. 17–30.

Döhring, Sieghart: Stimme und Spiel als Zeichen der Leidenschaft. Beschreibung theatraler Körperlichkeit am Beispiel von Maria Callas. In: Beschreibend wahrnehmen – wahrnehmend beschreiben. Sprachliche und ästhetische Aspekte kognitiver Prozesse. Hrsg. von Peter Klotz und Christine Lubkoll. Freiburg 2005. S. 247–258.

– Theater aus Musik. Die Callas-Giulini-Visconti-*Traviata*. In: Libretto – Partitur – Szene. Studien zum Musiktheater. Hrsg. von Thomas Betzwieser,

Richard Erkens, Arnold Jacobshagen und Peter Ross. Frankfurt a. M. 2021. S. 501–519.
Dragadze, Peter: Return of Maria Callas: Close-Up of the World's Most Tempestuous Opera Star. In: Life Magazine, 30. Oktober 1964. S. 61–70.
Dufresne, Claude: Maria Callas. Primadonna assoluta. München 1991.
Durante, Sergio: What About Singers? Theory and the Case of Maria Callas. In: Singstimmen. Ästhetik – Geschlecht – Vokalprofil. Hrsg. von Saskia Maria Woyke, Katrin Losleben, Stephan Mösch und Anno Mungen. Würzburg 2017. S. 293–302.

Edwards, Anne: Maria Callas. An Intimate Biography. New York 2001.
Eickenrodt, Sabine: Callas oder die *chronique scandaleuse*. Neuere Tendenzen der Starbiographie. In: Querelles. Jahrbuch für Frauenforschung (2001) Bd. 6: Biographisches Erzählen. S. 191–201.
Eidsheim, Nina Sun: Maria Callas's Waistline and the Organology of Voice. In: Opera Quarterly 33 (2017) Nr. 3–4. S. 249–268.
Épron, Jean-Philippe / Safrati, Jocelyne / Henrich, Nathalie: Callas ou la trajectoire du météore. In: Revue de Laryngologie, Otologie, Rynologie (2010). S. 35–38.
Evans, Peter: Ari. The Life and Times of Aristotle Socratres Onassis. New York 1986.

Fischer, Jeannette: Psychoanalytikerin trifft Marina Abramović. Zürich 2018.
Fleetwood, Harry: Music Through the Night. WRCA Radiointerview. New York, 13. und 27. 3. 1958. In: Maria Callas Magazine (März 2005) Nr. 44. S. 22–33.
Frost, David: David Frost Show. CBS Fernsehinterview. New York 10. 12. 1970. In: Maria Callas Magazine (November 2021) Nr. 94. S. 24–35.
Fussi, Franco / Paolillo, Nico Paolo: Analisi spettrografiche dell'evoluzione e involuzione vocale di Maria Callas alla luce di una ipotesi fisiopatologica. In: Franco Fussi (Hrsg.): La voce del cantante. Bd. 7. Turin 2011. S. 33–51.

Di Gaetani, John Louis: The Definite Diva. The Life and Career of Maria Callas. New York 2021.
Gage, Nicholas: Greek Fire. The Story of Maria Callas and Aristotle Onassis. New York 2001. (Dt.: Griechisches Feuer. Maria Callas und Aristoteles Onassis. München 2001.)
Galatopoulos, Stelios: Maria Callas. Sacred Monster. New York 1998. (Dt.: Maria Callas. Die Biografie. Frankfurt a. M. 1999. [2]2001.)
Gardner, Hy: Hy Gardner Calling. Fernsehinterview mit Maria und George Callas, WRCA. New York, 26. 2. 1958. (online verfügbar: https://www.youtube.com/watch?v=Oh-NGkxjs84&list=PLQdk8iCc1G41yM-iY-HLb8k3C74dfPX80&index=32, letzter Zugriff: 22. 6. 2023.)
Gastel Chiarelli, Cristina: Maria Callas. Vita, imagini, parole, musica. Venedig 1981.

Grass, Günter: Der Traum der Vernunft (1984). In: Essays und Reden III. Göttingen 1997. S. 120–124.
Grover-Friedlander, Michal: The Afterlife of Maria Callas's Voice. In: The Musical Quarterly 88 (2005) Nr. 1. S. 35–62.
Guandalini, Gina: Callas. L'ultima diva – analisi di un fenomeno. Turin 1987.
Guerzoni, Corrado: The Callas Debate. In: Opera. Tl. 1. September 1970. S. 806–819. Tl. 2. Oktober 1970. S. 911–921.
Guindani, Mauro: Die Pasionaria des Gesangs. Überlegungen über Mythen. Zur Veröffentlichung der Callas-Edition. In: Musik & Ästhetik 2 (1998) Nr. 7. S. 21–37.
Gundle, Stephen: Bellissima. Feminine Beauty and the Idea of Italy. New Haven 2007.

Hamilton, Frank: Maria Callas. Performance Annals and Discography. (online verfügbar: https://www.rodoni.ch/A3/callas-performances.pdf, 2010, letzter Zugriff: 22. 6. 2023.)
Handzic, Jeanne: An Evening with Jackie Callas. London Tuesday 8th October 1991. In: Maria Callas Magazine (Oktober 1991) Nr. 4. S. 53–56.
Hanine-Roussel, Jean-Jacques: Maria Callas. Paris 2015.
Hansen, Flemming: Examining the Kurt Herbert Adler San Francisco Opera File. The Story Behind the Contract Cancellations in 1957. In: Maria Callas Magazine (Juni 1995) Nr. 21. S. 38–48.
Harewood, George Lascelles: The Tongs and the Bones. The Memoirs of Lord Harewood. London 1981.
– The Callas Conversations. Fernsehinterview BBC, Paris 24.–27. 6. 1968. DVD EMI Music (2006).
Hendricks, Barbara: Callas professeur. Un art intransmissible. In: Maria Callas. L'Avant-Scène Opéra (1982). S. 106 f.
Henson, Karen: Sound Recording and the Operatic Canon: Three ›drops of the needle‹. In: The Oxford Handbook of the Operatic Canon. Hrsg. von Cormac Newark und William Weber. London / New York 2020. S. 495–505.
Hentschel, Frank: Bürgerliche Ideologie und Musik. Politik der Musikgeschichtsschreibung in Deutschland 1776–1871. Frankfurt a. M. 2006.
Herzfeld, Friedrich: Maria Callas oder Die Primadonna. Berlin 1962.
Herzog, Friedrich W.: Callas Athene mithilfe der PK 1943 bei ihren Landsleuten durchgesetzt. In: Die Wildente (1959) Nr. 21. S. 8–12.
Honolka, Kurt: Die großen Primadonnen. Von der Bordoni bis zur Callas. Stuttgart 1960.

Jacobshagen, Arnold (Hrsg.): Perspektiven musikalischer Interpretation. Würzburg 2016.
– Rossini After Rossini. Musical and Social Legacy. Turnhout 2020.

Jarman-Ivens, Freya: Queer Voices. Technologies, Vocalities, and the Musical Flaw. New York 2011.
Jellinek, George: Callas. Portrait of a Prima Donna. New York 1960.

Kaiser, Joachim: Erlebte Musik. Tl. 2. Von Wagner bis Zimmermann. München 1982.
Kanthou, Eleni: Maria Callas. Die Interpretin. Leben und Wirken. Wilhelmshaven 2004.
Karakoulos, Melina: Maria Callas. La Diva. Paris 1988.
Kesting, Jürgen: Erinnerung an eine Stimme: Maria Callas. In: Opernwelt 12 (1971). S. 14–22.
– Maria Callas, Düsseldorf 1990. [10]2020.
– Die großen Sänger. 4 Bde. Hamburg 2008.
Kloiber, Rudolf: Handbuch der Oper. Kassel [10]2004. S. 898.
Kluge, Alexander: Die Macht der Gefühle. Frankfurt a. M. 1984.
Koestenbaum, Wayne: Königin der Nacht. Oper, Homosexualität und Begehren. Stuttgart 1996.
Kolesch, Doris / Krämer, Sybille: Stimme. Annäherungen an ein Phänomen. Frankfurt a. M. 2006.
Köpp, Kai: Von der Quelle zur Methode. Zum Entwurf einer historischen Interpretationsforschung. In: Interpretationsforschung heute. Hrsg. von Thomas Gartmann und Daniel Allenbach. Schliengen 2019. S. 28–48.
Kotnik, Vlado: The Idea of Prima Donna: The History of a Very Special Opera's Institution. In: International Review of the Aesthetics and Sociology of Music 47 (2016) Nr. 2. S. 237–287.
Kousouris, Georgios: Maria Kalogeropoulou. Die Athener Jahre, 1937–1945. München 2002.
Krausser, Helmut: Der große Bagarozy. Reinbek b. Hamburg 1997.

Lecomte-Dieu, Frédéric: Maria Callas, quand le rideau tombe. Bordeaux 2017.
Leibowitz, René: Le sécret de la Callas. Réflexions sur l'art du chant. In: Les Temps Modernes. Paris 1959. S. 124–144.
Lelait, David: Maria Callas. J'ai vécu d'art, j'ai vécu d'amour. Paris 2002.
Leotsakos, George: Athens. In: The New Grove Dictionary of Opera. London 1992. Bd. 1. S. 235–236.
Lerman, Leo: The Grand Surprise. The Journals of Leo Lerman. New York 2007.
Leslie, Larry Z.: Celebrity in the 21st Century. Santa Barbara 2011.
Levine, Robert: Maria Callas. A Musical Biography. Milwaukee 2010.
Lipowsky, Andreas: Performance – Oper – Feminismus. Bemerkungen zu *7 Deaths of Maria Callas* von Marina Abramovic. In: ZfL Blog. Leibniz-Zentrums für Literatur- und Kulturforschung. Berlin 2022.
Loeve, Wouter / van Zoggel, Karl: Health Problems, Cancellations and Scandals

of Maria Callas. The Complete Story. In: Maria Callas Magazine (November 2003) Nr. 40. S. 6–19.
Lorcey, Jacques: Maria Callas. Paris 1977.
– L'art de Maria Callas. Biarritz 1999.
– Immortelle Callas. Paris 2002.
Lowe, David A. (Hrsg.): Callas. As They Saw Her. New York 1986.

Marly, Michelle: Die Diva. Maria Callas – die größte Sängerin ihrer Zeit und das Drama ihrer Liebe. Berlin 2020.
Marzano, Francesco: Performing Death. Marina Abramović's *7 Deaths of Maria Callas*. In: Folia Litteraria Polonica 4 (2020) Nr. 59. S. 72–78.
McElhaney, Joe: Luchino Visconti and the Fabric of Cinema. Detroit 2021.
McNally, Terrence: Master Class. New York 1995.
Meneghini, Giovanni Battista: My Wife Maria Callas. New York 1982.
Mul, Peter / Van Zoggel, Karl H.: Maria Callas. Essays on all Her Operatic Roles from Abigaille to Violetta. Herkenbosch 2020.
Murrow, Edward R.: Person to Person. CBS Fernsehinterview. New York, 24. 1. 1958. (online verfügbar: https://www.youtube.com/watch?v=Max-QAsu8QMw, letzter Zugriff: 22. 6. 2023.)

Osborne, Richard: Conversations with Von Karajan. New York 1989.
– Herbert von Karajan. Leben und Musik. München 2008..

Pantis, Brigitte: Omero Lengrini, ›The Secret Son‹ of Maria Callas. Facts, or Fiction: That is the Question. In: Maria Callas Magazine (2006) Nr. 49. S. 6–9.
Paul, Gill: Jackie and Maria. A Novel of Jackie Kennedy and Maria Callas. New York 2020.
Pero, Taylor / Byrne, Patrick C.: The Colors of Callas. Reflections of an Icon. Coral Springs 2002.
Perrot, Christophe: Maria Callas ou la Divine Alienation. 2017. (online verfügbar: https://www.studocu.com/fr/document/universite-paris-8-vincennes-saint-denis/psychologie-clinique-psychopathologie/maria-callas-ou-la-divine-alienation-christophe-perrot-psychanalyste-libre/21525707, letzter Zugriff: 07.12.2023.).
Petkovic, Milan: Puccini's *Tosca*, London, July 5, 1965. (online verfügbar: https://divinarecords.com/wp-content/uploads/Tosca-Royal-Opera-House-London-5-VII-1965-DVN-2-DIGITAL-BOOKLET.pdf, letzter Zugriff: 22. 6. 2023.)
– ›O mio babbino caro‹. Recording Snippet, ca. 1935. Another Early Callas Enigma? In: Maria Callas Magazine (November 2003) Nr. 40. S. 41 f.
Petsalis-Diomidis, Nicholas: The Unknown Callas. The Greek Years. Portland 2001.

Pettitt, John: Maria Callas. A Record Obsession. Menston 2000.
Pollaci, Marco: The Revival of Rossini and His Critical Reception in Italy Between 1950 and 1960. In: Rossini After Rossini. Musical and Social Legacy. Hrsg. von Arnold Jacobshagen. Turnhout 2020. S. 359–371.
Polyzoides-Sourvali, Katherina: Vasso Devetzi (1925–1987) und ihr Nachlass, Graz 2011.

Rémy, Pierre-Jean: Callas. Une vie. Paris 2002.
– Éternelle Callas. In: Revue des Deux Mondes (Januar 2004) S. 181 f.
Restrepo, José Felix: Maria Callas' Health and Illnesses. In: Maria Callas Magazine (Juni 1995) Nr. 15. S. 32–35.
Richardson, James F.: The Costs of Opera. The Case of Carol Fox and Chicago's Lyric. In: Journal of Cultural Economics 6 (1982) Nr. 1. S. 49–58.
Rieger, Eva / Steegmann, Monica: Göttliche Stimmen. Lebensberichte berühmter Sängerinnen von Elisabeth Mara bis Maria Callas. Frankfurt a. M. 2002.
Riemens, Leo: Maria Callas. Utrecht 1960.
Rienäcker, Gerd: Maria Callas. Nachdenken über ihre Physiognomie. In: Musiktheater im Experiment. Berlin 2004. S. 226–233.
Robert Baxter Collection (RBC), Stanford Libraries, Archive of Recorded Sound, Braun Music Center. (Übersicht der Bestände: https://searchworks.stanford.edu/view/12738352, letzter Zugriff: 22. 6. 2023.)
La Rochelle, Réal: Callas, l'opéra du disque. Paris 1997.
Rodrini, M.: Radiointerview. Philadelphia Broadcast. Mailand, 1. 9. 1957. (online verfügbar: https://www.youtube.com/watch?v=fSV1_ojGFkU, letzter Zugriff: 22. 6. 2023.)
Ryan, Colleen Marie: Salvaging the Sacred. Female Subjectivity in Pasolini's Medea. In: Italica 76 (1999) Nr. 2. S. 193–204.

Saint-Laurent, Yves: La fin d'un rête. In: Maria Callas. L'Avant-Scène Opéra (1982). S. 170 f.
Schroeter, Werner: L'arrêt de cœur de la prima donna. In: Maria Callas. L'Avant-Scène Opéra (1982). S. 128 f.
Schwarzkopf, Elisabeth: On and Off the Record: A Memoir of Walter Legge. New York 1982.
Scott, Michael: Maria Meneghini Callas. Boston 1992.
Seedorf, Thomas: Enrico Caruso. Tenor des Jahrhunderts. München 2022.
– / Seidner, Wolfram: Singen. In: Die Musik in Geschichte und Gegenwart. Hrsg. von Ludwig Finscher. Bd. 8. Kassel 1998. S. 1412–1470.
Seletsky, Robert: Callas at EMI. Remastering and Perception. In: The Opera Quarterly 16 (2000) Nr. 2. S. 240–256.
– The Performance Practice of Maria Callas – Interpretation and Instinct. In: The Opera Quarterly 20 (2004) Nr. 4. S. 587–602.
– Callas Recording Recommendations 2019. (online verfügbar: https://divina-

records.com/articles/recording-recommendations-2019/, letzter Zugriff: 22. 6. 2023.)
Serinus, Jason Victor: The Enduring Legacy of Maria Callas. In: Classical Voice. 2. Januar 2012. (online verfügbar: https://www.sfcv.org/articles/feature/enduring-legacy-maria-callas#, letzter Zugriff: 22. 6. 2023.)
Spence, Lyndsy: Cast a Diva. The Hidden Life of Maria Callas. Cheltenham 2021.
Sprau, Kilian: »… an inborn architectural sense …«. Theoretisch-methodologische Überlegungen zur Performance-Analyse am Beispiel einer Aufnahme von Maria Callas. In: Populäre Musik und ihre Theorien. Begegnungen – Perspektivwechsel – Transfers. Hrsg. von Christian Utz. Berlin 2021. S. 275–314.
Stancioff, Nadia: Callas. Biographie einer Diva. Zürich 1988.
Stassinopoulos, Arianna: Die Callas. Hamburg 1981.
Di Stefano, Maria: Callas Nemica Mia. Mailand 1992.
Sutherland, Robert: Maria Callas. Diaries of a Friendship. London 1999.
Syrimis, Michael: Pasolini's Erotic Gaze from Medea to Salò. In: Italica 89 (2012) Nr. 4. S. 510–531.

Tajani, Ricci: Maria Callas. The Cruise '59 – Biografie einer Reise. Mainz 2006.
Tosi, Bruno (Hrsg.): The Young Maria Callas. Toronto 2010.
Tripeleff, Franco: Un amore di Maria Callas. Pavia 1994.
Tubeuf, André: La Callas. Paris 1998.

Salov, Jury / Van Zoggel, Karl: Maria Callas in Russia. Callas as a Member of the Jury at the IVth Tchaikovsky Competition in Moscow, June 1970. In: Maria Callas Magazine (Juli 2008) Nr. 54. S. 40–47.

Verga, Carla: Vita di Maria Callas con la cronologia completa degli spettacoli. Lucca 1995.
Villalba, Juan: Elvira de Hidalgo. De prima donna a maestra de Maria Callas. Madrid 2021.
Vinci, Vanna: Io sono Maria Callas. Mailand 2018.

Wallace, Mike: Sixty Minutes. Fernsehinterview. Paris, 3. 2. 1974, (online verfügbar: https://www.youtube.com/watch?v=KnrDb5c7BAg und https://www.youtube.com/watch?v=Jki3K1LPGQ4, letzter Zugriff: 22. 6. 2023.)
Weaver, William: Remembering Callas. Some Confessions of a Fan. In: Southwest Review 77 (1992) Nr. 4. S. 480–499.
Wendt, Gunna: Maria Callas oder Die Kunst der Selbstinszenierung. Leipzig 2006.
– Meine Stimme verstörte die Leute. Diva assoluta Maria Callas. München 2006.
Whitson, James C.: The Callas Legacy. In: Opera News 70 (Oktober 2005) Nr. 4. S. 18–24.

Wink, Paul: Prima Donna. The Psychology of Maria Callas. Oxford 2021.
Wisneski, Henry: Maria Callas. The Art Behind the Legend. With Performance Annals 1947–1974. New York 1975.
Wulff, Hans J.: Callas Assoluta. In: Kieler Beiträge zur Filmmusikforschung 2 (2008). S. 196–201.

Zarzo, Immaculada: The Tapeworm and Maria Callas' Diet: A Mystery Revealed. In: Parasitologia (2022). S. 160–166.
Zeffirelli, Franco: Zeffirelli. Autobiographie. München 1987.
– Callas was killed in poison plot, claims director Franco Zeffirelli. In: The Scotsman, 20. 11. 2004. (online verfügbar: https://www.scotsman.com/news/world/callas-was-killed-in-poison-plot-claims-director-franco-zeffirelli-2467969, letzter Zugriff: 22. 6. 2023.)
Zoggel, Karl H. van: Maria Callas. Life and Art Through Her Interviews. Helmond 2023.
– Callas Books. »Cast a Diva. The Hidden Life of Maria Callas« by Lyndsy Spence. In: Maria Callas Magazine (July 2021) Nr. 93. S. 30–33.
– Maria Callas in Chicago 1954–1974. The prima donna assoluta at the Civic Opera House. Helmond 2021.
– Definitive Maria Callas. The Life of a Diva in Unseen Pictures. Dublin 2016.
– Omero Lengrini, ›The Secret Son‹ of Maria Callas – Part II. And the Answer is: Facts, No Fiction. In: Maria Callas Magazine (November 2006) Nr. 49. S. 5–9.

Abbildungsverzeichnis

S. 271 Aristoteles Onassis und Maria Callas vor dem Londoner Hotel Savoy, April 1967: © Trinity Mirror / Mirrorpix / Alamy Stock Foto

S. 274 Maria Callas als Violetta in *La Traviata* (1956) in der Inszenierung von Luchino Visconti an der Mailänder Scala: © World History Archive / Alamy Stock Foto

S. 284 Maria Callas begrüßt ihre Fans bei ihrem letzten Pariser Konzert im Théâtre des Champs-Élysées am 7. Dezember 1973: © Granger – Historical Picture Archive / Alamy Stock Foto

S. 298 Die Journalistin Elsa Maxwell und Maria Callas 1957 in Venedig: © akg / Archivio Cameraphoto Epoche

S. 301 Magazincover: Titelseite *Radiocorriere* 36 (1957), H. 25; Titelseite *Gente* 5 (1961), H. 28.

S. 303 Callas und Onassis: Das Titelbild der *Frau im Spiegel* vom 26. September 1959

S. 311 Auf Abschiedstournee. Maria Callas und Giuseppe Di Stefano bei ihrer Ankunft am Amsterdamer Flughafen am 9. Dezember 1973: © BNA Photographic / Alamy Stock Foto

Rollenverzeichnis

Oper	Rolle	Komponist	Debüt	Aufführungen	
				Live	Studio
Aida	Aida	Verdi	1948	33	1
Alceste	Alceste	Gluck	1954	4	–
Andrea Chénier	Maddalena	Giordano	1955	6	–
Anna Bolena	Anna Bolena	Donizetti	1957	12	–
Armida	Armida	Rossini	1952	3	–
Boccaccio	Beatrice	von Suppé	1941	ca. 15	–
Carmen	Carmen	Bizet	1964	–	1
Cavalleria rusticana	Santuzza	Mascagni	1939	4	1
Der Bettelstudent	Laura	Millöcker	1945	7	–
Die Walküre	Brünnhilde	Wagner	1949	6	–
Don Carlos	Elisabetta	Verdi	1954	5	–
Fedora	Fedora	Giordano	1956	6	–
Fidelio	Leonore	Beethoven	1944	11	–
I puritani	Elvira	Bellini	1949	16	1
I vespri siciliani	Elena	Verdi	1951	11	–
Ifigenia in Tauride	Ifigenia	Gluck	1957	4	–
Il barbiere di Siviglia	Rosina	Rossini	1956	5	1
Il pirata	Imogene	Bellini	1958	7	–
Die Entführung aus dem Serail	Constanze	Mozart	1952	4	–
Il trovatore	Leonora	Verdi	1950	20	1
Il turco in Italia	Fiorilla	Rossini	1950	9	1
La bohème	Mimì	Puccini	1956	–	1
La forza del destino	Leonora	Verdi	1948	6	1
La Gioconda	Gioconda	Ponchielli	1947	13	2

La sonnambula	Amina	Bellini	1955	22	1
La traviata	Violetta	Verdi	1951	63	1
La vestale	Giulia	Spontini	1954	5	–
Lucia di Lammermoor	Lucia	Donizetti	1952	45	2
Macbeth	Lady Macbeth	Verdi	1952	5	–
Madama Butterfly	Cio-Cio-San	Puccini	1955	3	1
Manon Lescaut	Manon Lescaut	Puccini	1957	–	1
Medea	Medea	Cherubini	1953	31	1
Mefistofele	Marghe-rita	Boito	1954	3	–
Nabucco	Abigaille	Verdi	1949	3	–
Norma	Norma	Bellini	1948	92	2
O protomasteras	Smaragda	Kalomiris	1944	2	–
Orfeo ed Euridice	Euridice	Haydn	1951	2	–
Pagliacci	Nedda	Leoncavallo	1954	–	1
Parsifal	Kundry	Wagner	1949	5	–
Poliuto	Paolina	Donizetti	1960	5	–
Rigoletto	Gilda	Verdi	1952	2	1
Suor Angelica	Suor Angelica	Puccini	1940	1	–
Tiefland	Marta	d'Albert	1944	11	–
Tosca	Tosca	Puccini	1942	55	2
Tristan und Isolde	Isolde	Wagner	1948	12	–
Turandot	Turandot	Puccini	1948	24	1
Un ballo in maschera	Amelia	Verdi	1957	5	1
Gesamt				603	26

Auswahldiskographie

Opern-Gesamtaufnahmen (Studio)

Vincenzo Bellini

Norma. Dirigent: Tullio Serafin, Norma: Maria Callas, Adalgisa: Ebe Stignani, Pollione: Mario Filippeschi, Oroveso: Nicola Rossi-Lemeni, Orchestra del Teatro alla Scala, Mailand, 1954 (EMI Classics / Warner, Naxos).

– Dirigent: Tullio Serafin, Norma: Maria Callas, Adalgisa: Christa Ludwig, Pollione: Franco Corelli, Oroveso: Nicola Zaccaria, Orchestra del Teatro alla Scala, Mailand, 1960 (EMI Classics /Warner).

I puritani. Dirigent: Tullio Serafin, Elvira: Maria Callas, Arturo: Giuseppe Di Stefano, Riccardo: Rolando Panerai, Giorgio: Nicola Rossi-Lemeni, Orchestra del Teatro alla Scala, Mailand, 1953 (EMI Classics / Warner, Naxos).

La sonnambula. Dirigent: Antonino Votto, Amina: Maria Callas, Teresa: Fiorenza Cossotto, Rodolfo: Nicola Zaccaria, Elvino: Nicola Monti, Lisa: Eugenia Ratti, Orchestra del Teatro alla Scala, Mailand, 1957 (EMI Classics / Warner).

Georges Bizet

Carmen. Dirigent: Georges Prêtre, Carmen: Maria Callas, Don José: Nicolai Gedda, Micaëla: Andréa Guiot, Escamillo: Robert Massard, Frasquita: Nadine Sautereau, Mercédès: Jane Berbié, Orchestre de l'Opéra national de Paris, Paris, 1964 (EMI Classics / Warner).

Luigi Cherubini

Medea. Dirigent: Tullio Serafin, Medea: Maria Callas, Glauce: Renata Scotto, Neris: Miriam Pirazzini, Giasone: Mirto Picchi, Creonte: Giuseppe Modesti, Orchestra del Teatro alla Scala, Mailand, 1957 (Ricordi, EMI Classics / Warner).

Gaetano Donizetti

Lucia di Lammermoor. Dirigent: Tullio Serafin, Lucia: Maria Callas, Edgardo: Giuseppe Di Stefano, Enrico: Tito Gobbi, Raimondo: Raffaele Arié, Orchestra del Maggio Musicale Fiorentino, Florenz, 1953 (EMI Classics / Warner, Naxos).

– Dirigent: Tullio Serafin, Lucia: Maria Callas, Edgardo: Ferruccio Tagliavini, Enrico: Piero Cappuccilli, Raimondo: Bernard Ladysz, Philharmonia Orchestra, London, 1959 (EMI Classics / Warner, Naxos).

Ruggero Leoncavallo

Pagliacci. Dirigent: Tullio Serafin, Nedda: Maria Callas, Canio: Giuseppe Di Stefano, Tonio: Tito Gobbi, Beppe: Nicola Monti, Silvio: Rolando Panerai, Orchestra del Teatro alla Scala, Mailand, 1954 (EMI Classics / Warner, Naxos).

Pietro Mascagni

Cavalleria rusticana. Dirigent: Tullio Serafin, Santuzza: Maria Callas, Turiddu: Giuseppe Di Stefano, Alfio: Rolando Panerai, Lola: Anna Maria Canali, Mamma Lucia: Ebe Ticozzi, Orchestra del Teatro alla Scala, Mailand, 1953 (EMI Classics / Warner, Naxos).

Amilcare Ponchielli

La Gioconda. Dirigent: Antonino Votto, La Gioconda: Maria Callas, Laura: Fedora Barbieri, La Cieca: Maria Amadini, Alvise: Giulio Neri, Enzo: Gianni Poggi, Barnaba: Paolo Silveri, Orchestra di Torino della RAI, Turin, 1952 (Cetra, EMI Classics / Warner, Naxos).

– Dirigent: Antonino Votto, La Gioconda: Maria Callas, Laura: Fiorenza Cossotto, La Cieca: Irene Companeez, Alvise: Ivo Vinco, Enzo: Pier Miranda Ferraro, Barnaba: Piero Cappuccilli, Orchestra del Teatro alla Scala, Mailand, 1959 (EMI Classics / Warner, Naxos).

Giacomo Puccini

La bohème. Dirigent: Antonino Votto, Mimì: Maria Callas, Rodolfo: Giuseppe Di Stefano, Marcello: Rolando Panerai, Musetta: Anna Moffo, Schaunard: Manuel Spatafora, Colline: Nicola Zaccaria, Orchestra del Teatro alla Scala, Mailand, 1956 (EMI Classics / Warner).

Madama Butterfly. Dirigent: Herbert von Karajan, Cio Cio San: Maria Callas, Suzuki: Lucia Danieli, Pinkerton: Nicolai Gedda, Sharpless: Mario Borriello, Orchestra del Teatro alla Scala, Mailand, 1955 (EMI Classics / Warner, Naxos).

Manon Lescaut. Dirigent: Tullio Serafin, Manon: Maria Callas, des Grieux: Giuseppe Di Stefano, Lescaut: Giulio Fioravanti, Geronte: Franco Calabrese, Orchestra del Teatro alla Scala, Mailand, 1957 (EMI Classics / Warner).

Tosca. Dirigent: Victor de Sabata, Floria Tosca: Maria Callas, Mario Cavaradossi: Giuseppe Di Stefano, Scarpia: Tito Gobbi, Orchestra del Teatro alla Scala, Mailand, 1953 (EMI Classics / Warner, Naxos).

– Dirigent: Georges Prêtre, Floria Tosca: Maria Callas, Mario Cavaradossi: Carlo Bergonzi, Scarpia: Tito Gobbi, Orchestre de la Société des Concerts du Conservatoire, Paris, 1964/65 (EMI Classics / Warner, Naxos).

Turandot. Dirigent: Tullio Serafin, Turandot: Maria Callas, Calaf: Eugenio

Fernandi, Liù: Elisabeth Schwarzkopf, Timur: Nicola Zaccaria, Orchestra del Teatro alla Scala, Mailand, 1957 (EMI Classics / Warner).

Gioachino Rossini

Il barbiere di Siviglia. Dirigent: Alceo Galliera, Rosina: Maria Callas, Il conte Almaviva: Luigi Alva, Figaro: Tito Gobbi, Bartolo: Fritz Ollendorff, Basilio: Nicola Zaccaria, Philharmonia Orchestra, London, 1957 (EMI Classics / Warner).

Il turco in Italia. Dirigent: Gianandrea Gavazzeni, Fiorilla: Maria Callas, Selim: Nicola Rossi-Lemeni, Narciso: Nicolai Gedda, Geronio: Franco Calabrese, Zaida: Jolanda Gardino, Orchestra del Teatro alla Scala, Mailand, 1954 (EMI Classics / Warner, Naxos).

Giuseppe Verdi

Aida. Dirigent: Tullio Serafin, Aida: Maria Callas, Radames: Richard Tucker, Amneris: Fedora Barbieri, Amonasro: Tito Gobbi, Orchestra del Teatro alla Scala, Mailand, 1955 (EMI Classics / Warner).

Un ballo in maschera. Dirigent: Antonino Votto, Amelia: Maria Callas, Riccardo: Giuseppe Di Stefano, Renato: Tito Gobbi, Ulrica: Fedora Barbieri, Orchestra del Teatro alla Scala, Mailand, 1956 (EMI Classics / Warner, Naxos).

La forza del destino. Dirigent: Tullio Serafin, Leonora: Maria Callas, Don Alvaro: Richard Tucker, Don Carlo di Vargas: Carlo Tagliabue, Padre Guardiano: Nicola Rossi-Lemeni, Preziosilla: Elena Nicolai, Fra Melitone: Renato Capecchi, Orchestra del Teatro alla Scala, Mailand, 1954 (EMI Classics / Warner).

Rigoletto. Dirigent: Tullio Serafin, Gilda: Maria Callas, Rigoletto: Tito Gobbi, Il duca: Giuseppe Di Stefano, Sparafucile: Nicola Zaccaria, Orchestra del Teatro alla Scala, Mailand, 1955 (EMI Classics / Warner).

La traviata. Dirigent: Gabriele Santini, Violetta: Maria Callas, Alfredo: Francesco Albanese, Giorgio Germont: Ugo Savarese, Orchestra Sinfonica di Torino della RAI, Turin, 1953 (Cetra, EMI Classics / Warner, Fifty Five, Regis).

Il trovatore. Dirigent: Herbert von Karajan, Leonora: Maria Callas, Manrico: Giuseppe Di Stefano, Azucena: Fedora Barbieri, Il conte di Luna: Rolando Panerai, Ferrando: Nicola Zaccaria, Orchestra del Teatro alla Scala, Mailand, 1956 (EMI Classics / Warner).

Opern-Livemitschnitte

Vincenzo Bellini

Norma. Mexico, Palacio de Bellas Artes, 23.5.1950 (Golden Melodram).
- London, Covent Garden, 18.11.1952 (EMI Classics / Warner).
- Triest, Teatro Verdi, 19.11.1953 (Divina Records).
- Rom, RAI, 29.6.1955 (Melodram, Divina Records).
- Mailand, Teatro alla Scala, 7.12.1955 (Melodram, Divina Records).
- Paris, Opéra Garnier, 14.–29.5.1965 (Divina Records).

Il pirata. New York, Carnegie Hall, 27.1.1959 (EMI Classics / Warner).

I puritani. Mexico, Palacio de Bellas Artes, 29.5.1952 (Idis, Archipel, Golden Melodram, Divina Records).

La sonnambula. Mailand, Teatro alla Scala, 5.3.1955 (EMI Classics / Warner).
- Köln, Opernhaus, 4.7.1957 (EMI Classics / Warner, Divina Records).
- Köln, Opernhaus, 6.7.1957 (Divina Records).
- Edinburgh, King's Theatre, 21.8.1957 (Melodram, Testament).
- Edinburgh, King's Theatre, 26.8.1957 (Divina Records).

Luigi Cherubini

Medea. Florenz, Teatro Comunale, 7.5.1953 (Golden Melodram).
- Mailand, Teatro alla Scala, 10.12.1953 (EMI Classics / Warner, Golden Melodram, Idis).
- Dallas, Opera, 6.11.1958 (Melodram, Myto).
- London, Covent Garden, 30.6.1959 (Melodram, Pristine).
- Mailand, Teatro alla Scala, 11.12.1961 (Opera d'Oro, Myto).

Gaetano Donizetti

Anna Bolena. Mailand, Teatro alla Scala, 14.4.1957 (EMI Classics / Warner, Divina Records).

Lucia di Lammermoor. Mexico, Palacio de Bellas Artes, 10.6.1952 (Archipel).
- Mailand, Teatro alla Scala, 18.1.1954 (SRO, Idis, Cantus Records).
- Berlin, Deutsche Oper Berlin, 29.9.1955 (EMI Classics / Warner, Idis, Divina Records).
- Neapel, Teatro San Carlo, 22.3.1956 (Myto).
- New York, Metropolitan Opera, 8.12.1956 (Melodram).
- Rom, RAI, 26.6.1957 (Melodram).

Poliuto. Mailand, Teatro alla Scala, 7.12.1960 (EMI Classics / Warner).

Umberto Giordano

Andrea Chénier. Mailand, Teatro alla Scala, 8.1.1955 (EMI Classics / Warner).

Christoph Willibald Gluck

Alceste. Mailand, Teatro alla Scala, 4.4.1954 (Golden Melodram, Idis).
Ifigenia in Tauride. Mailand, Teatro alla Scala, 1.6.1957 (EMI Classics / Warner, Divina Records).

Giacomo Puccini

Tosca. Mexico, Palacio de Bellas Artes, 8.6.1950 (Melodram).
- Rio de Janeiro, Teatro Municipal, 24.9.1951 (Melodram, Archipel).
- Mexico, Palacio de Bellas Artes, 1.7.1952 (Melodram, Archipel).
- Paris, Opéra Garnier, 19.12.1958, II. Akt (INA, Gala, Myto).
- London, Covent Garden, 24.1.1964 (EMI Classics / Warner, Golden Melodram).
- Paris, Opéra Garnier, 3.3.1965 (Melodram).
- New York, Metropolitan Opera, 19.3.1965 (Melodram, Living Stage).
- New York, Metropolitan Opera, 25.3.1965 (Melodram, Living Stage).
- London, Covent Garden, 5.7.1965 (Divina Records).

Gioachino Rossini

Armida. Florenz, Teatro Comunale, 26.4.1952 (Melodram, Idis, Divina Records).
Il barbiere di Siviglia. Mailand, Teatro alla Scala, 16.2.1956 (Melodram, Idis).

Gaspare Spontini

La Vestale. Mailand, Teatro alla Scala, 7.12.1954 (Andromeda, Golden Melodram, Idis, Membran).

Giuseppe Verdi

Aida. Mexico, Palacio de Bellas Artes, 30.5.1950 (Melodram, Idis).
- Mexico, Palacio de Bellas Artes, Mexico, 2.7.1951 (Melodram, EMI Classics / Warner).
- London, Covent Garden, 10.6.1953 (Golden Melodram, Testament).

Un ballo in maschera. Mailand, Teatro alla Scala, 7.12.1957 (Golden Melodram).
Macbeth. Mailand, Teatro alla Scala, 7.12.1952 (EMI Classics / Warner, Myto).
Nabucco. Mailand, Teatro alla Scala, Neapel, San Carlo, 20.12.1949 (Archipel, Golden Melodram).
Rigoletto. Mexico, Palacio de Bellas Artes, 17. 6. 1952 (Melodram, Urania).
La traviata. Mexico, Palacio de Bellas Artes, 17.7.1951 (Cetra, EMI Classics / Warner).
- Mexico, Palacio de Bellas Artes, 3.6.1952 (Melodram).
- Mailand, Teatro alla Scala, 28.5.1955 (EMI Classics / Warner).
- Mailand, Teatro alla Scala, 19.1 1956 (Myto).

– Lissabon, Teatro Nacional de Sao Carlos, 27.3.1958 (EMI Classics / Warner).
– London, Covent Garden, 20.6.1958 (Melodram).

Il trovatore. Mexico, Palacio de Bellas Artes, 20.6.1950 (Melodram, Archipel).
– Neapel, Teatro San Carlo, 27.6.1951 (Idis, Melodram).
– Mailand, Teatro alla Scala, 23.2.1953 (Myto, Idis).

I vespri siciliani. Florenz, Teatro Comunale, 26.5.1951 (Archipel, Testament).

Richard Wagner

Parsifal. Rom, RAI, 20.11.1950 (Melodram).

Studio-Recitals

The First Recordings. (Tristan und Isolde, I puritani, Norma). Dirigent: Arturo Basile, Orchestra Sinfonica di Torino della RAI, 1949 (Cetra, EMI Classics / Warner).

Puccini Arias. (Manon Lescaut, Madama Butterfly, La bohème, Suor Angelica, Gianni Schicchi, Turandot). Dirigent: Tullio Serafin, Philharmonia Orchestra, 1954 (EMI Classics / Warner).

Lyric & Coloratura Arias. (Adriana Lecouvreur, Andrea Chénier, La Wally, Mefistofele, Il barbiere di Siviglia, Dinorah, Lakmé, I vespri siciliani). Dirigent: Tullio Serafin, Philharmonia Orchestra, 1954 (EMI Classics / Warner).

Callas at La Scala. (Medea, La Vestale, La sonnambula). Dirigent: Tullio Serafin, Orchestra del Teatro alla Scala Milano, 1955 (EMI Classics / Warner).

Verdi Arias I. (Macbeth, Nabucco, Ernani, Don Carlo). Dirigent: Nicola Rescigno, Philharmonia Orchestra, 1958 (EMI Classics / Warner).

Mad Scenes. (Hamlet, Anna Bolena, Il pirata). Dirigent: Nicola Rescigno, Philharmonia Orchestra, 1958 (EMI Classics / Warner).

Callas à Paris I. (Orphée et Eurydice, Alceste, Carmen, Samson et Dalila, Roméo et Juliette, Mignon, Le Cid, Louise). Dirigent: Georges Prêtre, Orchestre national de la Radiodiffusion Française, Paris, 1961 (EMI Classics / Warner).

Callas à Paris II. (Iphigénie en Tauride, La damnation de Faust, Les pêcheurs de perles, Manon, Werther, Faust). Dirigent: Georges Prêtre, Orchestre de la Société des Concerts du Conservatoire, Paris, 1963 (EMI Classics / Warner).

Verdi Arias II. (Otello, Aroldo, Don Carlo). Dirigent: Nicola Rescigno, Orchestre de la Société des Concerts du Conservatoire, Paris, 1963/1964 (EMI Classics / Warner).

Mozart, Beethoven, Weber. (Le nozze di Figaro, Don Giovanni, Ah perfido, Oberon). Dirigent: Nicola Rescigno, Orchestre de la Société des Concerts du Conservatoire, Paris, 1963/1964 (EMI Classics / Warner).

Rossini & Donizetti Arias. (La Cenerentola, Guglielmo Tell, Semiramide, La figlia del reggimento, Lucrezia Borgia, L'elisir d'amore). Dirigent: Nicola

Rescigno, Orchestre de la Société des Concerts du Conservatoire, Paris, 1963/1964 (EMI Classics / Warner).

Verdi Arias III. (I Lombardi, Attila, Il corsaro, Il trovatore, I vespri siciliani, Un ballo in maschera, Aida). Dirigent: Nicola Rescigno, Orchestre de la Société des Concerts du Conservatoire, 1964/1965/1969 (EMI Classics / Warner).

The Callas Rarities 1953–1961. (Don Giovanni, Macbeth, Semiramide, I vespri siciliani, Lurezia Borgia, Guglielmo Tell, Il pirate). Dirigenten: Tullio Serafin, Nicola Rescigno, Antonio Tonini. Orchestra del Maggio Musicale Fiorentino, Philharmonia Orchestra, 1953/1958/1960/1961 (EMI Classics / Warner).

The Callas Rarities 1962–1969. (Don Carlo, La Cenerentola, Oberon, Aida, I Lombardi, Il trovatore, I vespri siciliani, Attila). Dirigent: Antonio Tonini, Georges Prêtre, Nicola Rescigno, Philharmonia Orchestra, Orchestre du Théâtre national de l'Opéra de Paris, Orchestre de la Société des Concerts du Conservatoire, 1962/1964/1965/1969 (EMI Classics / Warner).

Konzert-Mitschnitte

Buenos Aires, Teatro Colón, 9.7.1949 (Divina Records).
Turin, RAI, 18.2.1952 (EMI Classics / Warner).
San Remo, 27.12.1954 (EMI Classics / Warner).
Mailand, RAI, 27.9.1956 (EMI Classics / Warner).
Athen, Theater des Herodes Atticus, 5.8.1957 (EMI Classics / Warner, Gala).
London, Chelsea Empire Theatre, 17.6.1958 (EMI Classics / Warner).
London, Chelsea Empire Theatre, 23.9.1958 (EMI Classics / Warner).
Los Angeles, Shrine Auditorium, 29.11.1958 (Vai).
Paris, Opéra Garnier, 19.12.1958 (INA Mémoire vive, Myto).
Hamburg, Musikhalle, 15.5.1959 (EMI Classics / Warner).
Stuttgart, Liederhalle, 19.5.1959 (EMI Classics / Warner, Palladio).
Amsterdam, Concertgebouw, 11.7.1959 (EMI Classics / Warner).
London, Royal Festival Hall, 23.9.1959 (EMI Classics / Warner).
London, Wood Green Empire, 3.10.1959 (EMI Classics / Warner).
London, St James's Palace, 30.5.1961 (EMI Classics / Warner).
London, Royal Festival Hall, 27.2.1962 (EMI Classics / Warner, Melodram).
Hamburg, Musikhalle, 16.3.1962 (EMI Classics / Warner).
London, Covent Garden, 4.11.1962 (EMI Classics / Warner).
Berlin, Deutsche Oper, 17.5.1963 (Eklipse).
Stuttgart, Liederhalle, 23.5.1963 (Eklipse).
Paris, Théâtre des Champs Elysées, 5.6.1963 (EMI Classics / Warner).
Kopenhagen, Falkoner Centret, 9.6.1963 (Eklipse).
Paris, Studios de la RTF, 18.5.1965 (EMI Classics / Warner).
London, Royal Festival Hall, 26.11.1973 (Divina Records).

Zeittafel

1923 Maria Callas wird am 2. Dezember in New York geboren. Ihre Eltern waren wenige Monate zuvor aus Griechenland in die USA eingewandert.

1931 Beginn des Klavierunterrichts. Dank ihres ausgezeichneten Klavierspiels kann Callas später ihre Rollen zeitlebens ohne Korrepetitor einstudieren.

1937 Trennung der Eltern. Maria übersiedelt mit ihrer Mutter nach Athen. Beginn der Gesangsausbildung bei Maria Trivella am Nationalen Konservatorium.

1939 Erster öffentlicher Opernauftritt als Santuzza in einer Studentenaufführung von *Cavalleria rusticana.* Beginn des Gesangsstudiums am Athener Konservatorium bei Elvira de Hidalgo.

1940 Einmarsch italienischer Truppen in Griechenland, das im Zweiten Weltkrieg vier Jahre lang von Italien (bis 1943) und Deutschland (1941–44) besetzt bleibt.

1941 Erster professioneller Auftritt an der Nationaloper von Athen in *Boccaccio* von Franz von Suppé.

1942 Mit 18 Jahren übernimmt Callas an der Nationaloper die Titelrolle in Giacomo Puccinis *Tosca.*

1943 Abschlussprüfung in Gesang und Klavier am Athener Konservatorium und Ende des Studiums.

1944 Callas singt die Hauptrollen in *Tiefland, Cavalleria rusticana, O protomasteras* und *Fidelio.*

1945 Rückkehr nach New York, da ihr Vertrag mit der Nationaloper nicht verlängert wird.

1946 Callas erhält einen Vertrag für die Hauptrolle in *Turandot* in Chicago, die für Januar 1947 geplanten Aufführungen kommen jedoch nicht zustande.

1947 Italien-Debüt mit *La Gioconda* beim Festival von Verona, wo Callas ihren späteren Ehemann Giovanni Battista Meneghini kennenlernt.

1948 Erfolge u. a. mit *Tristan und Isolde* und *Turandot* in Venedig, *Aida* in Turin und *Norma* in Florenz.

1949 Heirat mit Meneghini. In Buenos Aires mit *Turandot, Aida* und *Norma.* Weitere Rollendebüts: *Die Walküre, I puritani, Parsifal, Nabucco.* Erste Studioaufnahme.

1950 Debüt an der Mailänder Scala (*Aida*) als Ersatz für Renata Tebaldi. Mexiko-Gastspiel mit *Norma, Aida, Il trovatore* und *Tosca.*

1951 Rollendebüts in *La traviata* und *I vespri siciliani* in Florenz. Gastspiele in Mexiko (Juli) und Brasilien (September). Spielzeiteröffnung und Beginn der großen Callas-Ära an der Mailänder Scala.

1952 Schallplattenvertrag mit EMI. Erstmals *Norma* an der Scala sowie *Armida* in Florenz. Zweites Mexiko-Gastspiel. London-Debüt mit *Norma.*

1953 Umzug von Verona nach Mailand. Erstmals *Medea* in Florenz und Mailand. Erste Operngesamtaufnahmen: *Lucia di Lammermoor, I puritani, Cavalleria rusticana* und die ›Jahrhundert-*Tosca*‹.

1954 *Lucia di Lammermoor* mit Herbert von Karajan in Mailand. USA-Debüt in Chicago. Beginn der Zusammenarbeit mit Luchino Visconti in Mailand (*La vestale*).

1955 *La traviata* an der Scala (Regie: Visconti, Dirigent: Giulini). Deutschland-Debüt in Berlin unter Karajan. Zweites Chicago-Gastspiel wird von Rechtsstreit mit dem ehemaligen Agenten Edgar Bagarozy überschattet.

1956 Wien-Gastspiel mit *Lucia di Lammermoor* unter Karajan. Erste Auftritte an der Metropolitan Opera New York mit *Norma, Tosca* und *Lucia di Lammermoor.*

1957 Das Magazin *Oggi* veröffentlicht Callas' Memoiren. Callas gastiert mit *La sonnambula* in Köln und Edinburgh. Erste Begegnung mit Aristoteles und Tina Onassis in Venedig.

1958 Eklat nach *Norma*-Vorstellungsabbruch in Rom. Während ihrer Gastspiele in Dallas mit *La traviata* und *Medea* kündigt die Metropolitan Opera Callas' Vertrag per Telegramm. Galakonzert an der Pariser Oper.

1959 Erste Deutschlandtournee mit Konzerten in Frankfurt, Hamburg, Stuttgart, München und Wiesbaden. Auf Einladung des Ehepaars Onassis nehmen Callas und Meneghini an einer Mittelmeer-Kreuzfahrt teil und trennen sich anschließend.

1960 Anlässlich der *Norma*-Aufführungen im antiken Theater von Epidauros reisen Callas und Onassis nach Griechenland. Rückkehr an die Mailänder Scala zur Saisoneröffnung mit *Poliuto*.

1961 Studioaufnahmen mit französischen Arien in Paris. *Medea*-Aufführungen in Epidauros (in Anwesenheit des Vaters und der Schwester) sowie an der Mailänder Scala.

1962 Zweite Deutschlandtournee mit Konzerten in München, Hamburg, Essen und Bonn. In *Medea* tritt sie am 3. Juni zum letzten Mal an der Mailänder Scala auf.

1963 Europatournee mit Konzerten in Berlin, Düsseldorf, Stuttgart, London, Paris und Kopenhagen. Umzug nach Paris, wo sie bis zu ihrem Tod 14 Jahre lang ihren Wohnsitz hat.

1964 Rückkehr auf die Opernbühne mit *Tosca* in London sowie *Norma* und *Tosca* in Paris. Fernsehaufzeichnung des zweiten Aktes der Londoner *Tosca* mit Renato Cioni und Tito Gobbi.

1965 Opernauftritte in New York (*Tosca*), Paris (*Norma*) und London (*Tosca*). Am 5. Juli steht sie in London in Anwesenheit der britischen Königin in Puccinis *Tosca* zum letzten Mal in einer Opernrolle auf der Bühne.

1966 Callas legt die US-amerikanische Staatsbürgerschaft ab, da sie als Griechin nach damaligem griechischem Recht als unverheiratet galt, denn die Ehe mit Meneghini war nicht in einer griechisch-orthodoxen Kirche geschlossen worden.

1967 Callas bezieht ein Apartment in der Avenue Georges Mandel in Paris. Onassis erklärt vor Gericht, dass sein Verhältnis zu Callas rein geschäftlicher und freundschaftlicher Natur sei.

1968 Die letzte gemeinsame Kreuzfahrt von Callas und Onassis endet vorzeitig. Zwei Monate später heiraten Onassis und Jackie Kennedy.

1969 Pier Paolo Pasolini dreht in der Türkei, Syrien und Italien einen Medea-Film mit Callas in der Titelrolle.

1970 Gala-Premiere des Medea-Films in der Pariser Oper. In Moskau nimmt Callas gemeinsam mit Vasso Devetzi und Tito Gobbi als Jurorin beim Tschaikowsky-Wettbewerb teil.

1971 Scheidung der Ehe mit Meneghini. Callas unterrichtet zwölf öffentliche Meisterklassen an der New Yorker Juilliard School.

1972 Weitere elf Meisterklassen in New York. Gemeinsam mit Giuseppe Di Stefano nimmt Callas in London Duette von Verdi und Donizetti auf, die zu Lebzeiten unveröffentlicht bleiben. Tod des Vaters.

1973 Callas und Di Stefano inszenieren *I vespri siciliani* zur Wiedereröffnung des Opernhauses Turin und singen Konzerte in Hamburg, Berlin, Düsseldorf, München, Frankfurt, Mannheim, Madrid, London, Paris und Amsterdam.

1974 Konzerte mit Di Stefano in Mailand, Stuttgart, Philadelphia, Toronto, Washington, Boston, Chicago, New York, Detroit, Dallas, Columbus, Cincinnati, Seattle, Portland, Vancouver, Los Angeles, San Francisco, Montreal, Seoul, Tokyo, Fukuoka, Hiroshima und Sapporo.

1975 In Athen wird der Maria Callas Grand Prix begründet, ein bis heute bestehender internationaler Gesangswettbewerb. Tod von Onassis und Pasolini.

1976 Callas probt mit Jeffrey Tate in Paris und bereitet sich auf ein Konzert mit dem Philharmonia Orchestra in London vor, das nicht zustande kommt. Urlaub mit Vasso Devetzi in Griechenland.

1977 Am 16. September stirbt Maria Callas in Paris.

Personenregister

Danksagung

Der Autor dankt allen, die auf die eine oder andere Weise zum Entstehen dieses Buches beigetragen haben, insbesondere Tamar Barzel, Nathan Coy, Martin Elste, Elisa und Anja Jacobshagen, Durga Laubinger, Anton Pallaske, Alexia Petsalis-Diomidis, Thomas Schmoll, Mary Ann Smart, Nicole K. Strohmann, Karl van Zoggel, dem Team des Reclam Verlags und den Studierenden des Maria-Callas-Seminars an der Hochschule für Musik und Tanz Köln im Jahre 2022.